Für alle Träumer,
Märchenerzähler,
Geschichtensammler
und Fantasiearchitekten

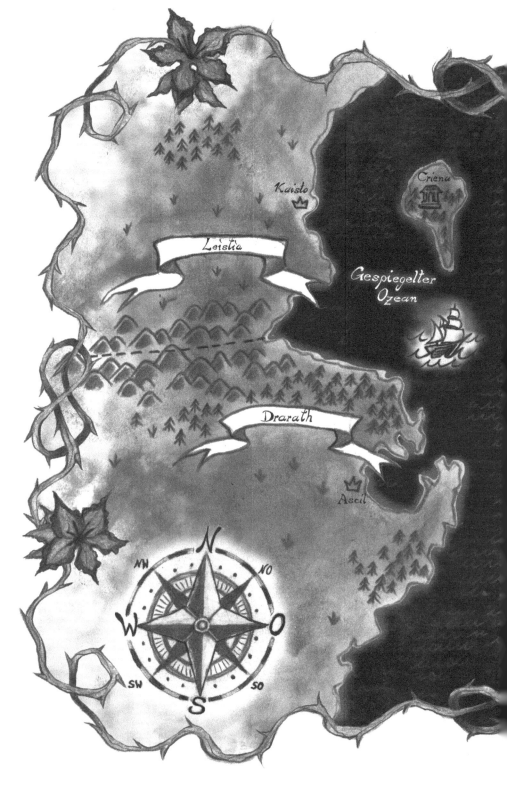

Der Wolf dachte für sich,
das kleine Ding da werde bestimmt ein
wohlschmeckender Bissen sein.
Er müsse es nur geschickt anfangen,
dann könne er sie in seinen Schlund führen.
Mit Haut und Haar.

Morgan rutschte unruhig auf dem Stuhl hin und her, während ihre Mutter den Korb packte, den sie Großmama bringen sollte. Sie wirkte schwach auf den Beinen, hustete gelegentlich und presste sich immer wieder ihren Handrücken gegen die Stirn. Vor ein paar Tagen war es ihr noch gut gegangen, dann hatte sich aus einem Schnupfen eine dicke Erkältung und aus einer Erkältung schließlich eine Grippe entwickelt. Allmählich fühlte sie sich besser, doch für den Weg bis zu ihrer eigenen Mutter brachte sie noch immer nicht die nötige Kraft auf, weshalb sie ihre älteste Tochter schickte.

»Ich vertraue dir, Morgan.« Sie schniefte und reichte ihr den geflochtenen Korb, der mit weichem Brot, dem auf dem gesamten Kontinent geschätzten Vinuthwein und tiefroten Äpfeln gefüllt war. »Verlasse nicht den Pfad und laufe zügig.«

»Ja, Mutter«, versprach Morgan, die als Älteste von drei Kindern nicht gerne bevormundet wurde. Tagtäglich verrichtete sie Arbeiten der Erwachsenen, achtete auf ihre kleinen Geschwister und trug große Verantwortung. Sie kümmerte sich stets um deren Wohlergehen und eiferte ihrer Mutter in allem nach. Aber in Momenten wie diesem fühlte sie sich unzureichend. Wieso sah niemand, wie verantwortungsbewusst sie sein konnte, ohne dass man ihr die Regeln jeden Tag vortragen musste?

Sie nahm den Korb an, während ihre Mutter den neuen beerenroten Umhang zurechtzupfte, den Großmama ihr zum Namenstag genäht hatte.

Eilig entzog sie sich ihren fürsorglichen Händen und trat nach draußen in die warme Sonne der blühenden Jahreszeit. Im Türrahmen stehend winkte Mutter ihr zu, bis sich Morgan abwandte. Vom Waldrand rannten ihr schnatternd und mit gespreizten Flügeln drei fette Gänse entgegen, die ihr Vater am vorherigen Tag günstig erstanden hatte. Noch ließen sie sich mit einem lauten Geräusch verscheuchen, aber Morgan wusste, dass die Tiere mit der Zeit mutiger und lästiger werden würden. Hoffentlich schlachtete ihr Vater sie vorher, damit sie sich nicht erneut mit Blessuren herumschlagen musste. Erst letztes Jahr hatte ihr eine andere Gans fast den Daumen abgebissen.

Schließlich öffnete sie die einfache Gartentür, die aus dem ersten Versuch ihres Bruders, Artem, etwas zu zimmern, entstanden war. Ihr Vater war vor Stolz ganz rot angelaufen und hatte ihnen zur Feier des Tages erlaubt, Zucker für einen Brombeerkuchen zu benutzen.

Als Morgan ein paar Wochen später einen Kranz aus bunten Blumen geflochten hatte, hatte er sie mit einem milden Lächeln angesehen und ihre Wange getätschelt. Manchmal hasste sie es, ein Mädchen zu sein.

Entschlossen, ihre Aufgabe zu erfüllen, ließ sie die Tür ins Schloss fallen. Sie ging schwungvoll an den schlanken Birken vorbei und betrat schließlich den riesigen Nadelwald, der sie von der kleinen Holzhütte ihrer Großmama trennte.

Großmama lebte, seit Morgan denken konnte, abseits ihres Heimatdorfes Scaonia. Ihre Mutter hatte immer wieder betont, sie wäre gerne allein und würde ihre Tage damit verbringen, ihren bunten Garten zu pflegen. Morgan konnte sie zu gut verstehen, denn auch sie liebte Pflanzen aller Art und verbrachte Stunden damit, mit ihnen zu reden und sie zu bestaunen. Es war ihr kleines Geheimnis, denn ihre Geschwister würden sie sicherlich auslachen, sollten sie Morgan jemals dabei ertappen. Doch Großmama bestärkte sie darin, denn auch sie erkannte, wie prächtig die Blumen gediehen, wenn Morgan sich um sie kümmerte.

Einmal in der Woche besuchten sie Großmama, um ihr von dem neuesten Tratsch im Dorf zu berichten und selbst gebackenes Brot vorbeizubringen, das sie so sehr liebte.

Vor sich hin summend betrat Morgan den Pfad, der sich durch den Wald schlängelte. Sie war diesen Weg schon unzählige Male entlanggeschritten und nicht ein einziges Mal war etwas Unheimliches passiert. Deshalb konnte sie die Vorsicht ihrer Mutter nicht verstehen.

Vertraute sie Morgans Fähigkeiten nicht? Befürchtete sie, Morgan würde sich verlaufen?

Die Sonnenstrahlen erreichten zu dieser Jahreszeit sogar den Boden und spendeten genügend Licht, um die Schatten zu vertreiben.

Sie fühlte sich sicher, war glücklich und erwartete nicht, dass an diesem gewöhnlichen Tag etwas Besonderes passieren würde.

Ihr Leben war bisher vollkommen berechenbar gewesen, so wie es auch für die anderen Bewohner Scaonias war. Hier ging jeder seinem Tagewerk nach, um genügend Essen auf den Tisch zu schaffen und seine Familie zu versorgen. Kinder wie Morgan lernten in der Dorfschule Schreiben und Rechnen, um dann in die Fußstapfen ihrer Eltern treten zu können. Morgan würde heiraten, wenn sie alt genug wäre, und dann läge es an ihr, eine Familie zu gründen, Kinder aufzuziehen, zu altern und schließlich zu sterben. Sie würde zu einer Erinnerung in den Herzen ihrer Enkel verblassen, die irgendwann ihren Platz einnehmen und Scaonia eine weitere Generation Vespasians schenken würden …

Der Gedanke betrübte sie so sehr, dass sie ihn entschlossen von sich schob, um sich stattdessen wieder auf den Wald zu konzentrieren, dessen angenehmer Duft in ihre Nase drang. Sie nahm einen tiefen Atemzug und fühlte sich sogleich besser.

Der Weg zu Großmama war lang, aber nicht beschwerlich. An der Seite ihrer Mutter langweilte sie sich nie, da sie stets mitreißende Geschichten zu erzählen wusste.

Doch jetzt war sie allein und begnügte sich eine Zeit lang damit, einen Fuß direkt vor den anderen zu setzen, ohne auch nur die kleinste Lücke zu lassen. Nach einer Weile wurde ihr das Spiel jedoch zu langweilig und ihr Blick streifte den platt gestampften Pfad und dann den Waldrand zu beiden Seiten, bis sie eine Spur wunderschöner, bunter Blumen entdeckte. Sie begann unweit neben Morgan und führte zwischen dem Gestrüpp und den rauen Wurzeln tiefer in den Wald hinein.

Unsicher biss sie sich auf die Unterlippe, musterte den Pfad vor sich und dann wieder die leuchtenden Blumen, bevor sie einen Entschluss fasste. Großmama würde sich über einen farbenfrohen Strauß freuen und das Pflücken würde ihr eine Pause vom eintönigen Geradeausgehen geben. Und entgegen Mutters Befürchtung würde sie sich *nicht* verlaufen.

Lächelnd rannte sie auf die erste Blume zu, hielt dann jedoch inne und entschied, immer nur die siebte zu pflücken, da dies Glück bringen sollte. Zumindest glaubte sie, sich an etwas Derartiges zu erinnern.

»Eine für Grainne, raue Spindel und weißes Haar, sie die Erste von ihnen war«, begann sie einen Kinderreim, der von den drei Schicksalsgöttinnen – den Moiren – handelte. »Die Zweite für Matha, in der rechten Hand die Welt und mit der linken sie die Fäden hält.« Immer tiefer ging sie in den Wald hinein, ohne zu bemerken, dass die Dunkelheit stetig zunahm und sie den Weg hinter sich schon bald aus den Augen verlieren würde. »Die Dritte für Clidna, jung und in voller Blüte, ist sie die Moire, die die Namen hüte. Das Schicksal verwoben in Fäden und Stoffen, damit uns am Ende bleibt allen das Hoffen.« Sie lachte auf, als sie eine besonders schöne violette Blüte zupfte und ihrem anwachsenden Strauß hinzufügte.

Ein erschütterndes Krachen ließ sie zusammenzucken und sie erwachte aus dem Traum, den die Blüten und der Reim um sie gewoben hatten.

Sie hatte ihr Versprechen gebrochen!

Verzweifelt blickte sie sich um, doch sie fand nichts, was ihr als Anhaltspunkt dienen könnte. Sie konnte nicht bestimmen, aus welcher Richtung sie gekommen war. Baumstämme schraubten sich dunkel und gefährlich in die Höhe, Blätter rauschten in einem Wind, den sie nicht spüren konnte, und eine fremdartige Kälte kitzelte ihren Nacken. Tränen brannten in ihren Augen, während sie sich hilflos umsah. Ein leises Lachen erklang.

»Wer ist da?«, flüsterte sie, da sie ihrer Stimme nicht vertraute. Angst schnürte ihr die Kehle zu. Sie sollte loslaufen. Egal, wohin. Einfach nur fort. Fort. Fort.

Das Lachen wurde lauter, bevor es vom Donner wie von einem großen Erdgeist verschluckt wurde.

Sie ließ den Strauß fallen.

Ein fremder Mann schälte sich aus den Schatten des nahenden Unwetters. Er trug ein raubtierhaftes Lächeln zur Schau und offenbarte dadurch zwei Reihen gepflegter weißer Zähne, wie sie Morgan im Dorf noch nie bei jemandem seines Alters gesehen hatte. Also war er bestimmt nicht aus Scaonia. Er wirkte auch nicht wie einer der Händler, die ihr kleines Dorf hin und wieder besuchten.

»Wer bist du?«, wisperte sie und presste den geflochtenen Korb eng an ihre Brust.

Der Wind brachte seine sorgfältig zurückgekämmten Haare nicht durcheinander, der gestutzte graue Bart wirkte genauso gepflegt, aber in seinen meerblauen Augen erkannte sie eine Unberechenbarkeit, die sie bisher nur in dem Gesicht eines wild gewordenen Nachbarhundes gesehen hatte.

»Willst du das wirklich wissen, kleines Ding?« Seine Stimme war nicht so dunkel, wie sie erwartet hatte. Während er sprach, vertieften sich die Falten auf seiner Stirn.

Seine Kleidung bestand aus dunklem, fast schon schwarzem Leder und sie konnte mehrere Dolche und ein paar gut gefüllte, handtellergroße Beutel an seinem Gürtel erkennen. Wenn sie nicht derart verängstigt gewesen wäre, hätten sie ihre Neugier entfacht.

Sie nickte. Was sollte sie sonst tun? Mutter hatte ihr immer gesagt, sie sollte sich vor Wölfen in Acht nehmen und nicht vor Durchreisenden. Er war kein Wolf. Also würde alles gut werden.

»Du hättest wirklich nicht den Weg verlassen sollen, kleines Ding«, raunte er und trat näher. Sie blieb wie angewurzelt stehen.

»Wer bist du?«, wiederholte sie. Ihr Herz hämmerte in ihrer Brust.

»Ich bin der große, böse Wolf.«

Ein Blitz durchzuckte den Himmel und Donner folgte ihm auf dem Fuße. Das grelle Licht ließ das Gesicht des Mannes noch gespenstischer und furchteinflößender erscheinen. Es füllte die Tiefen seiner Falten aus und zeichnete die Gesichtsknochen so scharf nach, dass sie glaubte, den Schädel ohne die gespannte Haut zu sehen.

Sie nahm an, dass er sich einen Scherz mit ihr erlaubte und war erleichtert, als das Lächeln in sein Gesicht zurückkehrte. Wahrscheinlich kannte er die Warnungen von sich sorgenden Müttern und spielte lediglich mit ihrer Angst.

»Warum gehst du nicht weiter?« Er deutete mit einer Handbewegung nach rechts, wo vermutlich der verlassene Pfad lag. »Du besuchst deine Großmutter, nicht wahr?«

Sie nickte unsicher. Woher wusste er davon? »Ähm, ja, vielen Dank, Sir.« Sie machte Anstalten, sich wegzudrehen.

»Warte, kleines Ding, wie ist dein Name?«

Sie zögerte einen Moment. Er würde sie gehen lassen. Es gab nichts zu befürchten. »Morgan.«

Seine Mundwinkel zuckten, als er sich tatsächlich vor ihr verbeugte. »Ein wunderschöner Name für ein wunderschönes Mädchen in einem leuchtend roten Umhang. Sei vorsichtig, Morgan.«

Er verschwand zwischen den moosbewachsenen Bäumen, noch ehe sie sich nach rechts gewandt hatte.

Eilig trat sie den Weg zurück an und erkannte voller Erleichterung, dass er ihr die richtige Richtung gewiesen hatte. Der Pfad kam in Sicht, als die ersten Regentropfen ihren Umhang befeuchteten.

Sie zog die Kapuze hoch und schritt eilig vorwärts, da sie bereits genügend Zeit vertrödelt hatte. Hoffentlich würde Großmama Morgans Verspätung für sich behalten.

Großmamas Hütte war zwischen zwei riesigen Tannen errichtet worden und bestand aus dunklem Holz, das Morgan vor fast einem Jahr an einer Seite mit bunten Figuren hatte bemalen dürfen. Artem hatte ihr dabei geholfen und zusammen hatten sie ein ganzes Dorf voll bunter Menschen erschaffen, die während des vielen Regens in der sterbenden und kalten Jahreszeit nun wieder verschwunden waren. Nur noch ein paar wenige Farbreste waren geblieben und schimmerten feucht. Sie hoffte, dass Großmama auch während dieser heißen Jahreszeit neue Farbe für sie zubereitete. Am meisten Spaß, viel mehr noch als das Malen, bereitete ihr das Auswählen der Farbe. Danach begaben sie sich auf die Suche nach den Zutaten. Oftmals handelte es sich dabei um Blumen, Blüten oder Blätter und in ihren Augen gab es nichts Schöneres, als Zeit in der Natur zu verbringen. Das tiefste Grün des Mooses und das strahlende Gelb der Sonnenblumen verfehlten nie die Wirkung, ein Lächeln auf ihr Gesicht zu zaubern.

»Großmama«, rief sie durch den immer stärker werdenden Regen, obwohl diese ihre Enkelin wahrscheinlich nicht hören konnte. Sie war bereits auf einem Ohr taub. »Ich bin da!«

Nachdem sie den kleinen Pfad hinaufgeschritten und direkt vor der robusten Tür zum Stehen kam, erkannte sie, dass diese lediglich angelehnt war. Das Lächeln, das an ihren Mundwinkeln gezupft hatte, verschwand. Großmama war nicht fahrlässig. Die Jahre der Einsamkeit hatten sie zwar Mut gelehrt, sie aber auch vom Leichtsinn kuriert. Zumindest hatte sie Morgan dies stets eingeprägt.

Vorsichtig legte sie die flache Hand an das glatt geschmirgelte Holz, bevor sie die Tür aufstieß. Das gewohnte Knarzen versuchte sie zu beruhigen, doch es gelang ihm nicht. Etwas Dunkles wurde über ihren Kopf gestülpt. Der Korb fiel zu Boden und jemand umfasste ihre Handgelenke, sodass ihre Gegenwehr im Keim erstickt wurde.

»Es wird Zeit für dich, zu einer Wölfin zu werden, kleine Morgan.«

Die Spindel, Spindel drehte sich.
Das Schiffchen, Schiffchen tanzte fein.
Als der Faden sich zerteilte
und die Nadel aus ihren Fingern sprang.

Kapitel · 1

In dieser Nacht fand die Übergabe, wie so viele Nächte zuvor, auf der Greyston Brücke statt. Morgan kannte mittlerweile jeden Winkel, wusste, wie sich die Schatten zu jeder Tag- und Nachtzeit veränderten, und war den kürzesten Weg, um von hier zu verschwinden, schon unzählige Male abgegangen.

Die Steinkonstruktion verband die Altstadt von Yastia mit dem neueren Teil, der schon an vielen Stellen bereits genauso heruntergekommen war. Trotzdem verfestigten sich die Namen und die Brücke entwickelte sich zur symbolischen Trennung zwischen dem alteingesessenen Adel und den Neureichen. Heutzutage war diese Unterscheidung längst nicht mehr so streng, obwohl dem Handwerkerviertel in der Neustadt niemals einen Platz hinter der Brücke gestattet werden würde. Die Heizöfen verpesteten in ihrem näheren Umkreis die Luft und dagegen würde die Aristokratie in ihren weißen Villen protestieren.

Morgan verlagerte ihr Gewicht und betrachtete den aufkommenden Nebel, als wäre er ihr Feind. Auch hinter ihr zur Altstadt hin sammelte er sich und hüllte die Gaslaternen in eine erzwungene Umarmung.

Die Altstadt befand sich im Westen Yastias und schmiegte sich halbkreisförmig an den riesigen Herrscherpalast, der sich in einem gigantischen Ausmaß in den Himmel erhob, als würde er mit seinen Turmspitzen die Sterne aufspießen wollen. In der Neustadt wurden die Bauten bis auf das Viertel der Neureichen immer kleiner, gedrungener und dürftiger. Hier hausten größtenteils einfache Handwerker, Händler und Taugenichtse, die in der Altstadt nur in dem Elendsviertel nahe dem Hafen geduldet wurden. Gesindel, dem auch Morgan Vespasian angehörte, hatte hinter der Brücke nichts zu suchen.

Ihre Leute und sie hatten es allerdings besser getroffen. Ihr Meister, der Alphawolf, besaß genug Einfluss, um ihnen ein Zuhause in der Altstadt zu bieten, wo es sauberer war und man weniger Gefahr lief, sich mit allerlei Krankheiten anzustecken.

Unter der Brücke trieb der Fluss, die Thoan, in sanften Wellen entlang. Er maß den niedrigsten Stand seit hundert Jahren, da sich die Hitze entschlossen an der Stadt festgebissen hatte.

»Da kommt jemand«, riss Thomas Morgan aus ihren Gedanken. Er stand in lässiger Pose neben ihr und kaute auf einem Zahnstocher herum. Seine dunkelgrüne Tunika war bereits an mehreren Stellen geflickt worden, da er zu geizig war, das gute Geld für etwas Belangloses wie Kleidung auszugeben. Er nutzte die tägliche Krone lieber für Straßenmädchen und Alkohol, in dem er sich nur zu gerne ertränkte.

Morgan verabscheute Thomas und sie hasste es, dass sie diesen Auftrag mit ihm zu Ende bringen musste. Angefangen bei seinem wirren roten Haar über seine kalten blauen Augen bis zu seiner sommersprossigen Haut verachtete sie ihn. Morgan besaß zwar so viel Einsicht in ihre eigenen Gefühle, um zu wissen, dass ein Teil ihrer Abneigung ihrem Aufenthalt auf der Insel Adrela verschuldet war. Dort besaß ein Großteil des Volkes wie Thomas rote Haare und sie hatte keine guten Erinnerungen an sie. Trotzdem hinderte es sie nicht daran, Thomas weiter zu hassen.

»Das muss Robbart sein«, murmelte sie, als sich mehrere Gestalten aus den Schatten der lauwarmen Nacht schälten. Sie traten direkt aus der Hauptstraße der Neustadt heraus. Anders als im Zentrum gab es dort keine hochwertigen Geschäfte, die die Reichen wie Motten anzogen. Halb zerfallene Backsteingebäude beherbergten Bäckereien und Lebensmittelhändler für das niedrige Volk. Einzig und allein das Juwelierviertel, das direkt an die Thoan grenzte, lockte den Adel.

Robbarts Quartier lag jedoch in der Nähe der Viehhändler, wie Morgan wenige Tage zuvor herausgefunden hatte, nachdem sie ihm gefolgt war. Jede Einzelheit ihrer Transaktionen war von Bedeutung. Auch wenn bei einem erfolgreichen Abschluss nicht jedes Wissen verwendet wurde, so fühlte sich Morgan doch beruhigt, da sie nichts überraschen könnte. Zumindest hatte sie das geglaubt.

»Es war nicht abgemacht, dass er mehr als eine Begleitung mitnimmt«, klärte sie Thomas auf, den sie zuvor äußerst widerwillig in die Planung eingeweiht hatte. Es war das erste Mal seit sehr langer Zeit, dass sich ein Kunde traute, gegen eine klare Abmachung zu verstoßen.

Normalerweise konnte sie solch kleine Aufträge wie heute, in denen sie das gestohlene Gemälde gegen den vorher abgemachten Preis eintauschen musste, allein durchführen. Thomas hatte jedoch bei Larkin darauf bestanden, mitzukommen, und da er älter und erfahrener war, durfte er die Führung übernehmen.

Allein bei dem Gedanken an seine Unverschämtheit knirschte sie mit den Zähnen.

Er hatte nie einen Hehl daraus gemacht, dass er es für eine Verschwendung von Kraft und Zeit hielt, ein Mädchen in ihren Reihen aufzuziehen, trotzdem hatte er bisher stets Respekt für ihre Arbeit gezeigt. Er hatte sich noch nie in einen ihrer Aufträge eingemischt.

Bis zu diesem Tag.

Und nun hielt sich ihr Kunde noch nicht einmal an ihre einfache Anweisung.

Sie verteilte ihr Gewicht neu und ließ ihre Fingerspitzen federleicht über das lederne Heft ihres Dolches wandern. Angespannt beäugte sie die Dächer, auf denen sie jedoch nur ihre eigenen Leute ausmachen konnte, die sich hin und wieder aus den Schatten bewegten, um die Umgebung im Auge zu behalten. Sie hatte sie an diversen Stellen positioniert, damit sie notfalls einen Warnpfeil in Richtung Robbart abfeuern konnten, falls er sich nicht benahm.

»Mach dir nicht gleich in die Hosen, kleines Ding«, grunzte Thomas vergnügt, als würden sie sich lediglich auf dem Markt befinden, um sich zu amüsieren, und als ginge es nicht um sechshundert Kronen.

Thomas war einer der wenigen, der sie mit dem Spitznamen ansprach, den Larkin ihr gegeben hatte. Ein weiterer Grund, ihn zu hassen.

Konzentrier dich auf den Handel, Morgan!, wies sie sich innerlich zurecht und schloss die Musterung ihrer Umgebung ab.

Anscheinend hatte Robbart nur *einen* zusätzlichen Begleiter mitgenommen, was ein kleiner Trost war. Trotzdem widersprach dies ihrer Vereinbarung. Sie nahm an, dass Robbart vor seinem ersten Geschäft mit den Wölfen von Angst übermannt worden war.

»Guten Abend«, wünschte ihnen der dunkelhäutige Mann mit den leuchtend grünen Augen, als er rund vier Meter vor ihnen zum Stehen kam.

Ihre Hintergrundinformationen über ihn waren trotz ihrer Recherche mangelhaft. Alles, was sie erfahren hatte, war, dass er aus Idrela stammte und seit einem Jahr in Yastia lebte. Er war Kunstsammler und verdiente sein Geld damit, dass er gestohlene Ware weiterverkaufte.

Morgan und die Wölfe waren dazu da, diese Ware zu stehlen, obwohl sie sonst zumeist die Aufgabe des Verkaufens übernahmen. Die Wölfe waren jedoch vielseitig und so wurden sie von Larkin auch in anderen Bereichen eingesetzt. Die Hauptsache war, sie spülten Geld in die Kassen.

»Robbart.« Thomas nahm endlich seinen widerlichen Zahnstocher aus dem Mund, kratzte sich am Hinterkopf und trat dann einen Schritt näher, als würde er den Idrelen damit einschüchtern wollen. Die schwarze Farbe um seine Augen und auf seinem Nasenrücken wirkte blass in dem Mondlicht, als hätte er vergessen, sie vor dem Treffen neu aufzutragen. Fordernd streckte er eine Hand aus. »Das Geld?«

»Sechshundert Kronen, wie abgemacht.« Er nickte seinem linken atheiranischen Begleitschutz zu, der einen halben Kopf kleiner war. Der Mann mit dem auffälligen Ziegenbart und den buschigen Augenbrauen holte zwei klimpernde Beutel unter seiner Tunika hervor.

»Tuxons Gemälde?«

Morgan wollte Gambin, der hinter ihnen im Schatten eines Dachvorsprungs wartete, gerade das Zeichen geben, das Gemälde zu ihnen zu bringen, als Thomas' Hand nach vorn schnellte und kurzzeitig ihren Unterarm umfasste. Schockiert riss sie die Augen auf. Was hatte er vor?

»Weißt du, Robbart, ich habe es mir anders überlegt.« Er ließ den Zahnstocher fallen und kreuzte die Arme vor seinem Oberkörper.

Morgans Finger zuckten nervös, bevor sie den Griff des Messers fester umschlossen. Die Stimmung war umgeschlagen und sie erkannte an den angespannten Mienen der drei Männer, dass auch sie die Veränderung wahrgenommen hatten.

Sie verengte die Augen und achtete auf jede noch so kleine Bewegung, die ihr Leben gefährden könnte.

»Ach ja?« Robbart nickte kurz, was der Mann mit dem Ziegenbart als Anlass nahm, das Geld wieder einzustecken.

Sie unterdrückte ein frustriertes Aufstöhnen. Wie konnte ihr Thomas so etwas antun? Sie brauchte jede Krone, um ihre Lebensschuld bei Larkin zu begleichen.

»Sechshundert Kronen sind eindeutig zu wenig. Wieso legst du nicht noch hundert drauf, hm?« Thomas schien nicht zu begreifen, dass er gefährlich nah am Abgrund balancierte. Oder es war ihm egal.

»Wir hatten eine Abmachung«, presste der Idrele zwischen seinen zusammengebissenen Zähnen hervor und wirkte ganz und gar unglücklich.

»Thomas«, zischte Morgan, doch er ignorierte sie.

»Eine Abmachung, die du gebrochen hast, als du zwei Begleiter statt nur einem mitgenommen hast.« Seine freundliche Miene verzog sich zu einer hässlichen Grimasse und sein linkes Auge zuckte vor Anspannung. Morgan hatte sich am Anfang ihrer Bekanntschaft darüber lustig gemacht, aber in Situationen wie diesen wirkte seine Miene unheilvoll.

Es schien für einen Augenblick so, als würde Robbart die Verhandlung erneut aufnehmen wollen, doch dann schoss der Arm des Mannes mit dem Ziegenbart hervor. Im letzten Moment packte Morgan sein Handgelenk, verdrehte es und stieß ihm ihren Dolch in den Magen. Sein eigenes Messer fiel klappernd zu Boden.

Robbart lief um Hilfe rufend davon, während sich seine zweite Begleitung unbeeindruckt um Thomas kümmerte.

Wenn der Idrele weiter so herumbrüllte, würde jede Wache im Dienst auf sie aufmerksam werden, was vermutlich seine Absicht war.

»Thomas«, warnte Morgan.

Er entledigte sich des gedrungenen Kämpfers mit einem gezielten Schlag in den Nacken und einen auf die Nase, der ihn in die Bewusstlosigkeit beförderte, bevor er sich neben den Mann mit dem Ziegenbart kniete. Er zerrte die zwei Geldbeutel aus der Innentasche und steckte sie selbst ein. Er war tatsächlich so dreist, sie dabei zufrieden anzugrinsen.

»Los jetzt«, sagte er, als wäre sie diejenige, die sie aufgehalten hätte.

Sie rannten in die entgegengesetzte Richtung, die Robbart eingeschlagen hatte, direkt in die Altstadt hinein, wo sich schließlich ihre Wege trennten. Sie würden sich, wenn alles nach Plan verlief, im Hauptquartier wiedersehen und dann … dann würde sie ihm die Kehle durchtrennen!

Das Hauptquartier der Wölfe lag an einer vielbefahrenen Straße und zog sich mehrere Stockwerke in die Höhe. Es gab unter anderem einen Vorder- und einen Hintereingang, beide durften jedoch nur während ihrer knapp bemessenen freien Zeit benutzt werden, damit niemand sie von einem Auftrag zu ihrem Quartier zurückverfolgen konnte. Deshalb wählte Morgan den Zugang über die Kanalisation.

Die Tunnel, die sich labyrinthartig unter ganz Yastia erstreckten, wurden nur hin und wieder von Patrouillen kontrolliert und das meistens tagsüber. Sie hielten sich von der finsteren Unterwelt fern, wenn ihnen ihr Leben lieb war. Aus diesem Grund brauchte sie sich keine Sorgen zu machen, in eine der Stadtwachen hineinzulaufen, als sie sich mit halsbrecherischer Geschwindigkeit ihren Weg durch das Labyrinth suchte. Ihr Atem hallte hektisch von den abgerundeten Wänden wider und vermischte sich mit den Geräuschen, die ihre Schritte auf dem feuchten Boden verursachten.

Sie kannte sich hier unten in der Dunkelheit natürlich genauso gut wie jeder andere von Larkins Wölfen aus. Es gehörte zu den Aufgaben, die sie absolvieren mussten, bevor sie ihren ersten eigenen Auftrag zugeteilt bekamen. Sie wurden in der Kanalisation ausgesetzt und mussten ihren Weg zurückfinden. Aber erst, nachdem sie verschiedene Orte aufgesucht hatten, von denen sie die unterschiedlichsten Kostbarkeiten stehlen und an denen sie andere Objekte hinterlassen mussten. So hatte Morgan unter anderem in das Gebäude einer reichen Witwe im Villenviertel eindringen müssen, um ihr Diadem aus der Schmuckschatulle unter ihrem Bett zu entwenden und durch eine tote Ratte zu ersetzen.

Eigentlich waren sie eine Gruppe Diebe. Larkin bezeichnete sie aber am liebsten als Schmuggler. Sie brachten Kostbarkeiten, Geld und manchmal auch Menschen von einem Ort zum anderen. Legal war davon das Wenigste.

Kurz bevor sie den unteren Eingang erreichte, drosselte sie ihr Tempo, um zu Atem zu kommen. Sie brauchte ihre Stimme, wenn sie Larkin gegenübertrat, und sie durfte nicht zulassen, dass Thomas ihr für den in den Sand gesetzten Handel die Schuld zuschob.

Erst jetzt wurde ihr bewusst, was für einen Anfängerfehler er begangen hatte. Eine ihrer unausgesprochenen Regeln war: Feilsche niemals, wenn sich bereits auf einen Preis geeinigt worden war. Das schadete bloß dem Ruf, den sich die Wölfe auf der Straße hart erarbeitet hatten.

Sie atmete noch einmal tief durch, dann stieg sie die schmalen Eisensprossen hinauf, die sie zu einer geschlossenen Luke führten. Vorsichtig drückte sie diese mit einer Hand auf, bevor sie sich durch die Öffnung schob. Da sie kleiner und zierlicher war als die Männer, bot dieses Hindernis kaum ein Problem für sie. Die Kraft in ihren Armen und Beinen half ihr außerdem, sich schneller aus dem Loch zu ziehen.

Der Keller war eher karg und ungemütlich gehalten, aber vor allem war er leer. Im Rest des Hauses gab es kaum einen Ort, an dem sich niemand aufhielt, schließlich hausten die meisten der Schmuggler unter diesem Dach. Larkins Privathaus befand sich auf der linken Seite und durfte nur auf ausdrückliche Einladung von ihm betreten werden. Rechts von ihnen schloss sich eine Hutmacherei an, mit deren Inhaber sie sich bereits vor einigen Jahren angefreundet hatte.

Sobald sie sich den Staub von ihren braunen Leggings geklopft hatte, sprang sie die knarzende Holztreppe hoch und noch bevor sie die Tür geöffnet hatte, vernahm sie lautes Stimmengewirr, Stuhlbeine, die über den Boden schabten, und schallendes Gelächter. Anscheinend war Thomas bereits vor ihr heimgekehrt.

Die Fäuste ballend bereitete sie sich auf einen unerbittlichen Kampf vor, dann stieß sie die angelehnte Tür mit der Fußspitze auf.

Wie erwartet, wurde sie sofort von dem Geruch nach Schweiß, Männern und Alkohol empfangen. Der kurze Flur eröffnete sich in den größten Raum des Hauses, in dem sich stets die meisten Schmuggler aufhielten. Es gab diverse willkürlich zusammengewürfelte Tische, Stühle und Regale. Essensreste lagen verteilt auf den schmutzigen Holzdielen und klebrige Pfützen zeugten von einer langen Nacht, die noch längst nicht zu Ende war.

Sie knirschte mit den Zähnen, als sie sich einen Weg zu Thomas bahnte. Die Schmuggler, die sie passierte, verstummten plötzlich, misstrauische Blicke folgten ihr und die Atmosphäre in dem Raum mit dem tief hängenden, verstaubten Kronleuchter verdichtete sich.

Thomas saß, wie um sie zu provozieren, auf der Fensterbank, bei der es sich, wie allseits bekannt, um ihren Lieblingsplatz handelte. Ein Bein hatte er lässig angewinkelt, das andere schwang er gut gelaunt hin und her. Wieder einmal kaute er auf einem Zahnstocher aus seinem scheinbar niemals endenden Vorrat herum, während neben ihm die zwei Beutel voll Gold lagen, die er Robbarts Begleitung gestohlen hatte. Das Grinsen auf seinem sommersprossigen Gesicht mit dem schwarzen Farbstreifen, den auch sie sich aufgemalt hatte, entfachte den Zorn in ihr zu neuem Leben und sie schubste ihn so fest, dass er mit dem Hinterkopf gegen die Fensterscheibe knallte. Das süffisante Grinsen schwand augenblicklich von seinen aufgerissenen Lippen und ein Raunen ging durch die Menge.

»Was fällt dir eigentlich ein?«, schrie Morgan, darauf bedacht, nicht wie ein kleines Mädchen zu klingen. Sie hatte sich ihren Respekt hart erkämpfen müssen und würde ihn sich nicht durch Thomas nehmen lassen.

»Was hast du denn, kleines Ding?« Er erhob sich von der Bank, rieb mit der einen Hand seinen Schädel und breitete den anderen, tätowierten Arm in fragender Geste aus, als würde er damit betonen wollen, dass niemand auf ihrer Seite stand.

Sie wusste, dass sie von den Männern an den besseren Tagen nur geduldet wurde und diese jede Chance nutzten, um gegen ihre Anwesenheit zu rebellieren. Der Großteil würde seine Reaktion jetzt allerdings zurückhalten, bis sie sahen, wie Larkin zu diesem Streit stand. Wenn er sich nicht dazu äußerte, galt für jeden Einzelnen, dass er sich gefahrlos einmischen konnte. In solchen Situationen verließ Morgan oftmals das Quartier für ein paar Stunden, bis sich die aufgeheizte Stimmung beruhigt hatte. Doch nicht heute. Thomas hatte einen Fehler begangen und er musste dafür büßen.

»Ist doch alles gut ausgegangen. Wir haben das Geld *und* das Gemälde«, fuhr er fort.

»Das. War. Aber. Nicht. Der. Plan.« Sie betonte jedes einzelne Wort durch ihre zusammengebissenen Zähne, während sie zu ihm aufsah. Thomas überragte sie wie alle atheiranischen Männer um mehr als einen Kopf. Sie erinnerte sich noch vage daran, dass in ihrem Heimatland Vinuth alle etwas kleiner, wenn auch breiter waren. »Wir haben zwei Menschen verletzt, einen vielleicht sogar getötet und Robbart wird unsere Köpfe dafür fordern! Larkin wird außer sich sein!«

»Außer sich sein, worüber genau?«

Sie erstarrte, als sie die aalglatte Stimme ihres Alphas hörte. Die Menge hinter ihr teilte sich und ließ den hochgewachsenen Mann mit dem bedrohlichen Lächeln zu ihnen durch.

Ein kalter Schauder rann ihren Rücken hinab. Jedes Mal, wenn er sich ihr näherte, wurde sie an jenen verhängnisvollen Tag erinnert, an dem sie den gewundenen Pfad verlassen hatte und dem Wolf direkt in die Falle getappt war.

»Wir müssen reden«, sagte Morgan und kreuzte die Arme. Sie hoffte, dass man ihr den inneren Aufruhr nicht ansehen konnte.

Das Lächeln auf Thomas' Gesicht gefror, was *ihr* ein gewisses Maß an Genugtuung bereitete. Dann wurde sie sich allerdings wieder Larkins drohender Gestalt bewusst und das befriedigte Grunzen blieb ihr im Hals stecken.

»In mein Arbeitszimmer. Sofort«, befahl er mit seiner ganzen Autorität, ohne die Stimme erheben zu müssen. In den letzten zehn Jahren war er zwar gealtert, aber auch innerlich gewachsen. Das charmante Grinsen, mit dem er sie als kleines Mädchen entwaffnet hatte, hatte sie immer seltener gesehen, bis es schließlich ganz verschwunden war. Larkin hatte die vierzig Jahre bereits überschritten, was man seinem lichten Haar schon ansah, und auch wenn kein Ende seiner Karriere als Alphawolf der Schmuggler und Diebe in Sicht war, wurde er immer grausamer und ehrgeiziger.

Sie nahm an, dass Ehrgeiz und Grausamkeit gewissermaßen Hand in Hand gingen, aber das ließ sich schlecht distanziert betrachten, wenn man die Leidtragende war.

Kapitel · 2

Sie war froh, dass er sie ins quartiereigene Arbeitszimmer und nicht in das seines Privathauses nebenan führte. Dadurch konnte sich Thomas keine an den Haaren herbeigezogene Lügengeschichte zurechtlegen, um seine eigene Haut zu retten, und sie musste nicht noch länger die brodelnde Wut in sich zurückhalten. Vorausgesetzt, er hatte sich nicht schon auf dem Weg ins Quartier etwas überlegt.

Sie stiegen die knarzende Treppe bis in den ersten Stock hinauf und betraten den Flur, in dem der Holzfußboden an mehreren Stellen durchlöchert war. Im Halbdunkel einer fast heruntergebrannten Kerze musste man genau aufpassen, wo man hintrat. Für Wölfe wie Thomas und sie war es ein Klacks. Sie kannten jede Ecke dieses verfluchten Hauses auswendig und wussten, wie sie die Umgebung zu ihrem Vorteil nutzen konnten, wenn es die Situation verlangte.

Das angesteuerte Arbeitszimmer befand sich im rückwärtigen Teil des Quartiers und strahlte eine Heimeligkeit aus, nach der man im Rest des Hauses vergeblich suchte.

Larkin öffnete eines der Fenster, um die kühle Nachtluft in das stickige Zimmer einzulassen, bevor er sich an den Schreibtisch begab und eine Petroleumleuchte aufdrehte. Sofort wurde der Raum mit den schmutzig roten Tapeten und den geknüpften idrelischen Teppichen in warmes Licht getaucht.

Thomas und Morgan standen beide angespannt in der Mitte des Raumes hinter zwei Sitzgelegenheiten, die Larkin ihnen bewusst nicht anbot. Er selbst ließ sich mit einem leisen Seufzen auf seinen massiven Stuhl nieder, der mit Eisenbeschlägen an den Kanten der Lehne verziert war.

»Ich konnte nicht umhin, im Vorbeigehen zu bemerken, dass sich das Gemälde noch immer in unserem Besitz befindet«, kam ihr Alphawolf sofort zur Sache. Tatsächlich schätzte sie diese Eigenschaft an ihm. Er legte seine riesigen Hände aneinander. Sie formten einen Moment später ein auf die anderen Wölfe gerichtetes Dreieck.

Wenn man mit so vielen Intrigen wie im Haus der Wölfe zu tun hatte, war es zur Abwechslung ganz erfrischend, die Wahrheit ins Gesicht gesagt zu bekommen. Unglücklicherweise genoss es Larkin viel zu sehr, seinen wahren Worten harte Strafen nachkommen zu lassen. Deshalb musste sie sich konzentrieren, um am Ende nicht Thomas' Schuldzuweisung, die unweigerlich folgen würde, zu akzeptieren.

Da Thomas der ranghöhere Wolf war, war es für ihn Segen und Fluch zugleich, als Erster zu antworten. Sie durfte ihn nicht unterbrechen und das war die erste, fast schon unlösbare Aufgabe.

»Wir haben uns wie vereinbart mit Händler Robbart getroffen. Er kam jedoch mit zwei Begleitpersonen, statt nur einer«, begann Thomas und überraschte sie damit, dass er ihr nicht schon jetzt einen Seitenhieb versetzte. Schließlich hatte *sie* das Treffen mit Robbart vereinbart und war dafür verantwortlich gewesen, dass er sich an ihre Abmachung hielt. »Als es zum Austausch kommen sollte, dachte ich, dass es nur gerecht sei, den Preis zu erhöhen, da er einen entscheidenden Teil der Bedingungen unseres Handels gebrochen hatte.«

Ihr wäre beinahe die Kinnlade heruntergefallen. Ungläubig blinzelte sie von Larkin zu Thomas, der tatsächlich bei der Wahrheit blieb. Was hatte er vor?

»Morgan hat seinen Begleiter getötet, als er mich angreifen wollte. Ich kümmerte mich um den zweiten. Robbart konnte fliehen.« Er holte die zwei Geldbeutel hervor und ließ sie mit einem Klirren auf den Schreibtisch plumpsen. »Wir haben das Geld *und* das Gemälde. So wie ich das sehe, gibt es keinen Verlust.«

Zum Schluss konnte er sich dann doch nicht ein triumphierendes Grinsen in ihre Richtung verkneifen. Dachte er wirklich, Larkin würde ihn dafür belohnen? Sie konnte nicht glauben, dass er so naiv war.

Das Schweigen, das sich über sie senkte, war eine Waffe, die Larkin mit der Zeit perfektioniert hatte. Sie erinnerte sich daran, dass er sie dadurch gebrochen hatte. Nun, dadurch und durch eine Woche der grausamsten Folter, aber wer war schon so kleinlich?

»Morgan, hast du dem etwas hinzuzufügen?«, antwortete er mit tödlicher Ruhe und lehnte sich vor, bis er sich mit seinen Unterarmen auf die Tischplatte mit der dunklen Holzmaserung lehnte.

Ein Stapel Papiere, sein Siegel, das eine Wolfsilhouette zeigte, und Schreibutensilien waren ordentlich darauf verteilt. Larkin schloss die Tür zu seinem Arbeitszimmer niemals ab, weil er es nicht als nötig ansah. Niemand würde es wagen, in seinen Bereich einzudringen und wenn es doch jemand tat – Larkin wusste ganz genau, wo sich jedes Utensil, jedes Staubkorn in seinem Zimmer befand, wenn er es verließ.

Niemand würde die Möglichkeit erhalten, diesen Fehler zwei Mal zu begehen.

»Ich …« Ihr Blick schoss zu Thomas und dann wieder zu Larkin. »Nein.« Am liebsten hätte sie geschrien, was für ein Narr Thomas gewesen war, aber das würde ihr eine Strafe einhandeln. Larkins Urteil würde durch nichts, was sie sagte, beeinflusst werden.

»Ich verstehe.« Er erhob sich von seinem Stuhl und ging gemächlich um den Schreibtisch herum, bis er vor ihr innehielt. Seine Finger umschlossen schmerzhaft ihr Kinn und hoben ihren Kopf an, sodass sie das Grau seiner Iriden sehen konnte. Sie hätte am liebsten den Blick abgewendet, doch das wäre ein Zeichen von Schwäche gewesen. Larkin würde dieses Verhalten nach ihrer vergangenen Ausbildung niemals akzeptieren. Vor so vielen Jahren hatte sie versucht, ihn auszutricksen, indem sie, statt in seine Augen zu sehen, seine Nase mit der hellen Narbe auf dem Rücken anvisierte. Diesen Trick hatte er natürlich jedes Mal durchschaut und sie seinen Missmut darüber spüren lassen.

Schließlich ließ er seine Hand fallen, trat an ihr vorbei und positionierte sich vor Thomas, der ihn um einen halben Kopf überragte. Es gab jedoch keinen Zweifel daran, wer die größere Autorität in diesem Raum besaß.

»Das Problem ist, Thomas, dass du erfolgreich meinem Ruf geschadet hast. Du hättest Robbart lediglich mit einer Verwarnung davonkommen lassen sollen, schließlich ist er neu in der Stadt und muss erst mit unseren Gesetzen bekannt gemacht werden.« Morgan spürte beinahe, wie viel Kraft es den Schmuggler kostete, Larkin nicht zu unterbrechen. »Aus diesem Grund übergebe ich deinen nächsten Auftrag an Morgan.«

»Was? Larkin, das kannst du nicht tun!«, entschlüpfte es Thomas dann doch.

»Ich kann und ich werde.« Die Spannung löste sich auf, als sich Larkin von den Wölfen abwandte. »Ihr seid entschuldigt.«

Bevor es sich der Alphawolf anders überlegen konnte, schlüpfte sie hinter Thomas aus dem Zimmer und schloss die Tür sachte hinter sich. Das Lächeln konnte sie nicht mehr länger zurückhalten und erntete dafür einen düsteren Blick von Thomas

»Freu dich nicht zu früh, kleines Ding.« Er schubste sie grob gegen die Wand, bevor er an ihr vorbei den Korridor entlangstampfte.

Sie grinste von einem Ohr zum anderen. Durch seine höhere Stellung bekam Thomas Aufträge zugeteilt, die zwar schwieriger, aber durchaus profitabler waren. Dadurch würde sich ihr Anteil vergrößern und sie war ihrer Flucht von diesem verpesteten Ort ein Stück weit nähergekommen. Sie wusste zwar nicht, was sein nächster Auftrag sein würde, aber sie würde ihm gewachsen sein. Larkin hätte sich niemals auf diese Art von Bestrafung eingelassen, wenn er dadurch einen Auftrag gefährdete.

Das Grinsen verschwand augenblicklich, als sie den Salon wieder betrat, in dem ihr nun mit noch größerer Feindseligkeit begegnet wurde. Sie hätte es nicht für möglich gehalten, aber offenbar hatte Thomas seine Silberzunge dafür benutzt, sie weiter auszugrenzen. Dass einer der ihren bestraft wurde und sie daraus einen Vorteil zog, gab ihnen Grund genug.

»Hure«, zischte Ted, ein schlaksiger Mann mit sandfarbenem Haar, das dauernd in sein schmales Gesicht fiel. Auch jetzt schob er die fettigen Strähnen hinter seine Ohren, obwohl sie sich im nächsten Moment wieder lösten.

Diese Art von Beschimpfungen war sie gewohnt, schließlich war sie in den Augen der anderen keinen Silberling wert und sollte eher ihren Körper verkaufen, als sich Wölfin zu nennen.

»Willst du mein Bett wärmen, *kleines Ding?*«, fragte jemand anderes mit einem anzüglichen Grinsen.

Seine Freunde brachen in schallendes Gelächter aus und machten ein paar obszöne Gesten, die ihr nicht mehr als erhobene Augenbrauen entlockten. Innerlich sah es jedoch anders aus, aber ihnen würde sie niemals einen Blick hinein gewähren.

»Hier, ich hab dir was zu essen mitgenommen.«

Als sie Rhion auf sich zuschreiten sah, der als Beta ohne Probleme die Menge teilte, wäre sie vor Erleichterung beinahe in die Knie gegangen. Trotz ihrer Freude über Thomas' Bestrafung war sie nicht aus Eisen gefertigt und die Beschimpfungen setzten ihr mehr zu, als sie je zugeben würde. Wie oft musste sie sich noch beweisen, bevor sie als eine der ihren akzeptiert wurde?

Niemals. Als Frau hatte man in Atheira keinen festen Stand und erst recht nicht in den Kreisen, in denen sie sich bewegte.

»Danke«, murmelte sie, bevor Rhion ihr eine Tonschüssel reichte und dann in Richtung Treppe nickte.

»Lass uns nach oben gehen.« Er zog seine dunkelgraue Ballonmütze vom Kopf und steckte sie in die Innentasche seiner Tunika. Selbst in der heißen Jahreszeit verließ er das Haus nie ohne sie, obwohl er darunter doch schwitzen musste. Sie wusste nicht genau, warum sie ihm so wichtig war, schließlich war sein dunkelblondes Haar im Gegensatz zu Larkins zwar kurz, aber voll.

Sie folgte ihm in ihr eigenes Zimmer, in dem die Fenster mit Brettern vernagelt worden waren, weil sich Larkin nach einem besonders brutalen Kampf geweigert hatte, das Glas zu ersetzen. Er hatte einen Wolf, der ihn bestohlen hatte, durch das Fenster nach draußen befördert, wo er mit gebrochenen Beinen liegen geblieben war, bis jemand sein Stöhnen leid geworden war und ihm ein Ende bereitet hatte.

In der kalten Jahreszeit wurde die Luft zwar eisig, aber dafür hatte sie ihre Ruhe.

Sie ließen sich auf dem Boden in der Ecke nieder, in der sie Decken in mehreren Lagen übereinandergestapelt hatte. Morgan spürte, wie sich die Ruhe über sie legte, nachdem sie nun nicht mehr die hasserfüllten Blicke der anderen ertragen musste. Endlich konnte sie sich in der Gewissheit baden, die beste Wölfin von allen zu sein. *Sie* hatte keinen Fehler begangen. *Sie* war Larkins beste Waffe.

Während sie den Eintopf in sich reinschaufelte, entzündete Rhion zwei Kerzen. Er warf ihr dabei immer wieder musternde Blicke zu, als würde er ihren Bericht kaum noch erwarten können. Als Beta hätte er natürlich das Recht gehabt, dem Gespräch zwischen Larkin, Thomas und ihr beizuwohnen, doch das war nicht Rhions Art. Er hielt sich lieber im Hintergrund, beobachtete und arbeitete an geheimen Plänen. Einer der Gründe, weshalb er Larkins rechte Hand war.

Bis heute verstand sie nicht, wieso Rhion sich ihrer angenommen hatte und sie stets beschützte, wenn die anderen Wölfe mal wieder zu rau mit ihr umsprangen.

»Ich nehme an, du bist zufrieden?«, fragte er schließlich, nachdem er sich ihr gegenüber auf ein Kissen, gefüllt mit Gänsefedern, niedergelassen hatte. Es war ein Geburtstagsgeschenk von ihrer einzigen Freundin gewesen und sie musste sich dazu zwingen, nicht das Gesicht zu verziehen. Ein kleiner Trost war, dass er dem mit Blumenerde gefüllten Topf keinerlei Beachtung schenkte. Erst vor einer Woche hatte sie in ihm eine Zwiebel vergraben, in der Hoffnung, dass etwas Schönes an diesem unheilvollen Ort heranwuchs und sie dadurch einen Teil des botanischen Gartens von Yastia in ihrer Nähe hatte. Die ersten grünen Blätter sprossen bereits aus der Erde und entlockten ihr ein Lächeln.

Seit ihrer Entführung war ihr nichts mehr so wichtig gewesen wie diese Pflanze, die nur lebte, weil sich Morgan um sie kümmerte. Ohne Morgan würde sie nicht existieren.

»Also hat Thomas innerhalb einer Minute alles ausgeplaudert?«, entgegnete sie mit deutlichem Missmut in der Stimme. Der warme Ball von Zufriedenheit ließ sich dadurch allerdings nicht aus ihrem Inneren vertreiben. Zum ersten Mal seit langer Zeit fühlte sie sich so stark und unberechenbar, als könnte sie die Hand ausstrecken und die Sterne vom Firmament pflücken.

»Überrascht es dich?«

»Natürlich nicht.« Sie stieß ein tiefes Seufzen aus, dann stellte sie die nunmehr leere Schüssel ab. »Weißt du etwas über seinen nächsten Auftrag?«

»Larkin hat sich darüber sehr bedeckt gehalten, aber ich glaube, Thomas sollte etwas vom König stehlen.« Er warf ihr einen vorsichtigen Blick zu, als würde er nicht genau einschätzen können, wie sie darauf reagierte.

»Vom neuen König?«, rief sie aus, bevor sie ihre Stimme dämpfte, um von niemandem gehört zu werden, der möglicherweise in der Dunkelheit des Flurs die Ohren gespitzt hielt. »Ist er wahnsinnig?«

»Ich frage mich, wann die Menschen endlich damit aufhören, ihn den *neuen* König zu nennen.« Er klang müde und wirkte wieder wie jedes der fünfzig Jahre, die er bereits durchlebt hatte. »König Joram Zaheda ist seit neun Jahren tot. Solange ich lebe, wird es keinen anderen König mehr geben als seine Majestät Deron Cerva.«

»Du bist gar nicht so viel älter als er«, entgegnete sie nachdenklich. »Glaubst du nicht, er stirbt früher, um dann einem seiner Söhne den Thron zu überlassen?«

»Bei allen Fäden, seine Macht wird er so schnell nicht wieder loslassen.«

»Er ist ein Mensch, Rhion. Menschen können den Tod nicht bekämpfen, wenn er ihnen auflauert.«

»Nein, vermutlich nicht.«

Sie verdrehte die Augen, bevor sich Schweigen über sie senkte. Dann erinnerte sie sich daran, dass sie Rhions Frage nicht beantwortet hatte. »Ich habe lange auf eine Chance gewartet, mich zu beweisen. Das weißt du.«

»Aber durch einen Auftrag, der für Thomas bestimmt war?« Er rieb nachdenklich seinen gestutzten grauen Bart.

»Thomas ist nicht besser als ich«, erwiderte sie verteidigend, zog die Beine an und schenkte ihrem Gegenüber einen herausfordernden Blick.

»Nicht besser, nein«, stimmte ihr der Wolf zu. »Aber anders. Du bist noch so jung, Morgan, manchmal vielleicht zu jung.«

»Was soll das bedeuten? Ich habe bereits über die Hälfte meiner Lebensschuld abbezahlt. So schnell wie niemand sonst von den anderen Wölfen!«, rief sie empört aus, bevor sie aufsprang. Von jedem anderen war sie Zweifel gewohnt, doch nicht von Rhion. Er war derjenige, der ihr Mut zusprach, wenn sie sich klein und bedeutungslos fühlte. Er nahm sie an die Hand, wenn sie wieder einmal von der nahenden Dunkelheit verschluckt zu werden drohte. Sie ertrug seine Zweifel nicht.

»Beruhige dich, Mor. Ich wollte damit bloß sagen, dass du auf der Hut sein sollst. Nichts weiter.« Er erhob sich schwerfällig von ihrem Gänsefederkissen. »Schönes Kissen. Von Cardea?«

»Woher ...?«

Seine meerblauen Augen strahlten Güte und Zuneigung aus, als er sanft ihre Wange berührte. Sie spürte die harten Schwielen an seinen Fingerkuppen. »Sei vorsichtig.«

Kurz bevor er aus der Tür verschwand, hielt sie ihn noch einmal zurück. Ein Gedanke hatte sich wie ein Parasit in ihrem Verstand festgesetzt.

»Rhion? Es gibt eine Sache, die mich ... stört.«

»Und die wäre?« Er sah sie nicht an, sodass sie nur sein Profil im schwachen Licht der Kerzen erkennen konnte.

»Dieser Fehler ... Thomas unterlaufen normalerweise keine Fehler dieser Art. Ihm unterlaufen *nie* Fehler und ganz besonders nicht, wenn er dadurch Larkins Ruf gefährden kann.«

»Vielleicht nicht«, gestand Rhion ein und neigte leicht den Kopf. »Und doch hat er ihn begangen.« Damit trat er in den Korridor hinaus und zog die Tür fest hinter sich ins Schloss.

Kapitel · 3

Sie wurde durch das Läuten der Palastglocken zur Mittagsstunde geweckt und drehte sich gähnend zur Seite. Am liebsten würde sie noch eine Weile liegen bleiben, doch sie spürte schon jetzt die sich aufstauende Hitze. Schon bald würde ihr Körper schweißgebadet sein. Außerdem wartete Cardea auf sie. Wenn sie so darüber nachdachte, konnte sie es kaum abwarten, ihre Freundin zu besuchen, um ihr von den Ereignissen der vergangenen Nacht zu erzählen.

Schon lange hatte Morgan auf eine Chance wie diese gewartet und ihre Freundin würde sich bestimmt mit ihr zusammen darüber freuen. Vor allem konnten sie sich darüber lustig machen, wie lächerlich sich Thomas mit seinem Verhalten gemacht hatte.

Mit einem selbstzufriedenen Grinsen auf den Lippen wusch sie die schwarze Farbe von ihrer oberen Gesichtshälfte ab, wechselte ihre Baumwollleggings und die Tunika gegen neue aus, die sie gestern gewaschen hatte. Die Tunika war in einem blassen Blau gehalten, das einst sicherlich gestrahlt hatte, doch das Kleidungsstück war wie viele andere in ihrem Besitz bereits durch mehrere Hände gegangen.

Wenn sie einen Auftrag für Larkin erledigte, bevorzugte sie meist schwarzes oder braunes Leder, da sie dadurch besser mit den Schatten verschmolz, doch es war nicht ratsam, den dunklen Stoff unter der heißen Sonne zu tragen. Besonders in den engen, gepflasterten Gassen von Yastia staute sich die Hitze und wurde zu einem nebligen Flimmern. Wenn man nicht achtgab, plagten einen Übelkeit oder Atembeschwerden.

Nachdem sie die Kräuter, die sie ein paar Tage zuvor auf dem Schwarzmarkt für Cardea besorgt hatte, in eine leichte Umhängetasche verstaut hatte, machte sie sich auf den Weg.

Im unteren Teil des Hauses begegneten ihr nur wenige Schmuggler und niemand von ihnen schenkte ihr mehr als einen finsteren Blick. Zu dieser Stunde schliefen die meisten in einem der Zimmer ihren Rausch aus oder besuchten ihre Familien, die sie mit den Verdiensten als Wölfe unterstützten.

Nicht alle Schmuggler mussten bei Larkin eine Lebensschuld abbezahlen. Manche schlossen sich ihm erst in späteren Jahren an, sodass er für ihre Ausbildung keinerlei Geld ausgeben musste. Sie wurden zwar nicht für die heiklen Geschäfte ausgewählt, aber für alles andere reichten ihre meist auf der Straße angeeigneten Fähigkeiten.

Morgans Fall lag da etwas anders.

Eilig schlüpfte sie durch die Vordertür, ließ sie hinter sich ins Schloss fallen und reihte sich in den geschäftigen Mittag ein. Ein Großteil der Wege führte direkt zum Henkersplatz, der aus offensichtlichen Gründen so genannt wurde. Erst gestern waren drei Reisende aus Drarath gehängt worden, weil sie dem König die Magie in ihrem Land nicht zu seiner Zufriedenheit erklären konnten. Dass sie angeblich selbst keine Magier gewesen waren, war für den Regenten keine Entschuldigung gewesen.

Neben den Wegen zum Henkersplatz gab es noch einige verwinkelte Seitenstraßen und gewundene Gassen, die in Gegenden führten, die Fremde in der Stadt niemals finden würden. Heute würde sie allerdings keinen Gebrauch von diesen machen. Cardea wohnte schließlich zwischen dem Villenviertel und dem Stadtteil der Wanderer, wo sie erfolgreich eine Näherei betrieb.

Während Morgan unwillkürlich der patrouillierenden Stadtwache in den dunkelblauen Uniformen auswich, malte sie sich aus, wie viel Geld sie mit dem nächsten Auftrag verdienen würde.

Es wäre Wahnsinn, wenn sie es vor ihrem übernächsten, ihrem einundzwanzigsten Geburtstag schaffen würde, ihre Schuld vollständig abzubezahlen. Sie war in dem Moment entstanden, als sie von Larkin entführt worden war. Mit dem Tag hatte ihre Ausbildung zur Wölfin begonnen und um zu einer der Besten zu werden, hatte Larkin viel Geld in sie und ihre Ausbildung investiert. Diese Schuld musste von ihr beglichen werden, bevor sie etwas für sich selbst verdienen oder das Pack verlassen konnte. Und das wollte sie. Sie war nicht zur Diebin geboren.

Und ob du das bist. Du willst es nur nicht wahrhaben, ertönte die Stimme, die während eines Auftrags meist die Kontrolle behielt und sie zu Taten antrieb, die sie sich normalerweise nicht trauen würde. Sie hatte ihr schon das eine oder andere Mal das Leben gerettet.

Vielleicht hatte sie recht.

Morgan war unheimlich gut in dem, was sie tat, und fand auch in noch so prekären Situationen eine Lösung. Das war einer der Gründe, weshalb sie so von Larkin geschätzt wurde, auch wenn er ihr bis heute nicht gesagt hatte, warum er gerade *sie* mit sich genommen hatte. Vor oder nach ihr hatte er sich nie wieder persönlich um einen Schüler oder eine Schülerin gekümmert, was ihr nicht selten von den anderen Wölfen geneidet wurde. Dabei hätte sie alles darum gegeben, nicht ständig im Fokus zu stehen.

Sie wollte Larkins Aufmerksamkeit nicht. Sein grausames Lächeln hatte sich im letzten Jahrzehnt so sehr in ihren Verstand gebrannt, dass sie allein bei dem Gedanken daran Schweißausbrüche bekam. Er verlangte Fähigkeiten von ihr ab, die ihn bei niemand anderem interessierten. Es hatte ihm nicht ausgereicht, dass sie in allen schulischen Fächern ausgezeichnet gebildet war und neben der Gemeinschaftssprache auch fließend Idrelisch und Drarathisch, das sowohl in Drarath als auch in Leistia gesprochen wurde, sprach; nein, sie musste mit jeder Waffe kämpfen und siegen können. Wenn sie nicht siegte, erwartete sie ein noch viel schlimmeres Schicksal. Diesen Satz hatte sie sich einprägen müssen, denn die Zeichen der Wahrheit trug sie als Narben überall an ihrem Körper.

Die meisten Neulinge wurden von der Straße hereingekehrt und für die Anfangszeit unter Rhions Fittiche genommen, bis er einen dauerhaften Mentor für sie fand und sie dann an diese abschieben konnte.

Als sie den Marktplatz erreichte, wurde sie wie ein Floß ins offene Meer der Menschen getrieben.

Die erste Ernte war eingeholt worden und wer am schnellsten war, konnte die besten Preise verlangen. Genauso hatte man als Kunde die größte Auswahl an Lebensmitteln, je früher man hier auftauchte.

Sie ließ sich eine Weile treiben, stahl einen Apfel, als der Standverkäufer einer Adligen mit milchweißer Haut und zwei Wachen im Anhang besonders schöne Augen machte. Das Gesicht verziehend wandte Morgan sich ab, biss in den saftigen grünen Apfel und blickte zum glitzernden Palast von Atheira hinauf. Es war ein beeindruckendes Konstrukt aus grauem Stein, durchsichtigem Glas und gemeißelten Statuen. Der Palast war so gigantisch, dass er vermutlich die Hälfte der Bewohner der Altstadt von Yastia beherbergen könnte. Die hellgraue Fassade schimmerte im strahlenden Sonnenlicht, als wären Diamanten aus der Mine in Pelia in sie hineingearbeitet worden. Dagegen verschluckte der dunkle Stein der zwei massiven dunklen Türme, die zu beiden Seiten des Palastes in den Himmel sprossen, regelrecht das gleißende Licht.

Den linken Turm bewohnten die Heilerinnen, die das Gebäude nur in Begleitung eines Priesters verlassen durften.

Sowohl Heilerinnen als auch Priester waren Bluthexen und -hexer, doch nur männliche Hexer lebten in Freiheit. Sie wurden auf einer weit entfernten Insel im Westen, deren Name ihr entfallen war, ausgebildet, schrieben in ihr eigenes Zauberbuch und entwickelten neue Zaubersprüche, während weibliche Bluthexen lediglich in der Kunst des Heilens ausgebildet wurden. Diese Art der Blutmagie war zwar sehr gefragt, doch auf sie wurde auch mit einem nachsichtigen Lächeln herabgesehen. Sie war bei Weitem nicht so machtvoll wie die Kampf- oder Schutzmagie.

Deshalb wurde vom Hohen Priester, dem Dux Aliquis, ständig geprüft, dass den Frauen ausschließlich das Heilen beigebracht wurde. Ihre Leben gehörten dem Königreich und sie durften ihre Magie einzig und allein dafür einsetzen, Krankheiten zu heilen. So sagte man sich jedenfalls.

Morgan verabscheute diese Überwachung, auch wenn sie selbst nicht davon betroffen war. Doch sie lebte seit beinahe einer Dekade in Atheira und hatte genau ein Jahr lang die Herrschaft des alten Königs miterlebt. Unter ihm war zwar jedwede Art von Magie verboten gewesen, aber Frauen waren respektvoll behandelt worden. Der neue König nutzte seine Macht, um diesen Respekt in allen Männern zu zerstören. Frauen waren Objekte, die Männern zu gehorchen hatten. Häusliche Gewalt wurde nicht länger geahndet und Wachen sahen darüber hinweg, wenn Frauen auf offener Straße schlecht behandelt wurden. Dem Vater musste gehorcht werden, die Zahl der Zwangsheiraten nahm stetig zu und wenn sich die Frau den Männern in ihrer Familie widersetzte, so musste sie sogar mit einem Aufenthalt in den Kerkern rechnen.

Kurz bevor Morgan vor das Tor geschoben wurde, hinter dem der ansteigende Weg zum Palast erkennbar war, kämpfte sie energischer gegen die Menge an und wurde als Dank ein paar Gassen weiter wie eine ungeliebte Gräte in einem Fischeintopf ausgespuckt.

Das Kerngehäuse des Apfels warf sie auf einen stinkenden Haufen Hausmüll, dann wischte sie sich die klebrigen Hände an ihrer Tunika ab.

Bevor sie Cardeas kleine Näherei betrat, stellte sie sicher, dass ihr niemand folgte. Im gemäßigten Schritt lief sie mehrmals das Viertel ab, besah sich ein Gebäude näher, dann ruhte sie sich mal im Schatten einer Eiche aus. Dabei hatte sie immer die Menschen um sich herum im Blick, aber niemand von ihnen folgte ihr oder benahm sich in irgendeiner Weise verdächtig. Meistens verrieten sich Verfolger dadurch, dass sie zu lange an einer Stelle ausharrten, ohne dass es dafür einen Grund gab. Oder sie blickten zu auffällig in jede Richtung, nur nicht in die ihres Opfers, wenn es ihren Blick suchte.

Es war unabdinglich, dass keiner ihrer Feinde von ihrer Freundschaft mit Cardea erfuhr. Es würde sie sonst in Gefahr bringen. Schließlich gab sie sich mit ihrer Musterung zufrieden und eilte zu Cardea.

Draußen an der Fassade hing ein kleines, rechteckiges Schild, auf dem eine Nadel und ein Faden abgebildet waren. Im Schaufenster lagen verschiedene Kleidungsstücke aus, die Cardea allesamt, allein um sie auszustellen, geflickt hatte. Sie gehörte nicht zu den großen Künstlerinnen, die die schönsten Roben kreierten. Ihre Arbeit bestand darin, für die kleinen Leute ihre wenigen, kostbaren Kleider zu flicken. Aber all dies war größtenteils eine Fassade, damit sie tun konnte, was sie am liebsten tat: als Heilerin arbeiten.

»Cardea?«, rief Morgan, nachdem das Glöckchen über der Tür euphorisch ihr Eintreten verkündet hatte.

»Hier hinten!«, rief die junge Frau, die vier Jahre älter als Morgan und so viel weiser, mutiger und schöner war. Außerdem leitete sie ein eigenes Geschäft und das trotz aller Widerstände, denen man sich als Frau in Yastia gegenübersah. Nicht selten wurden Geschäftsfrauen scheinbar willkürlich die Lizenz vom Bürgermeister entzogen. Morgan war sich jedoch sicher, dass dies nur dann geschah, wenn sie einem Mann im gleichen Geschäftsbereich Konkurrenz machten und dieser sich bei der Stadt beschwerte.

Morgan schob den Riegel vor die Tür, damit sie von niemandem gestört wurden, und begab sich dann auf die Suche nach ihrer Freundin, die sich irgendwo in dem vollgepackten Laden befinden musste. Eine Angestellte besaß sie nicht, weshalb Morgan nicht darauf achtgeben musste, nichts Falsches zu sagen, und eine Kundin befand sich hoffentlich auch nicht im Laden.

Das Geschäft bestand aus einem Arbeitsraum, in dem sich die Aufträge stapelten und in dem Cardea die meisten Näharbeiten erledigte, sowie aus einem schmalen Hinterzimmer, in dem sie übernachtete. In der kleinen Küche mischte Cardea die Tinkturen zusammen, die sie als Heilerin brauchte. Natürlich wusste nur Morgan darüber Bescheid, da Cardea jeden Auftrag maskiert aufsuchte und meistens mit Morgan als Begleitung. Da sie jedoch nicht immer sofort zur Verfügung stand, hatte Morgan sie ein paar nötige Handgriffe zur Selbstverteidigung gelehrt, falls sie angegriffen werden würde und jemand versuchte, ihre wahre Identität zu enthüllen.

Wenn jemand allerdings Hilfe brauchte, hinterließ dieser eine Nachricht hinter einem losen Stein des Sockels, auf dem die Statue der drei Schicksalsgöttinnen thronte. Im Schatten zweier Ahornbäume, halb zerfallen und mit Efeu bewachsen, geriet sie mehr und mehr in Vergessenheit. Selbst König Deron war sie und der Glaube Alt-Atheiras nicht wichtig genug, um sie abreißen zu lassen.

Ein Jahr nach der Eroberung Atheiras hatte er lediglich überall in der Stadt Statuen und Bildnisse zu Ehren der drei Schutzgötter des ehemaligen Eflains errichtet und aufgehängt. Nur der Tempel, in dem die alte Königsfamilie den Schicksalsgöttinnen gehuldigt hatte, war umdekoriert worden, auch wenn Morgan weder davor noch danach je dort gewesen war. Aber man hörte Geschichten ...

Morgan fand Cardea schließlich tief über eine braune Stoffhose gebeugt. Sie durchtrennte gerade einen Faden mit ihren Vorderzähnen, bevor sie zu ihrer Freundin aufsah. Die silbernen Augen in ihrem herzförmigen Gesicht lächelten, aber auch an ihren stets nach oben gerichteten Mundwinkeln zupfte ein Lächeln.

Wenn Morgan mit ihrem mahagonifarbenen Haar und dem dunklen Teint die Schatten verkörperte, in denen sie lebte, so spiegelte Cardea Sonne und Wärme wider.

»Ich bin sofort fertig. Magst du uns schon mal einen Tee aufsetzen?«, fragte sie und deutete mit einem Kopfnicken zum Hinterzimmer. Strähnen ihres aus Gold gesponnenen Haars hatten sich aus ihrem im Nacken zusammengebundenen Knoten gelöst und ringelten sich um ihr Gesicht.

»Gern.« Auf dem Weg dorthin musste die Wölfin in Schlangenlinien diversen Möbelstücken ausweichen, die unter den Haufen an Kleidungsstücken meist erst kurz vorher zu erkennen waren. »Ich habe die Tür schon abgeschlossen. Was willst du für einen Tee?«

»Hibiskus bitte«, rief sie zurück.

Das Hinterzimmer war länglich und bot links und rechts Platz für riesige Regale, die von oben bis unten mit allerlei Kräutern bestückt waren, die auch in Büscheln von den Holzstreben unter der Decke hingen. Diese Kräuter waren allesamt legal und würden Cardea nicht in Schwierigkeiten bringen.

Anders sah es da schon bei einem versteckten Fach hinter einem Blumentopf aus, der ihren Vorrat an verwelkten Blättern einer Myrte beherbergte. Niemand durfte erfahren, dass sie fernab der Augen der Priester Blutmagie wirkte. Sie würden sie einsperren und wenn nicht töten, dann doch knechten. Sie sagten, Bluthexen würden den Übeln der Welt zu schnell nachgeben, wenn sie keinen Priester hatten, der sie anleitete und somit davon abhielt, zu sündigen.

Vollkommener Humbug.

Morgan setzte einen Topf mit Wasser auf die Herdplatte und kümmerte sich dann um das Feuer. Es herrschte zwar die quälende heiße Jahreszeit, doch auf eine von Cardeas köstlichen Teesorten wollte sie nicht verzichten.

Nach kurzem Zögern ließ sie sich schließlich auf einem der beiden Stühle nieder, die schon mal bessere Tage gesehen hatten und von denen sie sich bereits mehrere Holzsplitter eingehandelt hatte.

»Ich bin da, ich bin da.« Cardea stürmte in den kleinen Raum, als Morgan mit kochendem Wasser den Tee in einer Kanne aufgoss. »Tut mir leid, aber momentan stapeln sich die Aufträge nur so.«

»Das bedeutet, dein Vermieter sitzt dir nicht mehr im Nacken?«
Sie befreite sich von dem Schal, der um ihren schlanken Hals gelegen hatte, an dem eine Kette mit einem perlmuttfarbenen Stein als Anhänger hing.

»Oh nein«, antwortete Cardea mit einem Blitzen in den Augen. »Ich habe ihm erst mal mit ein paar Kronen den Mund gestopft und jetzt belästigt er mich hoffentlich nicht mehr.«

»Du weißt, mein Angebot steht nach wie vor. Ich kann ihm gerne einen Besuch abstatten.« Die Schmugglerin zwinkerte ihr zu, obwohl ihre Worte ernst gemeint waren. Sie verabscheute den Vermieter, der ihre Freunde in der Vergangenheit mit täglichen Besuchen schikaniert hatte.

Cardea übernahm die Aufgabe, den Tee nach kurzer Ziehzeit in ihre Tonbecher zu gießen, bevor sie sich Morgan gegenübersetzte.

Die Tischplatte wurde von mehreren Büchern verdeckt, die an verschiedenen Seiten aufgeschlagen dalagen, als hätte Cardea zwischendurch vergessen, dass sie eigentlich mit Lesen beschäftigt gewesen war.

»Wie war die Übergabe?«, wechselte sie das Thema und musterte ihre Freundin. »Du wirkst aufgeregt. *Wieso* bist du aufgeregt?«

»Thomas hat einen Fehler begangen«, rief Morgan freudig aus. Sie konnte die Geschehnisse nicht länger für sich behalten, weil sie so gespannt war, zu erfahren, was ihre Freundin davon hielt.

»Wie bitte?« Cardea zuckte zurück, als hätte sie alles, nur nicht das erwartet. Morgan konnte sie zu gut verstehen, schließlich war es ihr ähnlich ergangen und sie war dabei gewesen.

»Er hat um mehr Geld gefeilscht und dann ist die ganze Situation eskaliert. Der Händler konnte zwar fliehen, aber wir mussten seine beiden Begleiter ... nun ja, du weißt schon.« Sie hob eine Hand und stieß einmal in ihre Richtung, als würde sie ein Messer festhalten und ihr damit den Todesstoß versetzen.

»Das klingt so gar nicht nach dem, was du mir über ihn erzählt hast.« Damit berührte Cardea genau den wunden Punkt dieser Geschichte. Rhion hatte Morgans Bedenken verworfen und Cardea teilte sie. Wessen Urteil sollte sie mehr vertrauen?

»Nein, irgendwie nicht«, sagte sie, etwas in ihrer Euphorie gedämpft, und richtete den Blick auf die dampfende Flüssigkeit vor sich. »Trotzdem, Larkin hat ihn bestraft und ich bekomme seinen nächsten Auftrag.«

»Oh Morgan, das ist ja wundervoll! Deine Freiheit rückt immer näher.« Sie umfasste Morgans Hand und drückte sie fest, während sich Morgan auf ihr aufmunterndes Lächeln konzentrierte, das ihr schon oft Kraft geschenkt hatte. »Weißt du schon, was du danach tun willst? Wirst du weiterhin für die Wölfe arbeiten?«

Nachdenklich nahm die Schmugglerin einen Schluck Tee und spürte, wie die warme Flüssigkeit ihre Kehle hinabrann.

»Ich würde gern nach Hause gehen …«, sagte Morgan langsam und mit Bedacht, als würde sich der Wunsch in Luft auflösen, sobald sie ihn aussprach.

»Aber?«

Ein kleines Lächeln schlich sich auf Morgans Lippen, da Cardea selten eine ihrer Gefühlsregungen entging.

»Aber ich weiß nicht, ob meine Eltern noch in Scaonia leben. Vielleicht sind sie weggezogen oder sie denken, dass ich tot bin, oder …« Seufzend wischte sie sich eine kastanienbraune Strähne aus dem Gesicht.

»Nun, ich bin mir ziemlich sicher, dass sie das denken. Kein zehnjähriges Mädchen schafft es, allein zu überleben, und wenn sie nicht glauben, dass ich davongelaufen bin, dann, dass ich vermutlich entführt und bereits getötet worden bin.«

»Sag so etwas doch nicht. Eine Mutter spürt, ob ihr Kind lebt oder nicht«, beschwichtigte Cardea sie.

»Vielleicht, aber das macht ohnehin keinen Unterschied. Ich sollte keinen Gedanken mehr an sie verschwenden, das würde sie nur in Gefahr bringen. Selbst wenn ich meine Lebensschuld abbezahlt habe, besitze ich genug Feinde, die jede meiner Schwächen gnadenlos ausnutzen würden.« Morgan entzog Cardea ihre Hände, um sie zwischen ihre Knie zu schieben. So mutig sie sich auch meist fühlte, wenn sie an ihre Familie dachte, wurde sie zum Feigling. »Was ist, wenn ich für immer eine Wölfin sein muss?«

»Dann wirst du die beste Wölfin sein, die je in Yastia gelebt hat.«

»Weil ich die einzige bin?«

»Weil du die Alphawölfin sein wirst«, erwiderte sie ernst.

»Du solltest so etwas nicht sagen«, murmelte Morgan. Die Freude über Thomas' Fehler und ihren neuen Auftrag verebbte und hinterließ eine allzu bekannte Leere vermischt mit einem bitteren Beigeschmack.

»Wieso nicht? Ich gehöre nicht zu euch Schmugglern.«

»Rhion weiß, dass wir miteinander befreundet sind, und ich bin mir sicher, er hat Spione auf dich angesetzt, die Larkin alles brühwarm über dich berichten werden.« Sie hoffte inständig, dass nicht Thomas zu diesen Spionen gehörte.

»Warum?« Sie legte die Stirn in Falten.

In Momenten wie diesen wurde Morgan wieder bewusst, dass Cardea nicht als Wölfin aufgewachsen war. Sie war nie von Larkin geschlagen worden, hatte keine kalte Jahreszeit lang hungrig und frierend auf den Straßen von Yastia gelebt, um den Schmugglern die eigene Widerstandsfähigkeit zu beweisen. Sie musste noch nie das Messer gegen einen anderen Menschen erheben und hatte nie vor der Entscheidung gestanden, das Richtige oder das von Larkin Erwartete zu tun.

»Damit sie etwas gegen mich in der Hand haben, falls ich eines Tages aus der Reihe tanzen sollte«, antwortete Morgan, obwohl sie Cardea lieber im Dunkeln gelassen hätte. Doch sie besaß das Recht zu erfahren, wenn ihr Leben auf dem Spiel stand.

»Meinst du, sie wissen davon?« Sie wisperte das letzte Wort so leise, dass Morgan es kaum verstand.

»Unwahrscheinlich. Du bist doch noch immer vorsichtig, oder? Erst die Maske aufziehen und die Seiten des Umhangs tauschen, wenn …«

»… wenn ich genügend Abstand zwischen mich und meinem Laden gebracht habe und mich an einem Ort befinde, den niemand einsehen kann«, beendete sie die Instruktion, die ihr die Wölfin gegeben hatte, nachdem sie erfahren hatte, was Cardea war. Tagelang hatten sie hin und her überlegt, doch die Entscheidung war schon längst gefallen. Cardea wollte ihre Gabe für etwas Gutes einsetzen, aber nicht dafür eingesperrt werden.

»Immerhin hast du es dir gemerkt«, gab sie trocken zurück.

Kapitel · 4

Sie saßen eine Weile schweigend beieinander und genossen die Anwesenheit des jeweils anderen.
Schließlich wurden sie von den Palastglocken gestört, die Cardea an etwas zu erinnern schienen. Ihre Miene verzog sich, doch Morgan konnte sie nicht deuten.
»Bald werden wieder zwei Anwärterinnen als Heilerinnen auserwählt«, erklärte sie sich und stellte ihre nunmehr leere Tasse ab.
»Zwei?« Morgan kratzte sich am Kinn. »Wurde seit mehreren Jahren nicht immer nur eine ausgewählt?«
Cardea hob eine Schulter. »Schon, aber davor sind es auch immer zwei gewesen. Man munkelt, dass, gerade weil vor einer Weile nicht beide Auserwählten gefunden worden sind, jedes Jahr nur noch eine genannt wird.«
»Vielleicht bist du ja die verschollene Anwärterin?«, witzelte Morgan.
»Meine Begabung reicht bei Weitem nicht aus«, winkte Cardea ab. »Außerdem geschah das bereits nach meinem zwölften Lebensjahr. Ich wäre viel zu alt für eine Anwärterin gewesen.« Die Anwärterinnen waren besonders begabte Bluthexen, die der König als Heilerinnen nutzen wollte, damit die Reichen und Adligen ihren Prunk auch noch bis ins hohe Alter genießen konnten.
»Ja, vielleicht. Ich bin froh, dass dadurch weniger Mädchen in Knechtschaft geraten.« Allein bei dem Gedanken an den Hohen Priester schüttelte es sie. Sie war ihm bereits des Öfteren begegnet. Natürlich immer nur aus sicherer Entfernung, doch es genügte, um sich ein Bild von ihm zu machen. Ein Blick in sein hageres Gesicht und man erkannte sofort die wachsame Grausamkeit dahinter.

»Ich kann mir nicht vorstellen, wie es wäre, im Turm eingesperrt zu sein und ihn nur in Begleitung eines Priesters zu verlassen.« Cardea erschauderte.

»Lass uns über etwas anderes reden«, schlug Morgan vor und versuchte sich an einem aufmunternden Lächeln.

»Du hast recht. Da fällt mir ein, ich habe eine neue giftige Pflanze in einem meiner Bücher entdeckt, die, wenn richtig zubereitet, fiebersenkend sein kann. Leider komme ich nicht so einfach daran.« Cardeas Stimme war in weniger als fünf Sekunden von euphorisch zu enttäuscht gewechselt.

»Damit meinst du, man kann sie auf dem Schwarzmarkt besorgen?«

»Ich denke schon, ja …«

Morgan rollte mit den Augen. »Gut, ich habe einen Vorschlag für dich. Ich besorge dir diese … giftige Pflanze und du hilfst mir aus.«

»Bei was genau?« Cardeas Augen verengten sich misstrauisch.

»Sag Ja oder lass es bleiben«, stellte Morgan sie kompromisslos vor die Wahl. Sie wusste, dass sie gewonnen hatte. Wenn Cardea eine neue Möglichkeit entdeckt hatte, wie sie das Leiden ihrer Patienten auch ohne Magie vermindern konnte, würde nichts und niemand sie davon abhalten, ihr nachzugehen. Morgan war nicht so selbstlos.

»Fein.« Sie umfassten für einen kurzen Moment gegenseitig ihre Unterarme, um die Abmachung damit festzumachen.

»Oh, falls ich das Gift an jemandem testen soll, sag Bescheid.«

»Denkst du da an Thomas?«

»Möglich«, gab sie grinsend zu und erhob sich, um Cardea die anderen Kräuter zu geben, die sie das letzte Mal für sie besorgt hatte.

»Wenn du ihn nicht tot sehen willst, lieber nicht.«

Sie beschloss, dass es besser wäre, darauf nicht zu antworten.

Geduldig wartete sie darauf, dass Cardea die Kräuter einordnete, bis sie endlich preisgab, auf welchen Handel ihre Freundin sich da eingelassen hatte.

»Der Schmied schuldet mir noch einen Satz Wurfsterne«, sagte Morgan leise und verfehlte trotzdem nicht ihr Ziel.

Cardea wirbelte herum und stemmte wütend die Hände in die Hüften. Sie wusste sofort, was Morgan damit meinte, da es nicht das erste Mal war.

»Du hast mich ausgetrickst, Morgan!«
»Habe ich nicht«, erwiderte sie in ihrer Ehre gekränkt und kreuzte die Arme. »Du hast unserem Handel zugestimmt.«
»Du …! Mir fehlen die Worte!«
»Bist du so überwältigt davon, deinen werten Verehrer wieder zu treffen?«
»Er ist ein widerliches Ekel und so schnell werde ich mich auf keinen Handel mehr mit dir einlassen.« Sie befestigte ihr goldenes Haar unter einer weißen Haube und griff dann nach ihrem Beutel, den sie sich an den Gürtel hängte.
»Lass dir das eine Lehre sein, keine Geschäfte mit einem Wolf zu machen. So unschuldig er auch aussehen mag.« Morgan hob warnend einen Finger, konnte sich aber ein vergnügtes Lachen nicht verkneifen. Schnell duckte sie sich unter einen nicht ernst gemeinten Schlag hinweg, der sie an der Schulter getroffen hätte, und lief durch die Hintertür nach draußen.

Eine Wand aus Hitze und stickiger Luft begrüßte sie. In Cardeas Näherei war es vergleichsweise noch kühl gewesen und das trotz des Feuers, das im Herd brannte, und dem Tee in ihrem Magen.

Sie wartete, bis Cardea die Tür hinter sich abgeschlossen hatte, und hakte sich dann bei ihr unter.

»So schnell verzeihe ich dir deine Trickserei nicht, Morgan«, griff sie den Grund ihres Spaziergangs auf.

Sie hielten sich von dem Marktplatz fern und schritten die wenig belebten Straßen entlang, um das Schicksal nicht herauszufordern. Zwei Frauen, die allein durch die Stadt schlenderten, erregten meistens unwillkommene Aufmerksamkeit und ihnen wurden sowohl Beleidigungen als auch unfreundliche Blicke von Männern hinterhergeworfen. Die Stadtwache würde sich eher gegen sie verschwören, als ihnen beizustehen oder sie gar zu beschützen. Es war besser, den Kopf zu senken und möglichst vielen Menschen aus dem Weg zu gehen.

Wenn Morgan allein unterwegs war, machte sie sich nicht die Mühe, da sie sich ausreichend verteidigen konnte. Doch sie wollte nicht riskieren, dass Cardea etwas geschah und deshalb passte sie sich an.

Hectors Schmiede lag im südlichen Teil der Neustadt, sodass der stinkende Qualm und die Hitze der Essen weit von den Adligen fortgetrieben wurden. Er war der beste Schmied in ganz Atheira und das schloss natürlich auch das ehemalige Eflain ein. Der neue König entstammte dem fruchtlosen Land, das größtenteils aus karger Steppe bestand, und hatte innerhalb von vier Tagen mit der Magie seines Hohen Priesters Atheiras Königsfamilie getötet und das Land annektiert. Nur der Thronfolger hatte fliehen können, doch niemand hoffte auf seine Rückkehr. Zu viel Zeit war bereits ins Land gezogen.

Derons Armee tat nach dem Überraschungsangriff jedenfalls den Rest. Jeder Widersacher wurde entweder auf der Stelle hingerichtet oder ins berüchtigte Gefängnis transportiert, dessen Ort streng geheim gehalten wurde. Allein der Name des Gefängnisses – Tasconn – hing wie eine Drohung über den Elendsvierteln Yastias. Er wurde mit fast so viel Schrecken ausgesprochen wie der der Minen in Pelia. Die Diamantminen lagen zwischen Atheira und Vinuth, in denen die weniger gefährlichen Kriminellen ihre Haftstrafe als Sklavenarbeiter verbüßen mussten.

Morgan hatte während der Eroberung bereits in Yastia gelebt und am eigenen Leib erfahren, wie es gewesen war, sich der neuen Stadtwache zu widersetzen. Larkin hatte ihrer Bestrafung durch eine Wache, nachdem sie sich über die neue Statue des Gottes Yann lustig gemacht hatte, mit unbewegter Miene beigewohnt. Schließlich sollte sie ihre Lektion lernen und das könnte sie nur mithilfe des Schlagstocks, der zwei ihrer Finger brach.

Ein paar Monate der vor sich hin köchelnden Rebellion vergingen, aber nachdem viele Bürger Verwandte an den Strick verloren hatte, begannen sie damit, sich dem neuen König zu fügen. Das Leben ging weiter.

»Ich hoffe, Hector ist nicht da«, grummelte Cardea und wich einem stinkenden Müllhaufen aus. Jemand öffnete ein Fenster und schüttete etwas, das sich Morgan nicht näher besehen wollte, vor ihnen auf die gepflasterte Straße. Sie zog Cardea instinktiv zur Seite und diese dankte ihr mit einem kurzen Blick, bevor sich ihre Miene erneut verfinsterte.

»Er wird *entzückt* sein, dich wiederzusehen«, lachte Morgan und stieß ihr mit dem Ellenbogen leicht in die Seite. Sie hob ihr Gesicht gen wolkenlosen Himmel und verfluchte die heißen Sonnenstrahlen auf ihrer mittlerweile gebräunten Haut. Seit Wochen lag in der ganzen

Stadt dieser Hitzenebel, der sich nicht mal mehr in den wenigen Nachtstunden verzog, wie es noch am Anfang der heißen Jahreszeit gewesen war. »Wie heißt die Pflanze, die ich für dich besorgen soll?« Morgan wandte sich wieder Cardea zu.

»*Grünkralle.* Dein üblicher Händler dürfte sie haben. Frisch wäre perfekt, aber ich gebe mich auch mit getrockneten Kräutern zufrieden. Die Hauptsache ist, dass ich die ganze Pflanze bekomme. Samt Wurzel.«

Morgan merkte sofort, wie sich Cardea entspannte, während sie an all die Arten dachte, das Kraut zu nutzen, um herauszufinden, was für Wirkungen es besaß. Sie würde Cardea ein besonders großes Bündel mitnehmen, entschied sie.

Hectors Schmiede lag im Handwerkerviertel in der Neustadt, sodass Morgan und Cardea über die Brücke gehen mussten. Tagsüber war sie viel befahren und sie mussten achtgeben, nicht unter die Räder der Handelswagen zu geraten. Eine leichte Brise vermischt mit dem stinkenden Geruch der Thoan wehte um ihre Nasen, ehe sie in die verwinkelten Gassen der Neustadt tauchten.

In der Hitze brauchten sie länger als normalerweise, um sich durch die verschiedenen Viertel zu bewegen, doch schließlich erreichten sie die enge Straße, an die mitunter die Gold-, Silber- und Waffenschmieden grenzten. Sie würden eine Schmiede aufsuchen, die zur letzteren Kategorie gehörte.

Hector war ein launischer Kerl, vielleicht zehn Jahre älter als Morgan und doppelt so breit. Bisher hatte er zwar jeden ihrer Aufträge mit größter Sorgfalt ausgeführt, da er es sich weder mit ihr noch mit Larkin verscherzen wollte, doch manchmal hingen seine Preise zu sehr von seinen Launen ab. Nachdem sie einen Satz Wurfsterne in Auftrag gegeben hatte, hatte sich über Nacht der Preis verändert. Sie vermutete, dass es daran lag, dass einem anderen Schmied seiner Gilde wertvolles Eisen gestohlen worden war und sie Hectors Bitte abgelehnt hatte, herauszufinden, wer dahintersteckte.

Larkin wäre nicht davon begeistert gewesen, wenn sie einen anderen Auftrag angenommen hätte, der nicht von ihm abgesegnet worden war. Zudem hatte sie wenig Lust darauf gehabt, sich länger als notwendig in diesem Stadtteil aufzuhalten. Sie bevorzugte da schon eher das Blumenviertel in der Altstadt, in dem auch der botanische Garten lag. Weit entfernt von den schweren Gerüchen und dem schwarzen Ruß.

»Du weißt, wie die Sache läuft. Du lenkst ihn ab und ich schleiche mich hintenrum rein. Viel Glück!« Sie grinste breit, bevor sie die Straße verließ, damit Hector sie nicht entdeckte. Er sollte sich voll und ganz darauf konzentrieren, Cardea schöne Augen zu machen.

Es war faszinierend, wie sehr er sich blamierte und plötzlich zum tollpatschigen Narr wurde, wenn sie in der Nähe war. Er konnte sich einzig und allein auf ihr Lächeln konzentrieren, bemerkte nichts, was um ihn herum geschah, und grinste wie ein Pferd. Seine Hände ließ er dabei nie still, knetete seine Schürze, oder versuchte an einem Lappen den Schmutz von ihnen abzuwischen. Diese Schwäche hatte Morgan vor einem halben Jahr nur durch Zufall entdeckt, aber seitdem war sie unentbehrlich geworden. Ganz zum Leidwesen ihrer Freundin, wenn Morgan sie wieder einmal brauchte, um den Preis zu drücken oder anderweitig mit ihm zu verhandeln. Natürlich hatte er ihr Spielchen noch nicht bemerkt, sonst hätte er es längst unterbunden.

Bisher hatte Cardea ihn auch zwei Mal ablenken müssen, damit sich Morgan in Ruhe in der Schmiede umsehen konnte. Sie hatte herausfinden wollen, was Hectors Eisen so widerstandsfähig machte, um mit dem Geheimnis zu einem weniger launenhaften Schmied zu wechseln.

Ihre Untersuchungen, die lediglich daraus bestanden hatten, die Essen und Kältebecken näher zu betrachten, waren wenig von Erfolg gekrönt gewesen. Nichtsdestotrotz war Hector bei beiden Gelegenheiten so von Cardea abgelenkt gewesen, dass er Morgans Eindringen nicht bemerkt hatte.

Sie schlich durch eine Gasse, die sich schließlich so verengte, dass sie sich seitlich vorwärtsbewegen musste. Als sie auf der anderen Seite wieder herauskam, atmete sie erleichtert aus. Es war nicht so, dass sie die Enge wirklich fürchtete, aber die Vorstellung, zwischen zwei Backsteinwänden eingeklemmt zu sein, ließ selbst erschaudern.

Die Schmiede besaß einen Hintereingang, der, während gearbeitet wurde, nie abgeschlossen war, um frische Luft einzulassen und den Müll in den Innenhof verfrachten zu können. In diesen konnte nicht eingesehen werden, da er von Mauern ohne Fenster umschlossen war. Abgesehen von der zur Schmiede gab es noch zwei andere Türen, die zu einer Schreinerei führten.

Morgan nahm an, dass Hector mittlerweile bestimmt von Cardea in ein Gespräch verwickelt worden war, also trat die Wölfin breit grinsend durch die Hintertür und sah sich in dem dämmrigen Raum um.

Sie hätte es nicht für möglich gehalten, doch hier drin war es sogar noch heißer und stickiger als draußen. Sofort bildeten sich Schweißperlen auf ihrer Stirn und die Tunika klebte unangenehm an ihrem Rücken, als sie einen schmutzigen Tisch umrundete, auf dem dreckige Lappen und Geräte zum Abschleifen lagen.

Da sie eine treue Kundin war, kannte sie sich gut im Inneren aus und wusste, wo sich die fertigen Produkte befanden. Sie hoffte, dass Hector die Sterne nicht im Anflug eines Wutanfalls zerstört hatte. Zuzutrauen wäre dem bärigen Mann mit den riesigen Händen alles.

Sie schlich an einer der drei Essen vorbei, in der heiße, hungrige Feuer wüteten. Sie wagte einen Blick durch die offen stehende Doppeltür und erkannte Cardea, die eine Strähne ihres blonden Haares, das unter der Haube hervorlugte, um den Finger gewickelt hatte. Hector klopfte gerade seine Hände an der braunen Lederschürze ab und sagte etwas, das sie über den Krach, der in einer anderen Schmiede verursacht wurde, nicht verstehen konnte.

Zufrieden drehte sie sich wieder weg und schlich leichtfüßig zum Tisch mit den fertigen Waffen. Ihre Wurfsterne befanden sich in einem schwarzen Beutel, der aus einem besonders widerstandsfähigen Material bestand, damit die scharfen Spitzen das Innere nicht einrissen. Sie wog einen der fünfzackigen Sterne versuchsweise in der Hand und bewunderte das ausbalancierte Gewicht und das glänzende Metall. Er war perfekt.

»Was machst du hier hinten? Niemand darf hier rein.«

Sie zuckte erschrocken zusammen, als der Lehrling plötzlich hinter ihr auftauchte und sie mit einer Mischung aus Angst und Ärger betrachtete. Über den Lärm der Feuer und des Hämmerns hatte sie seine Schritte nicht vernommen.

Jetzt durfte sie nicht die Fassung verlieren.

»Mach mal halblang«, murmelte sie, winkte lässig ab und näherte sich dem jungen Mann, der allerdings doppelt so breit und mehrere Köpfe größer war als sie. Nur sein Gesicht unter dem Schmutz und der Asche wirkte jungenhaft. »Hector hat mich geschickt, um meine

Sterne zu holen. Hier ist das Geld.« Sie warf ihm drei Kronen und vier Silberlinge in einem Beutel zu. Der ursprünglich abgemachte Preis. Den Beutel mit den Sternen machte sie an ihrem Gürtel fest. »Wir sehen uns ...«

»Du bist die Schmugglerin! Hey ...«, rief er, doch sie hatte sich bereits an ihm vorbeigeduckt und die Tür zum Hinterausgang anvisiert. Der Lehrling machte jedoch keinerlei Anstalten, seine Verärgerung für sich zu behalten und rief lauthals nach Hector.

Aus den Augenwinkeln bemerkte sie einen großen Schatten, der durch die Vordertür donnerte. Hector vermutlich, der nachsehen wollte, was das Geschrei verursachte. Vor sich hin fluchend riss sie einen Tisch herum, sodass sich die Werkzeuge klirrend über den schmutzigen Boden verteilten, bevor sie in den Hinterhof stürzte. Es war zu heikel, durch die Gasse zu verschwinden. Hector könnte seinen Lehrling anweisen, auf der anderen Seite auf sie zu warten, um sie abzufangen. Zwar besaß sie gute Chancen, sich gegen ihn zu wehren, aber sie wollte Hector nicht weiter verärgern. Seine Arbeit war hervorragend und auch wenn er gerade nicht gut auf sie zu sprechen war, würde er irgendwann darüber hinwegkommen. Allerdings sähe die Sache anders aus, wenn sie einen der seinen verletzte.

Sie zurrte den Beutel an ihrem Gürtel fester und rannte in die Gasse. Sie blieb erst stehen, als sie sich sicher war, dass Hector, falls er sie fand, sie nicht mehr mit seinen Händen erreichten könnte, so eng war die Passage.

Ihren Mut zusammennehmend positionierte sie sich so, dass sie ihre Hände flach an den Backstein legen konnte und die Fußspitzen ihr auf der gegenüberliegenden Wand zusätzlichen Halt gaben. Dann begann sie den Aufstieg.

»Schau nicht nach unten, Mor«, sprach sie sich selbst Mut zu und hielt den Blick nach oben gerichtet. Immer weiter und weiter.

Der raue Stein rieb unangenehm über ihre Handflächen und schürfte die Haut von ihrem linken Knie auf, als sie beinahe ihr Gleichgewicht verlor. Sie hatte gerade die Hälfte des Weges bis zum Dach geschafft, als sie wütende Rufe vernahm. Ihr Blick huschte automatisch nach unten und sie sah Hector am anderen Ende der Gasse mit einer geballten Faust in ihre Richtung herumwedeln. Als er aus ihrem Blickfeld verschwand, konzentrierte sie sich unwillkürlich auf den Boden und ihre letzte Mahlzeit machte sich in ihrem Magen bemerkbar. Etwas schien mit ihren Augen nicht mehr zu stimmen. Alles wirkte verschwommen, wurde wieder scharf und verschwamm erneut.

»Reiß dich zusammen. Das ist nur deine Angst.« Der Klang ihrer eigenen Stimme half ihr, sich wieder zu konzentrieren. Sie wischte den Schweiß erst von der einen, dann von der anderen Hand an ihrer Tunika ab, bevor sie den Weg fortsetzte.

Als sie eine Minute später die Dachrinne erreichte, zog sie sich daran hoch und wäre beinahe wieder heruntergefallen. Hectors Lehrling versuchte gerade aus der schmalen Dachluke der Schmiede zu klettern und bemerkte sie in demselben Moment wie sie ihn.

»Bleib stehen!«, brüllte er und versuchte, nach ihr zu greifen, aber er erreichte sie nicht. Die Luke war zu eng.

»Oh nein«, murmelte sie, richtete sich auf und sprang dann mit wackligen Knien auf das Dach nebenan. Von dort aus lief sie immer tiefer in die Neustadt, ohne sich einmal umzusehen. Sie bewegte sich so schnell und flink, dass dieser schwerfällige Kerl sie nicht verfolgen könnte, selbst wenn er es letztlich aus der Luke geschafft hätte.

Es kam ihr gelegen, dass die meisten Dächer in Yastia eher flach und dadurch perfekt waren, sich darauf fortzubewegen – wenn da nicht die schwindelerregende Höhe gewesen wäre. Doch schon bald hatte sie das Handwerkerviertel hinter sich gelassen und den Marktplatz der Neustadt erreicht, auf dem auch heute eine beachtliche Menge zusammengekommen war.

Keuchend blieb sie hinter einem Kamin stehen und kauerte sich atemlos hin. Sie wagte einen kurzen Blick um den steinernen Schornstein herum, aber wie erwartet, war sie allein.

»Narr«, lachte sie vor Erleichterung und wischte sich mit dem Unterarm den Schweiß von der Stirn. Sekunden später prickelte er erneut auf ihrer Haut.

Sie begutachtete noch einmal fasziniert die Qualität ihrer Wurfsterne und fuhr mit der Fingerkuppe die scharfe Kante entlang, die in ihre Haut schnitt. Ein Tropfen Blut quoll träge hervor. Für einen Moment war sie von dem Anblick so gefesselt, dass sie die Welt um sich herum vergaß, bis der Schrei einer Frau und das Geräusch von schweren Stiefeln auf den Pflastersteinen sie aus ihrer Starre befreite. Wahrscheinlich verfolgte die Stadtwache eine Diebin oder eine Prostituierte, die ihren Körper trotz Verbot an einer Straßenecke angeboten hatte.

Kopfschüttelnd steckte sie den Stern ein und machte sich auf den Weg zurück ins Hauptquartier der Wölfe.

Hoffentlich hatte sich Cardea rechtzeitig aus dem Staub machen können.

Kapitel · 5

Im Versammlungssaal wurde sie von feindseligen Blicken begrüßt, doch da sie diese gewohnt war, fühlte sie sich sofort wie zu Hause. Womit sie allerdings nicht gerechnet hatte, waren zum einen die mangelnden Beleidigungen, da weder Rhion noch Larkin in der Nähe waren, sowie Thomas' selbstzufriedener Blick, als er einen Becher gefüllt mit einer roten Flüssigkeit an seine Lippen setzte. Hatte er ihr etwa schon vergeben? Natürlich hatte sie nichts Falsches getan, aber in der Nacht hatte das noch anders geklungen.

Sie blieb unter der Türzarge stehen, da sich das Gefühl, dass etwas nicht stimmte, in ihrem Bauch verstärkte und zu einem schweren Gewicht heranwuchs. Vielleicht plante Thomas ja etwas, um ihren nächsten Auftrag zu sabotieren? Sie musste auf der Hut sein. Das Gute war, sobald sie im Palast war, wäre sie außerhalb seiner Reichweite. Es würde schon schwer genug werden, *sie* an den Hof zu schmuggeln. Larkin würde den Teufel tun und Thomas erlauben, diesen Auftrag zu gefährden …

»Wo bist du gewesen?«, fragte Larkin leise, aber mit deutlichem Vorwurf in der Stimme.

Erschrocken zuckte sie zusammen. Sie hatte wie eine Närrin in die Gegend gestarrt und überhaupt nicht gemerkt, wie sich der Alphawolf an sie herangeschlichen hatte.

Thomas stellte seinen Becher auf dem kreisrunden Beistelltisch ab und lehnte sich in seinem Sitz vor. Hatte er etwas darauf gewartet, dass Larkin kam, um sie doch noch zu bestrafen? Auch die anderen Wölfe, die sich zu dieser Tageszeit hier versammelt hatten, um Karten zu spielen oder sich Gedanken über den nächsten Auftrag zu machen, blickten neugierig in ihre Richtung.

Und wieder diese ungewollte Aufmerksamkeit. Sie reckte ihr Kinn, weil sie niemandem zeigen wollte, wie unangenehm es sich anfühlte. Sie wollte nicht im Mittelpunkt stehen. Larkin trat an ihr vorbei ins Hauptzimmer und verschränkte abwartend die Arme, wodurch sich sein Hemd spannte.

»Ich musste meine Wurfsterne abholen«, sagte sie aalglatt. Sie versuchte aus seinem Blick herauszulesen, ob er bemerkte, dass sie ihm etwas verheimlichte. Nur weil Rhion von Cardea wusste, hieß das doch lange nicht, dass er Larkin davon berichtet hatte. Auch wenn sie Cardea etwas anderes erzählt hatte.

Larkin schloss seine Augen für einen Moment, als würde er sich für das Kommende sammeln müssen. Ein eiskalter Schauer rann ihr den Rücken hinab. Sie hatte doch nichts Schlimmes getan. Er konnte sie nicht bestrafen. Das musste ein Fehler sein …

»Komm mit mir«, befahl er, statt sie zu rügen oder vor allen anderen bloßzustellen, und schritt zurück in den stickigen Flur.

Sie war so erleichtert, dass sie in sich zusammengesackt wäre, wenn nicht ein halbes Dutzend Augenpaare auf sie gerichtet gewesen wären. Am liebsten hätte sie sich erst den Schweiß von der Haut geschrubbt, aber Larkin war nicht für seine Geduld bekannt. Also folgte sie ihm mit erhobenem Kinn und achtete nicht auf Thomas, der ihr vermutlich irgendeine vulgäre Geste hinterherschickte.

Dieses Mal führte Larkin sie nicht in sein Arbeitszimmer, sondern in den nächstbesten Raum, aus dem er zwei schlafende Wölfe vertrieb.

Sie rieben sich, zunächst verwirrt über die unerwartete Störung, die Augen, aber als sie erkannten, wer ihnen in die Seite getreten hatte, sammelten sie in aller Eile ihr Hab und Gut ein und stolperten aus der Tür. Larkin drückte sie entschieden zurück ins Schloss.

Er wirkte ausgeschlafen und gut gelaunt trotz der subtilen Rüge von vorhin. Anscheinend hatte er, während sie die Wurfsterne besorgt hatte, auf sie gewartet. Sein graubraunes Haar hatte er zurückgekämmt, der Bart wirkte frisch gestutzt und die Falten um seine wachen Augen waren weniger tief als sonst.

»Morgen Abend wirst du die Manschettenknöpfe des Kronprinzen stehlen. Wir haben einen großzügigen Interessenten und da ich an weiteren Geschäften mit ihm interessiert bin, wird er seine Ware bekommen«, sagte er und verschränkte die Hände hinter seinem Rücken. Langsam trat er an eines der Fenster, drehte sich seitlich zur Fensterbank und blickte auf die Straße hinaus. Er würde ihr nie für längere Zeit den Rücken zukehren. Dafür vertraute er ihr zu wenig. Ehrlich gesagt war sie froh darüber, denn auch sie wusste nicht, was sie tun würde. Ihre Chance nutzen und versuchen, ihn zu töten? Den Mann, der sie entführt hatte, der aber Vater und Beschützer sowie Folterknecht und Meister gewesen war?

Denk nicht daran, warnte sie die altbekannte Stimme. *Er wird dir diesen Gedanken an den Augen ablesen. Du bist keine sonderlich gute Lügnerin.*

»Er hat dir die Aufgabe gestellt, um zu sehen, wie gut wir sind?«, zwang sie sich zu fragen, um nicht länger über Larkins Tod nachzudenken.

Es war nicht schwer, den Sinn hinter seinen Worten zu verstehen. Weniger leicht nachzuvollziehen war allerdings die Tatsache, dass er sich darauf eingelassen hatte. Es wirkte wie eine subtil gelieferte Beleidigung. Jemand, der die Arbeit der Wölfe anzweifelte, hatte normalerweise keinen Platz unter der Klientel. Oder in ganz Yastia.

»Er besitzt ... gewisse Ressourcen, die mir in Zukunft nützen würden, Morgan. Manchmal muss man sich den Wünschen der Kunden beugen, ganz egal, wie viel man letztlich dafür opfert.«

Sie blinzelte ihn verblüfft an. Wer auch immer dieser Unbekannte war, seine Ressourcen mussten wirklich erstaunlich sein – und vor allem selten, sonst hätte Larkin sicherlich einen anderen Weg gefunden, um an sie zu gelangen. Unglücklicherweise war der Alphawolf nicht jemand, der seine Gedanken offen mitteilte und so blieb ihr nichts weiter, als im Dunkeln zu tappen. Es war ja nicht so, dass es bisher anders gewesen wäre. Larkin teilte ihr den Auftrag mit und sie führte ihn aus. Fragen nach dem Warum beantwortete er nur, wenn ihm danach war.

»Welche Manschettenknöpfe?«, fragte sie schließlich, nachdem sie sich damit abgefunden hatte, dass Larkin nicht mehr sagen würde. Sie kreuzte die Arme vor ihrem Oberkörper und knabberte an ihrer Unterlippe. Ein Zeichen der Schwäche, das ausschließlich Larkin in ihr hervorrief. Sofort riss sie sich wieder zusammen.

»Diejenigen mit dem Siegel Eflains. Man munkelt, dass der Prinz seiner alten Heimat nachtrauert und sie deshalb immer noch besitzt. Morgen Abend findet die Geburtstagsfeier seines Bruders statt, die dir ausgezeichnete Deckung geben wird.«

»Wie komme ich in den Palast?« Das war der Punkt, der ihr am meisten Sorge bereitete. Wenn sie einmal drin war, würde sie sich von Schatten zu Schatten schleichen können.

»Mach dir darüber keine Sorgen. Ich habe heute während deiner Abwesenheit Vorkehrungen getroffen. Dadurch solltest du im Palast sein, noch bevor die Festlichkeiten beginnen.«

Sie ballte eine Hand hinter ihrem Rücken zur Faust. Wenn ihr eines nicht gefiel, dann war es, nicht in den gesamten Plan eingeweiht zu werden. Doch sie spürte Larkins herausfordernden Blick auf sich. Er wartete nur darauf, dass sie weiter nachhakte, damit er sie für ihre Impertinenz bestrafen konnte. Also biss sie die Zähne zusammen und schluckte ihren Protest herunter.

»Sonst noch etwas?«, presste sie hervor und zwang sich, ruhig zu bleiben. Nur noch ein paar Jahre, vielleicht drei, dann würde sie sich von ihrer Schuld freigekauft haben und dürfte tun und lassen, was sie wollte. Sie musste dieses Ziel vor Augen behalten. Dadurch würde alles einfacher werden. Jede Erniedrigung, jede Beleidigung würde erträglicher sein.

»Sei dieses Mal pünktlich.« Mit diesen Worten ließ er sie allein zurück.

Sie blieb mit den Armen an den Seiten hängend stehen und zählte innerlich die Sekunden. Erst bis zehn, dann fünfzig und schließlich hundert.

Larkin wollte nicht, dass sie ihre Schuld zu schnell bezahlte, schließlich hatte er sich jahrelang ihrer Ausbildung gewidmet und sie dadurch zu einer der besten Wölfe geformt, die es je unter seiner Leitung gegeben hatte. Je mehr sie sich der erlösenden Zahl näherte, die ihre Schuld begleichen würde, desto aufmerksamer müsste sie sein. Vielleicht würde Larkin einen anderen Weg finden, wie er sich ihre Dienste weiterhin sichern konnte. In seinen Adern rann das Blut von Gaunern und Geschäftsmännern. Die Kombination konnte tödlich sein, wie Morgan im Quartier schon des Öfteren miterlebt hatte.

Sie schüttelte sich, um ihren Kopf freizubekommen, dann kehrte sie in den Versammlungsraum zurück, um sich etwas von dem Brot zu nehmen. Sie hatte zwar keinen großen Hunger, aber sie müsste schon bald los, um auf dem Schwarzmarkt das giftige Kraut für Cardea zu besorgen. Die Versuchung war groß, es trotz ihrer Warnung an Thomas auszuprobieren. Das würde vielleicht das selbstgefällige Grinsen von seinem Gesicht wischen.

Ein Schatten fiel über sie, während sie in der Ecke saß und ihren Gedanken nachhing. Natürlich hatte sie bereits gemerkt, wie jemand sich ihr genähert hatte. Rhion war zwar gut darin, sich anzuschleichen, aber nicht *so* gut. Zudem war er ein Riese und in einem vergleichsweise kleinen Raum wie diesem konnte er schlechter auf seine Fähigkeiten zurückgreifen. Auf den Straßen Yastias schaffte er es allerdings wie kein zweiter, sich verdeckt zu halten. Oft genug hatten die Wölfe Wetten darauf abgeschlossen, wer Rhion als Erster finden würde. Er war stets als Gewinner daraus hervorgegangen, indem er den Suchern selbst aufgelauert hatte.

»Gibt es irgendwas Bestimmtes oder magst du nur den Anblick meines Kopfes?«, fragte sie zwischen zwei Bissen und schluckte dann einen harten Klumpen Brot herunter.

»Wie war dein Gespräch mit Larkin?«

»Warum fragst du ihn das nicht?«

»Weil ich dich frage«, brummte er und verschränkte seine massiven Arme.

»Hast du Lust auf einen Besuch auf dem Schwarzmarkt?«, umging sie seine Frage und hoffte, er würde den Wink verstehen.

Seine Augen verengten sich, doch er nickte überraschenderweise. Normalerweise hielt er sich vom Hafen und dem angrenzenden Elendsviertel fern.

»Oh, wirklich?«

»Ich besorge das Passwort«, versprach er außerdem, ohne auf ihren Kommentar einzugehen. Der hervorstehende Schirm seiner Mütze warf einen Schatten auf die obere Hälfte seines braun gebrannten Gesichts, sodass sie seine Miene nicht lesen konnte. »In drei Stunden treffen wir uns an der Dreischicksalsstatue.«

»Wie du willst. Ich hau mich noch mal aufs Ohr.« Sie erhob sich, streckte ihre Glieder und schlich dann an ihm vorbei, ohne ihn eines weiteren Blickes zu würdigen. Das war vielleicht respektlos gegenüber dem Betawolf, aber er rief sie nicht zurück. Offensichtlich hatte er doch gemerkt, dass sie nicht in der Stimmung dafür war, ihm einen Einblick in ihre Seele zu gewähren.

Sie legte sich noch eine Weile hin, fand aber keinen Schlaf. Dafür herrschte in ihrem Kopf ein zu großes Chaos. Zudem lauerte der Albtraum auf sie, der sie seit ihrer Entführung begleitete. In diesem öffnete sie stets die Tür der Hütte ihrer Großmama und anstatt dass sie von Larkin ergriffen wurde, betrat sie den kleinen, aber gemütlichen Raum. Ein zarter Lichtstreif zeigte ihr den Weg, obwohl es draußen stürmte und gewitterte. Es hätte kein derart helles Sonnenlicht geben dürfen und doch füllte dieses die kleine Küche aus. Töpfe, Tücher und Kräuter hingen an Haken und Seilen von der Decke, aber Morgan war so klein, dass sie im Gegensatz zu ihren Eltern und ihrer Großmama nicht dagegenstieß.

Sie stellte den Korb mit dem Brot und dem Wein auf den Tisch, bevor sie das Blut auf dem abgenutzten Dielenboden bemerkte. Dicke, viel zu helle Tropfen, die sie in das Schlafzimmer führten. Sie erkannte die schwere Kommode auf der gegenüberliegenden Seite und den bunten Flickenteppich vor dem breiten, einfach gezimmerten Bett, auf dem sich die Silhouette ihrer Großmama unter der schweren Steppdecke abzeichnete.

Langsam bewegte sie sich darauf zu, streckte eine Hand aus und berührte mit ihren Fingerkuppen den kratzigen Stoff. Bevor sie die Decke jedoch von ihrem Körper ziehen konnte, erwachte Morgan jedes Mal aufs Neue. Der Schrecken setzte sich in ihrer Kehle fest, als wäre er ein jahrhundertealter Schrei, den sie nicht ausstoßen konnte.

Tatsächlich hatte ihr Larkin nie verraten, ob er ihre Großmama getötet hatte, und sie hatte nie danach gefragt. Zu groß war die Angst vor der Antwort.

Schließlich kleidete sie sich in dunkles Leder, überprüfte ihre Waffengurte, schärfte ihre Dolche und verließ das Quartier durch die Kanalisation. Sie machte sich zwar nicht auf den Weg zu einem offiziellen Auftrag, doch sie wollte keine Schwierigkeiten mit Larkin riskieren, indem sie die Vordertür oder den Hinterausgang benutzte. Das Betreten des Schwarzmarktes am Hafen war nicht legal und wenn sie sich nicht an die Regeln der Wölfe bezüglich der Eingänge hielt, würde Thomas einen Anlass darin sehen, sie anzuschwärzen.

Rhion wartete in der Nähe der Dreischicksalsstatue, in deren Sockel vielleicht schon ein neuer Auftrag für Cardea wartete.

Das Überbleibsel des alten Königs, der die Moiren über all die anderen Götter erhoben hatte, wirkte alt und unscheinbar zwischen den riesigen Ahornbäumen. In den Jahren seiner Herrschaft und der seiner Vorfahren war das Volk in dem Glauben erzogen worden, dass sowohl die neuen Götter als auch die alten, die von ihnen besiegt worden waren, noch immer den Moiren unterstanden. Sie hatten nach der Meinung ihrer Anhänger die Welt kreiert und nach den Menschen erst den Göttern das Leben geschenkt, um ihren Kreationen beschützend zur Seite zu stehen. Aus diesem Grund war in den Augen des alten Königs auch die Webmagie reinste Blasphemie, die mit dem Tode bestraft worden war. Niemand sollte sich jemals anmaßen, die Magie der Moiren zu benutzen.

Morgan war aus diesem Grund noch nie einem Webhexer oder einer Webhexe begegnet, wusste nicht mal, ob überhaupt welche überlebt hatten. Anders als Blut- oder Knochenmagie konnte diese Art von Magie nur von Begabten benutzt werden. Jeder, der sich ein wenig mit Blutmagie auseinandersetzte, brachte einen Zauber zustande. Webmagie war jedoch nur einigen wenigen bestimmt.

»Du bist spät«, brummte Rhion, als hätte er sich mit Larkin abgesprochen. Er stand mit verschränkten Armen im Schatten eines Vordachs.

Der Statuenplatz war wie leer gefegt, als wären alle Menschen bereits von ihrer Arbeit nach Hause gegangen und würden glücklich an ihren Tischen zu Abend essen. Unter dem neuen König ging es den Menschen genauso gut oder genauso schlecht wie unter dem alten. Man wurde zwar für die kleinsten Kavaliersdelikte bestraft, aber dafür hungerte niemand. Zumindest nicht hier in Yastia. Morgan wusste nicht, wie es in anderen Teilen von Atheira aussah.

»Bin ich nicht«, widersprach sie und schritt, ohne innezuhalten, weiter durch die enge Gasse zum Hafen. Eine Frau über ihnen öffnete ein Fenster und entleerte ohne Rücksicht auf sie ihren Nachttopf.

Morgan schimpfte ausgiebig in allen ihr bekannten Sprachen, aber Rhion setzte seinen Weg ungerührt fort.

Seine Ruhe war beneidenswert.

Sie schloss wieder zu ihm auf, bevor sie ihre ganze Aufmerksamkeit auf die Umgebung richtete. Sie ließen die schmutzigen Straßen nun hinter sich und streiften am Pier entlang, der auf der einen Seite mit Schenken und Gasthäusern für die Reisenden gesäumt war, und auf der anderen den Blick auf die riesigen, teilweise angedockten und teilweise vor Anker liegenden Handelsschiffe freiließ. Ein paar Seemänner liefen auf den Decks auf und ab, rollten die Segel ein, erledigten letzte Befehle, bevor es mit der nächsten Flut zurück aufs offene Meer ging, oder unterhielten sich auf dem Weg zum nächsten Wirtshaus.

Dem Hafen schloss sich auf der nördlichen Seite direkt das Elendsviertel an und dazwischen reihten sich mehrere Fabrik- und Lagerhallen aneinander, die hin und wieder von engen Kanälen getrennt wurden.

Es gab zwar durchaus Wachen, die sich hierher verirrten, aber meistens engagierten die Händler Söldner, um ihre Waren zu beschützen. Dies machte den Ort so perfekt für den Schwarzmarkt. Großes Elend, kaum Wachen und neuartige, frisch gelieferte Waren.

Der Schwarzmarkt von Yastia war eine Art Setzling des Höllenschlunds in Brimstone, der ehemaligen Hauptstadt von Eflain. Nachdem sich König Deron einen Platz im Palast von Atheira gesichert hatte, hatte er Brimstone den Dieben, Mördern und Sklavenhändlern überlassen, die bereits im Untergrund den Grundstein ihrer Herrschaft der Finsternis gelegt hatten. Morgan war zwar noch nie dort gewesen, doch Rhion hatte ihr bereits einige grausige Geschichten erzählt, die von abgetrennten Gliedmaßen, Bluttrinkern und Drogensüchtigen handelten. In Brimstone bekam man alles, wenn man nur genügend Kronen bei sich trug. Auf dem Schwarzmarkt hier in Yastia wurde zumindest ein gewisser Anstand gewahrt.

»Was ist eigentlich dein nächster Auftrag? Du warst schon lange nicht mehr weg«, unterbrach sie das Schweigen, das sich hin und wieder zwischen ihnen einstellte, ihr aber kaum etwas ausmachte.

Wenn jemand ihr Bedürfnis verstand, ihren eigenen Gedanken nachzuhängen, dann war es Rhion. *Er* war derjenige gewesen, der sie stets nach

ihren Privatstunden mit Larkin aufgesammelt und zusammengeflickt hatte. Die Wunden an ihren Händen und Schultern waren nur durch seine behutsame Behandlung nicht zu wulstigen Narben verwachsen. *Er hatte sie das erste Mal seit fünf Jahren in den Arm genommen, nachdem sie es allein von der verfluchten Insel Adrela geschafft hatte.*
»Ich weiß es nicht«, antwortete er ausweichend.

Das Meer lag ruhig da, trotzdem schaukelten die angelegten Fischerboote an den Stegen auf und ab, als könnten sie es kaum erwarten, wieder freigelassen zu werden. Die salzige Luft trocknete Morgans Augen aus, während ein Schwarm Möwen kreischend über sie hinwegflog. Etwas schien sie erschreckt zu haben, doch eine kurze, aber genaue Musterung verriet ihr, dass ihnen keine unmittelbare Gefahr drohte. Vielleicht hatte sich irgendwo ein Straßenjunge einen Scherz mit den Vögeln erlaubt und sie mit Kieselsteinen beworfen.

»Du weißt es nicht oder du willst es nicht wissen? Larkin wird dir eine Auskunft nicht verweigern«, entgegnete sie leicht genervt. Irgendetwas stimmte nicht. Rhion verhielt sich seit ein paar Tagen komisch, indem er ihren Fragen auswich und ständig das Thema wechselte.

»Können wir uns auf unseren Besuch konzentrieren?«

»Du hast mir nicht mal gesagt, was du hier willst«, presste sie weiter und hörte damit auf ihr Bauchgefühl, das ihr sagte, dass hier eindeutig etwas faul war. »Normalerweise meidest du den Markt und würdest den Teufel tun, als mich freiwillig zu begleiten.«

Rhion blieb plötzlich stehen. Sie befanden sich eine halbe Meile von einem der Eingänge zum Schwarzmarkt entfernt. Die hereinbrechende Dunkelheit wurde von hohen, schlanken Straßenlampen zurückgehalten.

Normalerweise zeigte Rhions rundes Gesicht, wenn er in ihrer Nähe war, Verständnis und auch ein gewisses Maß an Zuneigung. Beides wurde von den zusammengezogenen Brauen vertrieben und seine Autorität, die sie nur selten wahrnahm, betonte er, indem er einen Schritt vortrat.

»Ich bin dein Beta. Hör auf, Fragen zu stellen, auf die ich dir keine Antworten geben werde.« Warnend hob er den einzigen Finger, an dem er einen goldenen Ring trug. Nur einmal hatte sie danach gefragt, aber eine Antwort war er ihr bis heute schuldig geblieben.

Solange sie ihn kannte, hatte er ihr gegenüber noch nie die Karte ausgespielt, dass er ihr höhergestellt war. Es bestärkte ihre Vermutung, dass etwas Zweifelhaftes vor sich ging.

»Und was für eine Antwort wäre das?«, fragte sie herausfordernd und schloss eine Hand um das Heft ihres Dolches.

Daraufhin sah er sie lange und durchdringend an, bis er sich abrupt abwandte und schweigend weiterging. Er bog schließlich vom Pier in eine enge Straße ein.

Seufzend blickte sie ihm für einen Moment nach, bevor sie sich dazu entschloss, die Sache vorerst auf sich beruhen zu lassen. Es gab bessere Orte, um sich zu streiten.

Sie straffte die Schultern und folgte ihm die Straße entlang bis zu einer schweren Eisentür, die in eine eher minder beeindruckende Lagerhalle führte. Das Gebäude unterschied sich nicht von den anderen, die es hier zuhauf gab. Brauner Stein und abgedunkelte Fenster, die drei Meter über dem Boden begannen.

Im Gebäude selbst verbarg sich allerdings der erste Teil des Schwarzmarktes, der sich über mehrere Hallen erstreckte und durch verschiedene Gänge miteinander verbunden war.

Rhion klopfte drei Mal mit geballter Faust an, die Minuten zogen sich, dann wurde ein kleines Fenster in der metallenen, leicht rostigen Tür geöffnet. Ihnen blickte ein einziges Auge entgegen.

»Passwort?«

»Schlafende Götter«, raunte der Betawolf.

Das Fenster schloss sich mit einem viel zu lauten Kreischen von Eisen auf Eisen, bevor die ganze Tür nach innen geöffnet wurde und sie eingelassen wurden.

Das Passwort änderte sich jede Woche und konnte an bestimmten Anlaufstellen erfragt werden. Natürlich nur gegen angemessene Bezahlung.

Auf der anderen Seite erwartete sie zunächst ein dunkler, schwach erleuchteter Gang, in dem es vergleichsweise kühl war. Sie konnte zum ersten Mal seit einer gefühlten Ewigkeit tief Luft holen, ohne das Gefühl zu haben, Feuer einzuatmen.

Rhion ging ihr voraus und führte sie damit direkt zum westlichen Eingang des Schwarzmarktes. Sie mussten ein paar knarzende Treppen hinaufsteigen, dem einen oder anderen zwielichtigen Händler ausweichen, und dann auf einen Balkon treten, der über diesen Teil des Marktes thronte. Trotz der frühen Abendstunde war bereits viel los, als sie das Herz des Marktes betrachteten.

Morgan beugte sich über die hölzerne Balustrade und blickte auf die Dächer der unzähligen Stände hinab, die sich nahtlos aneinander anzuschließen schienen. Es gab keinen Platz auf der unteren Ebene, der ungenutzt geblieben war. Zwischen den Ständen, die zumeist Dächer aus Holz oder langen, schweren Stoffbahnen besaßen, tummelten sich Menschen unterschiedlichen Standes. Mitglieder der Aristokratie suchte man hier jedoch vergeblich. Selbst wenn sich einige der ihren hier aufhielten, würden sie nicht so dumm sein, den Markt der Sünden und Albträume unverkleidet zu betreten.

Gerüche von getrockneten Kräutern, Rauschgiften, die sie erst ein einziges Mal angerührt hatte, menschlichen als auch tierischen Ausdünstungen stiegen in unsichtbaren Schwaden zu ihnen hinauf. Da Fackeln auf so engem Raum verboten waren, hingen an fast jedem Stand Öllampen, die mehr Schatten als Licht kreierten. Die Fensterreihen im Dach waren so verschmutzt, dass man durch sie nicht mal mehr den Abendhimmel betrachten konnte.

Willkommen auf dem albtraumhaften Markt, der dir jeden Wunsch erfüllen kann.

Kapitel · 6

Morgan löste sich von der bröckelnden steinernen Balustrade und folgte Rhion die linke Treppe nach unten, wo sie sofort von der Menge verschluckt wurden.

Ohne Rhion würde Morgan vermutlich durch die engen Platzverhältnisse ständig angerempelt und herumgeschubst werden, da die Besucher nur aus Respekt vor seiner einschüchternden Gestalt aus dem Weg sprangen. Unglücklicherweise brachte der Betawolf sie nur bis in den östlichen Teil der Halle, wo sich die meisten Stände befanden, die sich auf Kräuter, Gifte und Tierhäute spezialisiert hatten. Dazwischen fand man aber auch Händler, die illegal erworbene Juwelen, Tiere oder Tinkturen anboten, deren Rezepturen streng geheim waren. Morgan hegte die Befürchtung, dass nicht selten menschliche Organe in diese Tinkturen gemischt wurden, die allerlei Gebrechen heilen sollten. Da die Bürgerlichen keinen Zugang zu den Heilerinnen besaßen, griffen sie eben zu anderen Mitteln.

»Ich muss noch etwas erledigen. Wir treffen uns in einer Stunde auf dem südlichen Balkon«, sagte Rhion ohne Umschweife und stampfte davon. Sie fragte sich, was genau er vorhatte und warum er sich überhaupt die Mühe gemacht hatte, sie zu begleiten, wenn er nicht an ihrer Seite blieb.

Die Menge schloss sich wie eine undurchdringliche Blase um Morgan, und wie erwartet, wurde sie sofort von einem Ellenbogen in die Seite gestoßen.

Fluchend versuchte sie sich größer zu machen und nicht so leicht nachzugeben, aber es half nur mäßig. Immerhin gelang es ihr, den Stand eines idrelischen Händlers zu erreichen, dem sie die meisten von Cardeas außergewöhnlichen Kräutern abkaufte.

Sein Marktstand unterschied sich kaum von denen der anderen, außer dass die Farben kräftiger und der Geruch der fremden Kräuter intensiver waren. Die Hälfte seiner Artikel befand sich fernab von neugierigen Blicken in einem bunten Zelt, das sich nahtlos an seinem Stand anschloss. In den Auslagen gab es das Übliche an Gewürzen und Teesorten, das man auch an den Nachbarständen erstehen konnte, doch deshalb suchte man Martir nicht auf. Morgan zumindest nicht.

Im Gegensatz zum Kunstsammler Robbart, der ebenfalls aus Idrela stammte und den Thomas übers Ohr gehauen hatte, hatte sich Martirs Kleidungsstil nicht dem der Atheiraner angepasst. Sein großer, drahtiger Körper war in mehrere Lagen Tücher mit ausgefallenen Mustern und kräftigen Farben gehüllt, die bis zu seinen bestickten Pantoffeln reichten. Die Ärmel fielen weit und flügelartig bis zu seinen Handgelenken hinab, an denen er mehrere hölzerne Armreifen trug. Seine grünen Augen leuchteten in dem dunklen Gesicht mit der geraden Nase und den vollen Lippen.

So oft sie ihm auch begegnet war, ihr war es unmöglich, sein Alter zu bestimmen. Da er eine Glatze trug, konnte sie nicht einmal erkennen, ob seine Haare bereits ergrauten.

Martir bemerkte sie schließlich und zwinkerte ihr zu. Er beriet gerade einen fettleibigen Mann, dem sämtliche Schneidezähne fehlten und der sich alle drei Sekunden mit einem Tuch den Schweiß von der Stirn wischte. Sie tauschten sich über ein neuartiges Getränk aus dem Süden aus, dessen erste Ladung es erst vor Kurzem nach Yastia geschafft hatte.

»Wenn du deinen Morgen einmal mit dem aromatischen Getränk beginnst, wirst du nie wieder davon loskommen«, gab sich Martir selbstsicher und richtete seine Aufmerksamkeit damit wieder auf den Kunden. Aus seiner Stimme hörte man seine idrelischen Wurzeln heraus, da er die Vokale besonders lang betonte.

»Und sichere dir dafür dein Geschäft, Idrele«, grunzte der Mann und kratzte sich über die unrasierte Wange. »Darf ich noch einmal daran riechen?«

Morgan konnte Martir ansehen, wie er innerlich die Augen verdrehte. Er zupfte den Beutel erneut auf und hielt ihn dem Mann hin, der einen tiefen Atemzug nahm. Eilig zog Martir den grob gestrickten Beutel wieder zu, bevor der Kunde auf die Idee kam, plötzlich zu niesen.

»Gut, ich nehme einen Beutel mit. Wehe dir, Idrele, es schmeckt mir nicht.«

»Wenn es dir zu bitter ist, füge Zucker und Milch hinzu«, erklärte ihm Martir, ohne das kleinste bisschen eingeschüchtert zu sein. Warum sollte er auch? Sein Kunde war zwar riesig und wog doppelt so viel, aber Martir gehörte zu den besten Händlern auf dem Schwarzmarkt. Dadurch besaß er genug Freunde und noch mehr Handlanger, die ihn bei Bedarf beschützten. Selbst vor einem unzufriedenen Kunden.

Nachdem sie sich voneinander verabschiedet hatten, steckte Martir die Silberlinge in eine der versteckten Taschen in seiner Kleidung und schlenderte zu Morgan.

Sie hatte sich derweil mit den klimpernden Windspielen beschäftigt, die ihre kleine Schwestern bestimmt geliebt hätten. Ihr Bruder Artem hätte sie womöglich einen Tag später zerstört, nur weil ihm danach wäre, seine Schwestern zu ärgern. Vielleicht sollte sie ihnen trotzdem eins zuschicken, ohne zu verraten, dass es von ihr kam ...

Sei nicht albern, Morgan, schalt sie sich selbst, bevor sie ein breites Grinsen aufsetzte.

»Martir, lange nicht mehr gesehen«, begrüßte sie ihn.

Er griff nach ihren Händen und hielt sie fest in den seinen, während sein Blick durchdringender wurde, als würde er ihre Gedanken lesen wollen. Nicht dass sie das je zugelassen hätte. Anders als Larkin oder Rhion gegenüber, konnte sie ihre Rolle in Martirs Nähe perfekt spielen. Er würde nur das zu sehen bekommen, was er sollte.

»Du lebst also noch«, sagte er, lachte und ließ sie endlich los. Sie knetete die Hände unauffällig hinter ihrem Rücken, da das Lachen sie an jemand anderen erinnerte. An jemanden, den sie seit Jahren nicht mehr gesehen und der ihren ersten Kuss gestohlen hatte. Wieso war ihr die Ähnlichkeit vorher nie aufgefallen? »Ich dachte, dir wäre etwas zugestoßen, nachdem ich keine Antwort mehr von dir erhalten habe.«

Sie öffnete den Mund, schloss ihn aber eilig wieder, um ihm statt Worten ein süffisantes Lächeln zu schenken. Das letzte Mal, als sie hier gewesen war, hatte Martir ihr eine Karriere als Kopfgeldjägerin angeboten. Auch wenn sie sich gerne etwas dazuverdient hätte, wusste sie, dass Larkin davon Wind bekommen würde. Das konnte sie sich nicht leisten. Nicht jetzt. Niemals.

Aber da sie Martir nicht offenbaren wollte, wie gefangen sie in den Strukturen der Wölfe war, hob sie lässig eine Schulter und trat zu ihm hinter die Auslagen. Er zog eine Augenbraue hoch, als würde er ihr Verhalten genau durchschauen.

»Was soll ich sagen, Martir? Dein Angebot war nicht sonderlich verlockend und hat deshalb keine Antwort von mir verdient. Ich hatte mehr von dir erwartet. Schließlich verdienst du einiges an deinem Zweitgeschäft, wie ich hörte.« Mit einer Fingerspitze stieß sie gegen eine Reihe herabhängender Akeleiblüten, deren spitz zulaufenden weißen Blätter traurig nach unten hingen.

»Also bist du nicht deswegen hier?« Er umrundete sie und führte sie in das mit Fellen ausgelegte Zelt, das von zwei Öllampen erhellt wurde.

Sie achtete darauf, sich nicht zu weit vom Ausgang zu entfernen. Ganz gleich, wie breit das Lächeln war, das ein Verkäufer aufsetzte, sie befanden sich noch immer auf dem Schwarzmarkt.

»Nein. Ich brauche ein besonderes ... Kraut.« In der Vergangenheit hatte es ihr geholfen, bei Martir sofort mit der Sprache herauszurücken. Er schätzte Ehrlichkeit, aber noch mehr beeindruckte ihn Selbstsicherheit.

»Und welches? Dir wird wohl aufgefallen sein, dass ich nicht nur eine Sorte anbiete.« Er grinste und entblößte dabei eine Reihe gelber Zähne, als wäre er der Wolf und sie das Lamm.

»Grünkralle.«

»Eine ungewöhnliche Wahl«, antwortete er und schürzte nachdenklich die Lippen. »Offensichtlich nicht für dich, aber du bist von den neuen Göttern gesegnet. Ich habe zufällig gestern Nachschub erhalten.« Martir wandte sich zu einem hölzernen Regal, auf dem diverse Gläser, Flaschen und Behälter geordnet nebeneinanderstanden, deren Inhalt sie in dem dämmrigen Licht nicht genau erkennen konnte. »Es hat natürlich seinen Preis.«

»Wieso glaubst du, es sei nicht für mich?«, fragte sie, während er nach dem Kraut suchte. Ihr Blick wanderte über die karge Einrichtung: ein Tisch, zwei unterschiedlich aussehende Stühle und einfach gezimmerte Regale. Das Besondere waren die teuren Felle, die Teppiche und die Stoffe, die Martir aus Idrela nach Yastia gebracht hatte. Morgan wusste, dass er sich jedes Jahr während der sterbenden Jahreszeit auf den Weg zurück in seine Heimat machte, weil ihm hier oben im Norden das raue Wetter nicht behagte.

»Deine Art zu arbeiten ist viel zu direkt, um ein Gift zu benutzen, das seine Wirkung erst nach ein paar Wochen entfaltet. Ah, hier ist es!« Stirnrunzelnd beobachtete sie, wie er ein kleines dunkelgrünes Gläschen von einem Brett nahm. Er las sich die Aufschrift auf dem angehafteten, vergilbten Papier sicherheitshalber noch einmal durch.

»Du weißt also über die verschiedenen Nutzungen der Grünkralle Bescheid?«

»Ich habe die Wirkungen nicht studiert, nein, aber vielleicht bist du ja so freundlich und teilst sie mir mit, falls du etwas darüber in Erfahrung gebracht haben solltest.« Er grinste.

»Vielleicht.« Sie gab sich absichtlich ausweichend. Ein Versprechen sollte man nie leichtfertig geben, aber er sollte auch wissen, dass sie ihn respektierte. Es wäre sinnvoll, seinen Durst nach Wissen im Hinterkopf zu behalten, falls sie einmal etwas von ihm im Gegenzug brauchte.

»Sie ist leider nicht mehr ganz frisch, aber es sollte gehen.«

»Wie viel bekommst du?« Sie legte eine Hand an ihren Geldbeutel, der nur wenige Münzen beinhaltete. Das meiste von ihrem Geld lag in diversen Innentaschen versteckt, was es Taschendieben erschwerte, sie darum zu erleichtern.

»Zwei Kronen und elf Silberlinge«, antwortete er, ohne mit der Wimper zu zucken.

Sie verschluckte sich fast an ihrer eigenen Spucke und brauchte einen Moment, um sich wieder zu fassen.

»Das soll wohl ein Scherz sein!« Kopfschüttelnd verschränkte sie die Arme. »Eine Krone und vier Silberlinge. Mehr ist dieses kleine Glas voll Kräuter nicht wert, die nicht mal mehr *wirklich frisch* sind«, schlug sie ihm seine eigenen Worte ins Gesicht.

»Weil du es bist, mache ich zwei Kronen und sechs Silberlinge draus.« Sein linkes Auge zuckte, was ihr verriet, dass er sie genau dort hatte, wo er sie haben wollte. Das war der ursprüngliche Preis, doch auch diesen würde sie nur über ihre Leiche zahlen.

»Vergiss es.« Sie wandte sich dem Ausgang zu und zuckte mit einer Schulter. »Wie du so schön erkannt hast, ist das Kraut nicht für mich. Ich kann warten, bis ein anderer Händler das Kraut bekommt, bei dem ich auch in Zukunft meine Geschäfte tätigen werde.«

»Ach, Morgan, sei doch nicht so«, rief er ihr hinterher. Stille. Sie hatte fast wieder den Gang zwischen den Ständen erreicht, als Martir aus dem Zelt geeilt kam. »Schön, eine Krone und fünf Silberlinge.«

Sie konnte ihr triumphierendes Lächeln gerade so unterdrücken, als sie ihm einen Silberling mehr als gefordert übergab.

»Als gutes Omen für unsere weiteren Geschäfte«, erklärte sie den zusätzlichen Silberling. Sie steckte das Glas unter ihre Tunika, bevor sie mit dem Daumen in der Luft einen Bogen von ihrer linken zu ihrer rechten Augenbraue beschrieb. Das idrelische Zeichen zum Abschied. »Schärfe deinen Verstand, mein Freund.«

Martir erwiderte die Geste. »Möge Servane mit dir sein.«

Nun konnte sie sich das Lächeln doch nicht mehr verkneifen. Servane war die Göttin der Wahrheit, eine der drei Schutzgötter Idrelas und Martirs persönliche Lieblingsgöttin. Damit sagte er Morgan, dass er das Geschäftemachen mit ihr genossen hatte.

Gut gelaunt wandte sie sich ab und ließ sich eine Weile weiter in der Menschenmenge treiben, bevor der Geruch von Schweiß zu überwältigend wurde und sie den Rückzug zum südlichen Balkon antrat.

Sie begutachtete an einem Stand kurz vor den Treppen mehrere dunkelblaue Tuniken, die klein genug waren, um ihr zu passen, als sie die ersten Schreie vernahm. Sofort hielt sie einen Dolch in der rechten Hand und sah sich suchend um. Zu den Schreien mischten sich laute Stimmen, die einen Befehlston besaßen, der nicht zu verwechseln war. Dann erklang ein dumpfes Horn – der Alarm.

»Bei allen Fäden«, zischte sie. Hatte sich die Stadtwache gerade diesen Tag für einen Überfall aussuchen müssen? Es war nichts Neues, dass sie hin und wieder die Orte stürmten, an denen sich der Schwarzmarkt eingenistet hatte, aber die letzte Stürmung war noch gar nicht so lange her. Offensichtlich war dem zuständigen Hauptmann langweilig gewesen.

Morgan versuchte eine Weile vergeblich auf den Balkon zu gelangen, doch als sie sah, wie eine Gruppe Wachen aus dieser Richtung strömte, verwarf sie diesen Plan sogleich. Ihr Herz klopfte heftig in ihrer Brust. Sie hasste es, derart in die Enge getrieben zu werden.

Um sie herum herrschte heilloses Durcheinander.

Die Händler packten ihre wichtigsten Habseligkeiten zusammen, Besucher blickten sich nach einem Ausgang um. Beide machten sich nicht die Mühe, auf ihre Nächsten zu achten und so wurde Morgan erbarmungslos hin und her geschubst, bis sie jemanden aus Versehen mit ihrem Dolch verletzte. Sie hoffte, dass es lediglich ein Kratzer war, da sie zwar einen Schmerzensschrei vernommen hatte, ihr Dolch aber nur an der Spitze rot verfärbt war.

Eilig schob sie das Messer zurück in das Futteral, das von ihrer Hüfte baumelte, und kämpfte sich dann mit einem neuen Plan zu der westlichen Wand vor. Es wäre ein unmögliches Unterfangen, einen der normalen Ausgänge zu benutzen. Wahrscheinlich warteten draußen noch einmal doppelt so viele Wachen und würden diejenigen abfangen, die besonders gerissen aussahen. Oder von denen sie wussten, dass sie ein Mitglied der Wölfe oder der Gilde der Assassinen waren.

Es klebten genügend Plakate an den Hauswänden, die verschiedenste Kriminelle zeigten und die wöchentlich erneuert wurden. Zurzeit war der Meister der Assassinen der meistgesuchte Mann der Stadt, allerdings wusste die Stadtwache nicht, wie er aussah.

Sie selbst musste einfach nur ruhig bleiben und sich auf ihre Instinkte verlassen. Von ihrer Person gab es zwar keine Plakate, trotzdem wollte sie ihr Schicksal nicht mit einer Konfrontation herausfordern.

Als sie die raue Steinwand unter ihrer Handfläche spürte, atmete sie erleichtert auf. Sie lief ein paar Meter an ihr entlang, bis sie neben einer Säule zum Stehen kam, die bis zur Decke reichte – direkt zu den Dachbalken und einer Reihe von Fenstern. Es gab genug Kanten und herausgebrochene Steine, die ihr Halt bieten konnten.

Also machte sie sich ans Klettern.

Sobald sie zwei Meter über dem Boden war, fühlte sie sich sofort freier, aber ihr Herz schlug schneller. Sie durfte nur nicht nach unten sehen, dann würde alles gut werden. Den Blick aufs Ziel gerichtet, suchte sie mit einem Fuß nach neuem Halt und stemmte sich weiter nach oben.

Sie konzentrierte sich zwar auf jeden Schritt, den sie an der Säule nach oben tat, doch ihre Ohren blieben weiterhin gespitzt. Sie musste sich für die Möglichkeit wappnen, dass sie von jemandem aus der Wache bemerkt wurde und dieser andere alarmierte, um sie aufzuhalten. Noch schien ihr allerdings das schwache Licht ausreichend Schutz zu bieten.

Je weiter sie kletterte, desto mehr schwand das Gefühl aus ihren Fingerspitzen und desto stärker wurde der Drang, nach unten zu sehen. Das wäre ihr Todesurteil. Sie hatte ihre Angst vor der Höhe nur so lange im Griff, wie sie den Blick nach oben gerichtet hielt.

Schließlich erreichte sie einen der Holzbalken und zog sich daran hoch, sodass sie sich mit ihren Schienbeinen daraufhocken und zu Atem kommen konnte, während unter ihr noch immer heller Aufruhr herrschte.

Sie wagte einen kurzen Blick hinab und bereute es sogleich, als sich die Welt um sie herum drehte. Sie presste die Augen für einen kurzen Moment zusammen, bevor sie sich zutraute, ihren Weg fortzusetzen.

Auf allen vieren schob sie sich nach vorne, auch wenn es vermutlich schneller gegangen wäre, wenn sie sich aufrecht hingestellt hätte. Das würde sie allerdings niemals tun. Anschließend kletterte sie auf einen zweiten angrenzenden Balken, sodass sie nah genug dran war, um die Fenster mit dem Heft ihres Messers zu zerbrechen. Glasscherben prasselten auf sie nieder. Mit einem Arm hielt sie sich weiterhin fest, den anderen legte sie schützend vor ihr Gesicht. Nach ein paar Sekunden senkte sie den Arm und steckte das Messer in seine Halterung zurück.

Sie achtete darauf, sich nicht an den scharfen Kanten zu schneiden, als sie sich von dem Balken abstieß und durch den Fensterrahmen aufs abgeflachte Dach kletterte.

Sobald sie von der warmen Nachtluft umfangen wurde, fühlte sie sich sicherer. Es wäre eine Katastrophe, sollte sie in die Fänge der Stadtwache gelangen. Fänden sie heraus, wer sie war, würden sie Morgan vermutlich tagelang befragen und foltern, bis sie ihnen alles über Larkin und die Wölfe erzählen würde. Nicht dass man ihr irgendetwas antun könnte, das sie nicht bereits ertragen hatte. Dafür hatte der Alphawolf gesorgt. Genauso würde er allerdings dafür sorgen, dass sie ihnen nichts verraten würde. Vielleicht würde er jemanden schicken, um sie zu befreien – was eher unwahrscheinlich war –, oder er würde einen Auftragsmörder engagieren, der ihr Leben beendete. Am besten, sie dachte nicht weiter darüber nach …

Als sie sicher auf dem Dach hockte, bewegte sie sich auf allen vieren zur Dachkante und blickte sich aufmerksam um. Sie erkannte, dass sich ihr Fluchtweg doch nicht so einfach gestaltete wie angenommen. So wie es aussah, stand eine ganze Garnison um die Lagerhalle herum. Sie würden Morgan sehen, sobald sie auch nur Anstalten machte, die Fassade herunterzuklettern.

Gerade wollte sie sich von der Dachkante zurückziehen, als einer der graublau uniformierten Wachen nach oben sah, sie aber in der Dunkelheit nicht erkannte. Langsam zog sie sich zurück, allerdings löste sich durch die Bewegung ein Stück durch die Hitze bröckelig gewordener Beton. Rasselnd fiel er nach unten, was niemandem aufgefallen wäre, wenn derjenige nicht bereits in diese Richtung gesehen hätte. Der Wachmann war zu weit entfernt, um seinen Gesichtsausdruck zu lesen, doch sie erkannte an seiner sich verändernden Körperhaltung, dass er den Stein und nun auch sie bemerkt hatte.

»Verdammt«, zischte sie, lief gebückt zur Mitte des Daches zurück, von wo aus man sie nicht mehr sehen konnte, und blickte sich verzweifelt um. Es gab nur einen Ausweg, auch wenn er ihr nicht gefiel.

Ganz kurz fragte sie sich, wie es Rhion rechtzeitig aus der Halle geschafft hatte, da er sich nicht wie sie auf dem Dach befand. Es gab jedoch keinen Zweifel daran, dass er den Wachen entfliehen würde. Er war nicht ohne Grund ihr Betawolf.

Sie presste die Lippen fest aufeinander, dann begab sie sich zur nördlichen Seite und blinzelte in die wabernde Schwärze hinab. Einer der Kanäle des Gespiegelten Meeres, den es in der Nähe des Hafens des Öfteren gab, um den Booten zu ermöglichen, Ware ins Innere der Stadt zu transportieren. Auf der anderen Seite führte der Kanal direkt in den Hafen. Sie würde zwar lieber im Zentrum der Stadt Schutz suchen, aber sie vermutete, dass jeder noch so schmale Weg überwacht wurde und sie konnte in dem kalten Wasser wohl kaum so lange schwimmen, bis sie einen geeigneten Ort gefunden hatte, um herauszuklettern.

»Da musst du jetzt durch«, murmelte sie, holte tief Luft und presste ihre Nasenflügel mit Daumen und Zeigefinger fest zusammen, ehe sie mit Anlauf kopfüber vom Dach sprang.

Der Aufprall schmerzte trotz des ausgestreckten Armes insbesondere ihrem Kopf, aber es war auszuhalten. Es fühlte sich an, als würde sich das eiskalte Wasser wie eine Blase um sie schließen und sie mit einer halben Sekunde Trockenheit verhöhnen, bevor es sie komplett durchnässte.

Sie drehte sich und stieß sie sich mit den Füßen vom schleimigen Boden ab und kam prustend an die Oberfläche. Sie sah sich um und versicherte sich noch einmal, dass niemand sie gesehen hatte, bevor sie tief Luft holte und erneut abtauchte, um zum Pier zu schwimmen.

Da sie nur geradeaus schwimmen musste, tauchte sie erst wieder zum Luftholen auf. Sie hatte es bereits bis zum ersten Anlegesteg geschafft und schwamm nun zu einem der Fischerboote, um sich darin zu verstecken. Möglichst geräuschlos raffte sie sich auf, zog sich an der glitschigen Reling hoch, obwohl das Boot kräftig wackelte.

Es gelang ihr schließlich und sie fiel ungelenk in die Mitte des Bootes, das sich langsam beruhigte. Ihre nasse, stinkende Kleidung klatschte auffällig laut, aber das hatte sie nicht vermeiden können.

Von ihrer Position aus konnte sie einen kleinen Teil der Lagerhallen, die jedoch nicht alle den Schwarzmarkt beherbergten, sehen. Sie konzentrierte sich hauptsächlich auf den Steg. Wenn sich ihr jemand näherte, würde sie es rechtzeitig wissen.

Es dauerte sehr lange, bis die Wachen ihre Gefangenen in geräumigen Wagen den Pier entlang abtransportierten und damit auch an ihrem Steg vorbeifuhren.

Morgan zitterte mittlerweile wie Espenlaub. Obwohl die Nacht warm war, war es nicht genug, um ihre Kleidung zu trocknen.

Gegen Morgengrauen, als sie ihre Füße längst nicht mehr spürte, traute sie sich endlich aus ihrem Versteck und kletterte von dem Fischerboot, in dem nichts weiter lag als ein Haufen Netze, auf den Steg. Ihren unterkühlten Händen gelang es kaum, Halt zu finden, um sich hochzustemmen, aber irgendwann schaffte sie es doch.

Sie schlang beide Arme um ihre Mitte, als sie sich zähneklappernd zurück ins Hauptquartier der Wölfe begab. Obwohl sie geglaubt hatte, dass die Straßen durch den Überfall der Wache auf den Schwarzmarkt für eine Weile ausgestorben blieben, begegnete sie zwei Betrunkenen. Arm in Arm torkelten sie die gepflasterte Gasse entlang und durchbrachen den leichten Nebel, bevor sie vor einer Gaslaterne wankend stehen blieben. Morgan ahnte Schlimmes und tatsächlich – sie pinkelten direkt nebeneinander an die Laterne und lachten rau auf, als würden sie eine Art Wettbewerb veranstalten.

Kopfschüttelnd eilte Morgan an ihnen vorbei, solange sie noch damit beschäftigt waren, nicht selbst von ihrem Urin getroffen zu werden, und verfluchte wieder einmal ihre eigene Unfähigkeit.

Wie viele Tests hatte sie bestanden? Aus wie vielen ausweglosen Situationen war sie entkommen? Und trotzdem beging sie immer noch Fehler, ließ sich erwischen und landete im Wasser. Sie hasste ihre eigene Schwäche. Verabscheute sie so sehr.

Dieses Mal beschloss sie, den Vordereingang zu nutzen, da sie in ihrer nassen Kleidung keinen Umweg durch die Kanalisation schaffte, obwohl es ihr davor graute, den Wölfen zu begegnen. Das Glück sollte ihr jedoch wenigstens einmal in dieser Nacht hold sein.

Der Einzige, der sich im Versammlungsraum befand, war Rhion. Er saß vor dem Kamin, in dem sich kalte Asche häufte, und hatte seine Beine hochgelegt.

Bei ihrem Hereintreten wandte er sich ihr mit hochgezogenen Augenbrauen zu. Die Mütze lag auf seiner Lehne, als hätte er sie gerade erst ausgezogen.

»Bist ganz schön spät.« Seine Mundwinkel zuckten verräterisch.

»Mir war danach, noch eine Runde zu schwimmen«, entgegnete sie mit erhobenem Haupt. »Anscheinend war es dir zu kalt.«

»Zu kalt, zu dunkel und zu viele Personen, die neidvoll meinen nackten Körper betrachtet hätten. So oder so … besser wär's, wenn du dich waschen gehst, bevor du dich in den Palast begibst. Dich riecht man aus einer Meile Entfernung.« Er gähnte, griff nach seiner Mütze und setzte sie so auf, dass sie seine Augen verbarg. Die Beine dehnte er kurz, um sie an den Knöcheln zu kreuzen. Danach bewegte er sich nicht mehr, als würde er erst einmal ein Nickerchen halten.

»Mistkerl«, schnaubte sie und floh dann die Treppen nach oben in ihr Zimmer. Ihre schamroten Wangen zu verbergen, war wichtiger, als sich am Feuer zu wärmen, das sie ohnehin erst hätte entzünden müssen.

Natürlich hatte er recht. Sie stank wie eine Kanalratte, aber das war nicht der Punkt. Der Punkt war, er hatte es irgendwie aus der Halle geschafft, ohne aufgegriffen zu werden oder in einen Kanal springen zu müssen.

Ja, sie beneidete ihn darum.

Kapitel · 7

Rhea Khemani lebte seit ihrem achten Lebensjahr als Gefangene im Kerker des Palastes von Atheira. Zehn Jahre, die sie mit Hoffen und Bangen verbracht hatte, waren bereits vergangen. Zehn Jahre, in denen sie um ihre Eltern getrauert hatte. Zehn Jahre, seit sie das letzte Mal frei gewesen war.

Hinter den Gittern ihres Zellenfensters graute der Morgen und sie vernahm das laute Zwitschern von Amseln und Kohlmeisen auf der anderen Seite. Sie war schon vor einer geraumen Weile erwacht und hatte nachdenklich auf der Pritsche gelegen. Noch war es kühl, doch sobald die heißen Strahlen der Sonne die verputzten Wände ihres Kerkers erwärmten, würde es unerträglich heiß werden. So wie in den letzten Tagen auch.

Seufzend griff sie nach einem Roman, der auf einem Stapel Bücher neben ihrem Bett thronte, und entschied sich dafür, ein paar Seiten zu lesen, jetzt, da sich die Dunkelheit der Nacht langsam verflüchtigte. Sie hätte zwar auch eine Kerze entzünden können, aber dafür hätte sie ihren Gefängniswärter rufen müssen, da sie keine Streichhölzer besaß.

Helmar, der Gefängniswärter, übertrat viele Regeln, wenn es um Rhea ging, aber auch er kannte Grenzen, schließlich wollte er seine Arbeit behalten.

Nach einer halben Seite musste sie das Lesen jedoch aufgeben. Sie hatte vier Mal den Namen des Protagonisten lesen müssen, ohne sich daran zu erinnern, wer er war. Heute war eindeutig kein guter Tag und er wurde auch nicht besser, als sie hörte, wie der Schlüssel im Schloss zu ihrer Zelle umgedreht wurde. Helmar stand auf der anderen Seite und blickte durch das Fenster herein, bevor er die Tür aufzog. Seine Miene war finster und unheilverkündend.

»Wie hast du geschlafen, Rhea?«, fragte er beim Eintreten und balancierte auf einer Hand das Tablett, auf dem sich ihr Frühstück befand. Da Helmar derjenige war, der für das leibliche Wohl seiner Gefangenen zuständig war, konnte sie sich diesbezüglich nie beschweren. Heute allerdings roch es angebrannt.

»Was ist los?«, fragte sie und beobachtete, wie er das Tablett vorsichtig auf den schmalen Tisch ihr gegenüber abstellte. Die Zelle war rechteckig geschnitten, die Wände bestanden aus grauem Putz und der kalte Boden war mit einem langen Teppich aus geflochtener Schafswolle ausgelegt. Abgesehen von der Pritsche und dem Tisch besaß Rhea noch zwei grob gefertigte Stühle und eine Truhe. Überall verteilt lagen Bücher, die ihr Helmar besorgt hatte. Er kaufte alles für sie und gab sein mageres Gehalt dafür aus, um ihr eine Freude zu machen.

In der Truhe bewahrte sie ordentlich gefaltete Kleidung und diverse Schreibutensilien auf. Dadurch waren sie vor den scharfen Zähnen der Ratten geschützt, die sich hin und wieder hierher verirrten, obwohl Helmar den Zellentrakt sauber hielt.

»Der Dux Aliquis stattet uns heute einen Besuch ab«, erklärte er, bevor er sich mit einem Stöhnen auf einen der Stühle niederließ. Das Holz quietschte altersschwach unter seinem Gewicht. Helmar war ein Riese. An ihm war alles groß und massiv, selbst seine Zähne, so schien es, und genauso auch sein Herz. Er hatte sich Rhea angenommen, als sie von dem alten König zu ihm gebracht worden war. Ihre Eltern waren als Webhexer entlarvt und daraufhin auf dem Scheiterhaufen verbrannt worden. Rhea würde eingesperrt bleiben, bis sich zeigte, ob sie die verbotene Magie ihrer Eltern geerbt hatte. Man sagte, dass sich die Magie im späten Jugendalter offenbarte und die Hexe oder der Hexer für drei Tage leuchten würde. Wenn dies mit Rhea geschah, bedeutete es ihr Todesurteil.

»Ich muss also aufräumen?«, seufzte sie, erhob sich vom Bett und schritt leichtfüßig zum Tablett, um sich ein Stück der Orange, die Helmar bereits für sie geschält und zerteilt hatte, in den Mund zu schieben. Es musste eine neue Lieferung aus Idrela angekommen sein und da er eng mit einem der Händler befreundet war, bekam er stets ein paar Orangen zu einem vergleichsweise geringen Preis.

»Es ist zu deinem Besten. Er sieht dich gerne leiden und das würde er nicht, wenn du es hier so gemütlich hast«, erklärte Helmar so geduldig, als hätte er es ihr nicht bereits hundert Male zuvor erläutert.

»Ich habe Angst«, gestand sie und traute sich nicht, aufzusehen. Nachdem man sie im Kerker eingesperrt hatte, hatte sie nächtelang geweint und damit alle anderen Gefangenen in den Wahnsinn getrieben. Helmar jedoch war nie aufbrausend oder laut geworden und hatte ihr nie gedroht, stattdessen hatte er ihr ein Kinderbuch gebracht und ihr daraus vorgelesen. Immer und immer wieder, bis sie endlich zu weinen aufhörte und den Schmerz über den Verlust ihrer Eltern und ihrer Freiheit tief in sich vergraben hatte.

»Es wird alles gut werden. Du bist schon achtzehn. Wenn sich in den nächsten Jahren nichts mehr verändert, wird man dich freilassen«, beschwichtigte er sie und legte einen schwieligen Finger unter ihr Kinn, damit sie seinen Blick erwiderte. Seine braunen Augen wirkten sanft und hoffnungsvoll. »Du musst nur an die Schicksalsgöttinnen glauben.«

Rhea antwortete nicht. Die Moiren, wie die Schicksalsgöttinnen auch genannt wurden, trugen in erster Linie Schuld daran, dass sie sich überhaupt in dieser misslichen Lage befand. Sie verstand noch immer nicht, was so falsch daran war, sich der Magie dieser großen Gottheiten zu bedienen, wenn der neue König einen Hohepriester besaß, der Blutmagie wirkte und andere in diesem Gebiet ausbildete.

Einmal hatte Rhea den Fehler begangen und versucht, mit Helmar ein Gespräch darüber zu führen, doch er war nach wie vor ein treuer Anhänger der Schicksalsgöttinnen, obwohl König Deron verlangte, dass man seinen Glauben an die neuen Götter teilte. Blutmagie war erlaubt, weil es ein Teil des eigenen Körpers war, den man aufgab und verwendete. Webmagie war vor tausend Jahren den Schicksalsgöttinnen gestohlen worden und niemand durfte sich anmaßen, ihrer würdig zu sein. König Deron stand dieser Auffassung angeblich nicht derart streng gegenüber, aber Rheas Aufenthalt hier war Beweis genug, dass er sich auch nicht sonderlich um das Wohl von Webhexen kümmerte.

»Du hast recht«, sagte sie schließlich, obwohl sie tief in sich spürte, dass sie ihr Gefängnis nie wieder lebend verlassen würde.

Sie beeilte sich, ihr Frühstück mit süßem Wein herunterzuspülen, bevor sie damit begann, ihr gesamtes Hab und Gut in die Kiste zu räumen, die Helmar zusammen mit dem Tisch, den Stühlen und dem Teppich nach draußen in sein eigenes Zimmer trug. Mit einem bedauernden Seufzen verabschiedete sie sich auch von ihrem bunten Kleid und tauschte es gegen ein blassgraues Wollkleid aus, das ihr bis zu den Fußknöcheln reichte und sie an jeder Stelle, mit der es mit ihrer Haut in Berührung kam, kratzte. Also beinahe überall. Ihr dunkelrotes Haar, das ihr mittlerweile wieder bis zu den Schultern gewachsen war, band sie zu einem Zopf zusammen. Einmal im Jahr wurde den Gefangenen, die länger als ein paar Monate hier waren, das Haar geschnitten oder geschoren und sie war keine Ausnahme. Bald würde es wieder so weit sein.

Rhea hatte gerade noch genügend Zeit, sich zurück auf ihre Pritsche zu setzen, als sie die Neuankömmlinge außerhalb ihrer Zelle hörte. Der Dux Aliquis musste also wieder in Begleitung erschienen sein.

Furchtsam biss sie sich auf die Unterlippe, zog ihre Beine an und umschlang diese mit ihren blassen Armen, auf die seit zehn Jahren keine Sonne mehr geschienen hatte.

Der Schlüssel wurde in dem Schloss umgedreht und die Tür nach außen aufgezogen, bevor der Hohe Priester in die Zelle eintrat. Ihm folgten zwei Priester, die in ihren blutroten Gewändern leicht zu erkennen waren. Goldene Kordeln hielten die Umhänge in der Mitte zusammen und an ihnen hingen kleine Säckchen und jeweils ein glänzender silberner Sicheldolch.

Der Dux Aliquis war der Einzige, der eine feingliedrige Kette trug, an der ein Anhänger baumelte, der nach dem Tiegelsymbol geformt war. Ein verkehrtherum geschmiedetes Dreieck mit einem verlängerten, halbmondförmigen Zusatz, der in einer Spitze endete, die so scharf war, dass sie die Haut eines Menschen problemlos durchdringen konnte. Während der Messen, die die Königsfamilie einmal pro Woche beiwohnte, durchstach der Dux Aliquis damit die Haut von Fingern, um den Göttern ihr Blut zu opfern, wie Rhea von Helmar erfahren hatte. Das Tiegelsymbol stellte den Verstärker der Macht und des Willens der Götter dar.

Neben dem Dux Aliquis stand allerdings eine Person, die Rhea noch nie zuvor gesehen hatte, von der sie aber sofort wusste, wer sie war.

Der Kronprinz Jeriah Cerva.

Seine Kleidung war so edel, dass sie nur einem reichen Adligen gehören konnte, aber das, was ihn eigentlich verriet, war sein Siegelring, den er am Zeigefinger seiner linken Hand trug und der das neue Wappen Atheiras zeigte: gekreuzte Schwerter, eine goldene Krone und ein hellblauer Bär, der sich über eine silberne Sichel erhob. Er trug das honigbraune Haar in einem kurzen Zopf, sodass seine braungrünen Augen deutlich aus seinem scharfkantigen Gesicht hervorstachen.

Rhea blieb keine Zeit, um ihn weiter zu mustern, da der Hohe Priester ihre Aufmerksamkeit verlangte. Sie wollte ihn nicht ansehen; wollte ihm nicht die Angst in ihren Augen zeigen, die sie jedes Mal verspürte, wenn er in ihrer Nähe war. Für Rhea war der Dux Aliquis der Tod. Er war sehr alt und besaß einen knochigen Körperbau, der allerdings den falschen Eindruck von Gebrechlichkeit erweckte. Der Hohe Priester war erfüllt von Leben und Macht. Sein Haar glänzte schwarz und fiel ihm in dünnen Strähnen bis zu seinen Schultern. Die Haut über seinen spitzen Wangenknochen wirkte papierartig dünn, die hervorstehende Nase war gebogen und so riesig wie seine Ohren, die unter seinen Haaren hervorlugten.

Als er merkte, dass er Rheas Aufmerksamkeit gewonnen hatte, breitete sich ein schmales, selbstzufriedenes Lächeln auf seinen zuckenden Lippen aus und er legte seine langgliedrigen Finger aneinander.

Das Schlimmste aber, was Rhea so in Angst versetzte, waren die kleinen Tattoos an seinen Schläfen. Ein halb geöffneter Kreis für jeden getöteten Webmagier. Sie zählte insgesamt siebzehn.

»Stell dich hin«, sagte er leise und trotzdem so autoritär, als hätte er sie angebrüllt.

Sie zuckte zusammen, bevor sie sich wieder sammelte, um von der Pritsche zu rutschen und sich hinzustellen.

Sein Blick glitt von ihren nackten, schmutzigen Füßen, die sie vorhin noch absichtlich mit Dreck eingerieben hatte, ihre Hüften hoch bis zu ihren Brüsten, die sich unter dem Wollkleid deutlich abzeichneten, und ihrem Gesicht. Jede Sekunde, die diese Musterung andauerte, war eine Qual für sie. Er brauchte sie nicht anfassen, damit sie sich misshandelt fühlte, und er war sich dessen genau bewusst.

Ihr gelang es nur gerade so, ein verzweifeltes Schluchzen zu unterdrücken. All die Vorsätze, die sie sich seit seinem letzten Besuch vorgenommen hatte, versanken in ein Loch, das er für sie aufgerissen hatte.

»Der Kerkermeister scheint seine Arbeit etwas zu gut zu machen«, kommentierte er ihr Aussehen. Sie wagte es nicht, ihm ins Gesicht zu sehen. »Du bist viel zu gut ernährt.«

Sie spürte, dass er näher trat. Etwas veränderte sich in der Luft um sie herum. Mit einem Mal fiel es ihr schwer, diese einzuatmen. Als wäre sie durch Finsternis ersetzt worden und würde sie mit jedem Atemzug dem Tod näherbringen.

»Er versorgt sie angemessen.«

Rhea war so überrascht, die Stimme des Prinzen zu hören, dass sie für einen Augenblick ihre Furcht vergaß und aufsah. Jeriah blickte sie mit unbewegter Miene an, doch etwas hatte sich für einen Moment in ihr geregt, als sich ihre Blicke trafen. Er wandte sich ganz langsam, als würde es ihm schwerfallen, dem Hohen Priester zu.

»Sie zeigt noch immer keine Anzeichen von Webmagie?«

»Nein, sonst wären wir bereits informiert worden.«

Eilig sah sie wieder auf ihre Zehen hinunter und verschränkte die Hände hinter ihrem Rücken. Ihr Herz klopfte schnell und hart in ihrer Brust. Sie wollte wieder allein sein. Wann war der Besuch vorbei? Wann wäre sie endlich wieder frei?

»Nun gut, es scheint, als würden wir hier nur unsere Zeit verschwenden«, sagte der Dux Aliquis schließlich, nachdem sich das Schweigen beinahe schmerzlich in die Länge gezogen hatte.

Nimm deinen Mut zusammen, sprach Rhea mit sich selbst und kämpfte gegen ihre Angst an. Sie traute sich zwar noch immer nicht, den Priester anzusehen, aber dafür erhob sie ihre Stimme.

»Wann kann ich gehen?« Ihre Stimme war kaum mehr als ein Flüstern, aber es reichte aus.

Die Delegation hielt inne und jeder Schritt, der in Richtung Ausgang getan worden war, wurde zurückgenommen.

»Was hast du gesagt?«, fragte der Dux Aliquis leise und warnend.

»Wann kann ich gehen?«, wiederholte sie ihre Frage lauter.

»Nun, die meisten Hexer erfahren, ob sie die Magie ihrer Eltern geerbt haben, im Alter von fünfzehn bis zwanzig Jahren«, antwortete er ihr erstaunlicherweise. Wahrscheinlich hatte sie ihn überrumpelt, da sie noch nie freiwillig gesprochen hatte.

»Also werde ich in zwei Jahren freigelassen? Wenn ich keine Webhexe bin?« Sie konnte die Hoffnung nicht aus ihrer Stimme verbannen und blickte dabei den glänzenden Anhänger an, der sie zu verhöhnen schien.

»Wir werden sehen«, war alles, was der Hohe Priester dazu sagte, bevor er zusammen mit seinem Gefolge die Zelle verließ.

Die Tür wurde von Helmar zugeschlagen und das Umdrehen des Schlüssels verkündete das Ende ihrer Träume. Sie würde für immer hier verrotten.

In den wenigen Worten hatte der Dux Aliquis deutlich werden lassen, dass es mittlerweile nicht mehr darum ging, ob sie Magie besaß oder nicht, sie würde niemandem von ihrem Leben als Gefangene erzählen können.

Sie würde niemandem von dem Unrecht berichten können, das man ihr angetan hatte, indem man sie hier gefangen hielt.

Entweder wurde sie hingerichtet, weil sie eine Webhexe war, oder sie verbrachte den Rest ihres erbärmlichen Lebens in dieser Zelle. Sie hatte es geahnt und trotzdem war es etwas anderes, die Gewissheit zu haben.

Sie sackte auf ihrer Pritsche zusammen und nahm kaum wahr, wie Helmar ihre Möbel zurück an ihren Platz räumte, zu tief war sie in ihrem Selbstmitleid versunken.

Schließlich hockte er sich vor sie hin und wirkte dadurch nur noch halb so bärenhaft.

»Heute Abend findet der Geburtstag seiner Hoheit Prinz Cillian statt. Wie wäre es mit einem Stück Torte für dich?«

»Kann ich nicht zusehen, Helmar? Nur einmal?«, bettelte sie mit bebenden Lippen.

Helmar stieß ein tiefes, bedauerndes Seufzen aus. »Es tut mir leid, Rhea. Vielleicht ein anderes Mal.«

»Ja, vielleicht.« Sie wickelte sich in die Steppdecke ein, obwohl es dafür viel zu warm war, doch sie wollte sich vor der ungerechten Welt verstecken. Einer Welt, die ihr jeden Funken Hoffnung raubte, ganz gleich, wie fest sie diesen an ihre Brust gedrückt hielt.

Kaum hatte die Spindel
ihre Haut durchbrochen
und das Blut tropfte darnieder,
da erfüllte sich der Zauber.

Kapitel · 8

Als Dienstmädchen verkleidet, das bei den Vorbereitungen für den Geburtstag des jüngsten Prinzen helfen sollte, würde Morgan problemlos Zugang in den Palast erhalten. Um die nötigen Papiere hatte sich Larkin bereits gekümmert.

Morgan kleidete sich in ein dunkelblaues Kleid, das ihr etwas zu lang war, doch der weiche Stoff machte das wieder gut. Sie konnte sich nicht daran erinnern, jemals so teuren Stoff getragen zu haben – und das war bloß die Kleidung einer Dienerin.

Kopfschüttelnd band sie die hellblaue Schürze um ihre Mitte, flocht ihre Haare zu einem Zopf, den sie unter einer Haube versteckte, und befestigte den kleinsten ihrer Dolche mit einem Gurt an ihrem Oberschenkel. Sie hoffte, dass sie ihn nicht brauchte, aber sie fühlte sich sicherer damit.

Am liebsten hätte sie den Auftrag abgegeben. Sie fühlte sich aus unerfindlichen Gründen nicht wohl. Zum einen verwirrte es sie, dass Cardea an Thomas' Verhalten zweifelte und Rhion nicht; zum anderen war sie von ihrem nächtlichen Abenteuer noch völlig erschöpft.

Natürlich würde sie diesen Wunsch niemals in die Tat umsetzen, schließlich könnte sie weder Larkin noch Thomas danach jemals wieder in die Augen sehen. Beruhigt fühlte sie sich trotzdem nicht. Einzig der Gedanke an ihren Anteil ließ sie die Treppen hinabsteigen.

Sie ignorierte Thomas' höhnischen Blick, als sie das Haus verließ und ein paar Straßen weiterging, um dort auf die Kutsche zu warten, die sie in den Palast bringen würde. Eine Stadtwache schritt an ihr vorbei, musterte sie ungeniert von oben bis unten und schenkte ihr ein anzügliches Grinsen. Sie nahm die Situation zum Anlass, sich bereits in ihrer Rolle als Untergebene einzufinden, und senkte demütig den Kopf.

Die unscheinbare Kutsche hielt direkt vor ihr an, nachdem sie von dem Kutscher vermutlich durch ihre Uniform erkannt worden war. Er machte sich jedoch nicht die Mühe, ihr die Tür zu öffnen, was sie ehrlich gesagt sogar überrascht hätte. Im Inneren saßen bereits drei Bedienstete, die vermutlich keine Betrüger waren. Also begnügte sie sich damit, die Hände in ihrem Schoß zu falten und den Schweiß zu ignorieren, der ihre Schläfen hinabrann. Die Sonne brannte auf das Dach, während sich die Kutsche erneut in Bewegung setzte und über die gepflasterten Straßen holperte.

Die anderen Frauen waren allesamt älter als Morgan und trugen grimmige Mienen zur Schau, die sich nur veränderten, als eine von ihnen das Festmahl ansprach, das sie erwartete, wenn die Feierlichkeiten für die Aristokratie erst einmal vorüber wären.

So weich die Kleidung auch war, dieses Leben würde Morgan zerstören. Wenn das Einzige, worauf sie sich freuen konnte, das übrig gebliebene Essen von einer gehobenen Schicht von Menschen war, dann wäre es in der Tat ein sehr trauriges Leben.

Ihr jetziges bot ihr immerhin Abenteuer und Freiheiten, die sie als Dienstmädchen nicht besitzen würde. Natürlich musste sie sich auch mit Schurken wie Thomas herumschlagen, doch letztlich machte der Rausch, der sie jedes Mal befiel, wenn sie sich in Gefahr begab, so viel wieder gut. Er schaffte es sogar, sie die Jahre ihrer Ausbildung unter Larkins Argusaugen vergessen zu lassen.

Die Schmerzen und Schreie, die immer heiserer wurden, bis sie schließlich verstummten.

Blut tropfte auf ihre makellose Schürze. Sie hatte ihre Fäuste so fest geballt, dass ein Fingernagel durch ihre Haut gebrochen war.

Sofort hob sie den Blick, doch die Frauen waren in ihr Gespräch vertieft und achteten nicht auf sie.

Reiß dich zusammen, Morgan, ermahnte sie sich selbst. Sie rieb die sichelförmige Wunde vorsichtig an dem Kissen des Sitzes ab. Gegen den roten Fleck auf ihrer Schürze konnte sie leider nichts mehr tun.

»Hat dich Brigitte eingestellt?«

Es dauerte einen Augenblick, bis Morgan erkannte, dass die Frage an sie gerichtet gewesen war. Sie räusperte sich.

»Äh, ja, sie kennt die Herrin, für die ich sonst arbeite.« Sie blieb bei der Hintergrundgeschichte, die ihr von Larkin eingetrichtert worden war, als er ihr die Kleidung übergeben hatte.

»Braucht deine Herrin dich nicht?«, hakte die Frau nach, die neben Morgan saß und die Stirn runzelte, als hätte sie bereits bei ihrem Einsteigen erkannt, dass sie eine Betrügerin war. Wie ein Raubtier wartete sie darauf, dass sie sich auch den anderen zu erkennen geben würde.

»Sie befindet sich auf Reisen. Die Haushälterin hat alles im Griff. Auch ohne mich«, erklärte sie und versuchte, ihren Ausdruck möglichst einfach zu halten. Larkin hatte dafür gesorgt, dass sie in den meisten Themenbereichen ausreichend gebildet war, weshalb auch ihre Lebensschuld derart hoch war. Er hatte Lehrer aus verschiedenen Teilen des Kontinents anreisen lassen und alles nur, um sie zu einer Waffe zu formen, die er allein würde schwingen können.

Sie hasste ihn dafür.

»Also bist du nur für das Fest da?«, hakte sie weiter nach.

Sie erwiderte ihren Blick, ohne zu blinzeln, obwohl sie dafür ihren Nacken beinahe verrenken musste. Zu spät wurde ihr klar, dass es vermutlich besser gewesen wäre, ein schüchternes Mäuschen zu spielen.

»Ich erhoffe mir eine zusätzliche Krone«, sagte sie und log dadurch nicht einmal. Ihre Mission würde ihr, wenn alles glattlief, mehr Geld einbringen als ihre letzten drei Aufträge zusammen.

Manchmal fragte sie sich, ob Larkin sie nicht absichtlich klein hielt, damit ihm mehr Zeit blieb, sie zu manipulieren. Des Öfteren hatte er schon sein Unverständnis darüber ausgedrückt, dass sie einer Zukunft bei den Wölfen derart abgeneigt war.

»Die wirst du kriegen …«, gackerte die Frau, die bereits graue Strähnen in ihrem ansonsten braunen Haar aufwies, das anders als bei Morgan nicht unter einer Haube versteckt war. »Ich bin Maggie«, stellte sie sich vor und auch die anderen nannten widerwillig ihre Namen, aber Morgan merkte sie sich nicht und gab ihnen einen falschen für sich selbst.

Für den Rest der holprigen Fahrt ließen sie sie in Ruhe. Sie wurden einmal an dem bewachten Tor gestört, an dem eine Wache ihren Kopf in den Wagen steckte, um zu überprüfen, dass darin auch nur vier harmlose Dienstmädchen transportiert wurden. Er grunzte zufrieden und ließ sie durch.

Morgan entfloh erleichtert der Atem, den sie unwillkürlich angehalten hatte. Ihre Hand lag auf dem Dolch unter ihren Röcken, bevor sie diese unauffällig lockerte.

Sie bekämpfte den Drang, aus dem Fenster zu sehen, um die Pracht des Palastes auf sich wirken zu lassen, doch die Sicht auf das Gebäude aus Eisen, Glas und grauem Stein würde sie nur ablenken. Das hier war ihre Möglichkeit, sich zu beweisen.

Die Kutsche hielt vor einem massiven Torbogen und Morgan folgte den drei Frauen in Richtung eines Seiteneinganges. Ein Kräutergarten, der einen schweren, würzigen Duft unter der drückenden Hitze verbreitete, schmiegte sich an die Fassade.

Sie betraten den Palast schließlich durch die geräumige Küche, die so groß war wie der Versammlungsraum und der Flur des Hauptquartiers der Wölfe zusammen. Auf den ersten Blick herrschte großes Chaos.

Überall wurden Töpfe und Schüsseln hervorgeholt, Zwiebel zerkleinert, Kartoffeln gekocht und Teig geknetet, während das Feuer in den Öfen eine dunkle Kruste auf Schwein, Gans und Ente bildete. Köche liefen umher, schrien sich gegenseitig an und zuckten zusammen, wenn der Hauptkoch seinen Kochlöffel schwang und vor Zorn rot anlief.

Von den Deckenbalken hingen Kräuter, die vermutlich aus dem Garten gepflückt worden waren, manche waren allerdings bereits getrocknet und verströmten einen noch intensiveren Duft, wenn man sich direkt darunter befand. Neben Kräutern fand man auch große und kleine Töpfe sowie diverse Löffel an eisernen Haken, die an metallenen Gerüsten befestigt worden waren.

Wenn Morgan gedacht hatte, dass es nicht mehr viel heißer werden könnte als in der Kutsche, hatte sie sich getäuscht. In der Küche herrschten barbarische Temperaturen und es fühlte sich so an, als würde die Haut von ihren Knochen schmelzen.

Sie wurde unsanft in den Raum geschubst, als eine Ladung Kartoffeln in einer Schubkarre hereingeschoben wurde. Die sich ihr in dem kurzzeitigen Durcheinander bietende Möglichkeit nutzend, huschte sie aus der Küche. Einen groben Grundriss hatte sie von ihrem Alphawolf bekommen, aber es war nicht leicht für jemanden wie sie, an verlässliche Pläne zu gelangen.

Sie wusste dennoch, wo sich die Gemächer des Kronprinzen befanden, da es allseits bekannt war, dass der Westflügel die schönste Aussicht besaß. Die Fenster erlaubten einen direkten Blick auf das Gespiegelte Meer.

Morgan stellte sich vor, jeden Abend in einem weichen Sessel vor den Fenstern zu sitzen und den Sonnenuntergang zu beobachten. Was für ein angenehmes, wenn auch langweiliges Leben.

Um keine ungebetene Aufmerksamkeit auf sich zu ziehen, nutzte sie die Dienstbotenkorridore und -treppen, die sich in die Höhe schraubten. Die Gänge waren wie erwartet eng und unscheinbar. Es gab außer den Leuchtern, die in regelmäßigen Abständen an den kargen Steinwänden hingen, keine Anhaltspunkte darauf, in welchem Stock man sich befand. Nicht mal Fenster ließen sich finden und zwangen Morgan dazu, immer wieder eine der Türen zu öffnen, an denen sie vorbeischritt, um zu überprüfen, wo sie war.

Sie begegnete mehreren Bediensteten, aber niemand schenkte ihr große Beachtung. Jeder besaß bereits eine Aufgabe, die er zügig erledigen musste, wollte er später nicht gerügt werden, oder schlimmer noch, seine Arbeit verlieren. Das erleichterte ihr den Weg bis zu den königlichen Gemächern ungemein.

Sie schob gerade eine weitere Tür auf, als sie das Herannahen von Schritten vernahm und die Tür eilig wieder ins Schloss zog. Mit dem Ohr an dem kalten Holz lauschte sie den vorbeischreitenden Personen.

»… mir erlaubt, heute Nacht zwei meiner Männer vor Eurem Gemach zu positionieren?«, hörte sie eine männliche Stimme fragen. Selbst durch das Holz gedämpft klang sie autoritär, wenn auch noch jung.

»Du denkst, sie wird es heute Abend wieder versuchen?«, antwortete die zweite, ebenfalls männliche Person. Sie hielten sich nun direkt auf der anderen Seite der Tür auf und Morgans Herz pochte heftig vor Aufregung. Sie würden wohl kaum durch den Dienstbotengang gehen, oder? Und wenn schon, sie würde sich schon eine Ausrede einfallen lassen, warum sie hier stand und lauschte.

»Vielleicht. Es würde mich jedenfalls beruhigen, zu wissen, dass Ihr im Notfall beschützt werden könnt.«

»Ich schätze, es wäre in ihren Augen recht poetisch. Mein Tod an dem Geburtstag ihres Lieblingssohnes ... Ja, tu, was du für richtig ...«
Wie erstarrt blinzelte sie gegen das helle Licht der Fackel, während sich die Personen entfernten und das Gespräch mit sich nahmen. Offensichtlich war sie ganz knapp einer Begegnung mit dem Kronprinzen entkommen, von dem sie die Manschetten stehlen sollte. Oder war es sein zweitjüngster Bruder gewesen? Doch Morgan meinte sich daran zu erinnern, gehört zu haben, dass dieser eine Ausbildung zum Priester absolvierte und deshalb nicht im Palast lebte. Also war es wirklich seine Hoheit Prinz Jeriah Cerva gewesen. Und was hatte er gesagt? Seine Mutter drohte damit, ihn zu töten?

Sie schüttelte den Kopf und löste sich endlich von dem Holz. Was auch immer gesagt worden war, es ging sie nichts an und hatte keinerlei Auswirkungen auf ihren Auftrag.

Sie steckte erst ihren Kopf hinaus, spähte nach links und rechts und trat dann in den Korridor, der mit einem tiefblauen Teppich ausgelegt war und an dessen Wänden vergoldete Leuchter hingen. Das musste das richtige Stockwerk sein, da sie die Porträts der königlichen Familie erkannte, die den richtigen Flur markierten. So hatte Larkin es ihr mitgeteilt.

Zielgerichtet schritt sie zur letzten Tür. Sie trat in das Licht der Nachmittagssonne, das durch die hohen Fenster am Ende des Ganges hereindrang, und drückte die goldene Klinke runter. Die Tür schwang ohne das kleinste Geräusch nach innen auf und eröffnete Morgan den Blick in das prunkvolle Innere.

Um nicht entdeckt zu werden, trat sie eilig ein und schloss die bunt verzierte Tür hinter sich.

Sie wusste nicht, ob sie jemals in einem Raum gestanden hatte, in dem sich so viele kostbare Gegenstände auf einem Haufen befunden hatten.

Sie befand sich in einem männlich eingerichteten Salon. Es gab keine Blümchenmuster, Fransen oder allzu viel Deko. Der Boden war mit Fellteppichen ausgelegt, an denen noch die Formen der erlegten Tiere zu erkennen waren. Ein brauner Bär und eine graue Schneekatze. Sie bezweifelte, dass der Kronprinz die Tiere selbst erlegt hatte, und trat weiter in die Mitte des Zimmers. An den hell tapezierten Wänden hingen ebenfalls elegant geschwungene Leuchter und reflektierten in ihrem Glas das Licht, das durch die mannshohen Fenster hereinschien. Mit offenem Mund wurde Morgan wie eine Motte davon angezogen und sah sich Augenblicke später einer beeindruckenden Aussicht gegenüber. Weit und breit erstreckte sich das leuchtend blaue Meer, das am Horizont den ebenso klaren Himmel küsste.

Unwillkürlich legte Morgan eine Hand an das von der Sonne aufgewärmte Glas und beobachtete fasziniert den Sturzflug eines golden gefiederten Adlers. Im letzten Moment zog er seinen grazilen Körper nach oben und konnte gerade so verhindern, von einer Welle verschluckt zu werden, die Sekunden später gegen die Klippen brandete, auf denen der Palast errichtet worden war.

Hier würde sie sich durchaus wohlfühlen können. Schade nur, dass man sich dieses Leben nicht erarbeiten konnte, ob nun mit ehrlicher oder illegaler Arbeit.

Entschlossen wandte sie sich ab und betrat den nächsten Raum, bei dem es sich um ein Schlafzimmer handelte. Das riesige Doppelbett wurde von vier hölzernen Pfosten eingerahmt, an denen dunkelblaue Samtvorhänge festgebunden waren, die geöffnet das gesamte Bett umfassen würden. Mehrere Kissen und Decken lagen auf der Matratze übereinandergestapelt und luden zum Verweilen ein. Es gab eine Sitzecke, zwei Nachtschränke und auf einer Kommode stand ein Tablett mit einer Waschschüssel aus Messing. Eine weitere Tür führte ins Ankleidezimmer, in dem Morgan hoffentlich fündig werden würde.

Sie schritt zielstrebig auf die Kommode zu, die Jeriahs Schmuck beinhaltete. Auf der Ablage befanden sich mehrere Manschettenknöpfe penibel von einem Bediensteten geordnet, doch die Knöpfe, die sie brauchte, waren nicht dabei. Sie suchte jede Schublade, jeden Schrank ab und kontrollierte sogar die Uniformen, Tuniken und Jacketts in der Hoffnung, der Prinz hätte die Knöpfe vergessen abzunehmen. Aber selbst wenn dies der Fall gewesen wäre, er besaß sicherlich einen anständigen Kammerdiener, der hinter ihm aufräumte.

Seufzend vergrub sie das Gesicht für einen Moment in ihren Händen und atmete tief durch. Die Hitze machte auch vor den Gemächern des Königssohnes keinen Halt und der Schweiß perlte über ihre Stirn.

Noch einmal blickte sie sich im Salon um und sah in den Schubladen von Jeriahs Schreibtisch nach, doch sie wurde nicht fündig. Es gab nur einen Ort, den sie nicht kontrolliert hatte.

Sie müsste einen Weg finden, Jeriah von den Knöpfen zu befreien, wenn er sie tatsächlich zu Ehren seines jüngeren Bruders trug.

Sie wusste nicht, wie weit die Vorbereitungen bereits vorangeschritten waren, doch es konnte nicht mehr lange dauern, bis die Festlichkeiten beginnen würden. Also überprüfte sie ihr Aussehen in einem der mit Ornamenten verzierten, eingerahmten Spiegel und befestigte ihre Haube erneut, damit keine Strähnen ihres dunkelbraunen Haares hervorlugten. Danach machte sie sich auf den Weg nach unten in den Ballsaal, wo die Elite den jüngsten Spross der Königsfamilie ehren würde.

Es war lächerlich einfach, sich unter die Menge zu mischen und jedem aus dem Weg zu gehen, der ihren Betrug möglicherweise hätte aufdecken können. Sie hielt sich stets am Rand des pompös dekorierten Ballsaals und ahmte die Bewegungen der Bediensteten nach, um von keinen Ranghöhergestellten wegen ihrer Faulheit angesprochen zu werden. Sie servierte kleine Törtchen auf glänzenden Silbertabletts und sammelte leere Glasflöten ein, wenn der kostbare Sekt bereits in einem Zug heruntergekippt worden war.

Seidene Kleider in allen Farben raschelten um sie herum, hin und wieder blitzte die Spitze eines mit Edelsteinen besetzten Schuhs unter dem Saum auf und die Halstücher wurden von fürsorglichen Ehefrauen neu gerichtet.

Nachdem sich die Gäste eingefunden hatten, räusperte sich ein Herold, der vor den geöffneten, beeindruckenden Doppeltüren stand und das ernste Gesicht auf die Menge gerichtet hielt.

Morgan positionierte sich so, dass sie den Gang von der Tür bis zum Podium, auf dem die zwei Throne standen, genau einsehen konnte. Alle anderen Bediensteten zogen sich bis zu den mit goldenen Schnörkeln tapezierten Wänden zurück, doch sie gab sich bewusst ignorant und stellte sich neben eine adlige Dame, die ihr pechschwarzes Haar zu einem faszinierenden Turm aus Locken und Klammern frisiert hatte.

»Ihre Königlichen Hoheiten Prinz Cillian, Prinzessin Rhima und Kronprinz Jeriah«, kündigte der Herold drei der vier Kinder an. Cillian war der Jüngste von allen und trug ein grausames Lächeln zur Schau, das Morgan einen eisigen Schauer den Rücken hinabrinnen ließ. Er schritt mit all seiner königlichen Arroganz voraus und badete in der Aufmerksamkeit, die ihm zuteilwurde. Seine grünen Augen erinnerten sie überraschenderweise an ihre eigenen. Nur die goldenen Flecken, mit denen ihre Iriden gesprenkelt waren, fehlten in seinen, soweit sie das aus der Entfernung bestimmen konnte, und die vollkommene Ausdruckslosigkeit unterschieden sie voneinander.

Was für ein fürchterlicher Gedanke, diesem Aristokraten in irgendeiner Weise ähnlich zu sein. Sie bekam schon eine Gänsehaut von seinem kalten Blick, als er den riesigen Ballsaal innerhalb weniger Sekunden erkundet und katalogisiert hatte. Sein Blick richtete sich anschließend auf eine Gruppe junger Mädchen, etwa in seinem Alter und damit jünger als Morgan, als würde er sie zum Abendessen verspeisen wollen.

Rhima war die einzige Tochter unter den Geschwistern und schritt am Arm ihres Gatten entlang, dem Sohn des Hohen Priesters. Selbst wenn Morgan ohne dieses Wissen erschienen wäre, hätte sie die Ähnlichkeiten mit dem riesigen, dünnen Mann erkannt, auch wenn Rhimas Gemahl deutlich jünger, weniger abgemagert und vielleicht auch besser aussehend war. Den kalten Zug um die Augen jedoch hatte der Sohn geerbt.

Als Letztes schritt der Kronprinz Jeriah durch das Tor und hielt sich so hoheitsvoll wie seine Geschwister. Seine Miene verriet keinen seiner Gedanken und seine Kleidung saß tadellos. Schwarze Stoffhosen schmiegten sich an seine muskulösen Beine, gepaart mit glänzend polierten Schuhen, die das Licht der tausend Kerzen widerspiegelten. Seine breiten Schultern kamen in der dunkelblauen Jacke, die mit einem reich verzierten Gürtel eng an seinem flachen Bauch lag und mit einer Doppelreihe an goldenen Knöpfen ausgestattet war, ausgezeichnet zur Geltung. An seiner Seite hing sein beeindruckendes Zeremonienschwert, dessen Heft im Kopf eines Bären endete. Das Symbol von Eflain, das sich auch auf den Manschettenknöpfen seiner Jacke wiederfinden ließ. Er trug ihr beabsichtigtes Diebesgut direkt an seinem Körper und hätte es ihr dadurch nicht schwerer machen können.

In gemächlichem Tempo schritt er an ihnen vorbei und würdigte niemanden eines Blickes. Anscheinend war er noch arroganter als sein jüngerer Bruder. Dann wiederum musste sie an das Gespräch zwischen ihm und vermutlich einem seiner Leibwächter, das sie belauscht hatte, zurückdenken. Wollte ihn seine Mutter wirklich beseitigen?

Sobald sich die Geschwister links und rechts von den beiden Thronsesseln positioniert hatten, holte der Herold wieder tief Luft und die Gesichter wandten sich erneut dem Eingang zu.

»Ihre Majestäten, König Deron und Königin Phaedra aus dem Hause Cerva. Verneigt euch!«

Alle Anwesenden senkten den Kopf und verbeugten sich tief, sodass Morgan nur den Kleidersaum der Königin an ihrem Blickfeldrand vorbeiziehen sah. Ihr schoss durch den Kopf, dass sie in ihrem ganzen Leben noch nie diese Art von edlem Stoff erblickt hatte. So fein gestrickte und derart sauber gewebte Fäden fand man nicht mehr auf dem Markt. Selbst nicht in Cardeas Näherei oder der Hutmacherei neben ihrem Hauptquartier.

»Erhebt euch«, befahl König Deron und ließ den Blick über seine Gäste schweifen, die sich allesamt herausgeputzt hatten, um den vierzehnten Geburtstag seines Sohnes zu feiern.

Er wirkte zufrieden mit dem, was er sah, denn ein kleines Lächeln erschien auf seinen Lippen und erhellte sein ansonsten ernstes Gesicht. In seinen Augen glitzerte allerdings kalte Berechnung, die vermutlich der Grund dafür war, warum er nun auf dem Thron von Atheira und Eflain saß.

»An diesem Tag sind wir zusammengekommen, um den Geburtstag meines Sohnes Cillian zu zelebrieren. Meine Gemahlin Phaedra und ich …« Bei diesen Worten nahm er die schlanke, blasse Hand der Königin in seine. Sie zuckte nicht einmal mit der Wimper. Ihre Schönheit war überwältigend, weshalb Morgan eilig den Kopf senkte. »… haben uns dazu entschlossen, ihm einen Wunsch zu gestatten. Cillian, trete vor.«

Der junge Prinz verließ den Platz an der Seite seiner Schwester, die ihr hübsches Gesicht durch einen verzogenen Mund entstellte. Cillian verneigte sich hingegen formvollendet vor seinen Eltern.

»Was wünschst du dir, mein Sohn?«

»Einen Blick in meine Zukunft, Vater«, antwortete dieser prompt, als hätte er die Worte bereits lange Zeit in seinem Inneren genährt und gepflegt.

»So sei es«, sagte König Deron mit volltönender Stimme und vollführte eine ausholende Geste mit seiner linken Hand, an der mehrere goldene Ringe glänzten.

Ein Raunen ging durch die Menge, da dieser Wunsch etwas Unerhörtes war. Doch dass der König sein Einverständnis gab, war ein wahrer Skandal. Morgan selbst wusste nicht, was genau sie erwartet hatte, doch auch ihr war bewusst, dass der Akt der Hellseherei allein den Moiren vorbehalten war – so wie auch die Webmagie. Der neue König schien allerdings nichts von den alten atheiranischen Sitten zu halten.

Sie beschloss, sich tiefer in die Menge gleiten zu lassen, doch hinter ihr war niemand bereit, auch nur einen Schritt zurückzuweichen, aus Angst, das Spektakel zu verpassen. Zähneknirschend blieb sie also dort, wo sie war, und beobachtete den Eintritt des Dux Aliquis'.

Der Hohe Priester in seinen fließenden dunkelroten Roben war allerdings nicht der Einzige, der sich erst jetzt zu den Festlichkeiten gesellte. Auf dem Fuß folgten ihm zwei normale Priester und Palastwachen, die einen verwahrlosten Jungen zwischen sich trugen. Er war kaum mehr als Haut und Knochen. Eine Platzwunde blutete auf seiner Wange, als hätte er sich noch Minuten vorher gegen sein bevorstehendes Schicksal gewehrt und dafür Schläge einstecken müssen.

Die Priester brachten eine Messingschüssel, Tücher, kleine Messer und silberne Werkzeuge mit sich und legten sie auf einem Tisch ab, der bei ihrem Eintreten von Bediensteten herangetragen worden war. Ihr Magen rebellierte bei dem Anblick der Folterwerkzeuge, die ihr durchaus bekannt vorkamen. Das konnte nichts Gutes bedeuten.

Man zwang den Gefangenen, sich hinzuknien. Seine Arme hatte man hinter seinem Rücken in Schellen gelegt, die mit Ketten an den Eisenringen um seine Fußgelenke befestigt waren.

Da er nun unmittelbar vor dem Podest verharrte, konnte Morgan sein Gesicht nicht mehr sehen, doch sie erkannte das Zittern, das seinen schmalen Körper erbeben ließ. Jeder um sie herum hielt gebannt den Atem an. Hin und wieder hörte man raschelnde Stoffe, ein verhaltenes Hüsteln und schweres Schlucken, aber niemand verlor auch nur ein einziges Wort, während Cillian an die Seite des Hohen Priesters trat.

»Um in Eure Zukunft zu sehen, Eure Hoheit, müsst Ihr ein Opfer bringen, das Euch den Eintritt in die Welt der Schicksale gewährt«, verkündete der Dux Aliquis und holte aus den Falten seiner Robe einen geschwungenen Dolch hervor. Die schwarze Klinge glänzte gefährlich, als sie den Händen des Prinzen übergeben wurde. Der eifrige Ausdruck in Cillians Augen ließ Morgan erzittern.

»Bitte«, wimmerte das Opfer. »Meine Schwester war bloß hungrig. Es war nur ein Stück Brot!«

Die Worte des Jungen trafen Morgan genau ins Herz. Ein unerfahrener Dieb. Jemand, der für seine Familie sorgte, doch ganz offensichtlich war er zur falschen Zeit erwischt worden. An jedem anderen Tag hätte man ihn mit ein paar wenigen Peitschenhieben von dannen ziehen lassen, aber nicht am Geburtstag des Prinzen. Nicht, wenn dieser die Dreistigkeit besaß, sich die Macht der Moiren zu wünschen.

»Still«, bellte einer der Wachen und riss den Kopf des Jungen an dem üppigen braunen Haar zurück. Morgan konnte kaum hinsehen. Ihre Hände ballten sich an den Seiten zu Fäusten.

»Töte ihn, aber ohne das Herz zu versehren«, befahl der Dux Aliquis, ohne das Betteln des Jungen zu beachten. Er kannte kein Erbarmen.

Kapitel · 9

Cillian stellte ein diabolisches Lächeln zur Schau, verneigte sich höhnisch vor seinem Opfer und positionierte sich hinter ihm, bevor er wieder einen Schritt zurücktat und den Blick auf die angespannte Menge richtete. Er wirkte wie einer der Schausteller, die in regelmäßigen Abständen nach Yastia reisten, um ihre neuesten und dramatischsten Kunststücke vorzuführen.

»Dreht ihn herum.« Er winkte den Wachen ungeduldig zu, als könnte er es kaum erwarten, diesen unschuldigen Jungen zu opfern, der einen einzigen Fehler begangen hatte.

Die Wachen taten wie geheißen, zerrten den Gefangenen unbarmherzig hoch und drehten ihn zum teilweise schockierten, teilweise faszinierten Publikum.

Morgans Blick huschte unwillkürlich zu Jeriah, der das Schauspiel mit unbewegter Miene betrachtete. Es war, als würde er nicht das Geringste empfinden. Seine Schwester wirkte nervös, Schweiß glitzerte auf ihrer Stirn, die Hand ihres Mannes lag fest um ihren Unterarm. Das Herrscherpaar schien innerlich genauso distanziert zu sein wie ihr ältester Sohn, doch dann erblickte Morgan in den Augen der Königin ein gefährliches Glitzern, das Morgan Sekunden zuvor in den blauen Augen Cillians gesehen hatte. Es war eindeutig, von wem er seinen Hang zur Grausamkeit geerbt hatte.

Morgan zuckte zusammen, als sie die panische Miene des Gefangenen sah. Es war wie ein Schlag ins Gesicht. Der Unmut, der hörbar in der Masse niederschlug, ließ darauf schließen, dass es auch anderen so erging wie ihr.

Cillian setzte die Klinge an den Hals des Jungen und nahm sich Zeit, während er sie über die gebräunte Haut zog. Mit der flachen Seite kratzte sie über die Wange und hinterließ eine Spur aus kaltem Angstschweiß. Morgan wusste aus eigener Erfahrung, dass die Erwartung einer Verletzung oftmals schlimmer war als die Verletzung selbst und so wunderte es sie nicht, dass der Prinz seine Macht weiter auskostete. Ein Schnitt an dieser empfindlichen Stelle wäre viel zu schnell geschehen, da es kaum großer Kraft bedurfte. Schließlich übte er leichten Druck aus und das Blut quoll erst langsam hervor und dann im Takt des sich schnell verlangsamenden Herzschlags, als die Lebensader durchtrennt wurde. Die Menschen, die dem Spektakel am nächsten standen, taten unwillkürlich einen Schritt zurück, doch sie wurden nicht von Blutspritzern verschont. Nur Morgan blieb, wo sie war. Rührte sich nicht, weil sie zu gefangen in ihren eigenen Erinnerungen war. Sie legten sich wie Seile um ihren Körper und hielten sie an Ort und Stelle. Wieder und wieder sah sie sich selbst als Opfer und dann als Täterin. Führte die Klinge an ihre eigene Kehle, durch eine fremde Hand. War es ihre Hand? Oder die Hand eines Feindes?

Bleib ruhig, sagte sie zu sich selbst und atmete tief durch die Nase ein. *Du hast später genug Zeit, zusammenzubrechen. Wenn dein Auftrag erledigt ist.*

Einer der beiden Priester trat mit der Schüssel hervor und hielt sie unter die Wunde, während der Strahl immer schwächer wurde und das Blut in unregelmäßigen Wellen in die Schüssel floss. Der Junge erbleichte und sein Körper erschlaffte. Morgan sah die geschlossenen Lider und wusste, dass es bald vorbei sein würde. Jetzt, da er nur noch von den Wachen links und rechts aufrecht gehalten wurde. In Morgans Fingern juckte es, Rache für dieses unschuldige Leben zu nehmen. Wie konnten die Adligen und die Königsfamilie dieser barbarischen Vorführung beiwohnen, ohne dagegen zu protestieren.

Andererseits hob auch sie nicht ihre Stimme.

Immerhin wurde er nicht weiter gefoltert, dachte Morgan zynisch. Ihr Blick wurde erneut von Jeriah angezogen, dessen Augen in jenem Moment die ihren fanden. Eilig wandte sie sich ab. Es wäre das Schlimmste, wenn er sich nach dem Diebstahl an eine Bedienstete erinnerte, die fehl am Platz gewirkt hatte. Nichts durfte auf die Wölfe hinweisen.

Durch das Rauschen in ihren Ohren verstand sie die nächsten Worte des Hohen Priesters nicht, aber Cillian reagierte sofort. Die Wachen hatten den leblosen Körper rücklings auf die Fliesen gelegt, sodass sich der Prinz neben ihn knien und mit dem Messer die Brust öffnen konnte.

Die Geräusche des Blutes und der Haut, die auseinandergezogen wurde, gingen Morgan durch Mark und Bein, aber sie war unfähig, den Blick abzuwenden. Cillian legte den Dolch in der Blutlache neben sich ab und schob die Ärmel seiner mit silbernen Fäden bestickten Jacke zurück. Er hinterließ blutige Abdrücke. Mit vor Anstrengung verzerrtem Mund brach er mindestens zwei der Rippen, um an das kostbare Herz in seinem Käfig zu gelangen, obwohl dies nicht nötig gewesen wäre. Morgan wusste, dass man das Herz auch erreichen konnte, indem man die Hand von unten nach oben schob. Cillian demonstrierte seine körperliche Kraft und Erhabenheit und verdeutlichte gleichzeitig die Wertlosigkeit seines Opfers.

Es schien, als würde Morgan mit jedem weiteren Knacken immer tiefer in dem Nichts verschwinden, das auf jeden Menschen lauerte, der sich selbst verlor.

Der Prinz aus Blut und Grausamkeit schnitt das Herz aus der Brust seines Opfers und streckte es wie eine Krone in die Höhe.

Cillian benutzte diverse Utensilien, die ihm von dem zweiten Priester gereicht wurden. Mit einer Art Löffel kratzte er die Augen aus den Höhlen und legte sie nacheinander in die Schüssel, die bereits mit dem Blut gefüllt war. Die Zunge schnitt er mithilfe einer glänzenden Schere und eines sehr scharfen, schmalen Messers ab. Der Muskel war größer, als Morgan erwartet hatte und sie würgte unwillkürlich. Lange würde sie dieses Schauspiel nicht mehr ertragen können und ein Blick in die grünen Gesichter neben sich verriet ihr, dass es den meisten anderen trotz ihres Schweigens genauso ging.

Nur der Prinz merkte nichts von der Übelkeit seiner Zuschauer.

Als alles bereit war, setzten sich der Dux Aliquis und Prinz Cillian auf hereingebrachten Stühlen gegenüber. Zwischen ihnen stand die Schüssel auf einem quadratischen Tisch und sie tauchten ihre Hände darin ein. Einer der Priester positionierte sich neben dem Dux Aliquis und hielt sein Zauberbuch geöffnet vor ihn, sodass dieser die Verse laut vorlesen konnte.

Morgan hatte davon gehört, dass Bluthexer während ihrer Ausbildung ein Zauberbuch bekamen, das sie in den folgenden Jahren mit ihren eigenen Zaubersprüchen füllten. Kein Zauber war gleich und es gab kein Buch, das für mehr als einen Hexer bestimmt war. Bluthexen, den Heilerinnen, wurde es den Gerüchten nach verboten, ihre eigenen Sprüche zu kreieren, ohne zuvor einen Bluthexer konsultiert zu haben.

Die Worte, die wie Motten aus dem Mund des Priesters huschten, waren Morgan fremd und legten sich unangenehm unter ihre Haut.

Sie widerstand dem Drang, sich über die Arme zu reiben, als der Kopf des Prinzen zurückfiel. Sein Gesicht verzerrte sich zu einer Maske der Ekstase.

Worte und Worte folgten dicht aufeinander, schwollen zu einem tosenden Strom an, bis sie überall im Saal widerhallten, als würden dreihundert Menschen gleichzeitig die Magie des Blutes heraufbeschwören. Der Fluss des Zaubers stürzte ununterbrochen die Klippen hinab, bis er sein glorreiches Ende fand.

Für wenige Minuten herrschte noch drückendere Stille als zuvor, dann kam Cillian mit weit aufgerissenen Augen wieder zu sich und starrte den Hohen Priester fassungslos an.

»In deiner Zukunft erwarten dich Götter, Blut und Macht, mein Prinz«, sagte der Dux Aliquis mehr zu der Audienz als zu Cillian, der offensichtlich seine ganz eigene Vision gesehen hatte. Ein berechnendes Lächeln setzte sich auf seinen dünnen Lippen fest und für eine Sekunde fokussierte er seinen ältesten Bruder, der diesen gekonnt ignorierte.

Daraufhin schrubbten drei Dienstboten mit Schwämmen und Wasser aus Eimern das Blut von dem glatten Marmorboden, nachdem die Leiche und die Möbel durch eine Nebentüre aus dem Saal getragen worden waren. Das Orchester begann damit, die drückende Stille zu füllen und die Gäste von den unheilvollen Minuten abzulenken.

Die Menschen lösten sich aus ihrer Starre, tauschten erst vorsichtig, dann immer mutiger Worte miteinander aus, um die letzten Spuren dieser Folter für den Verstand aus ihren Erinnerungen zu vertreiben. Der Alkohol erledigte den Rest. So merkte Morgan nach einer Viertelstunde niemandem mehr an, was zuvor geschehen war. Die Gespräche drehten sich um ungefährliche Themen, sodass die Blase, die diese Leute um sich selbst gewoben hatten, von nichts zerstört werden konnte. Wieder konnten sie sich der Illusion hingeben, gute Menschen zu sein.

Morgan wich den tanzenden Menschen aus und versuchte, in die direkte Nähe des Kronprinzen zu gelangen, doch sein aufmerksamer, muskulöser Leibwächter hing ständig an seinem Rockzipfel. Eine steile Falte zwischen seinen Augenbrauen verriet ihr, dass er ihr Herumlungern bemerkt hatte, als sie ein weiteres Mal in seine Nähe gekommen war.

Es wäre einfacher, Jeriah die Kette mit dem schweren Amulett zu stehlen, als an die Manschettenknöpfe zu kommen.

Seufzend veränderte sie ihre Taktik und schob sich ungesehen aus dem Ballsaal. Eine gute Diebin erkannte, wann sie den Rückzug antreten musste.

Das Gemach seiner Hoheit würde also als ihr neues Schlachtfeld herhalten müssen, in der Hoffnung, dass er sich vor dem Schlafengehen seiner Kleidung entledigte.

Kapitel · 10

Sie erreichte das Zimmer erneut, ohne aufgehalten zu werden, und stellte erleichtert fest, dass noch keine Wachen vor den Türen positioniert worden waren. Das bedeutete aber auch, dass sie die Räume vermutlich durchsuchen würden, bevor sich der Prinz zu Bett begab. Es war unabdinglich, ein gutes Versteck zu finden.

Das Unterfangen stellte sich jedoch als schwieriger heraus, als sie angenommen hatte. Es wurden ihr nicht viele Möglichkeiten geboten und sie musste sich letztlich unter das Bett quetschen.

Sie hoffte, dass die Wachen ihre Aufgabe nicht sonderlich ernst nahmen, sonst müsste sie sich ganz schnell eine Begründung für ihre Anwesenheit einfallen lassen, die sie nicht im Kerker würde landen lassen.

Die Betthussen reichten auf allen Seiten fast bis zum Boden, wodurch sich ihr noch ein kleiner Schlitz bot, durch den sie in den Raum blicken konnte. Sie legte sich bäuchlings hin, zog die Haube von ihrem Kopf. Gähnend rieb sie sich die Augen und bettete ihren Kopf auf ihren verschränkten Armen.

Sie fragte sich, wie Thomas diesen Auftrag gelöst hätte. Irgendwie bezweifelte sie, dass er sich ebenfalls unter das Bett gequetscht hätte. Aber eine andere Möglichkeit war ihr nicht geblieben, oder?

Irgendwann musste sie eingeschlafen sein, denn sie zuckte heftig zusammen, als die Tür zum Gemach aufgestoßen wurde und mindestens drei Personen eintraten. Sofort war sie hellwach, atmete langsamer und spitzte ihre Ohren.

»... im besten Fall bestialisch zu nennen«, sagte Jeriah, an dessen Stimme sie sich noch von ihrem ersten Besuch hier erinnern konnte. »Er ist der perfekte Sohn meiner Eltern.«

»Ob das ein so großes Kompliment ist?«, erwiderte eine zweite männliche Stimme, die Morgan dem Leibwächter zuordnete, der sich den ganzen Abend nicht von Jeriahs Seite wegbewegt hatte. »Kurzer Durchgang, Blemis«, befahl er der dritten Person, dessen Schritte sich daraufhin entfernten. Vermutlich nahm er sich erst das Ankleidezimmer und dann den Salon vor. »Wo ist dein Kammerdiener?«

»Ich habe ihn freigegeben. Du weißt, dass die Dienerschaft ihre Krüge füllt, wenn sich unsereins schlafen legt.« Morgan konnte die auf Hochglanz polierten Stiefel nun direkt vor sich sehen, als sich der Kronprinz auf das Bettende setzte. Ganz egal, wie sehr sie sich auf ihre Atmung konzentrierte, sie bekam ihre Aufregung nicht unter Kontrolle. War sie überhaupt schon einmal in einer derart prekären Lage gewesen?

Die Schritte der zweiten Wache näherten sich ihnen wieder. »Alles sauber, Hauptmann«, sagte er.

»Sehr gut. Nimm deine Stellung ein, Blemis«, befahl ihm der Hauptmann und wartete, bis sich die Tür im Salon geöffnet und wieder geschlossen hatte, bevor er das Gespräch fortsetzte. »Deine Schwester schien auch nicht gerade ... begeistert von Cillians Geschenk zu sein.«

Jeriah gluckste leise. »Nein, sie war etwas grün im Gesicht, nicht wahr?«

Sie wechselten noch ein paar belanglose Worte miteinander, dann verabschiedete sich der Leibwächter. Jeriah entledigte sich seiner Stiefel, die er in eine Ecke pfefferte, bevor er seine Kleidung auf den Boden fallen ließ und dann in den Salon verschwand. Morgan konnte ihn umherwandern hören, als wäre er noch zu unruhig, um zu schlafen, bis er im Ankleidezimmer verschwand und schließlich ins Schlafgemach zurückkehrte.

Allmählich wurde die Schmugglerin ungeduldig, doch wenn sie diesem Gefühl zu viel Raum gab, würde es sie nur in Schwierigkeiten bringen. Also biss sie die Zähne aufeinander und wartete, bis das Licht gelöscht wurde und sich die Atmung des Kronprinzen verlangsamte.

Vorsichtig krabbelte sie unter dem Bett hervor und bewegte sich so lange wie möglich auf allen vieren fort, bis sie den weggeworfenen Haufen Kleidung erreicht hatte. Ihre Augen hatten sich schon an die Dunkelheit gewöhnt. Grinsend erhaschte sie einen Blick auf die Manschettenknöpfe. Sie verlor keine Zeit, zog die Jacke an sich und löste erst den linken, dann den rechten Knopf.

Mit einem triumphierenden Lächeln steckte sie die Knöpfe an zwei Klammern befestigt in ihr geflochtenes Haar, wo man sie bei einer gewöhnlichen Durchsuchung nicht finden würde.

Sie erhob sich lautlos und steuerte die Tür an, als ihr Blick unwillkürlich zur schlafenden Gestalt huschte.

Es hatten nur zwei Schritte gefehlt und sie wäre aus dem Zimmer gewesen, doch ein unerwarteter Impuls führte sie in die entgegengesetzte Richtung. Ehe sie sich es versah, stand sie neben dem Bett des Prinzen. Sie hatte Jeriah in dem Saal gesehen, hatte seinen Blick auf sich gespürt, dessen Augen sie an den dunklen Wald in Scaonia erinnert hatten. Er war der Prinz, der eines Tages die Krone auf dem Haupt tragen würde und nicht Cillian.

Sie sollte also beruhigt sein, dass Atheira nicht von seinem jüngeren Bruder, in dessen Adern schwarzes Pech floss, regiert werden würde. War dies ihr Grund, nun auf sein entspanntes Gesicht hinabzuschauen? Weil sie sich das Aussehen des zukünftigen Königs einprägen wollte?

Er wirkte jünger und weniger verbittert. Das honigbraune Haar zeichnete sich dunkel auf dem Hintergrund des weißen Kissens ab und fiel ihm in Strähnen ins Gesicht. Morgan unterdrückte den Impuls, ihre Hand auszustrecken und es zu berühren. Noch nie hatte sie einen derart gut aussehenden Mann gesehen. *Doch. Einmal. Vor langer, langer Zeit an einem namenlosen Ort.* Entschieden drehte sie sich weg.

Die Tür des Salons wurde plötzlich aufgestoßen und ließ Morgan erstarren. Anstatt sich um ihre Flucht zu kümmern, blickte sie verwirrt von Jeriah zur offen stehenden Tür, durch die nun ein halbes Dutzend Wachen stürmte. Angeführt wurden sie vom Hauptmann, der sie ohne zu zögern an den Armen packte und gegen die Wand stieß. Der Aufprall fuhr durch ihren ganzen Körper, sodass die Luft aus ihren Lungen gepresst wurde.

Morgan war so fassungslos, dass sie sich erst zu wehren begann, als es bereits zu spät war. Die muskulösen Arme ihres Angreifers hatten sie fest in ihrem Griff.

»Lass mich los!«, rief sie, wurde aber ignoriert.

»Was ist los?«, hörte sie die verschlafene Stimme Jeriahs fragen. »Erik?«

Jemand entzündete die Öllampen auf der Kommode und dem Tisch unter einem der Fenster. Morgan blinzelte gegen das ungewohnte Licht und hörte auf, sich gegen die grobe Behandlung des Leibwächters zu wehren.

»Ich habe gerade den Hinweis erhalten, dass sich jemand in den Palast geschlichen hat, um dich zu töten«, erklärte Erik und drehte Morgan endlich von der Wand weg, obwohl er ihre Hände hinter ihrem Rücken noch immer festhielt. »Offensichtlich gerade noch rechtzeitig.«

Jeriah, der aufrecht im Bett saß, machte keinerlei Anstalten, sich zu erheben, warf den anderen Wachen lediglich einen Blick zu. Sie trugen allesamt dunkelblaue, mit schwarzem Leder vervollständigte Uniformen und hielten ihre gefährlich aussehenden Schwerter auf sie gerichtet.

»Schaut euch *gründlich* in den anderen Zimmern um und wenn ihr nichts findet, wartet im Salon«, befahl Erik. »Unter dem Bett auch.« Eine der Wachen errötete unter den tadelnden Worten und Morgan vermutete, dass er derjenige gewesen war, der die Zimmer vor einer Stunde durchsucht hatte.

Nachdem sich die Wachen verteilt hatten, stieg Jeriah aus dem gerade überprüften Bett. Nackt, wie Morgan einen Moment zu spät erkannte. Sie richtete eilig den Blick gen Decke.

Sie steckte in verdammten Schwierigkeiten und hatte keine Ahnung, wie sie da wieder herauskommen sollte, vor allem, da ihre Gedanken um etwas anderes kreisten. Wer hatte dem Leibwächter einen Tipp gegeben? Ging es überhaupt um sie? Schließlich hatte sie nicht vorgehabt, den Kronprinzen zu töten.

»Mutters Plan?«, fragte Jeriah, nachdem er sich eine Hose übergezogen hatte. Seinen muskulösen Oberkörper verdeckte er einen Moment später mit einem lockeren Hemd, dessen Schnüre er offen herunterhängen ließ. Seine Miene war eisern, als er Morgans Körper musterte und schließlich ihr Gesicht betrachtete. Sie zwang sich dazu, nicht die geringste Gefühlsregung preiszugeben.

»Unwahrscheinlich«, antwortete der Hauptmann, dessen fester Griff um ihre Handgelenke sich lockerte. Anscheinend sah er keine Gefahr mehr in ihr. »Sie würde diesen Auftrag keinem Kind überlassen.«

Die Gemüter hatten sich etwas beruhigt. Das war wahrscheinlich ihre einzige Möglichkeit, zu Wort zu kommen.

»Ich bin nicht hier, um Jeriah zu töten«, sagte Morgan ruhig, auch wenn sie sich in ihrem Stolz verletzt fühlte, dass er sie ein Kind genannt hatte. Aber es würde ihr nicht helfen, diesen Punkt zu bestreiten.

»Ach ja? Und wieso bist du dann hier?« Der Prinz hatte seinen durchdringenden Blick auf sie gerichtet, als er seinen Hauptmann bat, sie loszulassen. »Sie wird uns wohl kaum entkommen.«

Erik gehorchte und die Erleichterung über die kurzzeitige Freiheit war schwindelerregend. Morgans Gedanken huschten zu dem Messer, das noch immer an ihrem Oberschenkel befestigt war, bevor sie sich so drehte, dass sie sowohl Erik als auch Jeriah im Sichtfeld hatte. Der Ausgang befand sich dadurch leider auf der gegenüberliegenden Seite.

Es war das erste Mal, dass sie Erik im rechten Licht und vollständig betrachten konnte. Für einen Moment war sie wie versteinert, denn das Blau seiner Augen, das so kalt wie Eis war, zupfte an einer Erinnerung, die sie nicht gänzlich einordnen konnte. Seine Größe beeindruckte sie genauso wie die Farbe seiner Haare, die wirr an seinem Kopf lagen, als wäre er gerade erst aufgestanden. Dunkle, weiche Erde mit goldenem Sonnenlicht durchzogen. Das Gesicht war scharf geschnitten, mit kantigen Wangenknochen unter gebräunter Haut und mit einem dunklen Bartschatten. Die einfache Tunika und die Hose verstärkte in ihr die Vermutung, dass der Hauptmann bereits im Bett gelegen hatte.

Sie wandte ihren Blick ab, denn es würde ihr nicht helfen, wenn sie in diese strahlenden Augen sah und ihre Gedanken vergaß.

»Ich ...«

Innerhalb weniger Sekunden veränderte sie ihre Ausstrahlung. Eine unerschrockene, junge Frau wurde zu einem liebestollen Dienstmädchen. Sie zwirbelte eine Strähne ihres Haares um einen Finger und biss auf ihre Unterlippe. Ihr entging nicht der Blick des Prinzen, der für einen Moment auf ihren Mund herabsank, bevor er sich wieder fing. Der Hauptmann hingegen schien vollkommen unbeeindruckt und verschränkte die muskulösen Arme vor seiner Brust. Das Schwert blieb in seiner kunstvoll verzierten Scheide.

»Ich wollte Eure Hoheit sehen«, gestand sie mit rauchiger Stimme, wie sie die Mädchen am Hafen benutzte, um die Seemänner in ihre dunklen Ecken zu locken.

Daraufhin herrschte drückende Stille.

»Und du denkst, dass wir das glauben? Du bist den ganzen Abend um den Prinzen herumgeschlichen. Denk ja nicht, dass mir das nicht aufgefallen wäre. Hast du auf den perfekten Moment gewartet, sein Getränk zu vergiften? Und als du merktest, dass es nicht funktioniert, hast du dich hier versteckt«, erwiderte Erik beharrlich. Seine breiten Schultern hatte er angespannt, eine Hand legte sich nun auf den Knauf seines Schwertes.

»Ich könnte nie ... nie jemanden töten«, schluchzte Morgan und kniff sich selbst unauffällig in die Seite, um glaubwürdige Tränen hervorzurufen. »Ich bin ihm gefolgt, weil ich seinen Blick einfangen wollte.«

Jeriah verengte die Augen. »Durchsuch sie.«

»Was?«, entschlüpfte es ihr. Ihr Blick huschte von ihm zu Erik, auf dessen Lippen sich ein befriedigtes Lächeln ausbreitete. »Ich sagte doch ...«

»Wenn du wirklich nur aus dem von dir angegebenen Grund hier gewesen bist, wirst du nichts zu verheimlichen haben«, schlug er sie mit ihren eigenen Worten und sie wusste, dass sie verloren hatte.

Sie stürmte los, doch bevor sie überhaupt in die Nähe der Tür kam, hatte Erik einen Arm um ihre Mitte geschlungen.

»Lass mich los!«, fauchte sie und kratzte ihn, doch die Tunika schützte ihn, als seine Hände über ihren Körper wanderten und schließlich die Stelle erreichten, an der sich ihr Messer befand.

»Was haben wir denn da?«, verkündete er mit dunkler Stimme, dann schob er eine Hand unter ihre Röcke, während er ihre Arme mit der anderen weiterhin festhielt.

Sie könnte sich aus seinem Griff befreien, indem sie ihm mit dem Kopf die Nase brach und ihre Schuhsohle fest über sein Schienbein zog, doch sie war wie erstarrt. Die Situation war vollkommen außer Kontrolle geraten. Niemals hätte sie erwischt werden dürfen. Niemals ... Seine rauen Fingerkuppen wanderten ihr nacktes Bein hinauf und erreichten die zuvor ertastete Stelle. Mit einer fließenden Bewegung zog er den Dolch so grob aus der ledernen Halterung, dass die Klinge in ihre Haut schnitt. Sie verzog das Gesicht und erwachte endlich aus ihrer Starre.

»Und was sagst du dazu?«

Sie zischte, als er sie nach vorne schubste, sodass sie ein paar Schritte stolperte. Die Wunde brannte und ihr Gesicht erhitzte sich vor Scham.

»Das ist zum Schutz vor Männern, die ihre Hände nicht bei sich behalten können«, presste sie zwischen zusammengebissenen Zähnen hervor, aber es war bereits zu spät. Erik wartete noch auf Jeriahs Nicken, dann steckte er den Dolch in seinen Gürtel und packte sie erneut grob am Oberarm.

»Wie ist dein Name?«

»Fick dich«, fauchte sie.

»Wie du willst. Du stehst unter Arrest für den versuchten Mord an seiner Königlichen Hoheit Prinz Jeriah Cerva. Du wirst uns schon sagen, wer dich geschickt hat.«

»Niemand hat mich geschickt«, beharrte sie.

»Wenn das stimmt, dann hast du wohl ganz allein entschieden, den Prinzen zu töten, ja?« Er schnaubte verächtlich.

Das ist ein Albtraum. Das kann nur ein fürchterlicher Albtraum sein.

»Wie oft soll ich das noch sagen?«, herrschte sie ihn an. »Ich hatte niemals die Absicht, ihn zu töten!«

Der Hauptmann hörte ihr nicht mehr zu und führte sie an den anderen Wachen vorbei, die sie neugierig anstierten. Erik erteilte zwei von ihnen den Befehl, sie zu begleiten, und den anderen, Jeriah nicht aus den Augen zu lassen, bis er zurückkam. Sie wurde an den Händen gefesselt und dazu gezwungen, direkt neben dem Hauptmann zu gehen. Vor und hinter ihnen positionierten sich die Wachen, die sie mit deutlicher Abneigung gemustert hatten.

Sie nahmen die Dienstbotentreppen, bis sie das unterste Stockwerk erreichten, wo sie durch eine Tür in einen kahlen, steinernen Gang traten. Von dort aus führte eine weitere Treppe noch tiefer nach unten und es wurde stetig kühler und dunkler, als würden sie sich wahrlich auf den Weg in die kalte Hölle der alten Götter machen.

Es war unnatürlich ruhig, während sie durch einen feuchten Flur liefen, der in einer einzelnen, eisenbeschlagenen Tür endete. Erik klopfte zweimal an, bevor wenige Minuten später ein kleines Fenster geöffnet wurde und das runde, bärtige Gesicht eines Mannes erschien.

»Hauptmann«, rief er erstaunt, dann verschwand sein Kopf wieder, das Fenster wurde geschlossen und die Tür nach innen aufgezogen. »Was kann ich für Euch tun?«

»Ich habe eine Gefangene für dich. Sie bekommt unter keinen Umständen irgendwelche Privilegien zugesprochen, Helmar. Eine Einzelzelle sollte genügen«, erklärte er geschäftsmäßig und zerrte Morgan, die keinen Sinn mehr darin sah, sich zu wehren, weiter. So kampferprobt sie auch war, aus dem Palastkerker würde sie es ohne Hilfe nicht schaffen.

Die Wachen führten sie an den sich aneinanderreihenden Zelltüren vorbei, hinter denen Diebe, Betrüger und Mörder saßen. Die meisten waren Männer, aber auch Frauen beobachteten sie durch die vergitterten Fenster und riefen ihnen Obszönitäten hinterher. Schließlich hielt Helmar vor der letzten Tür inne. Mit fahrigen Bewegungen fummelte er an seinem Schlüsselbund herum, als wäre er noch nicht ganz wach. Schließlich fand er den richtigen Schlüssel und öffnete die Zelle für ihre neue Insassin.

Erik löste ihre Fesseln und schubste sie ohne Umschweife hinein. Sie wirbelte herum und massierte ihren Oberarm, an dem sich sicherlich ein Bluterguss bildete. Immerhin fühlte es sich an, als hätte der Kratzer an ihrem Oberschenkel zu bluten aufgehört.

»Warte«, flehte sie. Der Leibwächter gehorchte erstaunlicherweise und hielt sich mit einer Hand an der Tür fest, bevor Helmar sie schließen konnte. »Was passiert jetzt mit mir?« Die Angst, oh, die Angst brachte die schwache Seite in ihr hervor. Eine Seite, die im Herzen noch das Kind aus Scaonia war.

Er runzelte leicht die Stirn, als würde ihn die Furcht, die sie in ihrer Stimme offenbarte, stutzig machen. »Entweder gibt es eine Verhandlung oder was sehr viel wahrscheinlicher ist, du wirst zu den Minen nach Pelia gebracht.«

»Pelia?«, wisperte sie entsetzt. »Für wie lange?«

»Für immer, schätze ich.«

Sie merkte kaum, wie sich die Tür daraufhin schloss und sie von undurchdringlicher Dunkelheit umhüllt wurde. Es gab nicht mal ein

Fenster, das etwas Mondlicht hereingelassen hätte. Bei allen Göttern, wie war sie nur in diese Situation geraten? Es wäre alles problemlos vonstattengegangen, wenn nicht die Wachen unerwartet aufgetaucht wären. Wachen, die von irgendjemandem in Alarmbereitschaft versetzt worden waren.

Wenn sie es nicht besser wüsste, hätte sie gesagt, dass sie von jemandem hintergangen worden war. Und nun musste sie mit ihrem Leben dafür bezahlen.

Eine einzelne Träne rann ihre Wange hinab. Mehr gestattete sie sich nicht.

Kapitel · 11

Morgan verzweifelte in ihrer Zelle, in der sie stundenlang auf dem kalten Boden saß und lautlos die alten und neuen Götter verfluchte.

Helmar, der Kerkermeister, gab ihr zwei Mal am Tag kalten Eintopf oder hartes Brot, das immerhin nicht verschimmelt war. Die Ungewissheit über ihre Zukunft nagte wie eine Ratte an ihren Nerven und brachte dabei die sorgsam errichtete Mauer um ihre Vergangenheit zum Einsturz. Dieser Raum, der feuchte Stein – all dies hatte sie schon einmal erlebt, nachdem sie aus Yastia davongelaufen war.

Larkin hatte sie eine Nacht später aufgespürt, verprügelt und schließlich in eine der Zellen gesperrt, die sie in der Kanalisation besaßen. Auch damals war sie von Ungewissheit geplagt worden. Würde Larkin sich ihrer endgültig entledigen? Würde er sie als Sklavin zum Namenlosen Ort bringen? Nach zwei Wochen des Wartens holte er sie schließlich wieder raus und behandelte sie so, als wäre nie etwas zwischen ihnen vorgefallen.

Sie hatte nicht noch einmal versucht zu flüchten. Und trotzdem befand sie sich nun in einer ähnlichen Situation, da sie sich die gleichen Fragen stellte. Oder würde er den Aufwand betreiben und sie befreien?

Doch ohne eine Nachricht von den Wölfen erhalten zu haben, als wären Larkin die Knöpfe vollkommen egal, führte man sie schon nach wenigen Tagen in Hand- und Fußschellen nach draußen und schubste sie im ummauerten Außenhof in einen klapprigen Wagen voll verwahrloster Gefangener. Sie protestierte und verlangte, dass man sie erneut anhörte, doch die Wachen lachten humorlos und gaben ihr eine deftige Schelle, als sie nicht damit aufhörte, sich zu wehren.

Mit glühender Wange und Tränen in den Augen drängte sie sich im Wagen, der rundherum mit Eisenstangen eingefasst war, ganz nach hinten, wo sie ihre Wunden lecken konnte.

Sie versuchte, die Blicke der Bewohner Yastias zu ignorieren, als sich der Gefangenentransport in Bewegung setzte und über die gepflasterten Straßen holperte. Das Volk machte dem Viergespann Platz, buhte die Verbrecher aus und bewarf sie sogar mit allerlei verdorbenem Obst und Gemüse. Morgan wurde von einem überreifen Pfirsich an der Schläfe getroffen.

Frustriert und mit bebenden Lippen wischte sie den Fruchtsaft von ihrem Gesicht. Sie gehörte hier nicht hin. Allein die Vorstellung, dass irgendwo in den Schatten des Nachmittags Thomas oder Larkin auf sie lauerten und sich über sie lustig machten … Ihr wurde übel.

Und was war mit Cardea? Rhion? Wussten sie überhaupt, was geschehen war? Hatten sie versucht, sie zu befreien?

Vor ihrem inneren Auge erschienen Erik und Jeriah, die für ihre Situation verantwortlich waren. Der Hauptmann hatte ihr noch einmal einen Besuch abgestattet, um ihr gemeinsam mit einem grobschlächtigen Mann mit einem goldenen Vorderzahn Fragen zu stellen, die sie natürlich nicht beantworten konnte.

Niemand hatte sie beauftragt.

Niemand, den sie kannte, wollte Jeriah tot sehen.

Sie hätten ihr glauben müssen, doch der Hauptmann hatte keine Gnade gekannt. Immerhin war er davor zurückgescheut, sie zu foltern, um an Antworten zu gelangen. Anscheinend fand er, dass sie schon bald gestraft genug sein würde …

Während der Befragung hatte sie versucht, Informationen von dem ernsten Mann zu bekommen. Wer hatte ihn gewarnt? Wieso nahm er nicht denjenigen in Augenschein, der offensichtlich von der Attacke gewusst hatte?

Natürlich gab er ihr nicht den geringsten Hinweis und nach Stunden des Verhörs verließ er sie endgültig.

Und nun stand sie zwischen einem halben Dutzend Gefangener, die in Lumpen gekleidet waren und einen unangenehmen Geruch aussandten. Soweit Morgan es beurteilen konnte, waren sie allesamt älter als sie und zeigten Spuren des harten Straßenlebens.

Ein Mann, der um die fünfzig Jahre zählte, trug ein Schlangentattoo auf seinem linken Handgelenk und rüttelte wie ein Verrückter an den Stäben, während er wirre Geräusche von sich gab. Alle anderen nahmen Abstand von ihm, was das Innere des Wagens noch enger machte, als es ohnehin schon war. Morgan wäre am liebsten in Tränen ausgebrochen und hätte sich in eine Ecke gekauert, aber sie musste sich gegen die anderen behaupten. Sie durfte niemandem ihre Schwäche offenbaren, sonst würde sie ganz schnell ganz weit unten in der Nahrungskette landen. Zumindest so viel hatte sie unter den Wölfen gelernt …

Nachdem sie den Menschenpulk hinter sich gelassen hatten, setzte allmählich die Erkenntnis ein, dass Morgan Yastia vermutlich nie wiedersehen würde. Larkin hatte noch nie versucht, einen der Wölfe aus den Gefängnissen außerhalb von Yastia zu befreien. Stattdessen engagierte er Assassinen, um sie zu töten, bevor sie Geheimnisse im Austausch von Freiheit herausgeben konnten. Würde er bei ihr dasselbe machen? Oder würde er versuchen, sie zu finden, um ihr die Knöpfe abzunehmen? Vorausgesetzt, er dachte nicht, sie hätte sie nicht bekommen oder sie wären ihr wieder abgenommen worden. Nein, sie glaubte nicht, dass Larkin sie befreien würde. Rhion war ihre einzige Hoffnung, aber auch er würde sich nicht gegen die Anweisung seines Alphas stellen. Nicht für sie.

Mit dem Hinterkopf lehnte sie sich gegen die Stäbe und blickte nach oben. Sie nahm den Ausblick auf die Hauswände in sich auf, die dunklen Turmspitzen der Bluthexer und Heilerinnen sowie den in der Sonne glitzernden Palast. Durch die tagelange Dunkelheit in ihrer Kerkerzelle waren ihre Augen empfindlich und tränten wegen der Helligkeit, aber sie wischte sie nicht trocken. Solange sie nicht wie ein kleines Kind zu schluchzen begann, würden die anderen schon nichts davon bemerken.

Sie brauchte einen Moment des Abschieds, um ihr Herz zu verschließen und die Stärke und Berechnung zusammenzukratzen, die in den nächsten Wochen ihr Überleben sichern würden. Was auch immer auf sie wartete, sie würde die Herausforderung annehmen und bestehen, denn sie hatte nicht vor zu sterben.

Noch nicht.

Die erste Nacht, die sie außerhalb der Stadtmauern von Yastia verbrachten, gestaltete sich als eine der schlimmsten in ihrem Leben. Sie schwitzte zwischen den liegenden Leibern der anderen Menschen und ärgerte sich gleichzeitig über ihren Schweißgeruch.

Insgeheim wusste sie, dass sie keinen Grund hatte, wütend auf sie zu sein, da sie genauso wenig etwas dagegen tun konnten wie sie, aber ihre Gefühle wirbelten tosend umher. Am liebsten hätte sie einen Streit entfacht, nur um sich zu bewegen. Ein Blick auf die Wachen, die neben dem Wagen ihr Lager aufgeschlagen hatten, ließ sie diesen Impuls allerdings überdenken.

Am nächsten Tag setzte die Karawane, bestehend aus zwei Zellenwagen und einem Dutzend Wachen, ihren Weg fort und Morgan zwang sich dazu, den Anblick der heißen Jahreszeit, der sich ihr bot, trotz allem zu genießen. Sobald die Reise zu den Minen Pelias vorbei war, würde sie vermutlich nie wieder die Muße besitzen, einfach dazusitzen und sich umzusehen.

Obwohl die Sonne ihr Blut kochte, ihr Mund staubtrocken war und sie sich beim Erleichtern heute Morgen an irgendeiner Pflanze gerieben hatte, die an ihrem Bein einen Ausschlag hervorgerufen hatte, ließ sie ihrem Zorn keinen freien Lauf. Sie konzentrierte sich darauf, das Pochen an ihrem Oberschenkel zu ignorieren, wo sich die Wunde befand, die ihr von Erik zugefügt worden war und die sich leicht entzündet hatte, und stattdessen den Anblick der goldenen Felder zu genießen. Arbeiter mit breitkrempigen Hüten und gebräunter Haut schwitzten in der Sonne, während sie die Ernte überprüften und an anderen Stellen den Weizen bereits einholten. Viehherden grasten auf saftigen dunkelgrünen Weiden und wurden von riesigen Hunden bewacht, die jedem Raubtier mit wachsamen Augen auflauerten.

Wann hatte sie das letzte Mal die engen Gassen Yastias verlassen? Sie konnte sich wahrlich nicht daran erinnern.

»Ich bin Gertha. Und du?«, fragte eine der drei Frauen. Ihr fehlte der linke Schneidezahn, was ihrer Aussprache ein leichtes, untermalendes Flöten verlieh. An ihren Augen- und Mundwinkel hatten sich bereits tiefe Falten in die bleiche Haut gegraben. Die aufgerauten, kaputten Hände deuteten zusätzlich zu ihrer blassen Haut darauf hin, dass sie bis vor Kurzem ihren Lebensunterhalt als Wäscherin verdient hatte. Keine Arbeit, die eine Familie versorgen konnte.

»Morgan.«

»Warum bist du hier?«,

»Ich habe etwas gestohlen«, murmelte Morgan und entlockte dadurch einer anderen Gefangenen ein missbilligendes Schnauben.

»Was ist los, Traye?« Gertha verdrehte die Augen und ließ ihren Zeigefinger an ihrer Schläfe ein paar Kreise ziehen, als würde sie damit andeuten, dass Traye verrückt war. Wenn Morgan nach dem Aussehen entscheiden müsste, hätte sie eher Gertha als Verrückte eingeschätzt. Traye wirkte dagegen sauber und gepflegt. Ihre grauen Locken lugten unter einer schmutziggrauen Haube hervor, um die Morgan sie beneidete. Sie hatte das Gefühl, unter der Sonne gebraten zu werden.

»Sie lügt dich an, das ist los«, krächzte Traye. Sie saß zwischen Gertha und dem Mann, der seine Stirn noch immer gegen die Stangen presste.

»Ach ja?« Nun war Gerthas Neugierde geweckt. Morgan versuchte sich nichts anmerken zu lassen. »Und woher weißt du das?«

»Gerüchte im Kerker. Sie hat versucht, den Kronprinzen zu ermorden.«

»Habe ich nicht«, rief Morgan empört aus und es hätte nicht viel gefehlt, da hätte sie die Hände in ihre Hüften gestemmt.

Die anderen Gefangenen wirkten plötzlich allesamt sehr interessiert an ihrem Gespräch und Morgan sollte sich wohl darauf konzentrieren, sich nicht unbeliebt zu machen. Sie wollte auf keinen Fall die Mine erreichen, während man sie für eine Assassine hielt. Wer wusste schon, wie Mörder behandelt wurden? Ganz egal, wie ihr Urteil auch lautete, sie durfte nicht aufhören, sich gegen die Anschuldigung zu wehren.

»Und warum gab es tagelang kein anderes Thema unter den Wachen?«, fragte Traye herausfordernd.

»Ja, ich wurde dessen beschuldigt, aber ich bin unschuldig«, beharrte Morgan, entschlossen, nicht klein beizugeben.

»Sagen sie alle«, gackerte Gertha und die anderen stimmten in ihr lautes Lachen mit ein, bevor einer der Krieger mit einem Stock zwischen die Stäbe stieß, um für Ruhe zu sorgen.

Morgan umschlang schweigend ihre Beine und bettete ihre Wange auf die Knie.

Während der restlichen Fahrt sagte sie nur das Nötigste und wurde damit schnell zur Außenseiterin, was sie eigentlich hatte vermeiden wollen. Aber darin war sie gut. Diese Rolle hatte sie all die Jahre unter Larkins Fuchtel perfektioniert und sie sollte aufhören, sich etwas anderes zu beweisen. Gerade in einer solch ausweglosen Lage, in der sie sich momentan befand.

Das einzig Gute, das sich daraus ergab, war, dass die Wachen ihr bis zu einem gewissen Grad trauten. Sie bekam ihre Privatsphäre, wenn sie sich erleichtern musste, und ihr wurde als Erstes das Wasser gereicht.

Die Reise in den Osten dauerte rund zehn Tage und Morgan fühlte sich mit jedem Tag schmutziger. Sie war ständig hungrig und hatte ihre Rippen zählen können, als sie sich einmal in einem Bach waschen durfte. Für mehr als eine Katzenwäsche hatte die Zeit allerdings nicht gereicht.

Während dieser strapaziösen Fahrt hielt sie an den zwei Manschetten des Prinzen fest. In einem unbeobachteten Augenblick holte sie die zwei Knöpfe aus ihrem Haar hervor und besah sie sich im schwindenden Licht der Abenddämmerung. Ihre Fingerkuppen kannten mittlerweile jede Kerbe, jede Kante, jede Rundung und vor ihrem inneren Auge tanzte der Bär des Emblems in verschiedenen Blautönen.

Sie schwor sich Rache.

Sollte sie aus den Minen fliehen können, würde sie Jeriah und Erik finden und ihnen die Angst beibringen, die in ihrer Brust wütete. Danach würde sie den Unbekannten suchen, der dem Hauptmann der Leibwache den entscheidenden Hinweis gegeben hatte. Er würde sich wünschen, nie geboren worden zu sein.

Schließlich erhob sich das Siebenkronengebirge vor ihnen und wirkte so gewaltig und Furcht einflößend, dass Morgan sich auch nach dem dritten Tag nicht an seinen Anblick gewöhnt hatte.

Die Berge waren so riesig, dass die Spitzen direkt in den Himmel ragten und von einem Kreis aus Nebel umhüllt wurden. Als sie über den Steinaugenpass klapperten, gab es nichts anderes zu sehen bis auf die glatt geschliffenen Steinwände, die den holprigen Pfad links und rechts einrahmten. Hin und wieder stakste ein Steinbock an ihnen vorbei, der von Fels zu Fels sprang und ihnen nur einen abschätzigen Blick zuwarf, bevor er wieder verschwand.

Eine der angenehmen Seiten der polternden Fahrt war das kühle Klima. Die Sonnenstrahlen reichten nicht bis nach hier unten, sodass sich ihre Haut etwas von dem Sonnenbrand erholen konnte.

Nachdem sie den Pass hinter sich gelassen hatten, erreichten sie ein paar Stunden später die Minen Pelias.

In der einsetzenden Dämmerung waren die Zäune das Erste, das Morgan wahrnahm. Die Karren und Pferde stoppten an einem bewachten Tor, an dem sich die Wachmänner miteinander unterhielten. Die Gefangenen wurden abgezählt und dann durchgelassen.

Morgan wusste nicht, was sie erwartet hatte, aber sicherlich keine weite Ebene, auf der nichts außer ein paar Grashalme und vertrocknete Sträucher zu wachsen schienen. Wofür war dann der Zaun errichtet worden?

Schnell stellte sich jedoch heraus, dass es einen weiteren Zaun gab und dahinter befand sich das eigentliche Lager.

»Was sind das für Löcher?«, zischte Traye.

Morgan folgte mit dem Blick der Richtung des ausgestreckten Fingers und erkannte in dem Schein der Fackeln mehrere riesige Löcher, die so tief waren, dass sie von ihrer Position aus nicht den Boden sehen konnte.

»Vielleicht heben sie schon einmal Gräber für die nächsten Leichen aus«, schlug Gertha mit einem grunzenden Lachen vor.

Irgendwie ahnte Morgan, dass das Rätsel damit nicht gelöst war, behielt ihre Bedenken aber für sich. Nach kurzer Weiterfahrt erreichten sie ihren Bestimmungsort und die Pferde stoppten. Um sie herum herrschte rege Betriebsamkeit, doch es standen ausschließlich Wachmänner und ein halbes Dutzend Bedienstete um sie herum.

Von verurteilten Verbrechern war nichts zu sehen, sodass Morgans Blick unwillkürlich zum Höhleneingang huschte, der sich wie ein klaffendes Maul in den Felsen gebissen hatte. Im Licht der Fackeln, die neben dem Weg in die Erde gestanzt worden waren, konnte sie Gleise erkennen, auf denen vermutlich die Wagen mit dem Geröll aus dem Berg geschoben werden konnten.

»Das sind alle«, beendete ein Wachmann unmittelbar neben ihrem Karren ein Gespräch, das er mit einer finster dreinschauenden Frau geführt hatte. Sie wirkte robust, geradezu rabiat, wie sie ihre Augen auf jeden einzelnen Straftäter richtete. Morgan wurde genauso viel oder genauso wenig beachtet wie alle anderen, bevor sich die Frau abrupt abwandte und die Wache mit einem tiefen Seufzen hinterhertrottete. Es schien, als hielte sie hier die Fäden in der Hand.

Morgan wusste nicht, ob das etwas Gutes oder Schlechtes war. Ihrer Erfahrung nach konnten Frauen genauso grausam sein wie Männer, wenn sie von der richtigen Motivation angetrieben wurden.

Schließlich wurde die Tür geöffnet und sie durften von dem Karren klettern, damit sie sich in einer Reihe aufstellen und man ihnen ihre Hand- und Fußschellen abnehmen konnten. Von mehreren Wachen beobachtet, wurden sie anschließend zu einem der größeren Zelte geführt, in denen genug Platz für zwei Dutzend eng beieinanderstehende Menschen gewesen wäre.

Die Wachen warteten, bis sie wieder geordnet nebeneinanderstanden, ehe sie den Bediensteten Platz machten, die sechs Holzbottiche hereintrugen, die nach und nach mit Wasser gefüllt wurden. Vor jedem Gefangenen stand einer. Morgan befand sich direkt am Eingang, links neben ihr beäugte Gertha die Arbeit der Dienstmädchen mit kritischer Miene, als würde sie jeden begangenen Fehler sofort erkennen. Sie schwieg wohlweislich, als auch schon die strenge Frau eintrat und einmal vor ihnen auf und ab lief, bevor sie ihre wulstigen Finger in die Hüfte stemmte.

»Mein Name ist Dorona«, bellte sie so laut und hart, dass Morgan erschrocken zusammenzuckte. »Ich bin eure Kommandantin. Eure Gefängniswärterin. Eure Sklavenmeisterin. All dies und noch viel mehr. Ihr werdet mir mit Respekt und Angst begegnen. Ich dulde keine aufmüpfigen Kommentare und wer sich nicht an die Regeln hält, der stirbt.« Morgan glaubte ihr aufs Wort. »Zieht euch aus und wascht euch. Ihr habt zehn Minuten. Wer danach nicht sauber ist, wird sich wünschen, von den Nebelgeistern gefressen worden zu sein.«

Morgan hatte zwar nicht den blassesten Schimmer, was Nebelgeister waren, aber sie beschloss, es besser nicht herauszufinden. Eilig löste sie die Schnüre des Dienstmädchenkleids, das sie zur Zeit ihrer Verhaftung getragen hatte, und schob den kratzigen, verschmutzten Stoff von ihren Schultern, sodass sie nur in ihrer Unterwäsche dastand.

Ein prüfender Blick nach links verriet ihr, dass niemand der Gefangenen in ihre Richtung sah. Die Wachen allerdings lächelten spöttisch, als sie ihre Angst zu riechen schienen.

»Was? Glaubst du, du hast etwas an dir, das einer von uns noch nicht gesehen hat?«, höhnte der Wachmann, der ihr am nächsten stand, direkt hinter dem Bottich.

Sie zog den Kopf ein. Innerlich kratzte sie die kläglichen Überreste ihres Muts zusammen und vergrub Würde und Stolz tief in ihrem Inneren, bis nichts mehr sie davon abhielt, sich ihrer Wäsche zu entledigen.

Im Zelt war es immerhin so warm, dass sie nicht zitterte, sobald sie mit einem lauten Geräusch in den Bottich stieg und betete, dass die Manschettenknöpfe nicht aus ihrer Frisur fielen. Dorona, die schweigend in einer Ecke gestanden hatte, wurde jedoch darauf aufmerksam, dass Morgan ihren Kopf über Wasser hielt, und stapfte auf die Gefangene zu. Eine Hand legte sich auf ihren Kopf und sie wurde brutal heruntergedrückt. Morgan blieb keine Zeit zum Luftholen, bevor das kalte Wasser sie umhüllte.

Prustend kam sie Sekunden später wieder an die Oberfläche und musste sich zusammenreißen, um nicht wild um sich zu schlagen.

»Bring mich nie wieder dazu, das zu tun«, stieß Dorona wütend hervor und gab ihr dazu eine schallende Ohrfeige, die Morgan die Tränen in die Augen trieb.

Sie ballte ihre Fäuste und versuchte ihrer Wut Herr zu werden. Niemand … in Yastia wagte es niemand bis auf Larkin, Hand an sie zu legen, denn jeder wusste genau, was ihn erwartete. Aber hier? Morgan war nicht mehr als eine Nummer. Eine verurteilte Kriminelle … Sie musste sich beruhigen, bevor sie etwas Unüberlegtes tat, das die Kommandantin dazu zwang, ihr Versprechen einzulösen und sie zu töten.

Als sich die Kommandantin, die keinerlei Uniform trug, sondern in ein einfaches graues Gewand gekleidet war, von ihr entfernte, um jemand anderes anzubrüllen, pulte Morgan die Manschettenknöpfe aus ihren geflochtenen Haaren. Für die Wachen wirkte es hoffentlich so, als würde sie lediglich ihre Zöpfe lösen.

Nachdem sie sich mit einem Lappen sauber geschrubbt hatte, bis ihre gerötete Haut brannte, hievte sie sich aus dem Bottich und hielt die Knöpfe fest in einer geballten Faust.

Dorona musterte den Körper eines jeden Gefangenen, verlangte, dass man ihr die Zähne zeigte und stieß ein missbilligendes Geräusch aus, als sie Gerthas fehlenden Zahn bemerkte. Als sie Morgans Kinn in ihre Hand nahm, konnte sich die Wölfin nur gerade so zurückhalten, sie nicht anzuspucken.

Nach der strapaziösen Untersuchung durften sie sich abtrocknen und Kleidung überziehen, die ihnen gestellt wurde. Ob Mann oder Frau, jeder bekam ein Paar Stoffhosen und ein Hemd zugewiesen, das Morgan viel zu groß war. Dorona erwähnte noch, dass die Frauen zusätzliche Leinentücher bekamen, wenn ihre Mondblutung einsetzte. Sie sollten sorgsam mit ihrer Kleidung umgehen, sie bekamen nur alle vier Monate etwas Neues.

Morgan flocht erneut ihr braunes Haar und wob die Knöpfe wieder ungesehen hinein. Anschließend brachte man sie nach draußen, wo die Nacht bereits vollständig Einzug gehalten hatte. Am Morgen würden sie mit ihrer Arbeit beginnen, für heute durften sie sich bereits schlafen legen.

»Jedes Loch ist für sechs Personen ausgelegt. Männer und Frauen getrennt«, erklärte ihnen ein Wachmann, nachdem die Kommandantin verschwunden war, um sich die anderen Gefangenen anzusehen.

»Ich hatte recht. Sie sind für Leichen«, zischte Gertha zu niemand Bestimmten, aber Morgan konnte nicht umhin, zustimmend zu nicken.

Man teilte sie in kleine Gruppen auf. Gertha und sie blieben aber zusammen und wurden angewiesen, eine instabil wirkende Leiter herunterzuklettern. Morgan hielt ihren Blick auf die Wand aus platt gedrückter Erde gerichtet und versuchte, das hektische Klopfen ihres Herzens zu ignorieren, bis sie endlich unten ankam und sich vier verhärmten, unglückseligen Frauen gegenübersah. Sie wirkten, als wären sie schon seit mehreren Monaten hier. In ihren Augen konnte sie keinen Funken Hoffnung mehr sehen und das machte ihr größere Angst als alles, was sie bisher von den Minen Pelias gesehen hatte.

Nachdem Gertha hinter ihr angekommen war, wurde die Leiter nach oben gezogen und das Licht der Fackel verschwand.

»Jeder bekommt einen Schlafsack«, krächzte eine der Fremden, als hätte sie ihre Stimme bereits lange Zeit nicht mehr benutzt.

Wie aus dem Nichts wurden Morgan und Gertha die Decken zugeworfen.

Morgan suchte sich einen freien Platz auf dem kalten Boden und fand sich zwangsläufig zwischen zwei Körpern eingeklemmt wieder.

Sie streckte ihren Arm über ihrem Kopf aus und berührte mit den Fingerspitzen die feste Erde, aus der Wurzelfäden und kleine Steinchen hervorlugten. Würmer und anderes Ungeziefer konnte sie zwar nicht sehen, aber auch sie mussten sie umgeben.

Ein Gefühl von Sicherheit überkam sie bei dem Gedanken an all das Leben an ihren Fingerkuppen. Wo es Leben gab, da gab es Hoffnung.

Sie drehte sich ein paar Mal von einer Seite auf die andere, doch nachdem jemand seinen Ellenbogen gegen ihren Rücken gestoßen hatte, blieb sie still.

Irgendwann wurde sie von der Erschöpfung der Reise eingeholt und sie verfiel in einen unruhigen Schlaf.

Kapitel · 12

Aithan sah ihre Gesichter nicht, als sie von der Palastwache, die bis vor einer Woche noch seinen Eltern unterstanden hatten, auf das Podium geführt wurden. Vielleicht gehörten die Wachen auch den Männern an, die König Deron aus seinem verfluchten Heimatland mitgebracht hatte. So oder so, sie zeigten kein Erbarmen, als sie Aithans Mutter und seinen Vater dazu zwangen, sich vor den Richtblöcken hinzuknien. Noch immer waren ihre Gesichter ein verschwommenes Meer aus Schatten und Nebel. Woher also wusste er, dass es seine Eltern waren, die zum Schafott geführt worden waren?

Die Kleidung, gab ihm eine innere Stimme den Hinweis. Ja, sie waren so gekleidet wie der König und die Königin von Atheira. Edle Seidenstoffe, goldgelb und prunkvoll mit Blau akzentuiert.

»Aithan!«, rief sein Vetter Mathis und umfasste sein Handgelenk, an dem er ihn durch die verängstigte Menge zog, ohne auf seine Proteste zu achten. »Beeil dich.«

Sie rannten und rannten, bis sie den Henkersplatz verlassen hatten und in flimmernde Dunkelheit eintauchten.

Die Finsternis lichtete sich nach und nach, je kälter es wurde, und dann ertönten laute Stimmen, tosender Applaus und disharmonische Musik.

Brimstone gewährte keinen Männern Einlass, nur um sie sofort wieder gehen zu lassen. Nein. Die Hölle am Rande Eflains verschlang seine Besucher mit Haut und Haaren und spuckte sie als Skelette wieder aus. Das kostbare Fleisch von den Knochen geknabbert und nur die Essenz übrig lassend. Wer einmal in den Sümpfen Brimstones versunken war, fand allein nicht mehr den Weg ans rettende Ufer.

So erging es auch Aithan und Mathis, die von einer Spielhölle in die nächste taumelten. Geld gewannen, Vermögen verprassten, während sie leichten Mädchen nachstellten und hin und wieder auch bei ihnen ihr Glück fanden. Schlamm kitzelte an ihren Füßen, tat sich an ihren Beinen gütlich und saugte schmatzend an ihren Hüften, bis sie sich weder vorwärts noch rückwärts bewegen konnten. Brimstone hatte seine Falle zuschnappen lassen und die Zähne senkten sich tief in ihre Haut.

Aithan konnte nicht sagen, wie viel Zeit vergangen war, während er seine Wunden leckte, um die nächste Nacht an einer rot glühenden Bar zu verbringen. Er hoffte, sie würden ihm ausschenken, obwohl er einen Streit vom Zaun gebrochen hatte. Jemand hatte ihn angerempelt, das hätte er kaum auf sich sitzen lassen können.

Seine Lider fühlten sich bleischwer an, bevor das gleißende Licht seine Umgebung erhellte und eine fremde Person aus dem Nichts zu ihm aufschloss. Er nahm die ihm dargebotene Hand an, blinzelte heftig gegen die Helligkeit an und erkannte allmählich die Gesichtszüge. Nein. Er war kein Fremder. Cáel hatte ihn gerettet. Ihn und Mathis.

»Aithan! Wach auf.«

Er schreckte hoch und blickte hektisch umher, bis er mit schnell klopfendem Herzen erkannte, dass er sich in seinem Zelt befand. Die weiße Plane umgab ihn auf allen Seiten. Sein Schreibtisch war neben seiner Pritsche positioniert, auf der er unruhig geschlafen und noch schlimmer geträumt hatte.

Kein Traum. Erinnerungen.

»Mathis«, keuchte er und kam ganz langsam wieder zu Atem. Er wischte sich mit dem Unterarm den Schweiß von der Stirn und sah in das besorgte Gesicht seines Vetters. »Was bereitet mir in dieser Frühe die Ehre deiner Anwesenheit?«

»Wir haben Nachricht aus Yastia erhalten«, erklärte er und verschränkte die Hände hinter seinem Rücken. Er wirkte keinesfalls so müde, wie sich Aithan fühlte.

Seufzend erhob sich der vergessene Prinz und trat mit freiem Oberkörper an seine Waschschüssel, wo er als Erstes seinen Kopf in vollem Umfang eintauchte, bevor er auch seine Hände dieser Prozedur unterzog.

Während er sein Hemd überzog und sich daranmachte, es zuzuknöpfen, rezitierte Mathis das, was in der Nachricht gestanden hatte.

»Der Geburtstag des jüngsten Sprosses war ein voller Erfolg, obwohl es ein paar Stimmen gibt, die finden, dass er es zu weit getrieben hat. Er hat darum gebeten, einen Blick in seine Zukunft zu werfen.«

Aithan erstarrte. »Er hat *was?*«

Mathis rieb sich über die untere Hälfte seines Gesichts. Die Stoppeln eines dunklen Bartes warfen einen Schatten über sein Kinn und seine Wangen. Aithan ließ sich auf dem bequemen Stuhl hinter seinem Schreibtisch nieder und drehte eine Petroleumlampe auf, da das Licht des Morgens, das durch den halb geöffneten Eingang drang, noch nicht stark genug war.

»Nun, er hat den Hohen Priester darum gebeten, und wie nicht anders zu erwarten, hat der wie ein braves Hündchen gehorcht.«

»Und was hat er gesehen?«, fragte Aithan vorsichtig. Er war sich nicht sicher, ob er die Antwort darauf wissen wollte. Jetzt hatten seine Feinde einen weiteren Vorteil und konnten in die Zukunft schauen. Wie sollte er da je seinen Thron zurückerobern?

Mathis setzte sich ihm gegenüber hin und kreuzte die Beine an den Knöcheln. »Irgendwas mit Blut, Ruhm und so weiter. Nichts, das irgendeine besondere Bedeutung gehabt hätte.« Er wedelte unbestimmt mit der Hand in der Luft herum, wie er es gerne tat. »Allerdings gab es einen kleinen Zwischenfall.«

»Ach ja?« Aithan hielt mitten in der Bewegung inne, seine Schultern zu lockern, und beugte sich vor. »Muss ich dir alles aus der Nase ziehen oder gibst du freiwillig die Informationen preis? Hat es was mit der kleinen Hexe im Kerker zu tun?«

»Nein, sie zeigt nach wie vor keinerlei Anzeichen für Webmagie.«

»Schade. Wir könnten sie gut gebrauchen, wenn wir uns erst mal auf den Weg in den verwunschenen Wald begeben«, murmelte der vergessene Prinz und drehte seinen Kopf erst zur einen, dann zur anderen Seite, um einer Verspannung entgegenzuwirken. Seine Gedanken konzentrierten sich schon wieder auf den Status seiner mickrigen Armee und die Aufgaben, die noch zu erledigen waren, bevor er überhaupt darüber nachdenken konnte, den Wald mit dem kleinen Zeh zu betreten. Dabei hätte er beinahe vergessen, dass Mathis ihm von einem gewissen

Vorfall erzählen wollte. Glücklicherweise war sein Vetter es gewohnt, dass Aithan hin und wieder den Faden eines Gesprächs verlor, wenn er Pläne schmiedete.

»Aithan, der Zwischenfall?« Er wartete, bis der Prinz ihm erneut seine Aufmerksamkeit schenkte, bevor er fortfuhr. »Man hat eine junge Frau festgenommen. Sie soll angeblich versucht haben, den Kronprinzen zu ermorden.«

»Was?«

»Du hast mich schon richtig verstanden.« So selbstzufrieden, als hätte er selbst den Mordversuch begangen, schob Mathis beide Hände an seinen Hinterkopf und grinste Aithan lässig an. »Unglücklicherweise ist sie erwischt worden und man hat sie in den Kerker geschmissen.«

»Wer könnte so närrisch sein, so etwas zu versuchen? Und was passiert mit ihr?« Aithan runzelte die Stirn. Das ergab keinen Sinn. Wenn die Gilde der Assassinen dahintersteckte, hätten sie sicherlich jemand Fähiges geschickt. Aber wer sonst wagte sich in den Palast?

Mathis schien denselben Gedankengang zu hegen, da er die Lösung präsentierte. »Vermutlich eine der Wölfe. Larkins Männer.«

»Du vergisst aber, dass sie eine *Frau* ist«, widersprach Aithan schwach. Sein Vetter hob lediglich eine Schulter.

»Wer weiß, was sich in den letzten Jahren verändert hat? So oder so, sie ist jetzt vermutlich schon auf dem Weg nach Pelia, zu den Minen, wo sie den Rest ihres kläglichen Lebens verbringen wird.«

»Ja, vermutlich«, wiederholte Aithan, der ganz von dem Stich in seinem Herzen abgelenkt war. Er erkannte sofort, was das für ein Gefühl war. Eifersucht.

Er war eifersüchtig auf diese junge Frau, die getan hatte, was er sich Nacht für Nacht wünschte, bevor seine Albträume ihn in den Wahnsinn trieben. Er wollte die Königsfamilie Cerva auslöschen. Aber anstatt sie direkt anzugreifen, vergrub er sich hinter einer Wand gewoben aus Sagen und Legenden. Mit der geringen Chance, dass ihm ein Wunsch geschenkt werden würde, sobald er die verwunschene Prinzessin küsste. Es musste funktionieren, sonst hätte er das vergangene Jahr vollkommen vergeudet.

Das spärliche Licht der Morgensonne im Zelt verdunkelte sich, als eine Gestalt im Eingang erschien. Aithans Augen brauchten einen

Moment, bis sie sich an die neuen Schatten gewöhnt hatten und er seinen Freund Cáel erkannte. Ihm entging nicht die Anspannung, die sich sofort in Mathis Schultern festsetzte. Noch immer konnte er für Cáel keine freundschaftlichen Gefühle aufbringen und Aithan tat sein Bestes, die Spannungen zu ignorieren, in der Hoffnung, dass sie dadurch verschwanden.

»Cáel, gut, dass du da bist. Ich wollte den Stand unserer Ausrüstung überprüfen, bevor wir einen weiteren Raubzug in Vinuth starten«, wechselte Aithan das Thema. Sein schwarzhaariger Freund besaß die unheimliche Eigenschaft, an Informationen zu gelangen, ohne dass Aithan sie ihm mitteilen musste. Deshalb verschwendete er seine Zeit nicht damit, ihn in die Neuigkeiten aus Yastia einzuweihen. Entweder wusste er sie jetzt schon oder er würde sie innerhalb eines Tages in Erfahrung bringen.

Wie immer trug er einen kalten, leicht missmutigen Ausdruck zur Schau der gepaart mit seinen raubtierhaften Bewegungen jeden davor warnte, einen Streit mit ihm anzuzetteln. Aithan wusste es allerdings besser, denn Cáel war ihm ein wahrhafter Freund und er konnte ihm vertrauen.

»Dann lass uns gehen, mein Prinz.« Cáel verneigte sich mit einem leicht spöttischen Lächeln, bevor er Mathis zuzwinkerte, als würde er ihn provozieren wollen.

Aithan unterdrückte ein tiefes Seufzen und erhob sich.

Das Lager, das Aithan vor nicht einmal einem Jahr zusammen mit Mathis und Cáel errichtet hatte, lag am Rande des verwunschenen Waldes, östlich des Siebenkronengebirges und einen Tagesritt von den Diamantminen in Pelia entfernt. Cáel war derjenige gewesen, der ihnen von der verwunschenen Prinzessin Olivia erzählt hatte, obwohl er die Geschichte als abergläubische Sage abgetan hatte. Aithan wurde von der Möglichkeit auf einen Wunsch verfolgt und seine Besessenheit steigerte sich so sehr, dass er seine Zelte in Brimstone abbrach, um sie hier neu zu errichten. Endlich hatte er wieder ein Ziel vor Augen. Endlich sah er einen Weg, sein Königreich heldenhaft zurückzuerobern.

Es gestaltete sich allerdings nicht als einfach, Krieger zu finden, die verrückt genug waren, den verfluchten Wald zu durchqueren. Niemand wusste so genau, was einem im Unterholz zwischen den breiten, dunklen Bäumen und unter dem Dach der riesigen Baumkronen erwartete. Man hatte noch von keinem Abenteurer gehört, der je wieder zurückgekehrt war. Das war für die meisten Grund genug, einen großen Bogen um das ehemals blühende Königreich von Vadrya zu machen. Nicht ein einziger Mensch lebte heute noch dort. Also musste Aithan auf andere Taktiken zurückgreifen und er kam schließlich auf eine Idee, die sie alle zufriedenstellte.

»Wir brauchen noch mehr Schilde, Pfeilspitzen und festes Leder«, teilte ihm gerade Dormin mit, der für die Instandhaltung ihres Waffenarsenals zuständig war. »Ich kann ohne anständige Schmiedeöfen keine Wunder kreieren, Aithan.«

»Das weiß ich, Dormin. Gibt es sonst noch etwas, das du benötigst? Es wird für eine Weile unser letzter Raubzug sein«, beschwichtigte ihn der Prinz, bevor Mathis die Liste auf einem Stück Pergament vervollständigte. Aithan hörte nur noch mit halbem Ohr zu, da er sich die Liste vor ihrem Aufbruch ohnehin durchlesen würde. Es gab keinen Grund, sich zwei Mal damit zu langweilen.

Nachdem sie auch einen Halt vor dem Arbeitsbereich des Schneiders und den Bluthexern gemacht hatten, war der Morgen bereits verstrichen und die Krieger versammelten sich um die Kochstelle.

In Gedanken hing Aithan noch der Begegnung mit den drei Bluthexern nach. Es war eher Zufall gewesen als Kalkül, als er sie in der Hafenstadt Lohnam in Vinuth angetroffen hatte. Sie hatten sich gerade auf dem Weg zur Schule der Bluthexer befunden, um dort zu unterrichten. Aithan hatte sich in der Schenke zu ihnen gesetzt, um eine Runde Krone und Pech zu spielen. Ein Kartenspiel, das er exzellent beherrschte, doch um an Informationen zu gelangen, gestattete er sich, ein paar Runden zu verlieren. Menschen waren stets aufgeschlossener, wenn sie Glück im Spiel hatten. So auch in diesem Fall.

Nach ein paar Krügen Apfelbier lockerten sich ihre Zungen und sie gestanden, dass ihre Versetzung eine Strafe dafür war, dass sie den Heilerinnen in Yastia zu viel Freiraum gegeben und sie zu viel gelehrt hatten. Der Hohe Priester hatte sogar mit dem Gedanken gespielt, ihnen ihre Zauberbücher wegzunehmen, doch letztlich ließ er sich davon überzeugen, sie nur auf die Gausturminsel zu schicken, da auf der Zauberschule Lehrermangel herrschte. Es brauchte nicht viel, um die Hexer davon zu überzeugen, sich Aithan anzuschließen. Sie waren noch vergleichsweise jung, bereit für ein Abenteuer, und das Gold, mit dem Aithan lockte, tat sein Übriges.

Es war nicht einfach, an Kronen zu kommen, sonst hätte Aithan schon längst eine Armee aufgestellt, die nicht aus Dieben, Mördern und Schmugglern bestand. Das Geld, das er nur nutzte, um diejenigen zu überzeugen, die auch eine andere Wahl besaßen, als sich ihm anzuschließen, hatte er aus mehreren Raubzügen beschafft. Allerdings war dies noch in Eflain geschehen, kurz nachdem er Brimstone in Richtung Vadrya verlassen hatte. Er nahm an, dass der neue König nichts von den wenigen fehlenden Kronen seiner Banken bemerkt hatte, aber es verschaffte ihm dennoch Genugtuung.

Nachdem sie sich gestärkt hatten und der Eintopf einmal nicht zum Hervorwürgen war, machte sich Aithan mit einer kleinen Einheit auf den Weg nach Vinuth. Sie würden eine Stadt nahe der Grenze berauben, die zuvor ein Späher ausgekundschaftet hatte. Sie wussten, wo sich das Waffenarsenal, die Gerberei und diverse andere Läden befanden, denen sie einen Besuch abstatten mussten.

»Ich verstehe nur nicht, wieso ich zurückbleiben soll«, zischte Mathis, als sich Aithan in den Sattel seines Hengstes zog. Er hielt die Zügel des Fuchses fest in der Hand und klopfte sanft gegen den Hals des Pferdes.

»Jemand muss hier die Stellung halten und Konflikten entgegenwirken, bevor sie mich erreichen. Du bist der Einzige, dem ich das zutraue«, antwortete der Prinz ruhig.

»Und was ist mit Cáel? Ihm vertraust du genug, ihn mit auf den Beutezug zu nehmen ...« Seine Stimme wurde leiser, als er den Blick auf die wahre Ursache seiner schlechten Laune richtete, und als ob das nicht genügte, hob er anklagend seine Hand.

Cáel befand sich bereits auf seinem schwarzen Pferd und blickte starr geradeaus. Er unterhielt sich mit den anderen ihrer kleinen Armee nur dann, wenn es etwas gab, das wirklich wichtig war. Normalerweise begnügte er sich damit, Mathis mit seiner lebhaften Art und dem leichten Lächeln die Verantwortung über das Lager zu überlassen.

»Du weißt, dass er keine Verbindung zu unseren Leuten hat«, beschwichtigte Aithan seinen Vetter und legte ihm eine Hand auf die Schulter.

Mathis öffnete den Mund, als würde er noch etwas sagen wollen, entschied sich aber wohlweislich dagegen. Hoffentlich hatte er bemerkt, dass er Aithans Geduld testete, wenn er sich wie ein Knabe frisch aus der Kinderstube benahm.

»Sei vorsichtig«, sagte er nach ein paar Sekunden, bevor er Aithans Hand abschüttelte, auf dem Absatz kehrtmachte und zwischen den weißen und grauen Zelten im Lager verschwand.

Aithan kreuzte die Hände in seinem Nacken und blickte für einen Moment in den weiß getupften Himmel. Manchmal verstand er seinen Vetter einfach nicht.

Er drehte seinen Fuchs herum und führte die Einheit bestehend aus fünf Reitern aus dem Wald heraus. Während die Sonne allmählich im Westen hinter dem Siebenkronengebirge verschwand, überquerten sie die unsichtbare Grenze zwischen Vadrya und Vinuth. Es schien, als würde die Welt klarer, fröhlicher und lauter werden. Vögel zwitscherten, Nager huschten durch das Unterholz und die Schatten wurden zwar länger, doch wirkten sie gleichzeitig weniger finster.

In Momenten wie diesen war sich der Prinz sicher, dass er den richtigen Weg eingeschlagen hatte. Etwas Mächtiges war im Königreich Vadrya geschehen. Irgendwo ganz tief im verwunschenen Wald lag das Schloss, in dem sich die schlafende Prinzessin befand. Die Magie nahm er mit jedem Atemzug, den er innerhalb der Grenzen Vadryas tat, in sich auf und er sah seinen Begleitern an, dass es ihnen auch so erging. Sobald sie Vinuth erreicht hatten, schien sich eine Last von ihren Herzen zu erheben und ihnen das Atmen zu erleichtern.

Aithan hatte sich dieses Mal für eine mittelgroße Stadt nahe dem Gebirge entschieden. Iacona schmiegte sich zwischen zwei imposanten Felsformationen und wurde am südlichen Ende von einem rauschenden Wasserfall geküsst, der zu einem sprudelnden Fluss anwuchs, der sich durch die Stadtmitte schlängelte. Nebel legte sich jeden Morgen und Abend schützend um die Mauern, streifte durch die engen Gassen und überredete Nachtbummler sanft flüsternd dazu, ihren Weg nach Hause anzutreten.

Während sich der Nebel verdichtete, setzten Aithan und die anderen Reiter weiße, gesichtslose Masken auf, zogen ihre schwarzen Kapuzen über den Kopf und ritten gemächlich weiter. Noch wollten sie keinen Aufruhr erzeugen, was zwangsläufig geschehen würde, sobald man sie erblickte.

Zeldon trug eine an einem Stab befestigte Öllampe und übernahm den Posten des Anführers. Er war derjenige gewesen, der die Stadt Tage zuvor ausgekundschaftet hatte, und kannte sich dementsprechend am besten aus, obwohl er jedem von ihnen zur Sicherheit einen Plan aufgezeichnet hatte.

Gregg und Lobias trennten sich als Erste von der Gruppe, da sie sich um die Beschaffung des Leders kümmerten. Die Gerberei und ihr Lager befanden sich aufgrund des bestialischen Gestanks, der von ihnen ausging, noch außerhalb der von alten Schlachten teilweise zerstörten Stadtmauern, die man an mehreren Stellen problemlos überspringen konnte, was der Rest der Einheit schließlich tat. Sie führten ihre Rösser über einen Geröllhaufen und steuerten dann im Galopp die Stadtmitte an. Hinter mehreren Fenstern flackerte noch Kerzenlicht. Die meisten Bewohner saßen vermutlich gerade beim Abendessen zusammen.

Sie lagen perfekt in der Zeit, als Zeldon die ersten handlichen Sprengsätze zündete. Mehrere kleine Explosionen erschütterten die Stadt.

Es gab einige leer stehende Gebäude, sodass die Flammen niemanden schaden würden. Zeldon hatte zuvor eine Reihe von Möglichkeiten genannt und Aithan hatte sich für die am strategisch günstigsten gelegenen entschieden. Der Brand würde die Wachen hoffentlich von dem Waffenarsenal, das in mehreren Höhlen lagerte, weglocken und ihnen die Chance geben, all das zu besorgen, was sie benötigten, ohne jemanden töten zu müssen.

»Wir sehen uns später«, sagte Kory in der Stille zwischen zwei erderschütternden Explosionen. Er würde sich um den Bedarf der Bluthexer kümmern und einer der Apotheken einen Besuch abstatten.

Zeldon spaltete sich ebenfalls ab, um weiter kleine Explosionen niederregnen zu lassen, bevor er sich Cáel und Aithan wieder anschließen würde.

Mittlerweile hatten die ersten Bewohner die Explosionen wahrgenommen, das Schwarzpulver gerochen, das sich mit den Nebelschlieren vermischte, und die Flammen bemerkt, die diverse Gebäude zischend verschlangen. Sie fraßen sich wie ausgehungert durch die dünnen Holzwände und setzten die Weidendächer in Brand. Dies war ein weiterer Grund für die Auswahl ebenjener Häuser gewesen – ihr leicht entzündliches Baumaterial, da es durchaus viele Gebäude gab, die mit Steinen hochgezogen worden und deren Dächer wie in den größeren Städten mit widerstandsfähigen Dachziegeln bedeckt waren.

»Unsere Zeit ist knapp bemessen, wir beeilen uns am besten«, rief Aithan seinem Freund zu.

Wie zuvor abgemacht, verließen sie den Schotterweg, der direkt zu den Höhlen mit dem Waffenarsenal führte, und versteckten sich im Dickicht. Ihre Pferde waren so gut trainiert, dass sie sich ihre Unruhe aufgrund des Feuers, das sie noch immer riechen konnten, nicht anmerken ließen. Der Rauch stieg hoch in den Himmel und gab sich als bösartiger Verwandter des Nebels zu erkennen.

Die Wachposten, die für die Höhlen zuständig waren, ließen nicht lange auf sich warten. Sie preschten auf ihren Pferden an den zwei hohen Schatten vorbei und tauschten Vermutungen darüber aus, was wohl geschehen sein mochte.

Aithan wartete noch einen angespannten Augenblick, für den Fall, dass es noch weitere Wachen gab, doch als keiner mehr folgte, gab er Cáel mit einem lauten Pfiff das Zeichen und begab sich mit seinem Hengst auf den Pfad. Sekunden später spürte er die Präsenz seines Freundes hinter sich.

Sie erreichten schließlich die Höhlen, die von Menschenhand in die unebene Steinwand geschlagen worden waren. Die drei Eingänge, die in regelmäßigen Abständen positioniert worden waren, waren mannshoch und genauso breit. Der Inhalt wurde von angepassten Holztüren mit Eisenbeschlägen vor Eindringlingen geschützt. Zwischen den Türen befanden sich Halterungen mit lodernden Fackeln, die die Wachen in ihrer Hast wohl vergessen hatten.

Zeldon hatte ihnen natürlich davon erzählt, deshalb kamen sie vorbereitet. Zügig stiegen sie von den Pferden und brachten mehrere Sprengladungen an den Scharnieren an. Aithan kannte sich zwar auch mit dem Knacken von Schlössern aus, doch das würde Zeit in Anspruch nehmen, die sie nicht hatten.

Sie zogen die dicken Zündschnüre hinter einen hervorstehenden Felsen, überprüften die Sicherheit ihrer Pferde und überließen der zischenden Flamme dann den Rest. Als Vorsichtsmaßnahme presste Aithan die Hände auf die Ohren und wartete auf den erlösenden Knall – der jedoch ausblieb.

»Irgendwas ist schiefgelaufen«, zischte Cáel und rieb sich die Schläfe. »Ich sehe nach.«

Aithans Hand schoss vor. Er packte seinen Freund grob an der Schulter. »Bist du verrückt? Was ist, wenn die Sprengsätze losgehen, wenn du ...«

Drei mittelgroße Explosionen ertönten in schneller Reihenfolge und beendeten die Diskussion. Aithan ignorierte das Klingeln in seinen Ohren und lief stattdessen mit Cáel zu den halb zerstörten Türen. Es war ein Leichtes, sie aus ihren Angeln zu reißen und zu Boden fallen zu lassen. Staub und Dreck wurden aufgewirbelt und reizten ihre Atemwege.

»Du links, ich rechts. Wir treffen uns in der Mitte«, befahl Aithan und tauchte in den mit Fackeln erhellten Gang ein. Er hob eine von ihnen aus ihrer Halterung und machte sich im Laufschritt auf den Weg zum ersten Waffenarsenal. Wenige Augenblicke später sah er sich einem geordneten Lager mit diversen Hieb- und Stichwaffen gegenüber. Das war einer der Gründe dafür, warum sie heute Nacht in Iacona zuschlugen.

Die Stadt war eine der größten Waffenlieferanten des vinuthischen Königs, der damals vor zehn Jahren nichts getan hatte, um Aithans Eltern vor der Invasion König Derons zu retten. Soweit es Aithan betraf, hatten er und sein Volk jeden Beutezug, den er anführte, verdient.

Er rezitierte im Kopf die Liste, die Mathis früher am Tag angefertigt hatte, und bediente sich an Pfeilspitzen, bereits vorgefertigten Pfeilen, diversen Dolchen mit geriffelten und geraden Klingen, Wurfsternen und widerstandsfähigen Lederriemen, an denen sich die Futterale, Scheiden und Beutel für die Wurfsterne befestigen ließen. Nachdem zwei Ledersäcke prall gefüllt waren, sprintete er nach draußen, um diese an dem Sattel seines Hengstes zu befestigen. Bevor er den Ausgang jedoch erreichte, stellte sich ihm eine Wache in den Weg.

Reflexartig ließ er die gefüllten Säcke fallen und zog sein breites Schwert aus der Scheide an seiner Hüfte. Es war ein kostbares Stück, das er in Brimstone gewonnen hatte und das viele Stunden des Schleifens und der Pflege gebraucht hatte, ehe es wieder brauchbar gewesen war. Doch dadurch erkannte man die Qualität des Eisens. Letztlich konnte man sich zu Tode schleifen, wenn das Metall minderwertig war.

Der Knauf bestand aus dem gleichen Silber wie das restliche Heft, doch ein weißer Diamant war darin eingesetzt und fremde Runen tanzten wie Gespenster darum herum. Aithan hatte anfangs überlegt, sie wegzuschleifen, aber sie hatten ihm auf irgendeine Weise imponiert.

Nun glänzte die scharfe Klinge in dem Licht der einzig übrig gebliebenen Fackel, da er die andere zurückgelassen hatte.

Die Wache verengte die Augen, hob ihr eigenes Schwert höher und tat einen Schritt nach links, als würde sie die Reaktion ihres Kontrahenten prüfen wollen.

»Was auch immer du tun wolltest, es ist vorbei. Wir haben die Feuer unter Kontrolle und du wirst dafür geradestehen«, knurrte der Mann und verriet Aithan damit, dass ihre Pläne bis dahin reibungslos funktioniert hatten. Offensichtlich hatten sie niemand anderen dingfest machen können, aber sie würden mit Sicherheit nicht bei ihm damit anfangen.

»Es wäre das Beste für dich, wenn du mich einfach durchließest. Ich will dir nicht wehtun«, sagte der Prinz ehrlich.

Die Wache schnaubte. »Wir werden sehen, wer hier wem wehtut.« Er stürzte auf Aithan zu und ihre beiden Klingen donnerten klirrend gegeneinander.

Aithan wusste, dass einer seiner Vorteile seine Ausdauer war, aber diesen konnte er nicht ausspielen. Wenn er nicht von weiteren Wachmännern überrascht werden wollte, musste er diesen Kampf möglichst schnell für sich entscheiden.

Während er die im Sekundentakt auf ihn herabrieselnden Angriffe parierte, suchte er die Umgebung ab, bis er etwas fand, das diesen unsinnigen Kampf beenden würde. Er drehte sich um seine eigene Achse, duckte sich an der ungeschützten Seite seines Gegners vorbei und pflückte die Fackel von der Wand.

»Traust du deinem Schwert etwa nicht mehr?«, spottete die Wache, bevor sie die Zähne zusammenbiss und Aithans Schlag parierte.

»Meine Klinge befindet sich in einem vollkommenen Zustand. Wie höflich von dir, dir darüber Sorgen zu machen.« Aithan lachte, bevor er mit der rechten Hand sein Schwert schwang und dann, als sein Gegenüber seine rechte Seite ungeschützt ließ, die Fackel warf. Sie streifte die Wache nur, aber sie entzündete dabei ihr Wams. Es dauerte einen kurzen Moment, bis diese begriff, dass ihre Kleidung in Flammen stand.

Aithan hob die gestohlenen Waffen auf und rannte zum Ausgang. Als er einen letzten Blick zurückwarf, konnte er sehen, dass sich die Wache von dem brennenden Wams befreien konnte.

»Wo bist du gewesen?«, rief ihm Cáel zu, der aus der mittleren Höhle stürmte. Anscheinend hatte er keine Lust gehabt, auf seinen Anführer zu warten, um sie gemeinsam zu durchwühlen. Seine Maske hatte er über seinen Kopf geschoben, sodass seine hellgrünen Augen und die gerade Nase deutlich zu erkennen waren.

»Wurde aufgehalten«, grunzte der Prinz, rannte zu seinem Pferd und befestigte die Säcke. Cáel reichte ihm einen weiteren, den anderen nahm er selbst und stieg gerade auf, als die Wache aus der Höhle rannte.

Aithan war nicht schnell genug, um aufzuspringen, und wurde an der Schulter nach hinten gerissen, anstatt sofort mit dem Schwert aufgespießt zu werden. Auf das Ehrgefühl der Vinuthen war Verlass. Sie würden nie jemanden in den Rücken stechen.

Verzweifelt versuchte Aithan seinen Fuß aus dem Steigbügel zu befreien, um sich zu verteidigen.

»So schnell kommst du mir nicht davon«, spuckte der Mann, dessen linke Hand deutliche Brandblasen aufwies und sein Gesicht von schwarzem Ruß beschmiert war. Seine Schwertspitze richtete sich auf die Brust des Prinzen, der für einen Augenblick erstarrte. Jede Bewegung konnte seine letzte sein.

Aithans Fuß löste sich und er versuchte gleichzeitig aufzustehen und sein Schwert aus der Scheide zu ziehen. Panik durchfuhr ihn. Er würde es nicht rechtzeitig schaffen. Er würde … Ein Schatten erhob sich hinter dem Wachmann. Im nächsten Moment erkannte er Cáel, der dem Fremden mit starrem Blick die Kehle aufschlitzte. Blut spritzte und besprenkelte Aithans Maske, der mitten in der Bewegung innehielt und den Blick nicht abwenden konnte. Die Knie des Wachmannes gaben nach, sein Schwert fiel auf den sandigen Boden und eine Hand legte sich auf die Wunde, während sich sein Gesicht zu einer schmerzerfüllten Maske verzog. Cáel stieß ihn mit einem festen Tritt zur Seite und beugte sich dann vor, um Aithan beim Aufstehen zu helfen.

»Wieso hast du das gemacht? Wir hätten uns seiner anders entledigen können«, zischte er und beäugte seinen Freund argwöhnisch.

»Wenn du nicht willst, dass ein weiterer Vinuthe dran glauben muss, verschieben wir das Gespräch auf später«, erwiderte Cáel so gelassen wie immer.

»Wie du willst, aber reden werden wir«, erwiderte Aithan drohend, bevor er sich in den Sattel warf und davonpreschte.

Cáel galoppierte hinter ihm, bis sie die Stadt erreichten, in der noch immer genügend Feuer brannten, um die Bewohner von den zwei fremden Reitern abzulenken. Mehrere Schlangen wurden gebildet, um die Eimer von den nächstgelegenen Brunnen zu den brennenden Gebäuden weiterzuleiten. Die Wache hatte nicht gelogen. Es schien, als hätten sie den Brand bereits unter ihre Kontrolle gebracht.

Aithan und Cáel wurden erst bemerkt, als sie die Mauern fast erreicht hatten, aber niemand konnte sie mehr aufhalten.

Der Prinz war wütend. Natürlich riskierte er mit jedem Beutezug, dass es Verwundete gab, aber er tat sein Bestes, die Wahrscheinlichkeit niedrig zu halten. Dass Cáel einen Wachposten kaltblütig ermordet hatte, war in seinen Plänen nicht vorgesehen gewesen und er würde ihm im Lager sagen, was er davon hielt. Vielleicht hätte ein gerechter Kampf länger gedauert, aber Aithan hätte dafür gesorgt, dass die Wache nur verletzt und nicht getötet worden wäre. Trotz seines Hasses auf Vinuth und seinen unfähigen Regenten wollte er doch nicht so werden wie König Deron, der keine Rücksicht auf Unschuldige nahm.

Als sie ein paar Meilen zwischen sich und die Stadt gebracht hatten, schlossen sich ihnen Zeldon, Gregg und Lobias an. Koby folgte wenig später. Sie hatten unbehelligt und mitsamt ihrer Beute fliehen können, was immerhin ein Erfolg für diese ansonsten katastrophale Nacht war.

Aithan hoffte insgeheim, dass sie für lange Zeit keinen derartigen Raubzug mehr durchführen mussten. Er würde sich eine andere Lösung überlegen, sollten sie noch etwas Wichtiges benötigen.

Kurz vor Morgengrauen erreichten sie das Lager und stiegen erschöpft, aber zufrieden von ihren Rössern ab. Aithan übertrug ein paar Männern der Nachtwache die Aufgabe, sich um die Verteilung des Diebesguts zu kümmern, damit er Cáel zur Rede stellen konnte.

»Mein Zelt. Sofort«, befahl er seinem Freund und Ratgeber und ging mit großen Schritten voran. Seine Hände ballten sich zu Fäusten, während er Mathis ignorierte, der vor dem Zelteingang auf ihn gewartet hatte.

Im Innenraum riss er sich die Maske vom Kopf und warf sie auf seine Pritsche. Er drehte zwei Petroleumlampen auf und wartete, bis Cáel eingetreten war. Mathis stellte sich breitbeinig neben den Eingang.

»Setz dich«, knurrte Aithan und deutete auf einen der beiden Holzstühle vor dem Schreibtisch. Cáels Unsicherheit wurde nur durch sein kurzes Zögern deutlich, abgesehen davon wirkte er so selbstzufrieden und arrogant wie immer. Langsam ließ er sich in den Stuhl sinken.

Aithan stampfte im Zelt hin und her, faltete die Hände in seinem Rücken und versuchte sich zu beruhigen, damit er nichts Falsches sagte. Cáel war sein Freund. Zudem hatte er ihm sein Leben zu verdanken, aber vor allem war Aithan ein Prinz und der wahre Anführer seines Volkes sowie der Männer und Frauen hier im Lager.

»Bin ich zu irgendeinem Zeitpunkt während unseres Beutezugs unklar darüber gewesen, wie ich zu unnötigen Todesfällen stehe?«, begann Aithan schließlich, nachdem er sich breitbeinig neben dem Schreibtisch positioniert und den Blick direkt auf Cáel gerichtet hatte. Jener erwiderte diesen mit kühler Berechnung, während er langsam die Arme vor seinem Oberkörper faltete, der in eine schwarze Tunika mit grauen Nähten verziert gehüllt war. Aithan hatte ihn noch nie eine andere Farbe tragen sehen, wenn er so darüber nachdachte.

»Nein«, antwortete Cáel knapp und riss seinen Prinzen damit wieder in die Gegenwart.

»Wie zur Hölle kommst du dann auf den Gedanken, dass ich damit einverstanden sein würde, dass du den Wachmann tötest?« Er vernahm, wie Mathis zischend Luft holte. Seine Hände zitterten vor Wut, doch er konnte diese Schwäche weiterhin hinter seinem Rücken verstecken. Immerhin hörte man seiner Stimme nicht an, wie sehr er von seinen Gefühlen überwältigt war.

»Es war eine Entscheidung, die ich in der Situation treffen musste, und ich würde sie wieder genau *so* fällen«, erwiderte Cáel, der nicht mehr ganz so unbeteiligt wirkte. Er presste seine Kiefer so fest zusammen, dass die Sehnen an seinem Hals hervorstachen. »Ich habe dich davor bewahrt, ihn zu töten, weil ich weiß, wie ungern du es tust.«

»Ich hätte ihn nicht getötet«, widersprach Aithan sofort. »Ich hätte ihn verletzt, aber nicht getötet, weil ich weiß, was Ehre ist.«

»Du wärst also lieber ehrenvoll gestorben, anstatt ihn zu beseitigen?« Cáel stieß ein höhnisches Lachen aus und erhob sich abrupt von seinem Stuhl. »Es scheint, als hätte dir Mathis etwas von seiner Schwäche abgegeben.«

»Sei vorsichtig, Cáel«, warnte Aithan ihn mit erhobenem Haupt und trat zwei Schritte vor. »Ich gebe dir viele Freiheiten, das heißt aber nicht, dass sie unendlich sind.«

Sie blickten sich für lange Zeit schweigend an, dann hob Cáel die Schultern und ließ die Arme sinken. Seine linke Hand zuckte verräterisch, als würde er am liebsten zu seinem Dolch greifen, der an seinem Gürtel steckte. »Wenn du mich dafür bestrafen willst, dein Leben *und* deine Ehre gerettet zu haben, bitte sehr, aber auf eine Entschuldigung meinerseits solltest du nicht warten. Gibt es sonst noch etwas, Eure Hoheit?«

Aithan zuckte bei der Schärfe, mit der sein Gegenüber seine Worte hervorgebracht hatte, leicht zusammen. »Nein. Du darfst gehen.«

Er wartete, bis sein Freund das Zelt verlassen hatte, bevor er ein tief empfundenes Stöhnen ausstieß. War er überhaupt noch sein Freund? Kopfschüttelnd stützte er sich mit beiden Händen auf der Schreibtischkante ab und holte tief Luft. Natürlich war er das noch. Ohne ihn wäre er niemals da, wo er jetzt war. Vermutlich wäre er schon längst tot. Oder würde Salja nachtrauern.

Mathis räusperte sich. »Du lässt ihm seinen Ungehorsam einfach so durchgehen?«

»Hast du nicht gehört, was er gesagt hat?« Aithan war müde und erschöpft. Er hatte keine Lust, sich mit den Eifersüchteleien seines Vetters auseinanderzusetzen.

»Ich habe ein ziemlich gutes Gehör, danke der Nachfrage«, sagte Mathis trocken. »Trotzdem hat er dir nicht gehorcht.«

»Er hat recht gehabt. Ich hätte den Mann töten müssen, um uns genug Zeit zu verschaffen. Er hat für mich das Schwert geschwungen.« Ganz egal, welche Zweifel ihn innerlich plagten, vor Mathis musste er sie geheim halten. Er würde jede Möglichkeit nutzen, um gegen Cáel vorzugehen, und Aithan wollte ihn darin nicht noch bestärken.

»Aber ist es auch er, der die Konsequenzen trägt?«

»Was meinst du?« Aithan blickte schließlich auf und erkannte, dass sich Mathis vom Eingang entfernt hatte, um die Maske aufzuheben, die er achtlos weggeworfen hatte. Ein paar getrocknete Blutstropfen waren auf dem weißen Material zu erkennen.

»Ist es dir noch nicht aufgefallen? Cáel ist unfähig, Reue zu empfinden. Ganz egal, was er tut, er tut es in vollem Bewusstsein und ohne je seine Entscheidung zu überdenken. Doch bei diesem Vorfall ... du bist derjenige, der von einem schlechten Gewissen geplagt sein wird.«

»Wäre es anders, wenn ich ihm den Todesstoß versetzt hätte?«

Mathis hob eine Schulter. »Wer weiß. Ich will nur noch einmal betonen, dass wir ihm nicht trauen können, Aithan.«

»Er hat damals in Brimstone unser beider Leben gerettet«, entgegnete Aithan und richtete sich wieder zu seiner vollen Größe auf. »Es wird Zeit, dass *du* das zu schätzen weißt und ihm endlich eine Chance gibst. Ich werde meine Energie nicht weiter darauf verwenden, euch Streithähne auseinanderzuhalten, verstanden?«

»Verstanden, Vetter.« Mathis lächelte gezwungen. »Ruh dich aus. Ich kümmere mich um den Rest.«

Damit verschwand er aus dem Zelt, das plötzlich viel zu leer und viel zu finster wirkte. Die Lampen taten nichts, um das Gefühl der Verlorenheit zu vertreiben.

Was tat Aithan hier eigentlich? Er zählte dreiundzwanzig Jahre, führte einen Haufen Diebe und verurteilter Mörder an und jagte einem hanebüchenen Traum nach. Es wäre das Beste, wenn er nach Brimstone zurückkehrte, um sich im Alkohol zu ertränken. Stattdessen setzte er sich jedoch an seinen Schreibtisch und brütete über die Pläne, die sie hoffentlich ins Herz des verwunschenen Waldes bringen würden.

Kapitel · 13

»Weiter«, wies die Wache neben Morgan die Gefangenenkarawane an. Die Schatten der Mine verschluckten sie, als würden sie diese mit Genuss verzehren.

Morgan biss auf ihre Unterlippe, sobald sie von den rauen Wänden der geschlagenen Höhle umschlossen wurden und die Flammen der Fackeln, die in Felsspalten gerammt worden waren, das natürliche Licht des Morgengrauens ersetzten.

Farben – es mangelte an Farben von Blumen und von Wäldern und Leben. Sie vermisste die Gärten Yastias und ihre kleine Pflanze, die gerade erst in ihrem Topf Wurzeln geschlagen hatte. Würde sich Rhion um die junge Blumenzwiebel kümmern? Würde er an sie denken? Vermutlich war er ganz froh, dass sie ihm keine Schwierigkeiten mehr bereiten konnte. Er würde sie nicht retten. So viel bedeutete sie ihm nicht und sie sollte sich besser um sich selbst kümmern, als Hilfe zu erwarten.

Sie trotteten in Pärchen hintereinander über die Gleise und warteten darauf, von der großen Gruppe abgespalten und zu ihrem Arbeitsbereich geführt zu werden. Gertha schloss zu Morgan auf und blickte sich ängstlich um, als würde sie die Enge noch mehr fürchten als Morgan. Glücklicherweise war der unheimlich anmutende Fahrstuhl allein für die Wachen gedacht, sodass sie sich nicht in die metallenen Kasten zwängen mussten.

Alle, bis auf das Dutzend Neulinge, trugen ihre eigenen Spitzhacken, die ihnen vor ihrem Aufmarsch ausgehändigt worden waren. Manche bekamen gröbere Gerätschaften zugeteilt, mit denen der Stein an besonders schwierigen Stellen Stück für Stück abgetragen werden sollte.

Gertha und sie wurden schließlich mit den Frauen, mit denen sie sich auch eines der Löcher als Schlafplatz teilten, zu einem abgelegenen Bereich geführt. Die Gänge waren labyrinthartig angeordnet und schon bald hatte Morgan die Orientierung verloren, während sie immer tiefer in den Berg eindrangen.

Es begleitete sie lediglich ein Wachmann, der mit einem Schwert, mehreren Dolchen und einem bedrohlich wirkenden Eisenstab mit geplätteter Spitze bewaffnet war. Die Waffe erinnerte an einen verkürzten Speer und Morgan hatte eine derartige noch nie zuvor gesehen. Da sie es sich nicht mit der Wache verscherzen wollte, achtete sie penibel darauf, nicht zu trödeln.

Schließlich blieben sie vor einer Wand stehen, die sich nicht von den Steinwänden unterschied, die sie bereits passiert hatten. Die älteren Frauen begannen unverwandt mit der Arbeit, positionierten sich in unregelmäßigem Abstand und malträtierten die verschiedenen Gesteinsschichten mit ihren Gerätschaften.

Der Wachmann wandte sich Morgan und Gertha zu und holte zwei Handschaufeln aus seinem Beutel. Mit einem Kopfnicken deutete er auf vier Bottiche, ähnlich denen, in denen sie sich gewaschen hatten.

»Ihr werdet für das Geröll zuständig sein. An der nächsten Kreuzung werden immer genügend Waggons zur Verfügung stehen, um ihn zu entsorgen. Nach zwei Stunden wird gewechselt. Jeder arbeitet zwei Schichten an der Wand und eine in der Geröllbeseitigung.« Er wirkte gelangweilt, aber nicht unaufmerksam. »Wer nicht arbeitet, macht Bekanntschaft mit dem hier.« Er klopfte auf den Eisenstab an seinem Gürtel. »Noch Fragen?«

Weder Gertha noch Morgan wagte es, die Stimme zu erheben, obwohl alles in ihr danach schrie. Sie wollte sich wehren, wollte davonlaufen, aber die Angst vor der Bestrafung lähmte sie und so nahm sie lediglich die Schaufel entgegen, um mit der schweißtreibenden Arbeit zu beginnen.

Nach den ersten zwei Stunden durften sie etwas aus den Wasserschläuchen trinken, die ihnen zur Verfügung gestellt wurden. Der Wachmann verließ manchmal seinen Posten, um sich seine Beine zu vertreten, doch er war nie länger als ein paar Minuten fort.

Als Morgan ihre Schaufel gegen eine Spitzhacke tauschte, platzten bereits nach den ersten Hieben ihre Blasen auf. Blut ließ den Stiel glitschig werden und sie musste ihn mehrmals an ihrem Hemd abwischen. Sie wusste nicht, wie sie vier Monate nur mit dieser Kleidung zurechtkommen sollte.

Nach ein paar Schlägen bröckelten die ersten Steine ab und sammelten sich vor ihren Füßen, die in ungemütlichen Stiefeln steckten.

Morgan wäre als Wölfin längst gestorben, wenn sie keine Ausdauer besessen hätte. Genauso gut konnte sie Schmerz und körperliche Aktivität aushalten, doch sie kam sehr schnell an ihre Grenzen. Schweiß rann ihr die Schläfen und den Rücken hinab, während sich auf ihren Handflächen Blasen bildeten, obwohl bereits durch den jahrelangen Umgang mit Waffen Schwielen entstanden waren.

Sie haute auf den Stein ein, atmete aus und hob die Hacke erneut an. Ihre Schultern schrien vor Schmerzen, als sie diese Bewegung immerzu wiederholte. Während ihr die Erschöpfung immer weiter zusetzte, wurde das Ausholen ungenauer und sie traf öfter mal ihren Rücken mit dem hinteren Teil der Spitzhacke. Weitere Schmerzen, gegen die sie ankämpfen musste …

Dies sollte sie ein Leben lang durchstehen? Arbeiten, schwitzen und zergehen. Tag um Tag, Jahr um Jahr würde sie schuften müssen und nichts anderes außer Schmerz und Reue würde sie erwarten.

Nein.

Niemals könnte sie dieses Leben durchstehen. Ganz gleich, wie Larkin sie behandelt hatte. Unter den Wölfen hatte sie stets Eines gehabt, das sie vorangetrieben hatte – Hoffnung. Ohne Hoffnung würde sie erst innerlich und dann körperlich vergehen. Ihr blieb also gar keine andere Wahl: Sie musste von hier flüchten. Irgendwie. Es sei denn, Larkin fand tatsächlich heraus, wo sie war, und schickte jemanden, um nach den Manschettenknöpfen zu suchen und sie zu töten … Nicht zwangsläufig in dieser Reihenfolge.

Morgan strengte sich wirklich an, doch schon bald verließ sie die Kraft und sie rutschte immer wieder mit der Hacke auf dem Stein ab, bis sie das Werkzeug nicht einmal mehr anheben konnte.

»Keine Pausen«, bellte der Wachmann, der anscheinend nur auf eine Gelegenheit gewartet hatte, um sie zurechtzuweisen.

Erschöpft zwang sie sich dazu, den Kopf der Hacke vom Boden zu heben, doch der Griff rutschte aus ihren Händen und sie keuchte.

»Ich sagte, keine Pausen«, wiederholte die Wache hinter ihr. Sie spürte mehr, als dass sie sah, wie sich die Leiber links und rechts von ihr anspannten, dann hörte sie das Zischen. Sie traute sich kaum, sich umzusehen, aber aus dem Augenwinkel sah sie, wie der Wächter die platt gedrückte Eisenspitze ins Feuer der Fackel hielt. Es dauerte nicht lange, da glühte sie rot. Viel zu schnell für normales Eisen.

Der Wächter wandte sich ihr mit einem grausamen Lächeln zu und ohne dass sie fähig war zu reagieren, presste er die glühende Spitze auf ihren Rücken. Erst spürte sie nichts, dann folgte der Schmerz, als könnte ihr eigener Körper nicht glauben, dass er erneut gefoltert wurde.

Morgan schrie auf und zuckte unkontrolliert. Sie krümmte sich, als die Spitze sie zum zweiten Mal berührte und sie beinahe hören konnte, wie die Haut schmolz. Keiner setzte sich für sie ein. Keiner eilte ihr zu Hilfe.

Das Blut rauschte laut in ihren Ohren und ihre Sicht verschwamm für wenige Sekunden, während sie verzweifelt nach Luft rang. Diese Schmerzen ...

Morgan rafft sich auf und ignorierte die Tränen, die ihre Wangen hinabrannen. Entschlossen hob sie die Spitzhacke auf, ohne sie ein weiteres Mal fallen zu lassen.

Sie kämpfte und kämpfte.

Dieses Mal dauerte es länger, bevor der Wachmann zu seiner üblichen Runde aufbrach und Morgan einen kurzen Moment entspannen konnte.

»Lass mich sehen«, sagte eine der Frauen, die plötzlich direkt neben ihr stand und gar nicht mehr so alt wirkte. Tatsächlich schien sie kaum ein paar Jahre älter als Morgan zu sein, aber ihr müdes Äußeres hatte Morgan von dieser Tatsache abgelenkt.

»Es geht schon«, wehrte die Wölfin ab und wollte weiterarbeiten, aber die Frau legte entschieden eine Hand auf ihre Wunde, wie um ihren Standpunkt zu untermalen. Die Hacke fiel Morgan vor Schmerzen aus den Händen und verfehlte nur gerade so ihren linken Fuß.

»Bist du verrückt?«, zischte sie.

»Nein. Mein Name ist übrigens Missa und ich werde dir jetzt den Rücken verbinden, bevor unsere Wache zurückkommt. Wir haben alle noch eine weitere Schicht vor uns«, entgegnete sie augenblicklich.

Ohne Morgans Antwort abzuwarten, zog sie die Schnüre ihres Hemds auseinander und entblößte ihren Rücken, den sie mit Streifen ihres eigenen Saums verband. Erst dadurch fiel ihr auf, dass die Hemden der anderen nicht so lang waren wie Morgans oder Gerthas. Anscheinend geschahen Bestrafungen dieser Art des Öfteren. Sonderlich ermutigend fand sie den Gedanken nicht.

»Danke«, murmelte Morgan, als Missa die Schnüre wieder festzurrte und dann zu ihrer Hacke zurückkehrte. Sie schenkte ihr ein warmes Lächeln.

Der Wachmann kehrte in jenem Augenblick zurück, als Morgan die Hacke das erste Mal wieder gegen den Stein schlug. Wenn er den provisorischen Verband auf ihrem Rücken durch die Fetzen ihres Hemds sah, so ließ er sich jedenfalls nichts anmerken.

Sie hatte nicht den blassesten Schimmer, wie sie die nächsten Stunden überstand. Und trotzdem schaffte sie es ohne weitere Strafen und schaufelte abends den Brei in sich hinein, der ein Gemisch aus so vielen verschiedenen Gerichten war, dass sie in ihrem Leben niemals erfahren wollte, was genau darin enthalten war.

Vor der Nachtruhe saßen sie draußen auf meterlangen Bänken mit rustikalen Tischen dazwischen. Schüsseln wurden weiterhin mit dem Brei ausgehändigt. Dazu gab es eine harte Scheibe Brot und Wasser, das so ungenießbar war, dass es Morgan beinahe unmöglich machte, es drin zu behalten. Sie wagte es, ihren Kopf zu heben und die anderen Sklaven zu beobachten. Hin und wieder bemerkte sie eine schmerzverzerrte Miene und erkannte, dass sie nicht die Einzige war, die heute bestraft worden war.

Schließlich durften sie sich in abgesonderten Bereichen um ihre körperlichen Bedürfnisse kümmern. Missa und Gertha halfen ihr dabei, die zwei schmerzhaften, aber glücklicherweise nicht sehr tiefen Brandwunden zu reinigen und neu zu verbinden. Dieses Mal nahmen sie Leinentücher, die Missa von jemand anderem bekommen hatte.

»Sue bekommt seit einiger Zeit keine Mondblutungen mehr, aber sie flunkert, um an die Leinentücher zu gelangen, die sie an uns verteilt«, erklärte Missa und knotete den letzten Streifen an Morgans Seite fest zusammen. »Das müsste reichen. Wie sehen eure Hände aus?«

Gertha und Morgan streckten beide ihre gesäuberten, aber offenen Hände hin, die Missa ebenfalls behutsam verband.

»Für die Nacht. Morgen früh müsst ihr sie wieder abnehmen, damit sich Schwielen bilden können. Es wird erst schlimmer, bevor es besser werden kann«, munterte sie die beiden Neulinge auf.

Gemeinsam verließen sie den Bereich und kehrten zu ihrem Loch zurück, in dem sie immerhin vor Larkins Schergen geschützt wäre, falls er welche entsendet hatte. So hoffte sie zumindest.

»Was passiert eigentlich, wenn es regnet?« fragte Gertha mit einem Blick auf den wolkenlosen Nachthimmel.

»Wir hoffen, dass es das nicht tut«, war Missas trockene Antwort, bevor sie als Erste hinabstieg.

Gertha und Morgan folgten ihr, nachdem sie sich gegenseitig einen langen Blick zugeworfen hatten.

Die nächsten Tage vergingen in verschwommenen Bildern und Geräuschen, die manchmal klarer waren und manchmal wirr und unverständlich. Morgans treuer Begleiter war der körperliche Schmerz, der sie gleichzeitig davon abhielt, ins Nichts abzutreiben, wie es damals beinahe geschehen war. Es hatte einen Moment gegeben, einen einzigen während ihrer Folterstunden unter Larkins Herrschaft, da hatte sie beinahe den Schritt über die Grenze gewagt. Fast hätte sie aufgegeben und wäre verschwunden. Ihr Körper wäre zurückgeblieben, aber ihre Seele … oh, ihre Seele wäre frei gewesen. Zerschunden, ja. Auseinandergerissen und grob geflickt, aber frei. Dann jedoch hatte sie das Gesicht ihrer Eltern vor Augen gesehen und war vor der Grenze, vor dem Nichts zurückgewichen und hatte sich erneut an die Oberfläche gekämpft.

Hier wartete jedoch niemand auf der anderen Seite des mit Blut gestrichenen Raumes, in dem sie gefoltert worden war. Sie konnte nur sich selbst etwas beweisen, um einen Weg aus ihrer misslichen Lage zu finden.

Obwohl sie versuchte, sich bedeckt zu halten, bekam sie noch ein paar weitere Male das Eisen auf ihrem Rücken zu spüren, das brennende Spuren hinterließ.

Missa erklärte ihr, dass der Stab aus einer besonderen Art von Metall geformt worden war, das in Idrela abgebaut wurde. Es ließ sich leicht erhitzen und war sehr elastisch, aber unglaublich hart, wenn es erkaltet war. Dadurch wurde es eigentlich gerne für Pfeilspitzen verwendet, aber die Wachmänner zogen einen anderen, viel befriedigenderen Nutzen daraus. Sie hatte sich einen Spaß daraus gemacht, ihre Gespräche zu belauschen, in der Hoffnung, etwas von der Außenwelt zu erfahren und sich dadurch weniger abgeschottet zu fühlen.

Missa, Gertha und sie wurden zu einer unzertrennlichen Einheit, bis Morgan bemerkte, dass Missa ihnen etwas verheimlichte. Jeden Abend nach ihrer Schicht wurde sie von einem Sklaven belästigt, der anscheinend von Missas feuerrotem Haar fasziniert war. Immer wollte er es berühren und akzeptierte kein Nein von ihr. Die Wachen schienen von seinem Bemühen amüsiert zu sein und wiesen ihn weder zurecht noch stellten sie sich beschützend vor Missa.

Als sich Morgan eines Nachts einmischen wollte, trat ein flehender Ausdruck in Missas Augen und sie schüttelte sanft den Kopf. Der Verrückte, wie ihn die Wölfin insgeheim nannte, strich mit seinen schmutzigen Händen durch ihr dickes Haar, das sich bereits aus seinem Knoten gelöst hatte. Morgan ballte die Hände zu Fäusten, aber sie respektierte Missas ausdrücklichen Wunsch und hielt sich zurück.

In der Nacht saßen sie schweigend in ihre Schlafsäcke gepackt nebeneinander. Niemand wollte den Frieden zuerst zerstören, doch schließlich war es Gertha, die die Spannung nicht länger aushielt.

»Wieso lässt du dir das gefallen, Missa?«, lispelte sie durch die Lücke in ihren Zähnen.

»Ich will keinen Ärger.« Ihre Stimme brach. »Nur noch fünf Monate, dann ist alles vorbei. Dann werde ich entlassen.«

Morgan erstarrte. »Du wirst entlassen?« Missa nickte und wischte sich die Tränen von den Wangen. »Ich gehöre zu den wenigen, die nicht lebenslänglich hier sind. Man überließ mir die Entscheidung, zwanzig Jahre in einem der überfüllten Gefängnisse oder zwei Jahre in den Minen. Es ist fast vorbei.«

Morgan wusste nicht, was sie darauf erwidern sollte. Neben Gertha war Missa ihre einzige Freundin hier. Sich vorzustellen, dass sie die Tortur tagtäglich ohne diese Stütze durchmachen sollte ... sie hörte beinahe, wie ihr Verstand in Verzweiflung abtauchte und das Wasser dabei an die Klippen ihrer Selbstbeherrschung brandete.

»Wieso bist du überhaupt hier?«, fragte Gertha mit ihrer direkten Art, sofort auf den Punkt zu kommen, und zwirbelte eine Strähne ihres ergrauten Haares.

»Ich habe einen reichen Handelsmann bestohlen. Es war dumm.« Missa schüttelte den Kopf. »Ich war nicht so arm, dass ich die Kronen dringend gebraucht hätte, aber es war verlockend. Außerdem ...«

»Lass mich raten, ein Mann steckte dahinter?«

Missa nickte zögerlich. »Er sagte, ich würde mich nicht trauen. Dumm wie ich war, nahm ich das als Herausforderung an und rannte mit dem Kopf voraus ins Verderben. Und hier bin ich.«

»Du denkst, man würde dich länger hierbehalten, wenn du Schwierigkeiten machst?«, kam Morgan wieder auf das eigentliche Thema zu sprechen. Sie wollte nicht daran denken, dass Missa sie verlassen würde, trotzdem konnte sie ihre Freundin genauso wenig leiden sehen. Sie dachte an Cardea zurück, die sich in Yastia vermutlich schreckliche Sorgen um sie machte. Sie würde ihren Mut zusammennehmen und Rhion, der einzige Wolf, den sie einmal gesehen hatte, nach Morgan fragen. Die Frage war nur, ob er ihr auch sagen würde, dass er zu feige war, um sie zu retten. Er würde ihr nicht erklären, dass er seine Arbeit als Wolf brauchte, um seinem Leben einen Sinn zu geben, und diese nicht für sie aufs Spiel setzen würde. Cardeas Meinung wäre ihm egal ... Morgan konnte nur hoffen, dass er ihr nicht wehtat, weil sie ihn belästigte.

»Ich bin mir sogar ziemlich sicher. Die Kommandantin duldet kein aufmüpfiges Verhalten, schon vergessen?« Sie hob eine Schulter. »Und so schlimm ist es gar nicht. Er berührt für ein paar Minuten meine Haare und dann ist auch schon wieder alles vorbei.«

»Ich werde dir nicht reinreden«, versprach Morgan widerwillig. »Aber wenn es doch zu schlimm wird, dann kann ich eingreifen. Für mich gibt es kein Ende der Minenarbeit. Ich bin lebenslänglich hier.« Etwas in ihr zerbrach, als sie diese Worte das erste Mal laut aussprach.

Wenn sie sich nicht selbst rettete, würde sie hier sterben und niemand würde es erfahren. Niemand würde um sie trauern, weil niemand wusste, was mit ihr geschehen war, oder weil es der Person egal war. Larkin ärgerte sich vermutlich einzig wegen des verpatzten Auftrags.

Trotzdem, sie würde nicht aufgeben.

Sie würde nicht versagen.

Sie würde nicht …

Du bist schwach und erbärmlich. Gib auf oder kämpfe, aber versinke nicht derart in Selbstmitleid, verhöhnte sie die Stimme, anstatt ihr Trost zu spenden.

In dieser Nacht weinte sie sich in den Schlaf.

Kapitel · 14

Morgan wischte sich mit dem Handrücken den Schweiß von der Stirn und zwang ihre Atmung dazu, sich zu beruhigen. Die Luft in den Minen war heute erschreckend dünn und es kam Morgan so vor, dass, ganz gleich, wie schnell und tief sie einatmete, nichts ihre Lunge erreichte. Obwohl sie sich heute auf einer tiefer liegenden Ebene befanden als in den Tagen zuvor, war es heiß und stickig. Die Fackeln wurden durch Öllampen ausgetauscht und die kleinen Flammen züngelten unruhig.

Dass Morgan noch nicht zusammengebrochen war, lag zum größten Teil an der drohenden Gestalt ihres Wächters, dessen Schultern doppelt so breit wie Morgans Rücken waren. Sein Eisenstab, den er grinsend von einer Hand in die andere verlagerte, tat sein Übriges, ihr jedweden Gedanken darüber auszutreiben, die Hacke fallen zu lassen.

Immerhin waren die aufgeplatzten Blasen an ihren Händen abgeheilt. Darüber hatte sich eine feste, harte Schicht Hornhaut gebildet, die ihr den Griff um den Holzstiel erleichterte. Im Inneren bedauerte die Wölfin, dass dadurch nun ihre Zielsicherheit mit den Wurfsternen beeinträchtigt wäre. Sie würde, wenn sie jemals wieder einen Fuß aus den Minen setzen würde, die Balance der Messer neu erlernen müssen.

Und das war ein sehr großes *Wenn*.

Mittlerweile hatte sie die Hoffnung aufgegeben, von Rhion oder jemand anderem befreit zu werden. Sie war Larkin anscheinend nicht mal wichtig genug, um ihr einen Auftragsmörder auf den Hals zu setzen. Es sollte sie freuen, aber es verursachte nur einen brennenden Schmerz in ihrem Bauch.

Sie keuchte, als das Stahlblatt in einer Felsspalte stecken blieb und sie sich mit dem Schwung beinahe die Schultern ausgekugelt hätte.

Erschrocken stolperte sie ein paar Schritte zurück, konnte jedoch gerade so verhindern, dass sie rücklings hinfiel. Der Wächter blickte sie warnend an, als hätte sie die Klinge absichtlich in den Felsen gerammt. Sie wünschte, sie wäre so gerissen gewesen.

Eilig umfasste sie erneut den rauen Griff des Werkzeugs und zog und zerrte daran, bis sich die Stahlklinge endlich löste. Vor Erleichterung wäre sie beinahe in Tränen ausgebrochen. Sie hatte schon beinahe die neuen Wunden auf ihrem Rücken spüren können.

Bevor sie jedoch weiteres Gestein absplittern konnte, um dann wieder einmal keine Diamanten vorzufinden, erklang ein lautes Pfeifen, das wie ein Gespenst durch die geschlagenen Korridore echote. Die Abenddämmerung war eingebrochen und ihre Schicht damit endlich vorbei.

Sie reihte sich hinter Missa ein, während der Wächter hinter ihnen blieb, da er ihnen offensichtlich nicht vertraute.

Heute veränderte sich allerdings ihre Abendroutine. Normalerweise wurden sie sofort zu den langen Tischen außerhalb der Minen geführt, um sich dort an dem unappetitlichen Eintopf zu laben. Unmittelbar nachdem sie einen Schritt auf den Vorplatz vor dem Höhleneingang getan hatten, wurden sie dazu gezwungen, stehen zu bleiben und auf weitere Anweisungen zu warten.

»Was geht hier vor sich?«, zischte Morgan in Missas Ohr, als sich der Wächter an ihnen vorbeidrängte. Er und seine Kollegen versammelten sich ihnen gegenüber und sorgten für Ruhe und Ordnung, doch die Anspannung war jedem anzusehen und fraß sich sogar bis in Morgans Knochen durch, dabei wusste sie nicht einmal, was hier geschah.

»Es wird Zeit für die Auslosung«, erklärte Missa leise und ergriff sorgenvoll Morgans Hand. »Hast du von den Nebelgeistern gehört?«

»Jemand hat sie erwähnt, ja.« Morgan runzelte nachdenklich die Stirn, konnte sich aber nicht mehr an etwas Genaueres erinnern. War es die Kommandantin gewesen, die über sie geredet hatte?

»Sie suchen den Wald um uns herum heim und würden die Minen überrennen, würde ihnen nicht einmal im Monat Opfer dargereicht werden.«

»Opfer wie … Menschenopfer?«, erwiderte Morgan ungläubig und blinzelte in die Menge um sich herum. »Sie werden … was genau passiert mit ihnen?«

Missa nickte ernst. »Es sind immer vier. Sie werden auf eine Lichtung gebracht und festgebunden. In der Nacht hört man nur noch Schreie und am Morgen bleiben nicht mehr als Blut und ein paar Fetzen ihrer Kleidung übrig.«

»Und wie wird ... ausgelost?«, mischte sich Gertha ein, die das Gespräch aufmerksam verfolgt hatte. Sie rieb mit der Zunge über ihr dunkles Zahnfleisch.

»Die Kommandantin besitzt eine Liste, die sie jeden Monat umschreibt und mit zu den Versammlungen nimmt. Dann wählt sie einen von uns aus, der eine Zahl nennen soll. Der entsprechende Name zu der Zahl wird vorgelesen und die Person ist damit als nächstes Opfer ausgewählt.«

»Also ist niemand sicher? Nicht einmal du?«, fragte Morgan entsetzt.

»Niemand«, bestätigte Missa mit einem düsteren Gesichtsausdruck. »Sie kommt.«

Tatsächlich, die Kommandantin trat in ihren dunklen Kleidern aus einem der Zelte und hielt eine Pergamentrolle, die in Atheira kaum noch benutzt wurden, in ihren Händen.

Ihr Haar hatte sie streng zurückgebunden, ihr Gesicht zeigte einen harten Ausdruck und die Falten um ihre Augen waren tief und lang, als würden sie sich Stunde um Stunde tiefer graben, bis sie schließlich Knochen kosteten.

Die Wächter hatten den Pulk Sklaven umkreist und trugen funkensprühende Fackeln, die die einsetzende Dunkelheit fernhielten, bis bestimmt worden war, wer als Nächstes sterben sollte.

Es gab Eines, das Missa Morgan nicht beantwortet hatte. Wer oder was genau waren Nebelgeister? Sie hatte bereits von vielen unheimlichen Gestalten gehört und war auf ihren Reisen durch Ayathen auch schon dem einen oder anderen Monster begegnet, doch Nebelgeister gehörten nicht dazu.

»Ihr habt harte Arbeit geleistet und wir können mit Stolz verkünden, dass heute ein neues Diamantvorkommen gefunden wurde, das wir am Morgen genauer untersuchen werden«, verkündete die Kommandantin, als wären sie freiwillig hier und würden sich über ihre Worte freuen. »Nun zu dem unglückseligen Teil des Abends. Unsere Neulinge wissen es vielleicht noch nicht, aber unser Aufenthalt an diesem Ort wird nur unter einer Bedingung geduldet. Wir müssen den Geistern der Natur Opfer darbringen, damit sie uns in Frieden lassen. Jeden Monat werden vier von euch ausgewählt, diese entscheidende Rolle zu tragen«, wiederholte sie Missas Erklärung, aber mit deutlich weniger Gefühl.

»Du.« sie deutete mit dem Finger auf einen kleinen Mann mit gebeugtem Rücken. Er zuckte unwillkürlich zusammen. »Nenne mir eine Zahl.«

»131«, raunte er, als hätte er seine Stimme seit längerer Zeit schon nicht mehr gebraucht. Er musste sich wiederholen, damit die Kommandantin ihn verstand. Sie notierte die Zahl und rief drei weitere auf, bis sie zufrieden grunzte und ihre Liste anschließend nach den Nummern absuchte.

»Marcus Talmana.«

Bitteres Heulen erklang, das Morgan durch Mark und Bein ging. Ein halbes Dutzend Wächter setzte sich in Bewegung, um den Auserwählten davon abzuhalten, zu flüchten. Er wurde in der Mitte der Menge geschnappt und ohne Rücksicht auf die Herumstehenden nach vorne gezogen. Sein Gesicht war wutverzerrt, doch seine Augen huschten ängstlich umher, bis er direkt vor der Kommandantin kniete und Morgan seine Vorderseite nicht mehr sehen konnte.

Die nächste Auserwählte war eine Frau, die zu alt und zu gebrochen schien, als dass sie sich hätte wehren können. Sie ließ sich anstandslos nach vorne begleiten und kniete sich neben Marcus hin. Als Nächstes folgte ein Mann, der sich genauso wie Marcus wehrte und trotzdem keine Chance hatte.

Morgans Herz schlug heftig in ihrer Brust, als endlich der letzte Name verkündet wurde und er nicht der ihre war.

»Sahan Tan«, rief die Kommandantin. Und auch wenn es weder Morgans Name noch der ihrer Freundinnen war, versteifte sich Missa und blickte hektisch um sich. Zunächst wusste Morgan nichts mit der Reaktion anzufangen, dann trat die besagte Person in ihr Sichtfeld. Es handelte sich dabei um den Mann, der jeden Abend Missas Haar berührte, als wäre sie für sein Seelenheil verantwortlich. Er stürzte sich von der anderen Seite auf ihre Freundin und riss an ihren feuerroten Haaren.

»Niemals«, zischte er und zerrte sie hinter sich her.

Entschlossen umfasste Morgan Missas Arm und versuchte sie festzuhalten, erreichte damit jedoch nur, dass Missa beinahe auseinandergezogen wurde.

Was wollte Sahan damit bezwecken? Missa war der Kommandantin gleichgültig und sie würde nichts tun, um ihr zu helfen.

Die Regungslosigkeit der Wächter um sie herum bestätigte Morgan in ihrem Verdacht. Solange niemand sie selbst oder die Kommandantin angriff oder versuchte zu fliehen, hatten sie nichts gegen ein kleines Schauspiel einzuwenden.

»Ich werde mich nicht opfern lassen«, brüllte Sahan, riss Missa ein Büschel Haare aus und schaffte es, sie aus Morgans Reichweite zu ziehen. Niemand bewegte sich. Allen war Missas Leben egal, denn sie war nicht mehr als eine Zahl ohne Rechte. Ohne Anspruch auf Schutz.

Die Luft knisterte und war zum Zerreißen gespannt. Morgan dachte nicht über die Konsequenzen nach. Was sollte schon passieren? Sie war dazu verdammt, hier zu sterben, da konnte sie genauso gut alles auf eine Karte setzen, um die Frau zu retten, die ihr das Leben hier zumindest erträglich gemacht hatte.

»Lenk ihn ab«, zischte Morgan zu Gertha, wartete keine Antwort ab und mischte sich unter die Menge, sodass sie Sahan und Missa auf der rechten Seite passieren konnte und hinter Sahans Rücken ungesehen hervorkommen konnte.

Sie nahm wahr, wie sich etwas in der Luft veränderte, als Gerthas Stimme erklang. Mittlerweile war sie zu weit weg, um einzelne Worte herauszufiltern, aber was auch immer Gertha sagte, es reichte aus, um Sahan für den Moment zu besänftigen.

Morgan passierte einen Wächter, der vollkommen von dem Geschehen, das sich vor seinen Augen abspielte, eingenommen war, sodass er nicht merkte, wie sie den Dolch von seinem Gürtel entwendete. Dann hatte sie wieder den Rand der Masse erreicht und schälte sich aus dem Schatten.

»Lass sie gehen, Sahan. Es wird dir nicht helfen, ihr wehzutun«, versuchte Gertha, ihn zur Vernunft zu bringen. Sein langes schwarzes Haar hing in fettigen Strähnen von seinem kleinen Kopf, die Schultern stachen spitz unter seinem schmutzigen Leinenhemd hervor. Seine

Beine standen weit auseinander, während er Missas Haare noch immer nicht losließ. Tränen befeuchteten ihr schmerzverzerrtes Gesicht.
Du hast einen Versuch. Mach was draus.
Sie presste die Lippen zusammen, sprintete vor und legte einen Arm um den größeren Mann, während sie mit der anderen das Messer an seine Kehle drückte. Er hatte keine Zeit zu reagieren.
»Lass. Sie. Los«, knurrte sie und presste die Klinge fester gegen seine Haut, bis das erste Blut floss. »Sofort.«
Zunächst tat er nichts anderes als innezuhalten, als würde er auf einen Hinweis der Götter lauschen, doch heute Nacht schwiegen sie. Sein Griff lockerte sich und Missa stolperte aus seiner Reichweite.
»Braver Junge.« Sie ließ ihn los und wollte sich ebenfalls von ihm zurückziehen, als er mit größerer Schnelligkeit, als sie ihm zugetraut hätte, zu ihr herumwirbelte und ihr einen Kopfstoß verpasste. Sie taumelte zurück, schaffte es aber, den Dolch festzuhalten.
Ihre Sicht war für kurze Zeit verschwommen. Helle Punkte tanzten vor ihren Augen, während Sahan sie mit einer Hand am Kragen packte und die andere zu einer Faust ballte, die glücklicherweise nur ihr Kinn streifte. Im letzten Moment konnte sie ihren Kopf zurückreißen. Obwohl sie anschließend nach ihm trat, ließ er nicht locker.
Sie erinnerte sich an die Waffe in ihrer Hand und stieß instinktiv zu. Sobald die Klinge durch zwei Rippen hindurch in seine Brust glitt, ließ er sie los und stolperte erst einen, dann zwei Schritte rückwärts, bis er auf die Knie fiel. Seine Augen suchten die ihren, aber das Leben war bereits in ihnen erloschen, als sie seinen Blick erwiderte. Er fiel mit einem dumpfen Geräusch zu Boden.
Morgan starrte seinen leblosen Körper an. Dreck und Blut und Schweiß klebten an ihren Händen, aber sie war unfähig, sie an ihren Kleidern abzuwischen. Was hatte sie getan?
Endlich schienen die Menschen um sie herum aus ihrer Starre zu erwachen. Stimmen wurden laut. Morgan wehrte sich nicht gegen die Hände, die sie packten und zu der Kommandantin führten, die mit einem spöttischen Lächeln auf sie herabsah.
Die Wächter stießen die Wölfin zu Boden. Staub wirbelte auf und brannte in ihren weit aufgerissenen Augen. Sie hätte sich zu gerne umgedreht, um zu überprüfen, ob es Missa gut ging, doch sie musste

auf ihr Bauchgefühl vertrauen. Sie war rechtzeitig dazwischengegangen. Sahan war tot. Missa lebte. Das war die Hauptsache.

»Sklavin, du hättest dich doch nur freiwillig melden können, wenn du so erpicht darauf bist, uns als Opfer zu dienen«, sprach die Kommandantin mit so sanfter Stimme, dass Morgan ihr am liebsten die Augen ausgekratzt hätte. »Aber ich habe mir bereits bei unserer ersten Begegnung gedacht, was du doch für ein nach Aufmerksamkeit heischendes Biest bist. Zeit, dass du einen Zweck erfüllst, um deiner kläglichen Existenz zumindest einen einzigen Grund zu geben. Bringt sie zu den anderen! Sie wird Sahans Platz einnehmen«, wies sie die Wächter an, die sie wieder hochzerrten, obwohl sie sich zur Wehr setzte.

»Nein! Sie ...«, rief jemand, doch der Schrei endete abrupt, als hätte ihn jemand in einer fließenden Bewegung getötet.

Morgan hoffte, dass Gertha weiterhin auf Missa achtgab und umgekehrt. Offensichtlich würde es Morgan nicht mehr tun können.

Sodann erwachte der Wolf und
roch das Mahl.
Er beugte sich und beugte sich
tief in den Schacht,
bis er mit einem Mal dann fiel.
Hinab und hinab.

Kapitel · 15

Die Wachen verloren keine weitere Zeit damit, die Sklaven, die in wenigen Stunden ohnehin zerfleischt werden würden, zu füttern. Morgan wurde an den Händen gefesselt und dann auf ein Pferd gehoben, damit sich ein Wächter hinter sie setzen konnte.

Zehn Männer begleiteten sie, als würden sie jederzeit mit einem Angriff rechnen, während sie sich ihren Weg aus dem abgegrenzten Bereich der Minen bahnten. Morgan war nicht traurig darüber, die ungemütlichen Löcher nicht mehr sehen zu müssen, doch ihrem Tod entgegenzureiten hatte durchaus seine Schattenseiten. Zum einen würde sie schon bald *tot* sein, zum anderen würde sie weder Missa noch Gertha in irgendeiner Weise beistehen können. Vielleicht durfte sie als Nebelgeist durch die Wälder streifen und könnte der Kommandantin das Leben zur Hölle machen? Das war immerhin etwas, auf das sie sich freuen könnte. Zudem würde sie hoffentlich keine Felsen mehr behauen und nach Diamanten Ausschau halten müssen, die es in ihrem Bereich ohnehin nicht gab.

Die Nacht wurde immer dunkler und undurchdringlicher, obwohl der Vollmond hoch am Himmel stand. Die Äste über ihnen waren jedoch so ineinander verknotet, dass sie ein düsteres, unheimliches Dach über ihnen ergaben, während sie dem Pfad auf ihren schnaubenden Pferden folgten. Eine weite, unbelebte Lichtung, in der vier mannshohe Pfähle nebeneinander in den Boden gerammt worden waren, erschien vor ihnen.

Das war also der Ort, an dem sie sterben würde.

Morgan versuchte, ihre Angst zu unterdrücken, doch ihr ganzer Körper begann zu zittern und ihre Zähne klapperten unaufhaltsam aufeinander. Sie würde wirklich sterben. Sterben. Sterben.

Man warf sie recht unsanft vom Pferd, sodass sie mehrere Schritte nach vorne taumelte, ehe eine Hand nach ihr griff, sich um ihre Schulter legte und sie daran zu dem äußersten Pfahl auf der linken Seite zerrte.

»Stell dich nicht so an. In einer Stunde bis du so oder so unter den Toten«, murrte ihre Wache und hob mit den Fesseln ihre Arme, damit er sie an dem Pfahl befestigen konnte.

Sie tat ihr Bestes, sich zusammenzureißen, doch das Wimmern entschlüpfte ungebeten ihrer Kehle und hinterließ einen bitteren Beigeschmack. Es sollte egal sein, wie sie starb, aber es sollte nicht egal sein, wie sie ihrem Ende *begegnete*. Es wäre eine Schande, wenn sie schreiend und weinend die Welt der Lebenden verließ, um den Göttern Rechenschaft abzulegen. Nein. Sie musste tief durchatmen und zu sich selbst finden. In ihrem Leben hatte sie bereits Schlimmeres überstanden. Der Tod, der nun auf sie wartete, konnte kaum grausamer sein als Larkins Folterkammer.

Aber sollte sie sich wirklich mit ihrer Zukunft oder ihrem Mangel an Zukunft abfinden?

Entschlossen presste sie die Lippen zusammen, hob ihre Beine und umschlang damit den Bauch des Wächters. Damit zog sie ihn an sich und verpasste ihm eine Kopfnuss. Stöhnend brach er rücklings durch ihre Umklammerung, torkelte blutend ein paar Schritte zurück und sie ... sie konnte nichts anderes machen, als zuzusehen, da er sie bereits gefesselt hatte.

Sie zerrte an den Ketten, aber sie gaben nicht nach.

»Du miese Schlampe! Hoffentlich wird dir bei lebendigem Leib die Haut abgezogen!«, zischte der Wachmann, dem sie die Nase gebrochen hatte. Er wischte sich das Blut mit dem Handrücken über die Wangen und machte einen Schritt auf sie zu, doch jemand anderes legte einen Arm um seine Schultern.

»Sie ist es nicht wert, Mann.«

Der aufsteigende Nebel und das Rascheln der Bäume beunruhigte die Wachmänner und trieb sie schließlich zur Eile an. Selbst der verletzte Wachmann vergaß seine Rache und bestieg schweigend sein Pferd.

Keiner sah zurück. Keiner schenkte ihnen ein aufmunterndes Wort. Nicht dass es in dieser Situation etwas Tröstliches gegeben hätte. Dann waren sie verschwunden.

Morgan konzentrierte sich auf die einzige Fackel, die vor ihnen in den grasbewachsenen Boden gesteckt und von den Wachen vergessen worden war. Langsam atmete sie tief durch die Nase ein und wieder aus, blickte sich auf der oval geformten Lichtung um und nahm mit großer Sorge den immer dichter werdenden Nebel wahr, der die schlanken Birkenstämme umhüllte.

Konnten diese *Nebelgeister* tatsächlich derart ihre Umgebung beeinflussen oder war dies ganz einfach ein Naturphänomen in dieser Gegend?

Neben ihr rasselten die anderen Gefangenen mit ihren Fesseln, als würden sie sich noch nicht ganz mit ihrem Schicksal abfinden. Nun, die alte Frau neben ihr starrte blind in die Dunkelheit. Vielleicht begriff sie überhaupt nicht, in welcher Situation sie sich befand. Morgan würde es ihr ganz sicher nicht erklären.

Schließlich hatte sie ihre Musterung abgeschlossen und erkannt, dass es keinen Ausweg gab. Sie war mit Eisenketten gefesselt, deren Schloss sie vielleicht mit einer Haarklammer, einer Nadel oder dergleichen hätte öffnen können, wenn ihre Hände nicht über ihrem Kopf festgemacht gewesen wären. Das Blut floss allmählich aus ihren Armen und ihre Finger wurden taub. Vielleicht würde sie dann nichts spüren, wenn sich die Zähne der Nebelgeister in ihr Fleisch gruben. Wenn sie sich dem Wachmann doch nur einen Moment vorher zur Wehr gesetzt hätte, dann wäre sie jetzt vielleicht sogar frei gewesen ... Frustriert stieß sie den Hinterkopf unsanft gegen den Holzpfahl.

Das Rascheln der Blätter wurde lauter, Nebelschwaden sammelten sich um ihre Beine. Mit einem bösen Zischen erlosch die Fackel und hinterließ einen scharfen Brandgeruch. Ihre Umgebung war in graue Farbe getaucht und erstickte unter ihrer undurchdringlichen Schicht jegliches Gefühl von Leben.

Morgan blickte hektisch umher, suchte jeden Schatten nach den sich zweifellos nähernden Bestien ab, doch letztlich hörte sie nichts anderes als ihr eigenes schnell schlagendes Herz.

Bei Nacht konnte sie gut sehen, aber nicht so gut. Die Bäume verwandelten sich zu sich bewegenden Waldnymphen und versuchten mit knöchrigen Fingern nach ihnen zu greifen.

Die Minuten, in denen sie sich ihrer Panik hingab, vergingen zäh, bevor sie den ersten Ruf vernahm. Der Ton war tief und hohl, weder animalisch noch menschlich, glich einem Horn und doch wieder nicht.

Die Zeit für das Festmahl war gekommen.

Morgans Hände verkrampften sich für einen Moment, dann siegte erneut die Taubheit und sie befeuchtete hektisch atmend ihre Lippen. Ihre Umgebung war noch immer warm, trotzdem bebte ihr ganzer Körper.

»Ich will nicht sterben«, wisperte einer der Männer immer wieder und so schnell, bis sie seine Worte nicht mehr verstehen konnte. Trotzdem ahnte sie, dass er diesen Satz weiterhin wiederholte, um seiner Todesangst Herr zu werden.

Und dann schien sich der Nebel an verschiedenen Stellen gleichzeitig zu teilen, als mehrere Gestalten mit gesichtslosen Fratzen die Lichtung betraten. Bleiche Geister des Nebels.

Sie schlichen um sie herum, betrachteten sie aufmerksam und tauchten immer wieder in die Nacht hinein.

Morgan zählte sieben von ihnen und erkannte trotz ihrer Panik, dass sie doch nur Menschen waren. Sie trugen schwarze Umhänge mit Kapuzen über ihren Köpfen und die Fratzen stellten sich als bloße Masken heraus, die so weiß wie der Mond am Firmament leuchteten.

Ihre Angst verschwand zwar nicht augenblicklich, doch sie ließ sich insoweit eindämmen, dass sie das Geschehen mit ein wenig mehr Distanz und Selbstbeherrschung beobachten konnte.

Die Nebelgeister umrundeten weiter die Lichtung und näherten sich dann immer mehr den vier Pfählen mit den dargebotenen Opfern. Einer der Geister positionierte sich direkt vor Morgan und richtete das Wort an jeden Einzelnen von ihnen.

»Ihr werdet so laut und so hoch schreien, als würden wir euch Gliedmaße um Gliedmaße abreißen. Ihr werdet nicht aufhören, bis ich euch das Zeichen gebe. Habt ihr verstanden?« Seine Stimme klang jung, aber Morgan konnte sich auch täuschen.

Alle gaben ihre Zustimmung, sogar die alte Frau neben Morgan. Was sonst sollten sie auch tun? Sie waren diesen … Leuten hilflos ausgeliefert.

Dann begann das Geschrei.

Die Panik in ihren Stimmen konnte nicht vorgetäuscht werden. Vielleicht hatten sie mit Monstern anderer Art gerechnet, aber keiner von ihnen war gerettet. Sie wussten nicht, was vor ihnen lag und ob sie die Nacht überleben würden. Die Angst lag noch in jedem von ihnen tief vergraben.

Als ihre Kehle sich wund und kratzig anfühlte, nickte der Anführer und ihre Schreie verstummten nach und nach, als würde es jedem von ihnen schwerfallen, seiner einmal freigelassenen Hysterie nun Einhalt zu gebieten.

»Wir werden euch losmachen. Eure Hände bleiben gebunden. Folgt uns oder sterbt. Es ist eure Entscheidung.«

War das wirklich eine Entscheidung? Nun, immerhin gab es etwas anderes als ihren unmittelbaren Tod. Morgan würde diese Chance nicht verspielen. Die anderen offensichtlich auch nicht, denn sie nickten ebenfalls zustimmend.

Der Anführer deutete mit seinen behandschuhten Händen auf seine Männer, die das als Zeichen verstanden und vortraten. Als Morgan das erlösende Klicken hörte, wäre sie beinahe vor Erleichterung zusammengebrochen, dann kam der höllische Schmerz. Das Blut schoss bis in ihre Fingerspitzen zurück und es fühlte sich wie ein Überfall von Ameisen an, die direkt unter ihrer Haut hoch und runter krabbelten.

Sie verzog vor Schmerzen das Gesicht, konnte aber gerade so noch ein Stöhnen unterdrücken.

Man führte sie an den Rand der Lichtung, wo der Geist, der sie befreit hatte, ein Messer hervorholte, dessen Klinge im Mondlicht bedrohlich glänzte. Ehe sie auch nur einen Schritt zurückweichen konnte, hatte er ihr Leinenhemd gepackt und ein Stück davon abgeschnitten. Mit dem Stofffetzen in der Hand schritt er zurück zu den Pfählen.

Zwei andere trugen Eimer von einer Stelle herbei, die Morgan verborgen geblieben war, und entleerten eine dunkle, klebrige Flüssigkeit über den Boden und das Holz der Pfähle. Hin und wieder klatschte auch etwas auf die Pfützen, von dem Morgan annahm, dass es sich um Innereien handelte. Eigentlich wollte sie es nicht so genau wissen.

Als ihr Magen rebellierte, wandte sie sich ab und linste in den finsteren Wald, der sich vor ihr meilenweit erstreckte. Was würde nun geschehen? Wer oder was genau waren diese Nebelgeister? Und wie sahen ihre Pläne für sie aus?

»Los, los«, zischte der Anführer und deutete in eine Richtung, die durch nichts Auffälliges gekennzeichnet war.

Die Sklaven schritten in der Mitte voran und mussten dieselbe Geschwindigkeit einhalten wie ihre Retter. Vorausgesetzt, sie waren ihre Retter und sie hatten damit nicht nur einen Sklaventreiber gegen einen anderen ausgetauscht.

Morgan stolperte genauso häufig wie die alte Frau, die vor ihr ging, durchs Unterholz, doch im Gegensatz zu ihr konnte sie sich jedes Mal fangen, bevor sie auf den Boden fiel. Die Alte stieß öfter, als Morgan zählen konnte, gegen Bäume, Boden und Äste, aber nicht ein Ton verließ ihre runzeligen Lippen.

Die Nebelgeister verloren keine Worte und setzten ihre Masken nicht ein einziges Mal ab. Morgan konnte nicht sagen, ob sie einem bestimmten Weg folgten oder ob sie einfach nur so viel Abstand wie möglich zwischen sich und die Lichtung bringen wollten.

Ihre Beine wurden müde, ihre Arme schmerzten und die Wunden auf ihrem Rücken juckten, aber sie traute sich nicht, auch nur ein Wort zu sagen, aus Angst, dass man sie hier im Nichts zurücklassen würde. Es war wichtig, erst herauszufinden, wo sie sich befand, damit sie ihre Flucht planen konnte. Eine kopflos getroffene Entscheidung würde sie wahrscheinlich in größere Schwierigkeiten bringen.

Sie hatte gerade ihre zusammengebundenen Hände gehoben, um sich an der Nase zu kratzen, als die Temperatur mit einem Mal absackte. Mit jedem Atemzug bildeten sich kleine Wölkchen vor ihren Gesichtern und ein Wind zog auf, den es hier bei den dicht zusammenstehenden Bäumen nicht geben dürfte.

Die Geister mit den Fackeln, die sowohl den Anfang als auch das Ende ihrer Prozession bildeten, verlangsamten ihre Geschwindigkeit.

»Windwer«, zischte der Sklave hinter ihr, dessen Namen sie bereits wieder vergessen hatte. Nichtsdestotrotz wusste sie, dass er recht hatte.

Windwer waren Bestien, die der Sage nach vom alten Gott des Windes kreiert worden und seine ergebenen Diener und Boten gewesen waren. Sie waren außerhalb ihres Reviers nicht aggressiv, doch innerhalb ... da gab es kein Entkommen, so sagte man. Cardea hatte sie über diverse Bestien unterrichtet und Windwer waren darunter gewesen.

»Langsam vorwärts. Haltet die Augen offen«, befahl der Anführer und ließ seinen Blick von links nach rechts schnappen, als hätte er etwas Verdächtiges gehört.

Ein erstickter Schrei ertönte und die Alte wurde von einem Windwer, der wie aus dem Nichts auftauchte, in eine tödliche Umklammerung gezogen.

Es war beinahe unmöglich, die Gestalt eines Windwers zu beschreiben. Sie bestanden aus Luft, Nebel, Kälte und doch auch aus etwas Festem, das sie wie den glatten Körper einer Schlange um ihre Opfer wickelten, um sie zu ersticken. Stahl und Feuer war gegen sie wirkungslos. Einmal in ihrer Umklammerung gefangen und man wusste, dass das eigene Leben verwirkt war.

Die Nebelgeister starrten die Alte, die ein Strudel aus weißem Nebel umgab, aus dem nur noch ihr Gesicht herausragte, fassungslos an. Ihr Mund war wie zu einem stummen Schrei geöffnet. Eine weiß gefärbte Windhose, die ihren Körper verschlang, nur dass es kein harmloser Wind, sondern eine grausame Bestie war, die das Leben aus ihr saugte. Die Frau bewegte ihre Arme, die gelegentlich aus dem Nebel auftauchten, doch ihr gelang es nicht, sich zu befreien oder sich von der Stelle zu bewegen.

Keiner machte auch nur Anstalten, ihr zu Hilfe zu eilen. Vermutlich hatte keiner von ihnen auch nur den Hauch einer Ahnung, wie man ihr helfen könnte. Keiner, bis auf Morgan.

Sie brach aus der Formation aus, sprang einen der Geister an und erleichterte ihn trotz ihrer zusammengebundenen Hände um eine der Klingen, die er, wie sie zuvor beobachtet hatte, an seinem Gürtel trug. Er war genauso wie die Wache in den Minen unaufmerksam gewesen, da er sich zu sehr von dem Schauspiel vor seinen Augen hatte ablenken lassen.

Morgan sprang außerhalb seiner Reichweite, um einem Gegenangriff zu entgehen, und bewegte sich flink zu einem Baum, dessen schwarzer Stamm von innen bereits ausgehöhlt war und dessen wenige Äste abgestorben herabhingen. Mit aller Kraft und voller Hektik stach sie wie eine Irre mit der Spitze der Klinge auf ihn ein. Ihr blieb nicht viel

Zeit, wenn sich der Anführer dazu entschloss, dass sie die Ablenkung des Windwers ausnutzen sollten, um ungeschoren weiterzuziehen. Gerade als sie den Windhauch eines sich nähernden Geistes spürte, duckte sie sich um den Stamm herum und preschte auf den Windwer und sein sterbendes Opfer zu. Ohne zu zögern rammte sie die mit den Fasern der abgestorbenen Rinde bedeckte Klinge in den wabernden Körper und traf tatsächlich etwas Festes. Ein heftiger Windstoß erfasste sie, wirbelte ihr fettiges Haar auf und warf sie mit voller Wucht rücklings gegen einen anderen Baum. Der Aufprall presste die Luft aus ihren Lungen, doch sie konnte sich Sekunden später auf dem Waldboden wieder aufrappeln.

Ängstlich blickte sie auf und erkannte zufrieden, dass der Windwer verschwunden war und die Alte hustend und prustend auf ihren Knien saß. Die Temperaturen nahmen wieder zu. Die Gefahr war überstanden.

Sie hätte vor Erleichterung beinahe laut aufgelacht. Stattdessen ließ sie das Messer fallen und wartete darauf, dass jemand sie zurück in die Reihe schubste.

Der Anführer übernahm diese Aufgabe höchstpersönlich, ließ die Klinge liegen und packte sie grob am Arm. Obwohl sie sein Gesicht nicht erkennen konnte, war sie sich sicher, dass er etwas sagen wollte, es sich dann aber anders überlegte und sie lediglich gegen einen der anderen Sklaven stieß.

Die Alte richtete sich langsam wieder auf, wirkte aber so weit unverletzt. Morgan hatte von anderen Opfern gelesen, die am Ende mit einem Gesichtsausdruck des Schreckens und gebrochenen Knochen zurückgeblieben waren. Der Geist, den sie bestohlen hatte, nahm den Dolch erneut an sich und schenkte ihr einen langen, leeren Blick.

»Weiter, damit wir das Revier der Windwer hinter uns lassen können«, forderte der Anführer sie auf und die Truppe setzte sich sofort wieder in Bewegung, als wäre nichts gewesen.

Die Alte warf Morgan einen kurzen Blick über ihre knochige Schulter hinweg zu und die Wölfin nickte. Sie erkannte den Dank in ihren dunklen Augen, auch wenn die Alte nicht fähig war, diesen zu äußern.

Sie wanderten Stunde um Stunde, ehe sich dieser verfluchte Wald lichtete und sie ein riesiges Lager, von dem sie kurz vorher nicht das geringste Anzeichen gesehen hatte, betraten. Sie war sich sofort sicher, dass das nicht mit rechten Dingen zuging. Jemand nutzte hier eindeutig die Hilfe von Magie.

Mit großen Augen und die Müdigkeit vergessend blickte sie sich neugierig um, während sie zwischen großen, hellen Zelten entlangschritten. Das Knistern von Feuer, leises Stimmengewirr und das gelegentliche Husten verrieten, dass auch hier so etwas wie Nachtruhe herrschte.

Der Mond war mittlerweile untergegangen, doch es gab Fackeln, die ausreichend Licht boten.

Die Sklaven wurden wie bei Morgans Ankunft in Pelia in ein Zelt gebracht, in dem man ihre Fesseln löste und ihnen erlaubte, sich zu waschen. Man gab ihnen neue, etwas weniger kratzige Kleidung in verschiedenen Farben und Ausführungen, als wären sie in unterschiedlichen Gegenden gesammelt worden.

Morgan tauchte ihr Haar ins Wasser, bevor sie die Manschettenknöpfe erneut in sie hineinflocht und sich anschließend in enge, dunkle Leggings kleidete und eine mitternachtsblaue Tunika überzog, die ihr viel zu groß war.

Als sie angekleidet waren, wurden sie wieder nach draußen geführt, wo sie direkt vor dem Zelt stehen bleiben sollten. Drei Männer begrüßten sie mit strengen Mienen. Zwei von ihnen trugen die langen Mäntel der Geister, der mittlere allerdings hatte nichts weiter als ein einfaches Leinenhemd und Lederhosen an, als wäre er gerade aus dem Bett geholt worden. Sein honigbraunes Haar fiel ihm wirr in die Stirn, während sein Blick aufmerksam über jeden einzelnen Sklaven wanderte.

»Die Männer sind gut, Aithan, die Alte allerdings ist ein wenig wirr im Kopf«, erklärte der linke Mann, der seine Kapuze gerade von seinem Hinterkopf schob. Die Masken waren fort.

Aithan?

Morgan nahm an, dass er der Anführer war. Er bewegte sich auf sie zu und musterte sie schamlos von unten bis oben, als würde er tatsächlich nur ihren Körper begutachten und nicht die Person dahinter. Sie wusste nicht, was schlimmer war.

»Zu klein, zu schmal. Bring sie mit der Alten in den Käfig«, fertigte er sie ab und drehte sich bereits zu den Männern um. »Ihr kommt mit mir. Ich erkläre euch alles.«

»Hey! Was soll das bedeuten?« Endlich hatte sie ihre Stimme wiedergefunden, doch Aithan ignorierte sie und schritt in die entgegengesetzte Richtung. Als sie ihm nachsetzen wollte, wurde sie von dem rechten Mann aufgehalten.

»Hier geht's für dich lang«, wies er sie zurecht.

Sie erstarrte, als sie seine Stimme erkannte. Er war ihr Führer während der Flucht hierher gewesen.

»Lass mich los!«, fauchte sie. Sie konnte nur erahnen, was für ein Käfig sie erwartete, aber die Vorstellung reichte aus. Alles, sie würde alles tun, um nicht wieder eingesperrt zu werden.

»Hör auf, dich zu wehren«, zischte er ungehalten. Der Griff um ihren Oberarm verstärkte sich und er zog sie mit Leichtigkeit nach links, als würde sie ihre Fersen nicht mit aller Gewalt in den Boden stemmen.

»Du weißt nicht, was du tust«, versuchte sie eine andere Taktik, doch er schien sie vollkommen ausgeblendet zu haben. Sein dunkles, fast schwarzes Haar glänzte im Schein der Fackeln und wirkte viel zu tadellos für sein ungehobeltes Gebaren.

Schließlich hob sie ihre Füße doch an und brachte ihn dadurch kurzzeitig ins Straucheln. Sie nutzte die Möglichkeit, entriss ihm ihren Arm und preschte zwischen zwei ausladenden Zelten davon. Unglücklicherweise holte er sie schnell wieder ein, aber als er sie dieses Mal packte, war sie vorbereitet, wand sich in seinem Griff und versenkte ihre Zähne in seinen Unterarm. Er brüllte auf, bevor er mit der Rückseite seiner Hand ausholte und sie verfehlte. Im letzten Moment hatte sie es geschafft, sich zu ducken.

»Cáel!«, rief der andere Mann. Er wirkte im Augenblick tatsächlich etwas freundlicher, da seine Wut ausschließlich auf Cáel gerichtet war. »Ich übernehme das.«

Ihre Brust hob und senkte sich schwer, als sie mit dem Handrücken über ihren Mund fuhr. Blut haftete ihren Lippen an. Anscheinend hatte sie ganz schön tief gebissen. Sie grinste Cáel spöttisch an.

Das Lächeln hielt allerdings nicht lange vor. Der andere ließ sich keine Spielchen gefallen oder er unterschätzte sie einfach nicht, da er ihre Hände sofort hinter ihrem Rücken fesselte. Anschließend führte er sie zu einem Käfig am Rand des Lagers. Es gab insgesamt drei und in jedem von ihnen befanden sich vier Menschen. Die meisten schliefen noch in Decken eingerollt, andere saßen gegen die Gitter gelehnt und knabberten an Brot und Fleisch. Sie alle hatten ihr hohes Alter gemeinsam. Es gab mehr Frauen als Männer, doch sie waren alt, gebrechlich und ganz eindeutig von jahrelanger Arbeit in den Minen gebrochen.

Morgan hatte noch nicht alle Teile zusammengesetzt, aber sie glaubte zu wissen, dass dieser Aithan heute nicht zum ersten Mal die geplanten Opfer befreit hatte. Ganz offensichtlich hatte er die Legende um diese Nebelgeister gesponnen und daraus Profit geschlagen.

»Rein da.« Eine Wache hatte die Tür des linken Käfigs geöffnet und der Mann schubste sie hinein. »Streck deine Hände raus.«

Sie tat wie geheißen, drehte sich um und schob ihre gefesselten Hände zwischen die Gitterstäbe. Sekunden später löste sich das Seil und sie konnte sich wieder frei bewegen.

»Es wird leichter, wenn du deine Rolle akzeptierst.« Damit drehte er sich um und ließ sie mit den Alten allein.

Kapitel · 16

Irgendwie, Morgan war sich noch nicht gänzlich sicher, *wie* genau, hatte sie es vollbracht, vom Regen in die Traufe zu kommen. Sie war frei gewesen, oh ja, einen bittersüßen Moment lang war die Freiheit zum Greifen nah gewesen und dann hatte dieser Mistkerl Aithan entschieden, dass sie zu *klein* und zu *schmal* war. Wofür? Er hatte nicht das Geringste erklärt. Sie hätte sich beweisen können. Sie hätte ihm zeigen können, dass in ihr mehr steckte, als man ihr vielleicht auf den ersten Blick zutraute. Er sollte einfach seinen Freund Cáel fragen! Schließlich hatte sie einen Windwer besiegt, während alle anderen nur wie gelähmt dagestanden hatten.

Cáel selbst war an diesem Morgen bereits mehrmals an den Käfigen vorbeigekommen und hatte ihr jedes Mal einen finsteren Blick zugeworfen, dem sie mit kindischen Grimassen begegnete. Nachdem sie ihm dann die Zunge rausgestreckt hatte, beschloss sie, ihn zu ignorieren. Er hatte ihre Aufmerksamkeit nicht verdient.

Ganz anders sah es da bei Mathis aus. Er war derjenige, der sie letztlich in den Käfig gebracht hatte, und sie hatte seinen Namen von einem der Alten erfahren, der noch geistig wach genug war, um sie in die Gegebenheiten an diesem verfluchten Ort einzuweihen.

»Aithan hat sich vor einem Jahr in den Kopf gesetzt, den verwunschenen Wald auf der Suche nach einer schlafenden Prinzessin zu durchqueren«, sagte der Alte, während er sich auf den Rücken legte und ein Tuch über seine Augen warf, um nicht von der Sonne geblendet zu werden. »Seitdem schart er Diebe, Schmuggler und Mörder um sich herum, mit denen er das Schloss Vadryas erreichen will. Meistens bedient er sich an den Sklaven aus den Minen.«

Nach jeder Entführung wurden diejenigen aussortiert, die zu alt oder zu gebrochen waren, um mit Waffen umzugehen und damit kein Teil der Armee werden konnten.

In Morgans Fall traute er ihr wahrscheinlich nicht zu, dass sie auch nur die geringsten Kampferfahrungen vorzuweisen hatte und so hatte er sie zu den Nutzlosen geschickt. Man sagte, dass ihre Gruppe dafür behalten wurde, um später als Lockvogel voranzuschreiten. Wenn sie diese Aufgabe lebend überstanden, würden sie freigelassen werden.

Morgan merkte schnell, dass niemand außer ihr in den Käfigen empört darüber war. Sie alle waren froh, nicht jeden Tag in den Minen zu schuften. Sie konnten ungestört schlafen, der Rest war ihnen egal.

Nachmittags wurden sie wie Hunde aus ihren Zwingern gelassen und ausgeführt. Die Wachen, die diese Aufgabe zugeteilt bekamen, waren nicht die freundlichsten. Vermutlich wurden sie gegen ihren Willen dafür eingeteilt, weil sie etwas verbrochen hatten.

Am liebsten hätte Morgan ihnen ihre Arbeit schwieriger gestaltet als die Alten, doch sie nutzte die Möglichkeit, um mehr über die Dynamik im Lager zu erfahren. Es gab vielleicht nur eine Möglichkeit, sich selbst zu retten, und diese würde sie genau abpassen müssen.

Während die Wache einen Schritt hinter ihr herschlenderte, sah sie sich aufmerksam um, zählte die Personen, die ihr entgegenkamen, und erkannte mit einem nagenden Gefühl der Ungerechtigkeit, dass es kaum Frauen gab und wenn, dann trugen sie nur dazu bei, das Lager reinlich zu halten. Am dritten Tag begegnete ihr dann doch eine Einheit Kriegerinnen, die um ein Lagerfeuer saßen, obwohl die Temperaturen viel zu hoch waren, um sich daran wärmen zu müssen. Erst im direkten Vorbeigehen erkannte sie, dass sie die Hitze nutzten, um die Männer fernzuhalten. Natürlich könnte der Grund für die abweisenden Mienen der Wachen etwas anderes bedeuten, aber Morgan war sich sicher, dass die Frauen wussten, *wie* heiß es in der Nähe des Feuers wurde und dass den Männern dadurch die Lust verging, sie zu belästigen. Traurig, dass der Anführer solches Verhalten seiner männlichen Krieger tolerierte. Allerdings bestätigte Morgan dies in ihrem Verdacht, *wer* genau dieser Anführer war.

Am meisten interessierte sie deshalb das Dreiergespann bestehend aus Aithan, Cáel und Mathis. Aithan war der unbestrittene Anführer, der wie ein König durch sein Lager schritt und von jedem um Rat gefragt wurde. Mathis folgte meist unweit hinter oder neben ihm, je nachdem, ob sein *Herr* mit jemand anderem sprach oder allein war. Zudem brauchte es keinen Spürhund, um herauszufinden, dass sich Mathis und Cáel nicht riechen konnten. Während Mathis scheinbar um die Aufmerksamkeit Aithans buhlen musste, gab sich Cáel kaum sichtbare Mühe und wurde doch mit ihr beschenkt – genauso wie mit Mathis finsterem Blick.

Das war ihre Rettung. *Diesen* Umstand würde sie für sich ausnutzen können.

Jedes Mal, wenn er an den Käfigen vorbeikam, rief sie seinen Namen. Zunächst zuckte er zusammen, als ob sie ihn geschlagen hätte, blickte sie dann aber grimmig an und beschleunigte schließlich seinen Schritt. Daraufhin strafte er sie mit Nichtbeachtung, ließ sich aber seine Nerven anmerken, da er des Öfteren einen Umweg in Kauf nahm. Diese Begegnungen waren das Einzige, das sie noch bei Sinnen hielt. Die Alten um sie herum waren lebende Leichen und wenn Morgan nicht darauf achtete, würde sie ebenfalls zu einer werden. Doch noch weigerte sie sich, nachzugeben.

Sie war nicht dem sicheren Tod in den Minen Pelias entkommen, um sich jetzt für unbestimmte Zeit in einem Käfig einsperren zu lassen.

An dem Tag, an dem Mathis sich endlich dazu herabließ, mit ihr zu sprechen, schien die Sonne besonders unbarmherzig auf sie herab. Man war so freundlich gewesen, eine Plane über die Käfige zu spannen, um sie alle vor dem Hitzetod zu bewahren. Morgan hatte nicht das Gefühl, dass die Wirksamkeit den Aufwand rechtfertigte, aber sie würde sich auch nicht beschweren. Immerhin konnte sich die gerötete Haut auf ihrem Kopf und ihren Armen nun etwas erholen.

Sie rubbelte gerade an einer Stelle an ihrem Unterarm, an der sich die Haut langsam löste, als sie gereizte Stimmen vernahm. Mathis und Aithan näherten sich von links den Käfigen, bevor sie vollkommen in ihrem Streit gefangen stehen blieben und sich gegenseitig wütend anfunkelten.

Morgan musste ihren Kopf fest gegen die Eisenstäbe pressen, um die beiden weiterhin beobachten zu können, und genoss jede Sekunde davon.

»... aufhören, ihn in Schutz zu nehmen?«, zischte Mathis gerade und vollführte eine entschiedene Geste mit der Hand, als würde er damit jemanden köpfen wollen.

»Wenn du damit aufhörst, jeden seiner Schritte anzuzweifeln und ihn anzugreifen. Du benimmst dich kindisch. Ich weiß nicht, was du damit erreichen willst, Vetter, aber du treibst damit nur einen Keil zwischen uns«, erwiderte Aithan mit hilflos ausgebreiteten Armen, ehe er eine Hand an seinen Kragen legte.

Selbst aus der Distanz konnte Morgan den Schmerz in den Augen seines Vetters erkennen. Aithan allerdings wollte diesen nicht sehen oder er hatte sich bereits dagegen gewappnet.

»Der Keil ist doch längst vorhanden«, sagte Mathis schwach. Die Kampfeslust schien ihn verlassen zu haben.

»Achte einfach darauf, was du sagst, Mathis. Ich meine es ernst. Cáel bleibt.« Damit wandte sich der Anführer ab und stapfte in die Richtung, aus der sie gekommen waren, davon.

Mathis blieb für einen Moment unschlüssig auf der Stelle stehen, starrte auf den Staub, den seine Schuhspitze aufwirbelte, und hob dann abrupt den Blick, um Morgan damit zu fixieren. Ein kalter Schauer rann ihren Rücken hinab. Hoffentlich hatte sie nicht die falsche Person für ihre Flucht auserwählt, sollte es denn tatsächlich in einer Flucht enden ...

Mathis stampfte entschlossen zum Käfig und befahl den wachehaltenden Kriegern, die Tür zu öffnen, um Morgan rauszulassen.

»Ich sehe davon ab, dich zu fesseln, aber eine falsche Bewegung und du bist tot«, versprach er ihr, sobald sie ihm ohne die Eisenstäbe gegenüberstand.

»Ich verstehe.« Es war besser, ihn nicht weiter zu reizen. Zumindest jetzt nicht, da er gerade einen Streit mit seinem Vetter gehabt hatte.

Er nickte nach links und sie schritten Seite an Seite los.

Morgan wusste von ihren Nachmittagsspaziergängen, dass der Weg direkt in den düsteren Wald führte, den sie auch schon nach wenigen Minuten erreichten. Hoffentlich wollte er sich ihrer nicht einfach entledigen, denn sie genoss gerade so schön den Schatten der Bäume.

Schlanke, helle Baumstämme umgaben sie von beiden Seiten, als Mathis schließlich stehen blieb und sie eingehend betrachtete. Im

Gegensatz zu vorher war seine Miene starr und für sie unmöglich zu lesen, dabei hatte sie ihn so eingeschätzt, dass er kaum jemals seine Hände still hielt und gerne lachte. Trotz der Streitigkeiten mit seinem Vetter. Aber vielleicht täuschte sie sich ja, schließlich hielt sie sich noch nicht lange an diesem verfluchten Ort auf.

»Also, sprich«, sagte er schließlich, lehnte sich mit der Hüfte gegen einen weißen Birkenstamm und verschränkte die Arme vor seiner Brust.

»Ich gehöre hier nicht her«, entschlüpfte es ihr, bevor sie sich etwas Besseres hätte zurechtlegen können. All die Zeit, in der sie sich vorgestellt hatte, wie es wäre, eine, nur *eine* Chance zu bekommen und dann *das* ...

»Das sagen sie alle«, erwiderte er ungerührt und wenig überraschend. Sie hätte sich selbst vermutlich nicht einmal mit einer Antwort gewürdigt.

»Ehrlich gesagt tun sie das nicht«, antwortete sie, als ihr ein Gedanke kam, der sie weniger dumm dastehen ließ. »Sie sind gebrochen. Sie waren bereits gebrochen, als ihr sie nach jahrelanger Arbeit in den Minen hergeholt habt. In ihrer Vorstellung kann es kein besseres Paradies geben, als den ganzen Tag in ihren Käfigen zu faulenzen, mit genügend und *appetitlichem* Essen versorgt zu werden und hin und wieder einen Spaziergang zu unternehmen. Sie interessiert es nicht, was ihr mit ihnen vorhabt, solange sie nur in dem Moment leben können und nicht gequält werden. Das bin aber nicht *ich*«, beharrte sie mit immer mehr Eifer, je länger er sie reden ließ. Bei Larkin hatte sie genauso gut gegen eine Wand reden können, aber mit den anderen Wölfen ließen sich manchmal Kompromisse schließen, wenn sie gute Argumente vorbrachte. Dann vergaßen sie sogar den Hass und die Abscheu ihr gegenüber. »Ich bin flink, klug, stark und in einem Kampf kann ich mich selbst behaupten. Du hast doch selbst gesehen, wie ich mich gegen den Windwer und ... und Cáel gewehrt habe.« Sie bemühte sich, den Namen mit möglichst viel Abscheu auszusprechen. Es war wichtig, gemeinsamen Boden zu finden, auf dem sie ihre neue Zusammenarbeit aufbauen konnte. »Gib mir die Möglichkeit, mich zu beweisen.«

Er presste die Lippen zusammen, dann atmete er aus. »Tut mir leid, das ist nicht gut genug, wenn ich dadurch meine Ehre riskiere ... Ich brauche jemanden, der stärker ist als Cáels Auserwählter.«

Sie wusste nicht genau, was er damit meinte, aber die Bedeutung seiner Worte sickerte auch in ihren Verstand. Sie versuchte, sich ihre Verzweiflung nicht anmerken zu lassen. Sie war sich so sicher gewesen, ihn zu überzeugen.

»Bitte!«, flehte sie und machte unwillkürlich einen Schritt auf ihn zu. Sein eiserner Blick ließ sie jedoch augenblicklich innehalten. »Sag mir, was dir im Kopf vorschwebt. Ich *bin* stark!«

Als er den Kopf schüttelte, brach für sie die Welt zusammen und das Gefühl in ihren Händen verschwand. Ihr wurde für einen Moment schwarz vor Augen und sie schwankte. Die Ohnmacht lauerte ihr auf, die so viel mehr war als eine körperliche Reaktion. Sie hatte die Minen überlebt. Sie hatte die Erkenntnis überlebt, nie wieder frei zu sein. Sie hatte es bis hierher geschafft und nun sollte alles vorbei sein?

Nein, das konnte und das würde sie nicht akzeptieren!

Ohne ihren Zweifeln genügend Raum zu geben, preschte sie vor und packte Mathis' Arm. Mit dem Ellenbogen stieß sie ihm gegen das Kinn, was schmerzen, aber keinen bleibenden Schaden hinterlassen würde, bevor sie das Überraschungsmoment nutzte und ihm mit einem gezielten Tritt den linken Fuß vom Boden riss. Ein Stoß gegen seine Schulter und ein Ruck an seinem Arm, den sie noch immer festhielt, und er prallte mit einem dumpfen Geräusch auf den Boden. Dann setzte sie sich rittlings auf ihn, bevor sie überhaupt an Flucht denken konnte, entwendete einen seiner kleinen Dolche und presste die Klinge so fest gegen seinen Hals, dass ein Tropfen Blut hervorquoll.

Seine Augen weiteten sich für einen Moment und sein keuchender Atem stockte. Angst und Machtlosigkeit spiegelte sich in seinem Gesicht wider, das durch den aufgewirbelten Schmutz ganz verdreckt war. Sie lächelte ihn an, bewegte sich aber keinen Zoll, um ihm zu verstehen zu geben, dass sie nichts weiter tun würde.

Zunächst glaubte sie, dass er sich wehren und zurückschlagen würde – denn dass er stark war, konnte sie an seinem muskulösen Körperbau erkennen –, doch dann lehnte er den Kopf zurück und lachte amüsiert.

»Schön«, sagte er. »Reden wir.«

Zufrieden steckte sie den Dolch zurück an seinen Gürtel und kletterte von ihm runter. Die Wunden an ihrem Rücken streckten sich schmerzhaft, aber sie ließen sich nach diesem Sieg sehr leicht ignorieren. Mathis setzte sich auf und fuhr mit einer Hand durch sein welliges braunes Haar, um die Blätter und Zweige herauszufischen.

Sie hingegen klopfte den Staub von ihrer Tunika und betrachtete ihr Opfer mit grimmiger Miene. Der Kampf hatte etwas in ihr entfacht, das sie beim Verlassen von Yastia verloren hatte: Selbstsicherheit.

»Was gibt es da noch zu reden? Du hast gesehen, was ich kann.« Sie versuchte so viel Arroganz in ihre Stimme mitklingen zu lassen wie möglich, denn sie war nicht länger bereit, zu betteln. Jetzt, nachdem sie ihre Fähigkeiten bewiesen hatte.

»Ich habe gesehen, dass du im richtigen Augenblick zuschlagen kannst, was – ich gebe es zu – überlebenswichtig sein kann.« Er neigte anerkennend den Kopf. »Aber es braucht viel mehr, um gegen Cáels Auserwählten zu bestehen. Allerdings ist die Zeit knapp und ich nehme entweder dich oder niemanden, also kannst du dich beglückwünschen.«

Sie blinzelte verwirrt. Es behagte ihr ganz und gar nicht, wenn jemand so viel redete.

»Du hast mich überzeugt«, schloss er, erhob sich endlich und rieb mit einer Hand über die wunde Stelle an seinem Kinn. Sie hatte sich bereits rot gefärbt.

»Wovon genau sprechen wir da eigentlich?«, traute sie sich nun zu fragen, da er nachgegeben hatte. Sie zögerte einen Augenblick, dann lehnte sie sich ihm gegenüber mit der Schulter an einen Stamm mit grober Rinde. Die Blätter raschelten unter einem Windzug, den sie hier unten, wo sich die Hitze staute, nicht spüren konnten.

»Aithan möchte seine Elite zusammenstellen. Die Gruppe, die ausschließlich für seine Sicherheit zuständig ist und die besten Kämpfer beinhaltet.«

»Warte ...« Sie hob eine Hand. »Er baucht eigene Leibwachen? Wirklich? Wer ist er? Der König von Dieben und Mördern?«

»Für das, was wir vorhaben, werden wir jede Hilfe benötigen und sein Überleben ist von größter Wichtigkeit«, entgegnete er prompt, was Morgan nicht weiter verwunderte. Trotz ihrer Meinungsverschiedenheit würde er ihm nicht in den Rücken fallen.

»Gut, er braucht also Beschützer. Das kriege ich hin.«
»Dazu muss es erst mal kommen«, bremste er sie in ihrer Euphorie. Sie hatte sich bereits ausgemalt, wie sie die Freiheit eines Elitekämpfers genoss und sich dadurch eine Fluchtmöglichkeit ergab.
»Das heißt?«
»Sie werden durch eine Art ... Lauf bestimmt«, antwortete er und deutete mit einer Hand grob in Richtung Wald. »Ziel ist es, eine besondere Blume zu pflücken und mit ihr zurückzukehren.«
»Klingt ziemlich einfach«, sagte sie mit einem Schulterzucken. In ihrem Kopf wirbelten bereits unzählige gefährlichere Möglichkeiten, die Spreu vom Weizen zu trennen.

Mathis lachte leise. »Glaub ja nicht, dass du einfach bis in den verwunschenen Wald laufen kannst, ohne aufgehalten zu werden.« Als sie den Mund öffnete, um nachzuhaken, schüttelte er den Kopf. »Die Einzelheiten werden natürlich nicht vorher bekannt gegeben.«

In den verwunschenen Wald? Ihr wurde mulmig zumute, doch sie ließ sich nichts anmerken. Auch dieses Hindernis würde sie meistern, um in ihre Stadt zurückzukehren. Sie würde Rhion sagen, wie enttäuscht sie von ihm war, dass er sie nicht befreit hatte, und sie würde Cardea umarmen. Vielleicht gab es eine Möglichkeit, mit ihrer sprießenden Blume aus dem Quartier der Wölfe zu fliehen und eine eigene Wohnung zu beziehen. Solange sie weiterhin für Larkin arbeitete, hatte er bestimmt keine Einwände und ...

»Ich meine es ernst: versage nicht«, widerholte er erneut, als ob sie seine erste Warnung bereits vergessen hätte.

Gemeinsam schritten sie zurück ins Lager, wo sie Cáel begegneten, der sie mit verengten Augen musterte. Um seinen Unterarm war ein Streifen aus Leinen geschlungen, wie sie mit besonderer Genugtuung feststellte. Sie blieben drei Fuß voneinander entfernt stehen, sodass sie sein kantiges Gesicht genauer betrachten konnte. Schön war er nicht, aber er besaß eine unterschwellige Attraktivität.

»Was wird das hier?«, fragte der Schwarzhaarige so leise, dass sich Morgans Nackenhaare aufstellten.

»Seit wann interessiert es dich, was ich mache?« Immerhin ersparte Mathis ihr, selbst zu antworten. Dafür genoss er es viel zu sehr, etwas getan zu haben, das Cáels Pläne möglicherweise vereitelte.

»Irgendjemand muss ja darauf achten, dass du keinen Schaden anrichtest«, erwiderte Cáel und trat noch einen Schritt näher, als würde er sie einschüchtern wollen. Er erinnerte sie mit seinen Bewegungen an den schwarzen Panther, den sie einst in der Nähe des Namenlosen Ortes gesehen hatte. Viele Jahre waren seitdem vergangen, doch an die elegante Wildkatze erinnerte sie sich noch heute in aller Deutlichkeit. Morgan neigte leicht den Kopf, blickte ihn unter ihren Wimpern hervor an und legte besondere Abscheu in ihr folgendes Lächeln. Ihr vorübergehender Sieg verlieh ihr Selbstvertrauen, das sie sich in letzter Zeit viel zu oft hatte erkämpfen müssen.

»Fürchtest du dich davor?«

Cáel würdigte sie keiner Antwort und schenkte stattdessen Mathis seine Aufmerksamkeit.

Das war ihr ganz recht, schließlich wollte sie nichts tun, was ihre Teilnahme an dem Lauf in Gefahr bringen würde. Sicherlich würden sich in der Zukunft weitere Möglichkeiten auftun, ihm die Stirn zu bieten.

»Ich bin nicht derjenige, der über Aithans Kopf hinweg Entscheidungen trifft«, zischte Mathis ungehalten und überbrückte den letzten Abstand zwischen ihnen. Morgan hatte er in seinem Zorn vollkommen vergessen.

Bevor einer von ihnen allerdings den Fehler begehen konnte, die Faust zu schwingen, gesellte sich Aithan zu ihnen, als hätte er die Konfrontation gerochen.

»Was ist hier los?«

»Sie können sich nicht entscheiden, wer dich mehr liebt«, antwortete Morgan mit einem Schulterzucken und schürzte die Lippen.

Sofort wurden ihr aus zwei Richtungen zornige Blicke zugeworfen, aber genauso schnell vergaß man ihre Anwesenheit wieder.

»Cáel mischt sich in Angelegenheiten ein, die ihn nichts angehen.« Mathis verlor keine Zeit, ihm von ihrer Rolle zu erzählen, und während er sprach, konzentrierte sich Morgan auf Cáels Gesicht, das sich immer mehr verdüsterte. Der grausame Zug um seine Lippen verstärkte sich und die hellgrünen Augen nahmen eine dunklere Nuance an, während sie erst Mathis, dann sie erfassten.

Sie rieb sich über ihre Arme und bereute die Bewegung sofort, da ihre Haut zu brennen begann. Ihr Sonnenbrand war noch immer nicht verheilt und es würde vermutlich ein paar Tage dauern, bis es so weit war.

»Ich akzeptiere deine Wahl, Mathis, auch wenn ich mir gewünscht hätte, du wärst zuerst zu mir gekommen«, antwortete Aithan, nachdem sein Vetter geendet hatte. »Ich werde sie zurückbringen. Allein.«

Mathis und Cáel wirkten beide, als würden sie protestieren wollen, wenn auch aus unterschiedlichen Gründen. Morgan konnte nicht sagen, welche Einwände er gegen sie hegen könnte. Wer auch immer sein Auserwählter war, auf den ersten Blick würde er ihr wohl kaum zutrauen, diesen zu besiegen, oder?

Sie wagte nicht, ihn ein weiteres Mal so genau zu mustern und blickte stattdessen auf ihre Hände, ehe Aithan sie mit einer Hand anstieß, damit sie sich in Bewegung setzte.

Der Anführer beherrschte die Fähigkeit, zu schweigen und jene Stille bedrohlich wirken zu lassen, fast genauso gut wie Larkin. Ihm war es zu verdanken, dass sie nicht sofort all ihre Geheimnisse ausplauderte, nur um das Schweigen zu durchbrechen. Nein, dafür hatte sie schon zu viel erlebt und zu viel durchgestanden.

Schließlich war er es, der die Stimme erhob, als sie zwischen zwei Leinenzelten hervortraten und einen kreisrunden Platz erreichten, auf dem mehrere Hühner in ihren Gehegen gackerten und Körner aufpickten. Offensichtlich wollte Aithan verhindern, dass jemand ihr Gespräch belauschte.

Sie war augenblicklich auf der Hut.

»Ich schätze es nicht, wenn du hinter meinem Rücken mit Mathis sprichst«, begann er leise. Er hatte die Hände hinter seinem breiten Rücken verschränkt, sodass Morgan die Muskelstränge unter seiner Haut erkennen konnte. Heute trug er eine kurz geschnittene Tunika und dunkelbraune Lederhosen. Weniger kostspielig als die andere Kleidung, in der sie ihn bereits gesehen hatte. Sein honigbraunes Haar, das Mathis' ähnlich sah, war zurückgekämmt und hinten zu einem kurzen Pferdeschwanz zusammengebunden.

»Und *ich* schätze es nicht, eingesperrt zu werden, *Eure Hoheit*.« Sie hatte nicht vorgehabt, es ihn wissen zu lassen. Sicherlich hätte sich noch ein besserer Zeitpunkt ergeben, ihr Wissen preiszugeben, doch Aithan hatte etwas an sich, das sie vergessen ließ, rational zu denken.

Vielleicht war das eine Gabe in seiner Familie, da sie auch Mathis nicht mit ihrer geplanten Rede hatte beeindrucken können und stattdessen hatte improvisieren müssen.

Aithan erstarrte. Sie konnte ihn viel leichter lesen als Cáel. Sie positionierte sich ihm gegenüber, um etwas Abstand zwischen sie zu bringen. Die Hühner gackerten protestierend, als sie sich rücklings ihrem Gehege näherte.

»Woher weißt du das?«

Sie mochte es, dass er kein Spiel zu spielen versuchte, indem er alles abstritt. Vielleicht war er ja doch gar nicht so schlecht, aber das würde sich ohnehin mit der Zeit herausstellen.

»Oh, bitte.« Sie schüttelte den Kopf und seufzte theatralisch. »Du bist durch und durch Alt-Atheiraner. Arrogant, selbstsüchtig und verliebt in Luxus. Außerdem besitzt du die gleichen Werte wie deine Eltern und siehst Frauen zwar als etwas Wertvolles an, respektierst sie gleichzeitig aber nicht genug, um sie als gleichwertige Mitglieder anzuerkennen. Vielleicht bist du das geringere Übel neben König Deron, der Frauen als Sklaven behandelt, aber in meinen Augen tut sich da nicht viel. Zudem trägst du deinen Siegelring an einer Kette unter deiner Tunika. Nur dein Name ist anders. Wenn ich mich recht erinnere, heißt der Kronprinz Julius Zaheda.«

»Den Namen habe ich bei meiner Flucht abgelegt«, erklärte er abwesend. »Aber wann hast du den Anhänger gesehen?« Er hob erstaunt eine dunkle Augenbraue und holte seine Hände hinter dem Rücken hervor, als würde er vor Überraschung nicht mehr still halten können.

Gut, Morgan musste ihn weiter unerwartet treffen, um ihre Position zu sichern, selbst wenn sie es nicht vor Cáels Auserwähltem ins Ziel schaffte.

»Ich bin klüger, als ich aussehe und auch wenn du mich nicht siehst, heißt es nicht, dass ich dich nicht beobachte. Du hast mehr als einmal unter deine Tunika gegriffen und das jedes einzelne Mal, wenn du dich mit Mathis unterhalten hast. Ich nehme an, die Geschichte stimmt und er hat dich schreiend aus dem Königreich gezerrt.«

»Pass auf, was du sagst«, warnte er sie grimmig und baute sich vor ihr auf, sodass sie ihren Kopf in den Nacken legen musste, um seinen durchdringenden Blick weiterhin zu erwidern.

»Und du solltest mich in Ruhe lassen«, konterte sie, unwillig, sich einschüchtern zu lassen. »Ich muss meine Kräfte sammeln, da ich morgen einen großen Tag vor mir habe und ich Mathis nicht enttäuschen will. Bring mich also in meinen Käfig zurück, kleiner Prinz.«

Aithan ließ sich nicht davon abbringen, ihr eine Predigt darüber zu halten, was er von ihrem Verhalten ihm gegenüber hielt, aber sie hörte ihm nur noch mit halbem Ohr zu. Innerlich herrschte heller Aufruhr, den sie nur von besonders anspruchsvollen Aufträgen als Wölfin kannte. Sie fühlte sich endlich wieder herausgefordert und würde ihr Bestes tun, um zu gewinnen, und hoffen, dass es genügte.

Sie würde ihr Leben nicht weiterhin im Käfig verbringen und dahinvegetieren, bis man sie den Monstern des verwunschenen Waldes zum Fraß vorwarf, nur damit Aithan erfuhr, was seine kleine Armee darin erwartete.

Kapitel · 17

Jeriah stützte seine Hände links und rechts von sich auf der weißen Balustrade ab und blickte in die Palastgärten hinab, die sein Vater auch nach neun Jahren Regentschaft noch im Stil Alt-Atheiras ließ, als würde er sich nicht um so etwas Geringfügiges kümmern wollen. Jeriah hätte diese Aufgabe gerne übernommen, wenn er dadurch nicht vom König als Schwächling und Narr beschimpft worden wäre. Zudem besaß König Deron ein Mittel, mit dem er seinen Sohn kontrollierte.

»Kann ich Euch etwas bringen, Eure Hoheit?« Erik wich seit dem versuchten Anschlag auf Jeriahs Leben nicht mehr von seiner Seite, und wenn Jeriah ehrlich mit sich selbst wäre, dann hätte er den Hauptmann seiner Leibwache am liebsten den Balkon hinuntergeschubst.

Natürlich würde er das nie tun, schließlich war Erik sein bester Freund, doch seine Geduld hatte ihr Ende erreicht. Sie hatten das Mädchen befragt und es war nichts dabei herausgekommen. Er würde es nicht zugeben, aber er glaubte ihr beinahe, dass sie nicht gekommen war, um ihn zu töten. Ja, sie war eine hervorragende Schauspielerin gewesen und hätte sie nicht innerhalb von wenigen Sekunden ihre Gefühle zügeln und verstecken können, sondern sich von Anfang an so hingebungsvoll gegeben, hätte er ihr die Geschichte von der verliebten Dienstmagd abgekauft. In ihren Augen hatte jedoch ein solches Feuer gebrannt, das er in keinem seiner Bediensteten jemals so gesehen hatte, ganz egal, wie ungerecht sie behandelt worden waren.

So oder so, sie hatte in seinem Gemach nichts zu suchen gehabt und die Minen waren für jemanden wie sie ein Ort wie jeder andere auch. Für unverheiratete Frauen ihres Standes gab es dort die gleiche Zukunft wie in Yastia, dafür hatte sein Vater gesorgt. Sie durften weder die hiesige Universität ohne Erlaubnis des Vaters oder Ehemannes besuchen noch war ihnen gestattet, sich gegen Männer zu wehren. Wenn sie es doch wagten, so wartete der Kerker auf sie.

Der König hasste Frauen nicht direkt, aber Jeriah wusste, dass er sie nicht als ebenbürtig ansah und so hatte er dem Drängen des Hohen Priesters nachgegeben und die verschärften Gesetze erlassen. Und Jeriah ... er versuchte den Gedanken an eine weitere Ungerechtigkeit, die er nicht ändern konnte, zu vergessen. Er war froh, dass sein Vater die meiste Zeit damit verbrachte, sich in seinem Reichtum zu suhlen und nach den neuesten Erfindungen und den erstaunlichsten Artefakten zu suchen. Immer weiter wuchs seine Sammlung an diesen nutzlosen Objekten an, die ihn so sehr faszinierten. Fast so sehr wie seine jungen Mätressen.

»Du kannst mich allein lassen, Erik. Es wird schon niemand herangeflogen kommen.« Ein kurzer Blick in seine Richtung. »Sofort.« Es spiegelte sich grade so viel königliche Erhabenheit in seiner Stimme wider, um Erik verständlich zu machen, dass er nicht in der Stimmung war, darüber zu diskutieren.

Sein Hauptmann neigte ergeben den Kopf. »Wie Ihr wünscht, Eure Hoheit.«

Jeriah versuchte, nicht zusammenzuzucken, als er den schneidenden Tonfall seines Freundes wahrnahm. Später würde er sein Verhalten wiedergutmachen, jetzt brauchte er Zeit für sich.

Die Türen schlossen sich mit einem sanften Klicken. Für einen Moment verflüchtigte sich seine Anspannung, als er die Mauern in seinem Inneren fallen lassen konnte. Mit einem Mal explodierte die Welt um ihn herum in tausend Farben, ehe sie sich ordneten und zu einzelnen Fäden formten, die jeden Gegenstand, jeden Windhauch miteinander verbanden. Sie flatterten oder bildeten einen eingerollten Haufen, bewegten sich wie Schlangen oder fielen vom königsblauen Firmament. Natürliche Verbindungen entstanden, andere trennten sich, lösten sich auf und vergingen im Nichts.

Die ständige Bewegung kreierte ein überwältigendes Muster; ein Durcheinander gar, wenn man nicht wusste, wie man die Fäden ordnete und jene ausblendete, die man nicht sehen wollte.

Für einen Webhexer besaß Jeriah kaum Übung darin, doch über die Jahre hatte selbst er nicht umhingekonnt, sich ein gewisses Maß an Kontrolle anzueignen, wenn er sich nicht versehentlich verraten wollte. Es war schlimm genug, dass sein Vater herausgefunden hatte, was er war, und diese Wahrheit nun wie sein geliebtes drarathisches Breitschwert über ihn hielt. Ein Schwert, das dieser bei der kleinsten falschen Bewegung auf Jeriah niedersausen lassen würde.

Die meiste Zeit verdrängte er die Magie, die durch ihn pulsierte. Sie lauerte in seinem Inneren auf einen schwachen Moment, baute einen stetigen Druck in seinen Schläfen auf und brachte ihn damit an den Rand des Wahnsinns. Nur wenn Jeriah nachgab und sich seinem Fluch stellte, indem er seine Magie in der grundlegendsten Weise nutzte, konnte er sich kurzzeitig von dem Schmerz erholen. Er ließ seinen sich selbst auferlegten Filter fallen und besah sich die Welt, wie sie für die seinen für gewöhnlich aussah. Die Fäden der Welt, des Lebens, der Schicksalsgöttinnen erstreckten sich überall und er könnte sie alle nach seinem Willen weben, wenn er es nur übte. Aber das wollte er nicht.

Er wollte nichts davon.

Am allerwenigsten ein Webhexer sein.

Wahrlich, in den Augen seines Vaters war er bereits eine Enttäuschung, aber zudem musste er auch noch eine Missgeburt sein, die in Alt-Atheira, ohne mit der Wimper zu zucken, auf dem Scheiterhaufen verbrannt worden wäre.

Kopfschüttelnd schloss er die Augen. Stein für Stein zog er die Mauer um seine Magie erneut hoch und hoffte, dass er dieses Mal dem Druck in seinem Kopf etwas länger würde standhalten können. Vielleicht würde die Magie auch irgendwann vergehen, wenn er sie nicht benutzte.

Gerade hatte er den letzten Stein gesetzt, als er lautes Stimmengewirr aus seinen Gemächern hinter sich vernahm. Seufzend verließ er den Balkon, auf dem sich die Hitze nicht so drückend angefühlt hatte wie in seinen Zimmern, und betrat das Innere, um dem Lärm auf den Grund zu gehen.

»Was geht hier vor sich?«, fragte er, als er einen seiner Leibwächter bemerkte, der sich vor seine Schwester positioniert hatte, um sie am weiteren Eindringen in sein Gemach zu hindern. Eine Seite der Doppeltür stand sperrangelweit offen und der zweite Wächter lugte grinsend herein. Als dieser jedoch Jeriahs Ankunft wahrnahm, verschluckte er sich daran und zog seinen Kopf schnell wieder zurück.

»Eure Hoheit, Eure Schwester wollte nicht warten, bis ich sie angekündigt habe«, erklärte die Wache und neigte ergeben den Kopf.

Der Kronprinz seufzte. »Ist schon gut. Du darfst gehen.«

Die Wache nickte, lief eilig aus dem Salon und zog die Tür hinter sich zu. Erst dann schenkte Jeriah Rhima einen Blick und erstarrte. Ihr linkes Auge war zugeschwollen und ihre gesamte linke Gesichtshälfte erstrahlte in Blau-, Grün- und Gelbtönen.

»Ich bringe ihn um«, zischte er, eilte an ihre Seite und begutachtete die Wunde genauer. Sie zuckte unter seiner sanften Berührung zusammen, schubste ihn aber nicht fort.

»Er steht unter großem Druck, Jer«, verteidigte Rhima ihren Gemahl. Jeriahs Meinung nach war Dylain eine fiese Ratte. Ganz so wie sein Vater, der Hohe Priester von Atheira. An dem Tag, an dem ihm Rhimas Hand versprochen worden war, hätte Jeriah seinen Vater beinahe getötet, wenn Rhima ihn nicht davon abgehalten hätte. Immer wieder hatte sie betont, dass dies ihre Bestimmung als Prinzessin war und sie stark genug wäre, diese auch auszufüllen; so wie er stark genug wäre, später einmal König zu sein. »Sein Vater ist der Dux Aliquis. Du weißt, wie er sein kann.«

»Ich weiß ganz genau, *was* er ist. Aber das gibt ihm nicht die Erlaubnis, dich zu schlagen!«

Dieses Mal wich Rhima vor ihm zurück und senkte den Kopf, sodass eine Strähne ihrer kastanienbraunen Locken in ihr Gesicht fiel. »Aber ich liebe ihn«, beharrte sie und schluchzte leise. Ihre Hand legte sich über ihren Mund, ehe sie weitersprach. Ihre Augen füllten sich mit Tränen, als sie sich endlich traute, Jeriahs Blick zu erwidern. »Ich kann ihn nicht einfach verlassen. Mutter und Vater würden das niemals gestatten.«

»Warum bist du dann hier, Rhima?«, rief er verächtlich und breitete hilflos die Arme aus. Aufgrund seiner gerade benutzten Magie waren seine Nerven zum Zerreißen gespannt. Ja, der Druck in seinen Schläfen war verschwunden, aber die Angst und der Selbsthass waren geblieben. »Du willst meine Hilfe nicht einmal. Hast sie nie gewollt!«

Was sollte er noch tun? Er konnte sie nicht gegen ihren Willen verstecken, oder? Wenn sein Vater auch nur den Hauch eines Verdachts schöpfte, dass er seine Finger im Spiel hatte ... Es würde in einer Katastrophe enden, so viel war sicher.

Es war frustrierend. Er liebte seine Schwester, aber sie machte ihm das Leben noch schwerer, indem sie wie ein verwundetes Tier vor ihm auftauchte und dann seine Hilfe abwies.

Um den Tag endgültig in einer Katastrophe enden zu lassen, stürmte Dylain ins Zimmer, als wären dies seine Gemächer und Jeriah wäre der Eindringling. Der Schwertknauf einer seiner Wachen traf ihn jedoch unsanft am Hinterkopf, bevor er Rhima erreichte. Er schwankte und landete unsanft auf den Knien. Jeriahs Wache nickte dem Kronprinzen grimmig zu, da dieser ihm den Auftrag gegeben hatte, niemanden ohne seine Erlaubnis eintreten zu lassen. Selbst nicht Dylain, der Jeriahs Meinung nach nicht zur Familie gehörte.

»Was bringt dich so rasend vor Zorn hierher?«, fragte er und positionierte sich schützend vor seine Schwester.

Dylain kam mühselig auf die Beine, rieb sich den Hinterkopf und warf der Wache einen mordlüsternen Blick zu. Dann erst wandte er sich Jeriah zu.

»Ich bin hier, um meine Frau zurückzuholen«, zischte er.

Der Prinz legte all die Verachtung, die er empfand, in seine Miene, als er den Blick das stoppelige Kinn hinab über dessen zerrissene und schmutzige Tunika bis zu seinen Stiefeln wandern ließ, die auch schon mal bessere Tage gesehen hatten. Der Geruch von Alkohol und Schweiß wehte in einer durchdringenden Wolke zu ihm herüber. Er rümpfte die Nase.

»Rhima wird zurückkehren, wenn sie so weit ist. Du jedoch wirst meine privaten Gemächer auf der Stelle verlassen ...«

»Sonst was?« Dylain lachte spöttisch. »Hier weiß jeder, dass du ein Feigling bist und über keinerlei Macht verfügst. Versteckst dich hinter deinem Va–« Er kam nicht dazu, den Satz zu beenden, bevor Jeriah reagierte und ihm einen Schlag auf die Nase verpasste. Der Prinz spürte das Knacken seiner Knöchel und lächelte voller Genugtuung, als Blut aus den Nasenlöchern rann. Rot war eine fantastische Farbe, die im Gesicht seines Schwagers besonders gut zur Geltung kam.

»Ich könnte deine Exekution anordnen, dafür, dass du Hand an meine Schwester gelegt hast«, zischte er.

»Jeriah, bitte«, wimmerte Rhima in seinem Rücken.
Seine Hände kribbelten vor Magie. Er spürte, wie sich die Welt zu drehen begann und die Fäden sich zu offenbaren drohten. *Nicht jetzt!* Er durfte nicht die Kontrolle verlieren!
»Raus mit euch. Alle beide!«, brüllte er und wich vor Dylain zurück, als litt dieser an der Pest. »Kommt nie wieder hierher.«
Nach einem spannungsgeladenen Moment gehorchte das närrische Ehepaar und stolperte blutend und gebrochen aus seinem Salon.
Jeriah atmete tief durch und vergrub das Gesicht in den Händen, als er versuchte, sich zu sammeln. Der Zorn blendete ihn, aber er war stärker. Er brauchte ein paar Minuten für sich.
»Benötigt Ihr etwas, Eure Hoheit?«, erkundigte sich die Leibwache.
»Nein, ich … ich gehe in den Kerker«, entschied er aus einem Impuls heraus. »Allein. Schickt euren Hauptmann, wenn er nach mir fragt. Nicht vorher«, befahl er ausdrücklich, bevor er aus dem Zimmer schlüpfte und beinahe den Korridor hinabbrannte.
Jeriah war sich nicht vollkommen sicher, wieso er sich dazu entschieden hatte, den Kerker aufzusuchen. War es, weil er dort nicht von seiner Familie gefunden werden würde? Oder hatte es, was viel wahrscheinlicher war, mit der rothaarigen Insassin zu tun?
Seit seiner Ankunft vor neun Jahren hatte Jeriah es sich zur Aufgabe gemacht, jeden Winkel des Palastes auszukundschaften. Er wollte diesen Ort zu seinem Zuhause machen und dafür musste er alles darüber wissen. So war er auf diverse Geheimgänge gestoßen, über die offensichtlich auch der ehemalige Kronprinz gestolpert war, da dieser an mehreren Stellen etwas an die Wand geschrieben oder eines seiner Spielzeuge hinterlassen hatte. Natürlich konnte sich Jeriah nicht sicher sein, aber er fühlte eine Verbindung zu dem Jungen, der vor ihm dagewesen, der vor ihm der Kronprinz gewesen war, und die besagte ihm, dass sie hätten gute Freunde sein können.
Wenn Jeriahs Eltern nicht die seinen hingerichtet, und ihn damit ins Exil getrieben hätten.
Durch sein umfassendes Wissen gestaltete es sich sehr leicht, ungesehen in den Kerker zu gelangen. Die Palastwache befand sich nur an der äußeren Tür und diese hatte er erfolgreich umgehen können.

Im Inneren des Gefängnisses achtete allein Helmar darauf, dass alles reibungslos verlief.

Jeriah schlich an Helmars schmalem Privatzimmer vorbei und stellte sich vor die Tür, hinter der sich Rhea aufhielt. Sie verfolgte ihn seit ihrer ersten Begegnung vor ein paar Wochen bis in seine Träume. Er wurde sie nicht los. Wie glaubte er, sich von dieser Besessenheit heilen zu können? Mit einem weiteren Besuch? Das war absurd.

Trotzdem war er nun hier und es konnte nicht schaden, einen Blick hineinzuwerfen. Er linste durch die eingelassenen Gitterstäbe in der Holztür und riss überrascht die Augen auf.

Im Gegensatz zu seinem letzten Besuch war die Zelle nun alles andere als karg und kühl. Es gab einen bunten Teppich, unzählige Decken, Kissen, Stapel mit Büchern und in der Mitte von allem Rhea mit langem, lockigem Haar und einem dunkelgrünen Wollkleid, das ihr viel besser stand als das graue Ungetüm, das sie das letzte Mal getragen hatte.

Er musste irgendein Geräusch von sich gegeben haben, denn sie wandte ihm ihr erschrockenes Gesicht zu. Es war genauso schön, wie er es in Erinnerung behalten hatte. Nein, vielleicht noch schöner.

Dann mischte sich ein Gefühl von Verrat in den Sturm, der in seinem Inneren wütete, und er drehte sich abrupt um. Helmar hatte ihn bemerkt, da er bereits auf ihn zueilte.

»Was hat das zu bedeuten, Helmar?« Vollkommen überflüssig streckte er einen Arm in Richtung Rheas Zelle aus. »Spielst du dem Hohen Priester ihre Demut Besuch um Besuch nur vor?«

»Eure Hoheit«, verneigte sich der Kerkermeister. »Vergebt mir, es ist nicht so, wie es aussieht ... ich kann es erklären.«

»Es ist genau so, wie es aussieht«, erklang die glockenhelle Stimme, die er das letzte Mal als zittriges Flüstern vernommen hatte. Augenblicklich fühlte er sich wie der Vollidiot, für den er Dylain durch und durch hielt. »Lasst Helmar in Ruhe. Es ist allein meine Schuld. Ich habe ihn mit meinem weiblichen Charme um den Finger gewickelt und er konnte sich nicht gegen mich wehren.«

Die Erklärung war derart absurd und so herrlich erfrischend, dass Jeriahs Wut verpuffte. Er legte den Kopf in den Nacken und stieß ein so lautes Lachen aus, wie es ihm selten entflohen war.

Helmar stierte ihn auf eine Weise an, als dachte er, sein Prinz wäre verrückt geworden und er hätte keine Ahnung, was er nun tun sollte.

»Öffne die Tür«, befahl ihm Jeriah und verschränkte abwartend die Arme.

Helmar führte die Anweisung sehr zögerlich aus, aber sein Mut reichte nicht dafür aus, Seiner Hoheit offen zu widersprechen. Jeriah bedankte sich mit einem ernst gemeinten Lächeln.

»Ich werde ihr nichts tun. Wir werden diese Sache hier ... als ein Missverständnis verbuchen und der Dux Aliquis wird nichts davon erfahren«, versicherte er dem grobschlächtigen Riesen, der erleichtert nickte und sich anschließend so tief verbeugte, dass seine Nasenspitze beinahe den kalten Steinboden berührte.

»Ich danke Euch, Eure Hoheit. Wenn Ihr etwas benötigt, lasst es mich wissen.«

»Natürlich. Nun geh.« Er wartete, bis er sich in sein Privatzimmer zurückgezogen hatte, ehe er die Schultern straffte und dann Rheas kleine, aber gemütliche Zelle betrat.

Die Gefangene hatte sich vom Boden erhoben und stand ihm gegenüber direkt an der Wand. Sie sah ihn mit misstrauisch verengten Augen an.

Er nahm sich Zeit mit seiner Musterung der Einrichtung, die vermutlich von Helmar zusammengestellt worden war. Es brauchte einen Dummkopf, um zu übersehen, wie sehr ihm die Kleine in der vergangenen Dekade ans Herz gewachsen war.

»Du hast es hier auf jeden Fall kühler als ich in meinen Gemächern«, bemerkte er, ohne sich von der Tür wegzubewegen. Er wollte ihr keine Angst machen.

Sie hob eine Augenbraue. »Wollt Ihr tauschen?«

Er gluckste. Wie hatte er sich nur für einen Moment täuschen lassen, dass in diesem Wesen kein Feuer mehr brannte? Selbst nach einem Jahrzehnt der Gefangenschaft wütete sie wie ein Waldfeuer. Hell. Zerstörerisch. Unbändig. Der Dux Aliquis war ein Narr, wenn er glaubte, dass er Rhea jemals für seine eigene Zwecke nutzen konnte, wenn sich die Gabe endlich offenbarte.

»Nicht in diesem Augenblick, nein«, wies er ab und beschloss, dass er gefahrlos nähertreten konnte. Die Tür blieb einen Spaltbreit geöffnet.

»Darf ich fragen, wieso du dieses Schauspiel betreibst, wenn dich der Hohe Priester besucht?« Er breitete seine Arme aus, wie um das ganze Zimmer zu umfassen, das, zugegeben, sehr klein war.

Der Argwohn in ihrem Gesicht war noch immer nicht abgeklungen, aber etwas anderes, das Jeriah nicht näher bestimmen konnte, hatte sich dazugesellt. Sie beobachtete seine Bewegungen ganz genau, bereit, sich jederzeit gegen ihn zu verteidigen.

»Er liebt es«, murmelte sie leiser als zuvor. »Er will nicht *mich* sehen, sondern ein demütiges Wesen, das vor Angst beinahe in sich selbst verschwindet.«

Das weckte erneut Jeriahs Interesse. »War das deine Beobachtung oder Helmars?«

Er sah, wie sie erschauderte, als würde sie eine besonders hässliche Erinnerung an die Oberfläche zerren. »Meine. Es hat dem Hohen Priester schon nicht gefallen, als ich damals nur eine Puppe bei mir hatte. Ich habe es … zu spüren bekommen.«

»Du spielst ein gefährliches Spiel, Rhea«, schloss er und fuhr sich durch das helle Haar, das sich von dem seiner Schwester unterschied.

»Werdet … Werdet Ihr ihm davon berichten?« Sie mochte ihm weismachen, was sie wollte, aber die Angst in ihrer Stimme konnte er nicht überhören.

»Nein. Versprochen«, fügte er noch hinzu, da sie ihm nicht zu glauben schien.

»Wieso nicht?«, entgegnete sie verblüfft, anstatt Dankbarkeit zu zeigen.

»Weil ich kein …« … *wirklicher Anhänger des Hohen Priesters bin,* hätte er beinahe gesagt. Im letzten Moment verbiss er sich die Antwort und zwang sich, lässig mit einer Schulter zu zucken. »Nimm es hin und erfreue dich daran, weiterhin Zeit mit deiner Lektüre verbringen zu können. Ich muss mich nun anderen Geschäften widmen. Wir sehen uns, Rhea.«

»Eure Hoheit.« Sie neigte leicht ihren Kopf.

Mit einem Lächeln im Gesicht schloss er die Tür hinter sich und rief nach Helmar, der die Zelle wieder abschließen sollte. Außerdem gab er dem Kerkermeister ein paar zusätzliche Kronen mit dem Hinweis, ihn zu benachrichtigen, falls jemand Rhea besuchen wollte.

Jeriah war so in Gedanken versunken, als er den Weg zurück nach oben antrat, dass er nicht einen seiner Geheimgänge benutzte, und so blinzelten die Wachmänner überrascht, als sich die Tür hinter ihnen öffnete. Er beschloss, sie zu ignorieren und sprang leichtfüßig die Treppen nach oben, bis er beinahe gegen den Dux Aliquis höchstselbst stieß, als wäre er auf direktem Wege in den Kerker. Doch dann erinnerte sich Jeriah daran, dass der Priester diesen Gang benutzen konnte, um zum Innenhof und von dort aus zu den Türmen zu gelangen.

Im letzten Moment bremste Jeriah ab.

»Dux Aliquis«, begrüßte er ihn. Das Lächeln schwand augenblicklich.

»Eure Hoheit.« Der Hohe Priester sah von Jeriah zur Tür, die in den Kerker führte und wieder zum Prinzen. »Wo seid Ihr gewesen?«

»Es gibt keinen Grund, Euch Rechenschaft abzulegen, Priester, aber ich beantworte Euch Eure Frage dennoch«, sagte er schnell. »Ich habe Rhea Khemani einen weiteren Besuch abgestattet, da ich das Gefühl hatte, sie würde uns etwas verheimlichen.«

»Und? Hat sich Euer Gefühl bestätigt?« Seine Augen verengten sich und sein ohnehin schon hässliches Gesicht wurde noch unansehnlicher.

»Nein, wie es scheint, war sie ehrlich. Wer hätte das gedacht?« Jeriah wandte sich ab und schritt davon, ehe er sich noch einmal vollkommen berechnend umdrehte. »Ach, und Priester? Sorgt dafür, dass Euer Sohn seine Hände bei sich behält. Ich dulde keine weiteren Übergriffe auf mich *oder* Mitglieder meiner Familie.«

»Das werde ich, Eure Hoheit«, versprach der Dux Aliquis mit einem nervösen Augenzucken, das die Stimmung Jeriahs erneut hob. Er hatte anscheinend einen empfindlichen Nerv getroffen.

Grinsend machte er sich auf die Suche nach Erik. Auf einmal sah die Welt weniger düster aus.

Kapitel · 18

Am folgenden Morgen durfte sich Morgan waschen und vergleichsweise frei bewegen. Jedoch behielt sie jeder im Auge und achtete darauf, dass sie den inneren Kreis des Lagers nicht verließ und kein Unheil anrichtete. Sie genoss dennoch das Gefühl, von einem Ort zum anderen wandern zu können, ohne aufgehalten zu werden. Es ließ sich zwar niemand dazu herab, sich mit ihr zu unterhalten, aber das hatte sie auch nicht erwartet.

Gegen Mittag erschien Mathis an ihrer Seite und reichte ihr ein Stück Brot und eine Schale Eintopf. Zusammen setzten sie sich auf einen querliegenden Baumstamm, um in Ruhe zu essen.

Es verwirrte sie, dass er nicht sofort das Gespräch suchte, bis sie erkannte, dass er genauso aufgeregt war wie sie. Vielleicht war es sogar noch schlimmer für ihn, da er das Ergebnis nicht beeinflussen konnte. Es lag nun in ihren Händen und er hatte ihr diese Kontrolle überlassen.

»Wieso kannst du Cáel nicht leiden?«, fragte sie, nachdem sie auch den letzten Bissen Brot verschlungen hatte. Sie war so unglaublich schwach auf den Beinen. Ihre Wunden am Rücken juckten, ihre Haut brannte von der Sonne und ihre Rippen stachen hervor, so wenig war ihr in Pelia zu essen gegeben worden. Gerade so viel, um sie weitermachen zu lassen, aber nicht genug, um ihr Kraft zu geben, sich zu wehren oder einen Aufstand anzuzetteln.

»Er ist ein arrogantes Arschloch, das sich bei Aithan einschleimt«, antwortete er prompt und stellte seine Schüssel entschieden vor sich auf den Boden. Morgans gesellte sich dazu.

»Wieso?«

»Wieso was?«

»Wieso schleimt er sich bei ihm ein?«

»Ich weiß es nicht«, gab er kopfschüttelnd zu. »Aber bevor du jetzt sagst, dass es dann nichts Schlimmes sein kann ... mir wäre es lieber, ich wüsste, was sein Beweggrund ist. Wir kennen ihn erst seit einem Jahr, aber in diesem einen Jahr hat er nahezu nichts von sich preisgegeben. Aithan scheint darin nichts Verdächtiges zu sehen ...«

»Also vertraust du seinem Urteilsvermögen nicht?« Morgan konnte nicht sagen, ob Mathis recht hatte und Cáel ein falsches Spiel mit ihnen trieb, aber sie wusste ganz sicher, *wieso* Aithan von seinem Vetter genervt war.

»Das ist es nicht ...«

»Natürlich. Du denkst, du weißt es besser«, widersprach sie.

Er zuckte zusammen. »Du hast keine Ahnung. Konzentrier dich lieber darauf, den Lauf nicht zu vermasseln.« Er erhob sich abrupt und stampfte davon.

Seufzend erhob sie sich, um die Schüsseln zu der Sammelstelle zurückzubringen, als sich ein Schatten über sie legte.

Cáel hatte sie gefunden.

»Genieße es, solange du noch kannst«, lachte er. Vermutlich spielte er damit auf ihre Freiheit an.

Sie hob trotzig ihr Kinn an. »Das werde ich, danke.«

Seine Augen verengten sich, aber er ließ sie kommentarlos passieren. Ihr Herz schlug so schnell in ihrer Brust, dass Morgan sich sicher war, der schützende Korb würde jeden Moment aufbrechen.

Nachdem sie die Schüsseln den Frauen, die für das Spülen zuständig waren, überreicht hatte, lief sie eine Weile ziellos umher, dehnte sich und verfluchte die Sonne, die erbarmungslos auf sie niederbrannte. Es war eine Weile vergangen, in der sich Mathis abreagiert hatte, als er sie erneut aufsuchte, um ihr widerstandsfähigere Kleidung zu geben.

»Wie du weißt, kühlt es nachts ab«, erklärte er ihr die schwarze Lederhose und das langärmelige Hemd, dass sie unter ihrer Tunika tragen sollte. Ihre Meinungsverschiedenheit hatte er offensichtlich vergessen. »Außerdem schützen sie dich vor ... giftigen Pflanzen.«

»Giftige Pflanzen, hm?«, wiederholte sie skeptisch, nahm die Kleidung aber an sich und zog sich in einem freien Zelt um, in dem normalerweise mindestens vier Personen nächtigten. Bei Tag mied jeder die Höllenluft innerhalb der Wände aus Leinen.

»Sei schnell und flink, Morgan«, wies er sie an, nachdem sie wieder herausgetreten war.

Sie erstarrte. »Woher weißt du meinen Namen?« Er hatte nie danach gefragt und sie hatte ihm ihn nicht genannt.

Er lächelte vergnügt. »Die anderen Sklaven sind nicht ganz so verschlossen wie du.«

Sie verbiss sich ein Lächeln und folgte ihm bis an den Waldrand, wo bereits mehrere Männer warteten, die ernst und konzentriert wirkten. Cáel stand neben einem besonders bulligen, rothaarigen Exemplar, der doch auf eine eigentümliche Weise grazil wirkte. Er war ihr kräftemäßig weit überlegen und sie glaubte, dass er die Strecke in der Hälfte der Zeit laufen könnte als sie. Vorausgesetzt, sie schaffte es überhaupt.

Insgesamt sollten fünfzehn Männer und sie mitlaufen. Nachdem Aithan endlich erschienen war, erklärte er, dass sie die blaue Reblingblüte pflücken sollten, die in nördlicher Richtung am Rand des verwunschenen Waldes wucherte. Sie würde bei Nacht blühen und unübersehbar sein. Die ersten sechs, die es zurückschafften, würden mit einem Platz in seinem Elitetrupp belohnt werden.

Aufgrund seiner gerade erst genutzten Magie waren seine Nerven zum Zerreißen gespannt. Ja, der Druck in seinen Schläfen war verschwunden, aber die Angst und der Selbsthass blieben.

»Bekomme ich kein Messer?«, flüsterte Morgan, während sich alle Teilnehmer nebeneinander vor dem Waldrand aufstellten. Die Sonne verschwand allmählich hinter den Baumwipfeln und tauchte die Kronen in ein flammendes Orange.

»Wofür brauchst du ein Messer?«, fragte Aithan, der nach dem Ende seiner Rede zu ihnen geschlendert war. Cáel und sein Auserwählter befanden sich am anderen Ende der Reihe.

»Sie werden doch angreifen, oder nicht? Um als Erstes anzukommen?«

»Ziemlich sicher sogar ...«, bestätigte ihr Aithan, machte aber keinerlei Anstalten, ihr mit einem Dolch auszuhelfen.

Sie presste wütend die Lippen aufeinander, bevor sie ihren Kopf in Mathis' Richtung neigte.

»Ich werde gewinnen«, versicherte sie ihm, obwohl sie sich keinesfalls sicher war. Ganz im Gegenteil, sie fühlte sich unvorbereitet und erbärmlich dafür, es überhaupt zu versuchen.

»Auf die Plätze, fertig, … los!« Das Horn ertönte, das Morgan auch gehört hatte, bevor die Nebelgeister auf die Lichtung getreten waren und die Sklaven befreit hatten. Anstatt sie anzutreiben, wurde sie von der Panik von jener Nacht übermannt und blieb wie gelähmt stehen.

Es vergingen wertvolle Sekunden, ehe sie die Angst zurückdrängen und loslaufen konnte. Die anderen waren ihr bereits eine halbe Meile voraus und sie konnte sich Cáels zufriedenes Grinsen vorstellen, auch ohne sich umzudrehen.

Sie preschte vor, lief im Zickzack, um die immer dicker werdenden Baumstämme zu umgehen, und betete innerlich dafür, dass ihr niemand eine Falle stellte.

Tatsächlich spielte es Morgan dieses Mal in die Hände, dass sie klein und unscheinbar war. Niemand nahm sie als Konkurrentin wahr. Die Machtkämpfe, die sich bereits zu Anfang abspielten und die sie bald schon hinter sich gelassen hatte, fanden zwischen den großen und massigen Männern statt. Es war von Vorteil, dass Morgan dadurch etwas Abstand gewinnen konnte. Allerdings wurde ihr schon sehr bald klar, dass sie es nicht schaffen würde.

All die Zeit im Gefangenentransport, in den Minen und hier im Käfig hatten ihre Ausdauer zerstört. Sie war schwach auf den Beinen und schon nach wenigen Metern außer Atem. Das Stechen in den Seiten wurde so stark, dass Morgan sich sicher war, sie würde, sobald sie den Blick senkte, ein klaffendes Maul links und rechts von sich sehen, das sich in ihrer Taille verbissen hatte.

Irgendwann, nachdem sie schon seit einer Weile keine fremden Schritte mehr vernommen hatte und das wenige Licht der untergehenden Sonne verschwunden war, zwang sie sich, stehen zu bleiben. Ihre Arme und Beine zitterten unkontrolliert und ihr Magen entleerte sich augenblicklich, als hätte ihr Körper nur auf eine Gelegenheit gewartet, sich der kläglichen Essensreste zu entledigen.

Sie würgte und spuckte, während sie sich mit den Händen an einem moosbewachsenen Baumstamm abstützte, bis sie sich allmählich besser fühlte. Dem beißenden Geschmack in ihrem Mund wirkte sie mit dem Kauen von Pinzblättern entgegen, die hier an mehreren Stellen wuchsen und die sie von Cardea kannte. Daraus hatte sie ihrer Freundin des Öfteren eine Art Tee zubereitet, mit dem sie ihre Zähne pflegen konnte.

Nun, nachdem die Sonne untergegangen und der Mond noch nicht aufgegangen war, hatte Morgan Schwierigkeiten, auf Kurs zu bleiben. Sie kannte die grobe Richtung, aber sie befürchtete, sich zu verlaufen, wenn sie hin und wieder den direkten Weg verlassen musste, weil Bäume und Sträucher ihr Weiterkommen verhinderten.

Was würde geschehen, wenn sie einfach gen Osten lief und nie wieder zurückkehrte? Aithan würde wohl kaum seine Ressourcen verschwenden und nach ihr suchen lassen, und Cáel wäre sicherlich froh, wenn sie weglief. Nur Mathis würde sie damit im Stich lassen.

Sie lehnte die Stirn gegen die Rinde eines hohen Nadelbaumes. Wo sollte sie hin, falls sie floh? Zurück nach Yastia, um herauszufinden, wer sie verraten hatte? Oder um Erik und Jeriah zu bestrafen? Vielleicht auch nach Hause ... Ob ihre Eltern noch in dem gleichen Haus lebten, in dem sie ihre ersten Lebensjahre verbracht hatte? Nein, das würde sie ihrer Familie nicht antun können. Ihr Leben gehörte noch immer Larkin und es machte keinen Unterschied, ob er von ihrem Tod hören würde. Sie würde es wissen und sie würde in ständiger Angst leben, dass sich ihre Wege erneut kreuzen und er das Leben ihres Bruders oder ihrer Schwestern für ihren Verrat fordern würde.

Sie würde bleiben und sie würde ein Teil der Elite werden. Ganz egal, was es kostete. Und wenn sie die Zeit nur dazu nutzte, um ihre Kräfte zu sammeln, damit sie sich wieder nach Yastia begeben konnte, um Rache zu üben an der Person, die sie verraten hatte.

Sie kämpfte sich weiter voran, als die ersten Schreie laut wurden. Gerade suchte sie den Boden nach einem geeigneten Stock ab, um sich notfalls zu verteidigen, als sie die eisige Kälte spürte, die ihren Körper entlangkroch und sie zu lähmen versuchte.

Sie rannte los und sah sich panisch um. Gerade noch rechtzeitig fand sie einen abgestorbenen Baum, an den sie sich mit dem Rücken presste. Ihre Hände drückte sie ebenfalls flach auf die Rinde und mit den Augen suchte sie hektisch die Dunkelheit ab.

Windwer, gleich mehrere. Schleichende Gestalten in einem Hauch aus Dunkelheit. Ein leises Flüstern begleitete sie, das Morgan an Tod und Schmerzen erinnerte. Sie schlichen an ihr vorbei, offenbarten ihre nebligen Mäuler, mit denen sie sich an ihren Opfern festsaugten, und hielten kurz inne, als würden sie Morgan spüren können, aber nicht sehen.

Dies war das Tun des abgestorbenen Baumes, der Morgan Schutz verlieh. Seine Aura legte sich wie ein Leichentuch über sie und erweckte den Anschein, als wäre sie ebenfalls totes Material und somit nicht von Interesse für Windwer. Die toten Äste waren außerdem das Einzige, was einem Windwer schaden konnte, da es wie Gift bei ihren körperlosen Gestalten wirkte.

Trotz allem bildete sich Schweiß auf Morgans Stirn und das Rauschen in ihren Ohren wurde so laut, dass sie kaum die Schreie der anderen vernahm, die schnell wieder verstummten. War dies eines der Hindernisse? Hatten Aithan und die anderen gewusst, dass dies Windwergebiet war?

Mit jedem Schritt, den die Windwer sich von ihr entfernten, erwärmte sich die Luft und das Zittern ließ nach. Sie löste sich vom Baum, aber nicht ohne vorher einen Ast mitzunehmen, mit dem sie sich notfalls verteidigen könnte.

Langsam arbeitete sie sich in die Richtung vor, aus der die Schreie gekommen waren, und stolperte über einen leblosen Körper. Einen der Auserwählten hatte es erwischt. Seine Brust hob sich nicht mehr und auf seinem Gesicht war ein Ausdruck des Schreckens zu sehen, der Morgan einen kalten Schauer über den Rücken jagte.

Sie fühlte sich schlecht, als sie ihn um einen Dolch erleichterte, und überwand sich dazu, seine Augen zu schließen, die verloren ins Nichts starrten.

»Möge Ewen deine Seele einfangen und sie durch den Weltennebel geleiten«, flüsterte sie, bevor sie sich aufrichtete und den mittlerweile aufgegangenen Sternen nach Norden folgte.

Es dauerte seine Zeit, bis Morgan das nächste Mal Schritte und unter schwerem Gewicht abknickende Zweige vernahm. Das Rascheln von getrockneten Blättern folgte. Zwei Männer kamen ihr entgegen und sie suchte sofort ein Versteck. Sie wollte nicht im Vorbeigehen angegriffen werden, nur weil sie im Weg stand.

Schließlich entschied sie sich aus Mangel an Alternativen dafür, einen Baum hinaufzuklettern, der ausreichend breit war und Äste besaß, die ihr Gewicht tragen konnten.

Sie umfasste Ast um Ast, stemmte sich mit ihren Füßen hoch und kletterte weiter. Als sie einen geschützten Platz erreichte, schlang sie ihre Hände um den Stamm und richtete den Blick ganz langsam auf den Boden. Die Höhenangst, von der sie während des Kletterns verschont geblieben war, erfasste sie nun mit aller Macht. Wieder schienen ihre Augen ihr einen Streich zu spielen. Die Welt bewegte und drehte sich und sie stürzte auf den Boden zu, bevor er wieder hinabsank. Vielleicht hatte sie gar keine Höhenangst, sondern fürchtete sich allein vor dem Fall?

Sie kämpfte gegen ihre Angst an und nahm tiefe Atemzüge, bis sich ihr Blickfeld soweit beruhigte und sie die Männer erkennen konnte, die mit leuchtendblauen Blüten in ihren Händen unter ihr vorbeiliefen. Einer von ihnen war Cáels rothaariger Auserwählter, der gerade seine Blüte an seinen Gürtel steckte und dann einem anderen auflauerte, um ihn mit einem schweren Ast niederzuschlagen. Als sich sein Opfer wieder auf die Beine kämpfen wollte, fertigte das Monster ihn mit zwei weiteren gezielten Schlägen gegen den Kopf ab, entriss ihm die Blüte und verschwand dann in den Schatten.

Morgans Herz pochte. Cáel hatte sich eindeutig eine Person ausgesucht, die zu seiner herzerwärmenden Persönlichkeit passte. Sie bedauerte, dass er klug genug gewesen war, um die Blüte mitzunehmen. Das hätte ihren Weg deutlich verkürzt.

Sie wartete noch länger in ihrem Versteck, bis sie sich sicher war, dass sich niemand in ihrer unmittelbaren Nähe aufhielt und auf sie stoßen würde. Vorsichtig kletterte sie hinab. Innerlich stieß sie ein Dankesgebet an die alten und neuen Götter aus, dass sie sich einen Baum ausgesucht hatte, der so viele stabile Äste besaß. Dann endlich hatte sie wieder festen Boden unter ihren Füßen und lief weiter.

Schon bald hörte sie das fröhliche Sprudeln eines Baches, der die natürliche Grenze zwischen dem verwunschenen Wald und der restlichen Welt bildete. Zumindest nahm sie an, dass er das war, als sie direkt davor stehen blieb. Sie blickte auf die düstere Baumreihe auf der gegenüberliegenden Seite, die sich im ersten Augenblick nicht von derjenigen unterschied, die es auf der ihren zu sehen gab.

Auf den zweiten Blick erkannte sie jedoch die Unnatürlichkeit, mit der diese Bäume gewachsen waren. Äste und Zweige bogen sich auf verworrene Weise nach links und rechts, spannten ein Netz über den Boden und formten Hände, Füße und Zähne, als wollten sie menschliche Körper nachahmen, aber hätten in ihrem Vorhaben versagt.

Nebel schwebte wie ein Geist durch das Dickicht, schlang seine feingliedrigen Finger um die Wurzeln, die aus dem Erdreich emporwuchsen.

Gänsehaut bildete sich auf Morgans Haut, so sehr setzte ihr der Anblick zu. Dann lenkte sie das sanfte Leuchten der Blüten ab und sie vergaß ihre Angst. Licht inmitten von Farblosigkeit – und ihr Herz lachte vor Freude. Es gab nichts Schöneres, nichts, das sie mehr verzaubert hätte.

Jemand hatte einen großen Teil der Blüten ausgerissen und vermutlich in den Bach geworfen. Ein paar Blütenblätter, die auf den dunklen Boden gefallen waren, verrieten das Geschehen. Dem Übeltäter war jedoch ein kleiner Busch weiter stromaufwärts entgangen. Sie würde jede Wette eingehen, dass Cáels Auserwählter für die Zerstörung verantwortlich war.

Um an die Blüte zu gelangen, würde sie den Bach überqueren und das Ufer auf der anderen Seite hinaufklettern müssen.

Das Überwinden des Gewässers war allerdings nicht das, was ihr Kopfzerbrechen bereitete. Sie würde sich für eine gewisse Dauer, so kurz diese auch sein mochte, in den verwunschenen Wald begeben müssen und alles, was sie zum Schutz besaß, war ein gestohlenes Messer.

»Rein und direkt wieder raus«, murmelte sie, während sie auf der sicheren Seite stromaufwärts schlich, um ihren Aufenthalt möglichst kurz zu gestalten.

Sie rutschte den kleinen Abhang hinunter und traf mit den Füßen voran aufs Wasser auf, das in alle Richtungen spritzte. Das Flussbett war weich und sumpfartig, wodurch sich das Gehen zu einem schweren Unterfangen entwickelte. Das kalte Wasser durchnässte ihre Hosenbeine bis zu ihren Oberschenkeln, während sie mühsam bis zur anderen Seite watete.

Ihr wurde deutlicher als zuvor klar, wie ausgelaugt sie sich fühlte und wie viel Kraft dieser Lauf sie bereits gekostet hatte. Sie hoffte, sie hatte noch genügend übrig, um den Rückweg zu überstehen.

Sie zerrte versuchshalber an ein paar Wurzeln und hielt sich an jenen fest, die ihrem Gewicht standhielten, um sich daran hochzuziehen. Sofort spürte sie, wie die Hitze der letzten Wochen von ihr abfiel, als würde sich der verwunschene Wald vor Wärme jeglicher Art schützen. Mühselig richtete sie sich auf, stolperte am Ufer entlang zu den Sträuchern und zog den Dolch hervor. Damit konnte sie den grünen Stiel der leuchtenden Blüte von dem Strauch trennen. Morgan erlaubte sich nur einen kurzen Moment, um sie zu bewundern, bevor sie diese behutsam unter ihrer Tunika an ihrem Hosenbund anbrachte.

»… und geschafft.« Sie grinste triumphierend, setzte einen Fuß vor und fiel der Länge nach hin, als etwas sie am Knöchel packte. Der Dolch glitt aus ihrer Hand.

Schreiend begann sie um sich zu schlagen und zu treten. Was auch immer es war, das sie gefunden hatte, es war ganz offensichtlich nicht friedvoll.

Ein gutes Stück wurde sie über den kalten Boden gezogen, doch weil sie sich wehrte, hielten sie endlich an und die Bestie ließ kurzzeitig von ihr ab. Morgan nahm den Geruch von Eisen gemischt mit einem süßlichen Duft wahr. Sie drehte ihren Kopf nach links und erblickte eine Leiche neben sich. Leere Höhlen saßen in ihrem Gesicht und starrten sie ein. Der Bauch war ausgeweidet, die Gedärme verteilten sich zwischen Wurzeln und Blättern. Morgan würgte, doch in ihrem Magen gab es nichts mehr, was sie hätte erbrechen können.

Es gelang ihr, sich auf den Rücken zu drehen, obwohl sie sich sogleich wünschte, sie hätte es nicht getan. Vor ihr ragte die gigantische Bestie auf, deren Erscheinung sich nur schwer beschreiben ließ. Spinnenbeine ragten aus der Unterseite hervor, die sich an den Gelenken verlängern und verkürzen konnten.

»Bei allen Fäden«, rief Morgan ehrfürchtig, bevor sie wieder zu Sinnen kam und verzweifelt mit den Händen den Boden abtastete, um etwas zu finden, womit sie sich verteidigen konnte.

Der Körper der Bestie schimmerte dunkelgrün, fast schwarz, war leicht abgerundet mit sporadisch gesetzten schwarzen Federn und ein Vogelkopf, dessen Augen glänzend und unheilvoll auf sie niederstarrten, schloss sich an einem langen Hals an. Der Schnabel war lang, spitz und besaß die Farbe von dunklem Edelholz.

Ebendieser Schnabel sauste nun auf sie nieder, aber sie konnte rollend zur Seite ausweichen. Das Wesen stieß einen kreischenden Laut aus, bevor es sie mit seinen Greifern am Knöchel zurückzog. Laub und Erde verfingen sich in ihren Haaren und brannten in ihren Augen.

Arme und Hände streckte sie links und rechts von sich und ertastete mit den Fingern etwas, das sich verdächtig nach einem Ast anfühlte.

Sie wurde wieder zurückgezerrt, schloss aber gleichzeitig den Griff um den Ast, der hoffentlich eine geeignete Spitze besaß.

Als sie direkt unter dem Monster lag und sich der Schnabel ein weiteres Mal öffnete, um ein markerschütterndes Kreischen auszustoßen, versenkte sie den Ast in dem Bauch des Tieres.

Kapitel · 19

Der Schnabel sauste Sekunden danach trotzdem nieder. Morgan wollte zur Seite rollen, doch sie wurde noch immer festgehalten und nun formten die anderen Spinnenbeine einen undurchdringlichen Käfig um sie.

Voller Angst und mit zitternden Armen beugte sie sich vor, um das Spinnenbein von ihrem Knöchel zu lösen. Es war so biegsam, dass es sich mehrere Male um ihren Fuß gewickelt hatte. Das Wesen schien kurzzeitig verwirrt, da es sie unter seinem Körper nicht mehr mit dem Schnabel erreichen konnte. Außerdem war es durch die Verletzung geschwächt und verlangsamte seine Bewegung, als es versuchte, Morgan wieder nach vorne zu ziehen.

Sie stach jedoch wie eine Wilde mit der Spitze des Asts auf die schwarz-grüne Haut ein, ohne sich darum zu kümmern, dass sie sich dabei selbst verletzte. Dann endlich schrie die Bestie auf, die Beine schlossen sich nicht mehr enger um Morgan und das Wesen gab es auf, sie mit seinem Schnabel zu erreichen. Der Griff lockerte sich und sie war frei.

Rasch krabbelte sie unter dem Körper hervor, stand ihm dadurch aber gegenüber. Sie musste zur anderen Seite, um diese fürchterliche Welt hinter sich zu lassen. Blut rann ihre Stirn herab und vermischte sich mit dem Schweiß und Dreck auf ihrer Haut. Sie kam nicht an der Bestie vorbei, da sich der Spinnenvogel um die eigene Achse gedreht hatte. Er schleuderte ihr eines seiner Beine entgegen. Ihre Beine fühlten sich an wie Pudding und ihr gelang es nicht, rechtzeitig aus dem Weg zu springen. Der Schlag fühlte sich an wie der Hieb einer lebendigen Peitsche.

Nur mit Mühe wich sie einer weiteren Attacke aus, wurde dadurch aber in die Nähe des Schnabels getrieben und sofort gebissen. Um ihr Gesicht zu schützen, konnte sie gerade noch so ihren Arm heben. Der Schnabel schlitzte die Haut an ihrem Unterarm auf. Sie hatte das Gefühl, dass ihre Knochen unter der Kraft zerbarsten. Vor Schmerzen stieß sie einen heiseren Schrei aus.

Als sie sich von dem Schnabel befreien konnte, schmerzte ihr Arm zwar, aber er ließ sich bewegen.

Ihr blieb nur der Bruchteil einer Sekunde Zeit, um zu entscheiden, ob sie es wagen sollte, das Wesen noch einmal mit dem Ast anzugreifen, oder ob sie sich umdrehen und flüchten sollte.

Sie ließ den Ast fallen und stolperte davon. Ihr schwindelte es so sehr, dass sie von Baum zu Baum hasten musste, um sich an dem Stamm abzustützen. Sie konnte ihre Füße kaum anheben, trotzdem zwang sie sich, so schnell wie möglich zum Bach zu laufen. Zunächst befürchtete sie, in die falsche Richtung gerannt zu sein, als sich der Wald nicht lichten wollte, doch dann hörte sie das wundervolle Plätschern.

Sie stürzte auf Händen und Füßen die Böschung runter und krachte ungebremst ins Wasser. Sofort legte sie eine Hand schützend auf die Blüte unter ihrem Hosenbund, damit sie diese nicht verlor.

Den schmerzenden Unterarm an ihren Bauch gepresst, kraxelte sie das sichere Ufer hinauf und ging atemlos in die Knie, nachdem sie angekommen war.

Keuchend betrachtete sie ihren blutenden Arm. Ein paar Zoll über ihrem Handgelenk konnte sie sogar den Knochen und rohes Fleisch sehen. Ihr wäre schlecht geworden, wenn sie dafür noch Kraft gehabt hätte. So gelang es ihr noch, ein Stück ihres Hemds abzutrennen und das Leinen mehrmals um ihren Arm zu wickeln, damit sie die Verletzung zumindest nicht mehr sehen musste.

Schließlich rappelte sie sich wieder auf und trat den Rückweg an. Ihr Herz pochte weiterhin schnell, denn noch hatte sie es nicht geschafft.

Je weiter sie allerdings nach Süden ging, desto mehr Verletzte traf sie an. Der erste, den sie fand, war ohnmächtig, weshalb sie ihn um seinen Dolch erleichterte. Bei den alten Göttern, sie wollte sich nicht noch einmal nur mit einem Ast verteidigen müssen. Zwei weitere Männer stöhnten und versuchten gerade, sich wieder aufzurichten, als sie einen Bogen um sie machte, um keine Aufmerksamkeit auf sich zu ziehen.

Entweder waren sie von anderen Wesen oder von Cáels Auserwählten attackiert worden. Sie war nur froh, dass dieser jetzt wie die anderen, die nicht von ihm verletzt oder von den Wesen der Nacht getötet worden waren, vermutlich schon am Ziel war.

Morgan wusste nicht, ob sie unter den besten sechs sein würde, aber sie würde ganz sicher nicht so kurz vorm Ziel aufgeben. Mathis und Aithan würden sehen, dass sie zu wertvoll war, um sie in den Käfig zurückzuschicken. Und wenn nicht, nun, dann würde sie sich ihren Weg aus diesem Lager verflucht noch mal freikämpfen.

Aus diesem Grund war sie immer noch besonders achtsam und blinzelte in jeden Schatten, um sich von nichts überraschen zu lassen. Als sich ihr jemand in den Weg stellte, erschreckte sie sich trotzdem. Sie hatte ihn weder herannahen gesehen noch gehört und das hätte nicht passieren dürfen.

»Was machst du hier?«, krächzte sie und hustete, damit ihre Stimme ihr wieder gehorchte.

Es war Cáel und seine Miene war unheilverkündend. Gewitterwolken eines aufkommenden Sturmes. Selbst seine grünen Augen wirkten wie zwei schwarze Seen. Auch seine angespannte Körperhaltung verhieß Ärger.

»Weißt du das wirklich nicht?«, antwortete er seelenruhig und näherte sich ihr bis auf zwei Schritte. Sie konnte keine Waffen an ihm erkennen, schätzte seine Fähigkeiten aber so ein, dass er nicht mal ein Messer brauchte, um ernsthaften Schaden anzurichten.

Sie umklammerte ihren Dolch fest und presste ihn enger an ihre Seite, damit Cáel nicht zufällig das Blitzen der Klinge wahrnahm.

Sie mussten sich schon sehr nah am Lager befinden, dafür, dass er einfach so hier auftauchen und sie abfangen konnte. Mathis würde ihn ansonsten sicherlich des Betrugs beschuldigen, sollte seine Abwesenheit zu lange dauern und ihren Tod zur Folge haben. Zumindest war das ihre Hoffnung.

»Du willst mich angreifen? Warum?«, hakte sie nach und runzelte verwirrt die Stirn, ohne ihn für einen Moment aus den Augen zu lassen. »Das ist nicht deine Aufgabe.« Er war das Raubtier und sie die Beute. Sie würde ihm nicht noch unabsichtlich in die Hände spielen, indem sie unaufmerksam wurde.

Scheinbar unbewusst tat sie einen klitzekleinen Schritt nach vorn und legte dazu den Kopf leicht schief, um ihn von ihrem Vorhaben abzulenken. »Außerdem bin ich vermutlich ohnehin die Letzte, also ...«

»Ren hat *seine* Aufgabe etwas zu gut gemacht.« Er war es also wirklich gewesen, der sämtliche ihrer Kontrahenten niedergeschlagen hatte.

»Und ich werde dich diesen Kampf nicht für Mathis gewinnen lassen.« Noch ein kleiner Schritt.

Er verengte die Augen, was sie dazu brachte, innezuhalten. Dieser Moment war entscheidend. Entweder er ahnte, dass sie etwas vorhatte, oder er tat ihr Verhalten als ungefährlich ab.

»Was ist überhaupt dein Problem mit ihm? Hängt euer Leben wirklich so sehr von Aithans Gunst ab? Das ist ziemlich kindisch von euch ...«

Noch ein Schritt. Seine Finger bewegten sich und irritierten Morgan. Wollte er verhindern, dass sich seine Hände zu Fäusten ballten? Oder steckte noch mehr hinter dieser Bewegung? *Wollte* er sie absichtlich verwirren?

»Du hast keine Ahnung«, knurrte er bedrohlich und sah auf sie herab. Mittlerweile war sie ihm so nahe, dass sie seine Bartstoppeln hätte zählen können. Der Muskel unter seiner linken Wange zuckte und sie wusste, dass die Nettigkeiten vorüber waren.

»Und es ist mir wirklich egal.« Sie überwand den letzten Schritt und bohrte die Klinge in seine freiliegende Seite. Da sie ihn derart überraschte, gelang es ihm nicht, ihren Dolch mit seinem Arm zu blockieren. Stattdessen wurde er durch die schnelle Bewegung und den Stoß selbst aus dem Gleichgewicht gebracht und musste einen Schritt zurückweichen.

Sie nutzte die sich ihr bietende Möglichkeit und lief davon. Den Dolch ließ sie stecken. Er hatte seinen Nutzen getan und ihr das Leben gerettet.

Sie hörte nicht auf zu laufen, bis sie den Halbkreis von Leuten erblickte, die sich hinter der Waldlinie zusammengefunden hatten. Mit einem erleichterten Stöhnen bremste sie kaum eine halbe Mannslänge vor Aithan ab und hielt ihm die Blüte entgegen. Gerne hätte sie ihm etwas Geistreiches gesagt, doch ihre Lungen verkrampften sich und ihre Knie zitterten.

Mathis eilte an ihre Seite und stützte sie. Normalerweise hätte sie ihn weggestoßen, aber selbst dafür war sie zu schwach.

Aithan wartete, bis sie wieder zu Atem gekommen war, und neigte dann zur Anerkennung leicht den Kopf. Die Blüte rührte er nicht an und sie ließ ihre Hand sinken.

»Ich denke, ich habe mich zur Genüge bewiesen«, erklärte sie, weil er noch immer nichts sagte. Sie blickte um sich herum, um festzustellen, wie viele bereits vor ihr das Lager erreicht hatten.

»Du bist die sechste«, hörte sie Mathis mit deutlichem Stolz in der Stimme sagen und das, obwohl Cáels Auserwählter deutlich schneller gewesen war. Larkin hätte sie dafür zurechtgewiesen, dass sie nicht das Ziel, wofür sie eingesetzt worden war, erfüllt hatte. Nicht um unter die sechs zu kommen, sondern um besser zu sein als Ren.

»Ja, das hast du«, stimmte ihr Aithan zu und schenkte ihr sogar ein Lächeln, das sofort sein ganzes Gesicht aufhellte. Verschwunden waren für einen Moment die Sorgenfalten auf seiner Stirn. »Ich weiß, dass du dir damit wahrscheinlich lieber deine Freiheit erkaufen möchtest, aber ich würde dich wirklich gerne als einen Teil meiner Elite sehen.«

Sie blinzelte verblüfft. Natürlich hatte sie sich bereits dagegen entschieden, ihre Familie aufzusuchen, doch das wusste er nicht. Und dann gab es noch immer die Frage nach Yastia. Sollte sie zurückkehren? Sie stellte sich die weiteren Jahre unter Larkin vor und erschauderte. Aber würde sie ihm wirklich entkommen? Sie brauchte Zeit, um nachzudenken. »Meinst du das ernst?«

Er nickte. »Was sagst du dazu?« Seine Miene war unbewegt, grimmig, ja, aber ansonsten ließ er sich seine Gedanken dieses Mal nicht so leicht von der Nase ablesen. Einer mehrmals gebrochenen Nase, wie es schien.

»Natürlich sagt sie ja«, antwortete Mathis grinsend für sie und drückte sie eng an sich, was für sie unangenehm war. Diese Art von Körperkontakt war sie nicht gewohnt.

Sie zwang sich jedoch zu einem zustimmenden Nicken, weil sie in ihrem Zustand ohnehin nicht klar denken konnte.

»Entsende Suchtrupps, die die anderen Teilnehmer einsammeln und versorgen sollen«, befahl Aithan seinem Vetter, der sofort gehorchte und davonstampfte, nachdem er noch einmal glückselig lächelnd Morgans Schultern gedrückt hatte.

Einen Moment später tauchte Cáel zwischen den Zelten auf und schenkte Morgan einen wütenden Blick. Ihm war keine Verletzung anzusehen, aber er hatte seine Tunika in aller Eile gewechselt. Was auch immer er vorhatte, Aithan von seinem Angriff auf Morgan zu berichten, gehörte nicht dazu.

Sie lächelte ihn bittersüß an und erntete ein Stirnrunzeln, als er an ihnen vorbeiging. In ihrem Inneren sah es nicht ganz so überheblich aus. Was hatte sie ihm getan, dass er zu derart drastischen Maßnahmen griff? Sie konnte ihm in dieser kurzen Zeit doch nicht schon ein Dorn im Auge sein ...

»Komm, ich bringe dich in deine neue Unterkunft«, riss Aithan sie aus ihren wirren Gedanken. »Wie geht es deinem Arm?«

Sie blickte auf ihre Verletzung hinab. Das Leinentuch hatte sich mit ihrem Blut vollgesogen, aber sie traute sich nicht, es abzunehmen.

»Noch geht es«, sagte sie leise. Allmählich kam sie wieder zu sich und jeder Muskel begann zu brennen. Schon bald würde sie sich nicht mehr ohne Schmerzen bewegen können, dessen war sie sich sicher.

»Hier entlang.« Als er eine Hand an ihren Rücken legte, zuckte sie unwillkürlich zusammen. Er legte die Stirn in Falten und sie lächelte entschuldigend, was die Bestürzung in seinem Blick nur verstärkte.

Wortlos führte er sie in eines der großen Zelte, in dem es insgesamt drei Pritschen gab. Zwei von ihnen schienen besetzt zu sein, da auf ihnen persönliche Dinge wie Kleidung, Bücher und dergleichen abgelegt worden waren. Aithan brachte sie zur dritten.

»Bleib hier. Ich bringe dir einen unserer Heiler und etwas Wasser, damit du dich waschen kannst.«

»Ich werde von Seiner Hoheit bedient. Davon habe ich mein Leben lang geträumt«, sagte sie, lächelte aber, um den Worten ihre Schärfe zu nehmen.

Er hatte sich bereits halb weggedreht, aber sie sah das verräterische Zucken seiner Mundwinkel, bevor er wieder nach draußen verschwand. Es erfüllte sie mit einer seltsamen Freude

Es war zwar noch früh am Morgen, doch schon jetzt verflog die Kühle der Nacht und die Hitze des Tages kroch in jeden noch so kleinen Winkel.

Morgan platzierte die Blüte auf ihrem Kissen, bevor sie vorsichtig die verdreckte Tunika über ihren Kopf zog und dann Äste und Blätter aus ihren Haaren zupfte. Die Manschettenknöpfte hätte sie beinahe vergessen und sie war ungemein erleichtert, als sie ihr in die Hände fielen.

Sie hätte achtsamer sein müssen. Es wäre ein Leichtes gewesen, sie im Kampf gegen das seltsame Waldwesen zu verlieren. Eilig steckte sie diese unter das Kissen, ohne die Blüte zu bewegen.

Aithan kehrte mit einer Schüssel Wasser und dem Heiler im Schlepptau zurück, als sie gerade die Schnüre ihres Hemdes löste. Der Heiler war ein älterer Herr, der sich vermutlich auf die alte, magielose Heilkunst verstand, da sie keine Magie von ihm ausgehen spürte.

»Setz dich«, bat der Greis sie. Nachdem sie ihm gehorcht hatte, beugte er sich zu ihr runter. Mit der einen Hand hielt er ihren Unterarm, während er seine andere dazu gebrauchte, um ihr den provisorischen Verband abzunehmen. Es schmerzte, da das Blut mittlerweile geronnen war und die Wunde durch das Abziehen des Leinentuchs an einigen Stellen wieder aufriss. Blut und Wundflüssigkeit sickerten auf den Boden zwischen ihnen.

Aithan hatte die Schüssel mit dem überschwappenden Wasser neben ihnen auf eine Truhe gestellt und tunkte jetzt mehrere Tücher darin ein, mit denen der Heiler ihre Verletzung reinigte.

Morgan biss die Zähne zusammen, wagte aber keinen Blick nach unten. Ihr hatte es beim ersten Mal gereicht, den entblößten Knochen zu sehen. Diese Erfahrung musste sie nicht wiederholen.

Die Schmerzen lagen gerade noch im Bereich des Erträglichen und Morgan hoffte darauf, dass der Alte bald damit fertig war, in ihrem Fleisch zu pulen, als wäre er auf der Suche nach Diamanten.

Schließlich desinfizierte er die Verletzung mit Alkohol und schloss sie mit Nadel und Faden, die er rasch und professionell zu nutzen wusste, sodass er schon nach wenigen Stichen fertig war. Zusätzlich fertigte er eine Krautpaste an, deren Zutaten er aus seiner Tasche nahm und anschließend in einer kleinen Holzschale anrührte.

Morgan atmete aus, als der Verband schließlich angebracht war, und wollte sich bereits zurücklehnen, als sie den abwartenden Blick des Alten auffing.

»Deine Schulter. Zieh bitte dein Hemd aus, damit ich mir auch diese Verletzung ansehen kann«, verlangte er mit seiner monotonen Stimme.

Verwirrt blickte sie über ihre eigene Schulter und erkannte, dass es Blut war, das ihr Hemd so dunkel gefärbt hatte, und nicht Erde.

»Ich kann draußen warten«, bot Aithan an, der ihr Zögern falsch interpretierte.

»Bleib«, sagte sie unwillkürlich und tat ihr Bestes, seinem suchenden Blick auszuweichen, bevor sie sich auf dem Bett herumdrehte. Sie zog das Hemd über ihren Kopf und presste es dann an ihre Brust.

»Was ist passiert?«, fragte Aithan. Etwas haftete seiner Stimme an, das sie nicht genau bestimmen konnte.

»Ich weiß es nicht. Vielleicht war es das Wesen, dem ich im verwunschenen Wald begegnet bin. Eine Art Spinnenvogel«, antwortete sie ehrlich. Sie konnte sich nicht daran erinnern, an der Schulter berührt worden zu sein.

»Das meine ich nicht. Deine frische Verletzung sieht aus, als wärst du von einem Zweig oder etwas in der Art aufgespießt worden. Ich rede von deinen ... anderen Wunden.«

Morgan brauchte einen Moment, bis sie verstand, was er meinte, dann stieß sie ein grobes Lachen aus, das nicht so recht zu ihr passen wollte. Sie blickte über ihre Schulter hinweg in sein Gesicht mit dem grimmig zusammengepressten Mund und der steilen Falte zwischen seinen Brauen.

»Das weißt du nicht? Dabei hast du doch bereits so viele Sklaven rekrutiert ...« Der Alte berührte unsanft eine schmerzhafte Stelle und sie zuckte zusammen, weil sie nicht darauf vorbereitet gewesen war.

»Aber du bist ... Ich dachte ...«, stotterte der Prinz, der normalerweise nie um Worte rang.

»Was? Hast du angenommen, nur weil ich klein, schmal und nutzlos bin, tut man mir nicht weh?« Sie hob spöttisch die Augenbrauen, bevor sie sich wieder abwandte und auf den Schmerz konzentrierte, den ihr der Greis sicherlich mit Absicht hinzufügte.

»Vergib mir, ich habe nicht nachgedacht.« Nun klang er distanziert und überhaupt nicht so, als würde er um Vergebung bitten.

Sie begegnete ihm mit Schweigen, presste das Leinenhemd weiterhin eng an ihre Brust und geduldete sich, bis der Heiler endlich fertig war. Erst dann machte sie Anstalten, das Hemd wieder überzuziehen.

»Warte, ich habe dir neue Kleidung mitgebracht«, hielt Aithan sie davon ab, sich wieder anzukleiden. Sie hatte bei seinem Hereinkommen nur die Schüssel bemerkt, aber vielleicht hatte er die anderen Sachen darunter getragen.

Er reichte ihr ein neues, weiches Hemd, ohne ihr zu nahe zu kommen. Schnell streifte sie es über, um sich dann zu ihm umzudrehen. Der Heiler war wortlos gegangen und hatte sie mit dem Prinzen allein gelassen.

»Ruh dich heute noch aus. Morgen möchte ich dich kämpfen sehen«, sagte er mit einem Befehlston. Er kitzelte sofort eine spöttische Antwort aus ihr hervor, als würde ihr Innerstes sich damit gegen diese Seite von ihm wehren und ihn von sich stoßen.

»Kann es kaum erwarten, Prinz.«

»Gute Nacht ... Morgan, nicht wahr?«.

Sie nickte. »Gute Nacht, Aithan«, flötete sie, um sich nicht anmerken zu lassen, wie sehr es ihr gefiel, dass er sich ihren Namen gemerkt hatte.

»Schlaf gut, Morgan.« Damit drehte er sich um und ließ sie mit ihren wirren Gedanken allein.

Kapitel · 20

Aithan gestattete Morgan einen ganzen Tag, um sich auszuruhen und die Strapazen des Laufs zu verarbeiten. Der Heiler besah sich noch zwei weitere Male ihre Verletzungen, um sich zu vergewissern, dass sie abheilten. Seine Tinkturen waren göttergegeben. Zumindest kamen sie Morgan so vor, da die Wunden um ein Vielfaches schneller verheilten, als sie es gewohnt war. Was auch immer der Greis seinen Kräutermischungen beifügte, sie würde es herausfinden müssen, um Cardea davon zu berichten. Sollte sie eines Tages nach Yastia zurückkehren, wäre ihr der Dank ihrer Freundin sicher. Vielleicht hatten bei der Herstellung sogar Blutmagier ihre Finger im Spiel gehabt.

Sie verbrachte die wenigen Stunden, in denen sie nicht ihren fehlenden Schlaf nachholte, damit, darüber nachzugrübeln, was sie hier eigentlich tat. Sie hatte sich unter großer Qual ihre vorläufige Freiheit erkauft, doch war sie wirklich frei?

Sie fühlte sich seltsam schwerelos. Ganz gleich, welchen Weg sie einschlug, sie wandelte am Abgrund. Das Verlangen, den Verräter in Yastia zu finden, war nach wie vor groß, doch sie konnte sich nicht dazu durchringen, das Lager und die Sicherheit zu verlassen. Noch nicht.

Das Geheimnis, das um Aithan, Cáel und Mathis lag, war nur eine weitere Ausrede, um sie zum Bleiben zu bewegen. Sie könnte sich hier umsehen, Menschen kennenlernen, die sie nicht als Wölfin ansahen, und sich weiterentwickeln. Wäre es denn so schlimm, ihre Rückkehr nach Yastia auf unbestimmte Zeit nach hinten zu verschieben? Die Stadt und die Schmuggler würden schon nicht davonlaufen ...

Nachdem sie sich entschieden hatte, mit dem Strom zu schwimmen und zu sehen, wohin dieser sie führte, konnte sie noch viel besser schlafen.

Am zweiten Tag nach dem Lauf wurde die Wölfin vor Sonnenaufgang von ihren zwei Mitbewohnerinnen geweckt, die bereits vollwertige Soldatinnen waren, wenn auch keine Mitglieder der Elite, der sie von nun an angehören sollte. Allein der Gedanke war absurd, aber Morgan hatte beschlossen, das Spiel mitzumachen, wenn sie dadurch nicht wieder zurück in den Käfig musste.

Als sie sich auf dem Weg zum Hauptfeuer machte, nahm sie absichtlich einen Umweg, um ebenjene Käfige nicht sehen zu müssen. Der Anblick würde ihr bloß die Laune verderben. Seit vielen Wochen fühlte sie sich das erste Mal wieder wie sie selbst. Als Wölfin, Diebin, Schmugglerin und Kämpferin, auch wenn sie Letzteres bisher nur im äußersten Notfall gewesen war.

Sie wusste mit einem Dolch umzugehen, brillierte im Werfen von Wurfsternen und konnte ihrem Gegenüber gezielte Schläge verpassen, die ihn für den Moment ablenkten und ihr dadurch ermöglichten, davonzulaufen. Im Inneren wusste sie, dass das hier nicht genug sein würde, aber die Hoffnung starb bekanntlich zuletzt. Und bei Cáel hatte es immerhin funktioniert.

Am Feuer hatte sich bereits der Großteil von Aithans Armee der Diebe und Schmuggler eingefunden und unterhielt sich über einen groben Eintopf hinweg über verschiedene Themen, die allesamt mit Kampf oder Waffen zu tun hatten. Fast hätte sich Morgan einbilden können, sie wäre wieder zu Hause im Hauptquartier der Wölfe. *Zu Hause. Wie lächerlich.* Das Quartier war nie ihr Zuhause gewesen. Nur eine Bleibe für zwischendurch, bis sie ihre Schulden abbezahlt haben würde.

»Guten Morgen«, grüßte Mathis sie. »Du siehst definitiv besser aus. Dein Sonnenbrand hat sich gelegt, hm?«

Sie starrte ihn stirnrunzelnd an. Dachte er nun, sie wären Freunde? Und wenn ja, wie sollte sie sich ihm gegenüber verhalten? So wie sie es Cardea gegenüber tat?

»Der Heiler hat mir eine Salbe gegeben. Sie hat geholfen, ja«, sagte sie leise und hoffte, dass er kein weiteres Geplänkel von ihr erwartete, denn darin war sie wahrlich schlecht.

Er schien mit ihrer Antwort zufrieden, da sein ohnehin schon blendendes Lächeln noch breiter wurde. Ungefragt legte er eine Hand an ihren Ellenbogen und führte sie zu einer der Kochstellen, um sich selbst am Eintopf zu bedienen. Sie dankte ihm mit einem kurzen Nicken, als er ihr Schüssel und Löffel in die Hand drückte.

»Wir haben nicht viel Zeit, bevor deine erste Lehrstunde beginnt, also beeil dich mit dem Essen«, wies Mathis sie mit einem Augenzwinkern an und schob sich bereits einen vollen Löffel in den Mund.

Sie unterdrückte ein Seufzen, tat es ihm aber nach. Um sie herum leerte es sich bereits und Mathis erklärte ihr, dass es verschiedene Einheiten gab, die untereinander trainierten und Aufgaben bekamen, die sie meistens nachmittags ausführten. Um ihr Lager herum waren rund um die Uhr Wachen abgestellt worden und auch sie würde dafür eingeteilt werden, obwohl Bluthexer ständig Magie wirkten, um das Lager vor neugierigen Augen zu verbergen.

»Bluthexer?«, rief Morgan lauter aus als beabsichtigt, doch niemand achtete auf sie. Mittlerweile hatte sie ihren Eintopf verschlungen und die Schüssel zurückgelegt.

»Aithan kann sehr überzeugend sein«, antwortete er lediglich mit einem Schulterzucken.

Das bezweifelte sie nicht, aber dennoch erstaunte sie, dass sich wirklich Bluthexer dieser hirnrissigen Reise angeschlossen hatten, obwohl sie es bei ihrer Ankunft bereits vermutet hatte.

»Wissen alle, wieso Aithan die Prinzessin erwecken möchte?«

»Nein«, erwiderte er plötzlich distanziert. »Und du wirst es auch nicht erfahren, es sei denn, er will es so. Komm.«

Am liebsten hätte sie nachgehakt, aber Mathis hatte ihr bereits den Rücken zugewandt. Sie folgte ihm durch das Labyrinth aus Zelten und halb offenen Ständen, in denen Kleidung und Schutzausrüstungen hergestellt wurden. Jeder ging vollkommen in seiner Arbeit auf, hatte ein Lächeln auf den Lippen und unterhielt sich mit vorbeigehenden Kriegern. Es war Morgan ein Rätsel, wie Aithan all dies nur innerhalb eines Jahres auf die Beine gestellt hatte.

Mathis lieferte sie bei einem Mann in mittleren Jahren ab, dem das linke Ohr fehlte. Morgan konnte nicht anders, als die verunstaltete Stelle anzustarren, selbst als er seinen Namen bellte. Torson, Vinuthe wie auch sie. Die Erkenntnis ließ sie in sein wettergegerbtes, faltiges Gesicht schauen, das in keinem Teil der Welt als schön gegolten hätte. Allein seine strahlend grünen Augen hatten etwas Ansehnliches, was es Morgan schließlich leichter machte, ihn als Person und nicht nur als jemanden mit einem fehlenden Ohr zu sehen.

Es gab eindeutig schlimmere Verletzungen, die jemanden entstellen konnten.

Er stand breitbeinig da, hielt links und rechts ein Schwert in der Hand und wartete ganz offensichtlich darauf, dass sie ihm eines abnahm.

Unsicher blickte sie Mathis an, der sie schadenfroh anlächelte. Am liebsten hätte sie ihm das Grinsen aus dem Gesicht geschlagen, stattdessen bewegte sie sich vorwärts.

Sie hasste es, mit Schwertern zu kämpfen, aber es schien, als würde sie am heutigen Tag nicht drum herumkommen. Natürlich könnte sie sich noch immer weigern, doch sie wollte sich nicht direkt zur ersten Trainingsstunde wie eine nörgelnde Prinzessin verhalten.

»Ich bin Morgan«, stellte sie sich schließlich vor.

»Ich weiß, wer du bist. Nimm das Schwert und lass uns beginnen.«

»Sofort?«, fragte sie und versuchte so, Zeit zu schinden.

»Sofort«, brummte er.

Morgan umfasste das unauffällig gestaltete Heft mit dem glänzenden Knauf und wog die schwere Klinge versuchsweise in ihrer Hand. Ihre verwundete Schulter ziepte noch etwas bei der Bewegung, ansonsten ließ sich das Schwert einfach führen. Es war kleiner als dasjenige, das Torson in der rechten Hand hielt. Anscheinend hatte ihm jemand von Morgans Größe berichtet oder aber er hatte sie selbst gesehen und erkannt, dass sie ein kleineres Schwert benötigen würde.

»Zeig mir erst einmal, was du kannst«, schlug Torson versöhnlich vor, nun, da sie ihm endlich das zweite Schwert abgenommen hatte.

Sie nickte und begann zaghaft mit Bewegungsabfolgen, die ihr von einem Lehrer beigebracht worden waren, den Larkin aus Eflain hatte anreisen lassen, nur um sie die Schwertkunst zu lehren. Was für eine Enttäuschung sie für ihn gewesen war! Sie verstand nicht, wieso sie dieses Versagen jetzt noch einmal durchleben sollte, zwang sich aber trotzdem, noch nicht aufzugeben.

Schließlich sollte sie Torsons Angriffe abwehren, die er sehr langsam ausführte. Als Stahl auf Stahl traf, vibrierten Morgans gesamten Arme und das Kribbeln stieg in ihren Rücken. Sie keuchte vor Überraschung. Diesen Teil des Schwertkampfes hatte sie offenbar erfolgreich verdrängt.

Torson schenkte ihr keine Pausen und steigerte seine Angriffsstafetten, bis sie glaubte, jeden Moment in Tränen auszubrechen. Er zielte mit dem Schwert zwar immer auf ihren Oberkörper, wo sie seine Schläge am leichtesten parieren konnte, doch ihre Muskeln waren durch ihre Gefangenschaft nicht mehr das, was sie in Yastia gewesen waren.

Irgendwann verschwand Mathis und kehrte mit Aithan zurück, der ihrer Folter mit unbewegter Miene beiwohnte und sie nach unbestimmter Zeit wieder allein ließ. Sie versuchte sich nichts anmerken zu lassen und das Training weiter zu absolvieren. Es hatte genug ähnliche Momente in ihrer Vergangenheit gegeben, in denen sie die Zähne hatte zusammenbeißen müssen.

Kurz nach Mittag durfte sie sich hinsetzen und etwas von dem Brot und dem Käse verspeisen, das ihr von Torson gereicht wurde, bevor er sich ihr gegenüber hinsetzte. Im Schneidersitz blickte er in den wolkenfreien Himmel hinauf, rieb sich den Schweiß von der Stirn und warf ihr dann einen langen Blick zu.

»Du hältst etwas zurück«, unterbrach er schließlich die wohltuende Stille.

»Ich halte nichts zurück, ich bin einfach nur unbegabt.« Sie hob eine Schulter. »Schwerter sind nichts für mich. Sie sind zu groß und zu schwer. Mein ... Jemand sagte mir einst, dass ich nur eine Waffe bei mir tragen soll, die ich auch zu benutzen weiß, sonst könnte ich sie meinem Gegner direkt auf einem Silbertablett reichen«, rezitierte sie Larkin, obwohl sie sich zu jeder anderen Zeit dafür geschämt hätte. Sie wollte nicht anerkennen, dass der Alphawolf auch einen positiven Einfluss auf ihr Leben gehabt hatte.

»Und er hat recht. Aber was ist, wenn du keine Waffe bei dir hast und dein Gegner dich mit einem Schwert angreift?«

»Dann sollte ich lernen, wie ich jemanden entwaffnen kann, der ein Schwert führt«, erwiderte sie trotzig.

Er brach in brüllendes Gelächter aus. Ein paar Vögel stoben aus einem nahestehenden Baum in den glühenden Mittagshimmel.

»Stimmt. Und danach?«

Sie antwortete nicht, da sie beide wussten, worauf er hinauswollte. Sie hätte ihren Gegner entwaffnet und ein Schwert in der Hand, das sie immer noch nicht führen konnte.

Das folgende Training wurde auf der einen Seite intensiver, da sich Morgan mehr anstrengte und sich selbst mehr zutraute, und auf der anderen Seite langsamer, da sie auf jeden Schritt achtete und gleichzeitig ihre Kräfte nachließen. Körperlich war sie noch immer nicht gesund und es würde seine Zeit brauchen, bis sie wieder voll belastbar wäre.

Als die Dämmerung einsetzte, wurde sie von Torson endlich entlassen. Er lobte sie einzig und allein durch ein schmales Lächeln und ein noch kürzeres Nicken, aber das reichte aus, um ihre Brust anschwellen zu lassen. Sie war stolz darauf, dass sie den Tag überstanden hatte, auch wenn sie jetzt nichts anderes mehr wollte, als sich schlafen zu legen.

In ihrem Zelt gelang es ihr nur auf sehr behäbige Weise, sich ihrer Schuhe zu entledigen und ihren Körper grob zu waschen, ehe sie mit dem Gesicht nach vorne auf die Pritsche fiel.

»Du musst essen«, ertönte Aithans Stimme vom Zelteingang, gerade als sie ihre Lider geschlossen hatte. Er war eingetreten, ohne dass sie ihn gehört hatte. Sie musste bereits eingenickt sein, sonst wäre ihr solch eine Unaufmerksamkeit nicht passiert.

Stöhnend richtete sie sich zu einer sitzenden Position auf, damit sie ihn sehen und zornig anfunkeln konnte. Was bildete er sich eigentlich ein, einfach hier aufzutauchen und mit ihr zu reden, als würde er sich um sie kümmern?

Sein braunes Haar glitzerte feucht, als hätte auch er sich gerade erst gewaschen. Der Blick aus seinen dunkelbraunen, fast schwarzen Augen wirkte wacher, als sie sich fühlte. Sie wusste nicht, ob sie selbst sich in ihrem erschöpften Zustand auf ein Gespräch mit ihm einlassen sollte. Aus Erfahrung konnte sie sagen, dass in diesen Momenten oftmals ihr Temperament mit ihr durchging.

»Natürlich muss ich essen.« Stirnrunzelnd erinnerte sie sich daran, dass sie das Abendessen vergessen hatte, so müde war sie gewesen.

»Nein, du musst mehr als gewöhnlich essen, damit du stärker werden kannst. Mathis und ich werden dir helfen, deine Muskeln neu aufzubauen.«

»Das klingt, als würdet ihr mich zu einer richtigen Kriegerin machen wollen«, erwiderte sie spöttisch, bevor sie sich mit beiden Händen über das Gesicht rieb. Etwas, gegen das sie sich unter Larkins Ausbildung gewehrt hatte. Sie war keine Assassine, sondern eine Schmugglerin, die sich nur im Notfall verteidigen sollte. Kopfschüttelnd stand sie auf und suchte erneut seinen Blick. »Warum? Warum interessiert es dich plötzlich so, mir zu helfen? Du wolltest mich vorher nicht mal aus dem Käfig lassen. War es der Anblick meiner Narben? Bemitleidest du mich jetzt?« Sie lachte trocken auf.

Er beobachtete sie genau aus seinen Augen, die sich weiter verdunkelten. Vielleicht spielte das schwache Licht nur mit ihren Sinnen.

»Wenn ich dich bemitleiden würde, würde ich dich weit wegschicken«, antwortete er mit rauer Stimme. Er hatte sich keinen Zoll bewegt und trotzdem hatte sie das Gefühl, als würde er direkt vor ihr stehen. Als würde sie seinen Atem auf ihren Wangen spüren und die Wärme würde sich um ihre Haut legen. Körperliche Wärme, die sie vermisste.

»Also ...?«

Er blickte gen Zeltdach und verschob damit die Spannung. Das Atmen fiel ihr leichter.

»Du gehörst zu den wenigen hier, die meine wahre Identität kennen. Ich behalte dich lieber in meiner Nähe.«

Sie wartete einen Moment ab, bis er sie endlich wieder ansah, dann nickte sie. »In Ordnung.«

»Komm, ich führe dich etwas herum und dann solltest du dich zu den anderen am Lagerfeuer gesellen«, schlug er vor. »Ich warten draußen.« Ohne eine Antwort abzuwarten, trat er aus dem Zelt.

Sie schüttelte über diesen seltsamen Besuch den Kopf. Was hatte er in ihr gesehen, als er sie heute während des Schwertkampftrainings beobachtet hatte? War er beeindruckt? Nun, wenn er ihr sagen musste, dass sie mehr essen sollte, dann war er vermutlich peinlich berührt darüber, wie schlecht sie tatsächlich kämpfte.

Es machte sie rasend, dass jemand, den sie beeindrucken wollte, derart schlecht von ihr dachte. Sie hatte während der Lehrstunde nicht ihre ganzen Fähigkeiten zeigen können. Es steckte mehr in ihr.

Kapitel · 21

Seufzend zog Morgan ihre Stiefel an und schloss zum Prinzen auf. Er beglückwünschte gerade eine Kriegerin, weil er von ihren Fähigkeiten mit dem Speer beeindruckt war.

»Ich würde gerne einmal gegen dich antreten«, erklärte er und erntete ein freundliches Lächeln.

»Sehr gerne. Du weißt, wo du mich findest«, antwortete sie augenzwinkernd, bevor sie Morgan mit einem Nicken begrüßte und dann weiterlief.

»Machst du das öfter?«, erkundigte sich Morgan, als sie sich in Bewegung setzten. Aithan führte sie zunächst von den Feuern weg.

»Mit unterschiedlichen Kriegern trainieren?«

»Wenn es die Zeit erlaubt, ja.« Er legte eine Hand auf das Siegel, das er wie immer unter seinem Hemd trug. »Es erinnert mich an meinen Vater. Obwohl er König war, hat er sich stets Momente gestohlen, um sie mit seinen Kriegern zu verbringen. Ich habe ihn oft beim Kämpfen beobachtet. Und als ich älter wurde, durfte ich mich hin und wieder auch daran beteiligen.«

»Ein kleiner Junge mit einem riesigen Schwert?« Morgan musste bei der Vorstellung lachen.

»Ich muss dich enttäuschen. Ein Holzschwert war alles, was ich schwingen durfte. Mutter hätte mir sonst nie erlaubt, teilzunehmen«, gestand er lachend, doch dann wurde er still. Die Erinnerungen holten ihn ein und für einen Augenblick versank er in ihnen. Seine Miene nahm einen entrückten Ausdruck an.

Morgan wollte ihn nicht in diesem betrüblichen Zustand sehen. Es ließ sie Dinge fühlen, die sie nicht fühlen wollte. »Wohin gehen wir?«

Sie wandte sich für einen Moment von ihm ab, um sich ihrer Umgebung erneut bewusst zu werden. Noch immer schritten sie zwischen den Zeltreihen entlang und ihr Blick wurde wieder von Aithan angezogen. Er blinzelte.

»Wir sind fast da. Ich wollte dir ein paar Orte zeigen«, verkündete er und deutete mit seiner Hand nach vorne. »Hier arbeitet unser hauseigener Schmied.«

Vor ihnen erhob sich ein dunkles, offenes Zelt, das zu dieser Stunde verlassen war. Steinerne Essen waren vor dem Zelt errichtet worden, zudem gab es mehrere Härtebecken und lange Tische, auf denen Eisen, Werkzeuge und Tücher verteilt lagen.

Nachdem sie sich eine Weile umgesehen hatten, lenkte Aithan sie zu ihrem Lebensmittel- und dem Waffenlager und gestattete ihr, ein paar Dolche zu berühren. Er beendete die Diskussion, ob sie einen mitnehmen durfte, allerdings damit, sie an den Rand des Lagers zu ziehen.

»Der Rand wird ständig patrouilliert, sodass wir rechtzeitig gewarnt werden, sollte sich uns jemand nähern. Uns umgibt außerdem noch ein Bannzauber, der Fremde und … Wesen wie Windwer fernhält«, klärte Aithan sie auf. »Allerdings existiert eine Stelle außerhalb, die dafür bekannt ist, von jenen Windwer heimgesucht zu werden. Man kann sie sich gut merken, weil nur dort rote Kugelkletten wachsen.«

»Kugelkletten?« Sie blickte ihn aus dem Augenwinkel an. Hier am Rand des Lagers war das Licht spärlich gesät. Die Fackeln waren nur in großen Abständen in eisernen Halterungen in den Boden gestampft worden. Trotzdem konnte sie erkennen, wie entspannt Aithan war. Als würde er sich in ihrer Anwesenheit wirklich wohlfühlen und sie begriff, dass es ihr ganz genauso ging.

Er holte gerade einen abgestorbenen Stock aus seiner Westentasche und lächelte sie anerkennend an. Nur durch sie wussten sie von der Schwachstelle der Windwer.

»Ziemlich nervig, diese Kletten. Wenn sie sich einmal in deiner Kleidung oder in deinen Haaren verfangen, ist es eine Qual, sie wieder zu entfernen. Jede Kugel muss einzeln abgezogen werden.« Er lachte. »Das kann Stunden dauern, glaub mir, ich musste die Erfahrung bereits einmal machen. Hier sind wir schon.«

Er bog nach links ab vom Lager weg und trat mit ihr an seiner Seite zwischen die Bäume. Sie mussten nicht weit gehen, da deutete er bereits auf einen kleinen rötlichen Haufen auf der Rinde einer Eiche. Die Kletten zogen eine längliche Spur bis auf den Boden, wo sie sich zu einer weiteren Fläche zusammenfanden.

Im nächsten Moment wurde ihre Aufmerksamkeit jedoch von den Kletten weggelenkt, da sie gleichzeitig bemerkten, dass sie nicht allein waren. Jemand näherte sich ihnen.

»Cáel«, begrüßte Aithan den Schwarzhaarigen. »Was machst du hier?«

»Patrouillieren.« Sein Blick wanderte vom Prinzen zu ihr, aber abgesehen davon zeigte er keinerlei Reaktion auf ihre Anwesenheit. Er blieb ein paar Schritte vor ihnen stehen, sodass ihn das Licht kaum erreichte.

»Ich dachte, du wolltest das nicht mehr machen. Wie war das noch gleich?« Aithan rieb sich das Kinn, bevor er den Finger hob, als hätte er die passende Erinnerung gefunden. »Genau, es sei *unter deiner Würde*.«

Cáel presste die Lippen fest aufeinander. »Das sind die Worte deines Vetters gewesen, Aithan. Warum freust du dich nicht darüber, dass ich mich um das Wohl des Lagers kümmere?«

»Das tue ich.« Aithan trat lachend vor und schlug seinem Freund auf die Schulter. Dieser lächelte tatsächlich, wodurch er ein Grübchen auf seiner Wange offenbarte, das so gar nicht zu dem Rest seiner grimmigen Gestalt passen wollte. »Nun, wir ziehen weiter. Lass dich nicht von einem Windwer überraschen.«

Morgan warf ... ihrem Feind einen letzten Blick zu, dann folgte sie Aithan zurück ins Lager. Sie konnte das Gefühl nicht abschütteln, dass Cáel ihnen folgte, doch sie sah niemanden, als sie einen Blick über ihre Schulter wagte.

»Da wir gerade hier sind, ich muss noch etwas erledigen«, sagte Aithan und riss sie aus ihren wirren Gedanken. »Findest du allein zu den Feuern?«

Er sah sie freundlich und offen an, nichts war mehr von seinem anfänglichen Misstrauen zu sehen. Sie erwiderte seinen Blick, suchte weiter und weiter, doch sie fand keine Reste. Es war nicht möglich, dass er sich um sie kümmerte, nur weil er ihre Gesellschaft genoss.

Um das zu glauben, hätte sie ganz schön leichtgläubig sein müssen ... Trotzdem fand sie in seinen Augen nur Wärme.

»Natürlich«, sagte sie schroff und wandte sich als Erste ab. Sie wollte nicht diejenige sein, die von ihm zurückgelassen wurde.

Es dauerte nicht lange, bis sie erneut die Schmiede erreicht hatte und von dort aus fand sie ihren Weg zu den großen Feuern.

Um diese war etwas weniger los als noch am frühen Morgen, wie sie mit großer Erleichterung feststellte. Dadurch dauerte es nicht lange, bis sie Mathis ausmachte.

Er hatte sich auf den gleichen Platz gesetzt wie am Morgen auch und die Beine von sich gestreckt, sodass seine Sohlen an den Begrenzungssteinen des Feuers ruhten. Dieses Mal aß er allerdings allein. Es schien, als würden die anderen eher unter sich sein und nicht die rechte Hand ihres Anführers in ihre Gespräche mit einbeziehen wollen.

»Ist hier noch frei?«, fragte sie lächelnd, als sie sich zu ihm gesellte, und gab sich Mühe, ihrer neuen Rolle als Freundin gerecht zu werden.

»Hat dich Aithan also aufgespürt?«, interpretierte er ihr Auftauchen richtig und kreuzte die Beine an den Knöcheln.

Sie verdrehte die Augen, ohne dass er es sehen konnte, und beugte sich dann mit einer noch sauberen Schüssel vor, um die Reste aus dem Messingtopf zu kratzen. Wieder mal Eintopf.

»Er sagte mir, ich solle mehr essen. Hier bin ich.«

»Du hast dich heute gut geschlagen.«

»Ich hasse Schwerter. Sie sind riesig und unhandlich.« Larkin hätte dieses Geständnis niemals aus ihr herauskitzeln können, aber sie verabscheute Mathis' aufmunternde Worte. Als würde sie sein Mitleid oder seine Sympathie brauchen.

»Womit kämpfst du lieber?« Er beobachtete sie aufmerksam, als sie einen Löffel anhob und pustete.

»Dolche. Wurfsterne. Manchmal auch mit einem Bogen, aber in der Stadt hat man nur selten Gelegenheit, ihn zu benutzen«, antwortete sie, ehe sie darüber nachdenken konnte. Sie sollte darauf achten, was sie von sich preisgab, wer wusste schon, was sie mit ihrem Wissen um sie anfangen würden. Es war wichtig, ihnen nicht vollends zu vertrauen. Jeder von ihnen besaß sein eigenes Ziel und das musste sie sich in Erinnerung rufen. Im Notfall würden sie sich gegen sie wenden. Sie war das neue Mitglied und besaß nur ihre Geheimnisse, um sich zu schützen – und ein paar ausgezeichnete Nahkampfstafetten.

»Aus welcher Stadt kommst du?« Er zog seine Beine wieder an und beugte sich vollkommen entspannt nach vorn, trotzdem konnte sie seine kaum zu bezähmende Neugierde in dieser Bewegung erkennen.

Sie zögerte den Bruchteil einer Sekunde zu lang und er deutete das Schweigen richtig. »Schon in Ordnung. Du brauchst es mir nicht zu sagen, wenn du dich noch nicht wohl genug fühlst.«

Sie runzelte irritiert die Stirn. »Das hat damit überhaupt nichts zu tun«, wehrte sie sich vehement und erkannte selbst, dass sie ihm direkt in die Hände gespielt hatte. Ihr Protest hätte etwas weniger heftig ausfallen können.

»Es ist nicht schlimm, Morgan, wirklich nicht«, beschwichtigte er sie und ging sogar so weit, ihr eine Hand auf den Unterarm zu legen. Sofort schüttelte sie ihn ab, aber er war unfähig, ihren flimmernden Zorn wahrzunehmen.

»Du hast nicht den blassesten Schimmer, wovon du redest«, zischte sie und war kurz davor, aufzuspringen und davonzulaufen, wenn sie dadurch nicht von ihm als Schwächling abgestempelt worden wäre.

»Wir alle haben unsere Geheimnisse«, sagte er weiter mit dieser nervtötenden ruhigen Stimme, ohne auf ihren Protest einzugehen, als wäre sie ein kleines Kind. Anstatt weiter über ihr persönliches Wohlempfinden zu sprechen, erprobte er sich an einer anderen Möglichkeit, um ihre Gefühle nicht zu verletzen. Dieses rücksichtsvolle Verhalten, dieses Verständnis ... es quälte sie beinahe noch mehr. Warum sorgte er sich überhaupt? War er wirklich so gutherzig oder empfand er nur eine gewisse Schuldigkeit ihr gegenüber, weil sie bei dem Lauf unter die besten sechs gekommen war?

»Und was ist deines?«, verlangte sie zu erfahren, während sie gleichzeitig über seine Beweggründe nachdachte. Hinter ihm und seiner Maske aus Freundlichkeit musste noch mehr stecken. Sie glaubte nicht an reine Nächstenliebe.

»Wenn ich es dir erzähle, ist es kein Geheimnis mehr.« Er zwinkerte ihr zu.

Sie musterte ihn unauffällig aus dem Augenwinkel, nachdem er sich wieder dem Feuer zugewandt hatte. Alles an ihm wirkte sanft, freundlich und treu. Nur wenn Cáel in der Nähe war, veränderte sich seine Aura und er wurde zu einer beinahe völlig anderen Person. Seine Körperhaltung war dann stets angespannt und um seinen sonst immer lächelnden Mund beobachtete sie häufig einen harten Zug. Er stocherte mit einem Zweig in dem Unterbau des knisternden Feuers herum und sie schlürfte die Reste des Eintopfs aus, als sie den Entschluss fasste, seinem Wesen auf den Grund zu gehen. »Stimmt es wirklich, dass du Aithan aus Yastia gerettet hast?«

»Wo hast du das aufgeschnappt?«

»Es ist das, was man sich erzählt«, antwortete sie schulterzuckend. Aithan hatte das Gerücht bereits bestätigt, aber sie wollte es genauer wissen.

»Es ist wahr, ja. Uns blieb nicht viel Zeit. Ich musste seinen Eltern versprechen, die seit dem Tod meiner eigenen immer für mich da gewesen waren, ihn sicher aus der Stadt zu bringen. Natürlich ging er nicht freiwillig mit, also musste ich ihn … mit anderen Mitteln rausschaffen.« Er stieß ein hohles Lachen aus und fuhr sich mit der freien Hand durchs Haar. »Wieso erzähle ich dir das noch mal?«

»Weil ich so furchtbar charmant bin?«, bot sie an und schubste ihn leicht mit ihrer Schulter, um ihn aufzumuntern. »Aithan scheint aber nicht sonderlich vor Dankbarkeit zu sprühen, so wie er sich dir gegenüber verhält, wenn du ihm deine Vorbehalte Cáel gegenüber mitteilst«, bemerkte sie nach weiteren Sekunden der Stille.

»Er nimmt es mir übel.«

Sie hielt in der Bewegung, die Schüssel auf den Boden abzustellen, inne. »Und das, obwohl er wissen muss, dass es sein sicherer Tod gewesen wäre, wenn ihr geblieben wärt?«

»Ja, er weiß es.« Seine Stimme klang so resigniert wie das Seufzen, das er anschließend verlauten ließ. Den Stock, mit dem er gespielt hatte, warf er nun direkt ins Feuer, das ihn glücklich verspeiste.

»Aber …« Sie stockte, während sie ihre Gedanken ordnete. Natürlich hatte sie geahnt, dass Aithan seinem Vetter nicht ewige Dankbarkeit geschworen hatte, so sehr wie sie manchmal stritten, aber diese Wahrheit? Nun, sie fühlte sich überwältigend an und für einen Moment konnte sie nicht anders, als Mathis mit offenem Mund anzustarren. »Das ist dumm. Dein Prinz ist ein Narr!«

»Vielen Dank, Morgan«, ertönte ausgerechnet die Stimme ebenjenes Prinzen. »Und wärst du so freundlich, mir zu sagen, warum genau ich ein Narr bin?«

»Ich will nicht darüber reden«, stieß sie hervor und sah seine Gestalt über sich lauern.

Wütend über ihre eigene Unfähigkeit und seine Sturheit sprang sie auf und ging zornesfunkelnd an ihm vorbei, direkt aus dem Lager hinaus. Sie wollte keinen Streit anzetteln und so war es besser, Abstand zu wahren.

Denn zu einem Streit würde es zwangsläufig kommen. Was hatte sie sich nur dabei gedacht, Mathis derart auszufragen? Sie sollte diesem Lager, diesen Menschen und diesem waghalsigen Vorhaben so schnell wie möglich den Rücken zukehren, solange sie noch konnte. Stattdessen ließ sie sich von ihren Gefühlen beherrschen, wie sie es in den letzten vier Jahren nicht mehr zugelassen hatte.

Am Waldrand holte Aithan sie jedoch ein. Seine Hand schloss sich um ihren Unterarm und er drehte sie zu sich herum. Zwei Fackeln, die in den ausgetrockneten Boden geschlagen worden waren, spendeten genug Licht, um die Schatten aus seinem Gesicht zu vertreiben. Die zusammengezogenen Brauen und ein Zucken seines Wangenmuskels verrieten ihr seine Irritation. Nichts war mehr von der Wärme in seinen Augen zu sehen, die sie zuvor noch so eingenommen hatte.

Wenn sie sich nicht wie ein Kleinkind benehmen wollte, hatte sie keine Wahl, als nachzugeben und das Gespräch über sich ergehen zu lassen.

»Bei den neuen und alten Göttern, sagst du mir jetzt, was los ist?«, presste er zwischen zusammengebissenen Zähnen hervor. »Wieso bist du abgehauen?«

»Lass mich los«, zischte sie und entriss ihm in demselben Moment den Arm. Er hatte seinen Griff gelockert, sodass sie durch ihren eigenen Kraftaufwand das Gleichgewicht verlor und einen Schritt nach hinten stolperte.

Aithan hob beide Hände, um seine Unschuld zu betonen. Sie hätte die Augen verdreht, wenn sie nicht derart aufgewühlt gewesen wäre.

Es schien, als würden all die Gefühle, die sie in den letzten Jahren so sorgfältig verschlossen hatte, an diesem abgeschiedenen Ort an die Oberfläche brodeln.

»Also?« Er senkte seine Hände und seine verschränkten Armen formten vor seinem Oberkörper eine Barriere zwischen ihnen.

»Warum willst du unbedingt wissen, was geschehen ist?« Sie versuchte ein letztes Mal, sich aus dieser prekären Lage zu manövrieren, um ihr Gesicht zu wahren. »Wir kennen uns kaum.«

Sie konnte nicht genau sagen, woran sie erkannte, dass ihn ihre Worte trafen. Vielleicht an dem langsamen Durchatmen, das seine Schultern anhob, an dem kurzen Seitenblick oder an dem Befeuchten seiner Lippen. Aber sie fühlte es.

»Schön, dann sind wir eben keine Freunde.« Seine Stimme war eisern und verriet keines seiner Gefühle. Sein ganzer Körper versteinerte sich, als würde er sich auf einen Angriff vorbereiten. »Du arbeitest allerdings für mich und ich muss wissen, ob ich dir vertrauen kann. Also, weshalb bin ich ein Narr in deinen Augen?«

Morgan hätte am liebsten die Hände zu Fäusten geballt, wenn sie dadurch nicht das Maß ihrer Verwirrung verraten hätte. Aithan klang so ernst, selbstsicher, fokussiert … Vielleicht irrte sich Mathis und er nahm ihm die Entführung nicht übel? Vielleicht war er wie sie und wusste sein Leben zu schätzen? Vielleicht …

Es gab nur einen Weg, die Wahrheit herauszufinden.

»Du bist ein Narr, weil du Mathis nicht dafür dankst, dass er dir dein Leben gerettet hat, sondern ihn dafür verurteilst«, perlten die Worte über ihre Lippen, die ihr Herz derart berührt hatten. Wie *dankbar* sie Mathis gewesen wäre, wenn er sie vor den Fängen Larkins beschützt hätte. Sie hätte den Boden unter seinen Füßen geküsst!

»Das hat er dir gesagt?«

»Ist es denn nicht die Wahrheit?« Als er nicht antwortete, fühlte sie sich in ihrem Zorn bestätigt. »Nur durch ihn bietet sich dir jetzt überhaupt die Möglichkeit, deinen Thron zurückzugewinnen, wenn es das ist, was du geplant hast. Aber du verhältst dich wie ein beleidigter kleiner Junge, der nicht mit seinen Eltern sterben durfte. Werde erwachsen!« Sie schüttelte den Kopf und ließ die Schultern sinken. »Das habe ich eigentlich gar nicht sagen wollen. *Deshalb* bin ich gegangen.«

Er wich einen Schritt zurück und blickte sie mit deutlichem Abscheu in den Augen an.

»Umso besser, dass du mir deine so freundlichen Gedanken direkt ins Gesicht sagen kannst«, knurrte er und presste die Lippen zusammen. Auf seinen Wangen erschienen rote Flecken, die sicherlich von seinem eigenen Zorn hervorgerufen wurden. Er machte eine entschiedene Geste mit den Händen. »Du weißt rein gar nichts. Hast nicht gesehen, was ich sah. Hast nicht gefühlt, was ich fühlte.«

Sie hatte ganz offensichtlich sein Innerstes berührt, seine Vergangenheit ohne seine Zustimmung ans Licht gezerrt. Den Jungen, der seine Eltern auf so grausame Art und Weise verloren hatte, hatte sie verurteilen wollen, weil *sie* es ihm neidete. Weil *sie* gerne dieser Junge gewesen wäre. Sie hätte gerettet werden wollen. *Sie* hätte ein normales Leben haben wollen. Warum konnte er sein Glück nicht sehen und warum sah sie es in all seiner Deutlichkeit?

Ihr Herz trommelte heftig in ihrem Brustkorb.

»Was weißt du schon?«, fügte er etwas schwächer hinzu.

»Worüber?« Sie sollte gehen. Sie sollte sich umdrehen und dieses Gespräch hinter sich lassen. Doch sie blieb. Der masochistische Teil in ihr hatte die Kontrolle übernommen.

»Über verstorbene Eltern. Über das Verlassen deiner Familie, deines Zuhauses, nur damit du atmen kannst. Nur damit du von einem Tag auf den anderen überleben kannst, ohne irgendeine Perspektive! Ohne Hoffnung ...«, redete er sich in Rage und trat wieder einen Schritt vor, um sie mit seiner Größe und seinen Worten einzuschüchtern. Er wollte nicht, dass sie verstand. Er wollte dieser kleine einsame Junge bleiben, zu dem sein Vetter ihn seiner Meinung nach gemacht hatte.

Oh, wie sehr sie ihn verabscheute!

Sie überbrückte die Distanz zwischen ihnen und hob belehrend einen Finger, den sie unnachgiebig in seine Brust bohrte. »Ich bin hier nicht gelandet, weil ich es so wollte, Eure Hoheit«, fauchte sie. »Jemand hat mich zu dem gemacht, was ich heute bin, und es ist nicht durch Nettigkeit und Freundschaft passiert, das kannst du mir glauben. Ich will ... Wenn nur eine Person da gewesen wäre, um mich zu beschützen. Wenn nur ein Mathis in meinem Leben gewesen wäre ...« Sie schluckte, unfähig, den Satz fortzusetzen. Den Gedanken weiterzuspinnen, wie sie in einem anderen Leben gefahren wäre.

Aithan öffnete den Mund, um etwas zu erwidern, aber offensichtlich fiel ihm nichts Passendes ein, denn er schloss ihn wieder. Sie nutzte die Gelegenheit und drehte sich abrupt um. Sekunden später stürmte sie zwischen den Zelten davon, um ihm nicht ihre vor Scham geröteten Wangen zu zeigen. Sie hatte ihm ihre intimsten Gedanken offenbart und fühlte sich so bloßgestellt. Es war schlimmer, als plötzlich nackt vor ihm zu stehen. Ihr Innerstes gehörte nur *ihr*. Das war ihr kostbarstes Gut. Etwas, das selbst Larkin ihr nicht hatte nehmen können, und sie? Sie erlag ihren nicht zu zügelnden Gefühlen.

Oh bei allen Göttern und Fäden, was hatte sie getan?

Was war bloß in sie gefahren? Sie hätte Aithan niemals derart anherrschen sollen, ganz egal, was sie davon hielt, wie er mit seinem Vetter umging. Es war nicht ihre Angelegenheit und jetzt dachte er wahrscheinlich, sie wäre verrückt.

Es sollte ihr egal sein, was er dachte. Trotzdem war es das nicht.

Erleichtert fand sie ihr eigenes Zelt wieder, in dem bereits die zwei Kriegerinnen auf ihren Pritschen lagen und sie beim Eintreten beäugten.

»Morgan«, begrüßten sie die Wölfin, die ihnen lediglich zunickte, ehe sie sich auf ihre Pritsche fallen ließ und das gerötete Gesicht in ihrem Kissen vergrub. Der Geruch von Pinienholz stieg ihr in die Nase und erinnerte sie an Aithan.

Eine der Kriegerinnen löschte irgendwann die einzige Öllampe, die sie in dem Zelt besaßen, während sich Morgan von einer Seite auf die andere wälzte. Irgendwann überwand sie sich dann dazu, Stiefel und Tunika auszuziehen, doch einschlafen konnte sie trotz ihrer Erschöpfung nicht.

Immerzu musste sie an das Gespräch zurückdenken. Diese hitzige, unbedachte Reaktion sah ihr nicht ähnlich. Sie hätte ihr in Yastia das Leben gekostet, aber was würde hier mit ihr geschehen? Was hatten ihre durch Unachtsamkeit ausgesprochenen Gedanken für Konsequenzen?

Der Prinz hatte ihr ja unbedingt folgen und sie damit in diese prekäre Lage bringen müssen.

Verflucht sei er!

Nein, ganz egal, wie sie es drehte und wendete, nach dem, was sie zu ihm gesagt hatte, konnte sie ihm nicht mehr ins Gesicht sehen. Das geschah, wenn man sich in fremde Angelegenheiten einmischte.

Vielleicht würde es sie wieder zur Vernunft bringen, wenn sie ein wenig Abstand vom Lager bekäme. Sie beschloss, dieses am nächsten Tag für einen ausgiebigen Spaziergang zu verlassen. Sie wollte sich die Gegend ansehen, zur Ruhe kommen …

Dieser Gedanke nahm ihr das Gewicht von den Schultern, sodass sie problemlos in den Schlaf gleiten konnte.

Und die Zwerge ernannten sich zu ihren Gefährten, damit sie leben konnte und wieder lieben.

Kapitel · 22

Calcas Gore entfernte sich nur wenige Schritte von der Doppeltür. Er hasste es, wenn der König seine Audienz in seinem Schlafgemach abhielt. Als wäre ihm die Meinung des Dux Aliquis' vollkommen gleichgültig und er würde ihn als eine notwendige, aber nicht willkommene Last ansehen. Dabei hätten sie gleichgestellt sein sollen, schließlich war es zu einem großen Teil dem Bluthexer zu verdanken, dass König Deron das Königreich Atheira in nur vier Tagen eingenommen hatte.

Und dennoch ... Hier war er und musste dabei zusehen, wie sich Deron mit zwei jungen, kichernden Frauen amüsierte, die ihn mit in Schokolade getauchten Trauben fütterten. *Vier Tage,* bei allen Fäden.

Seine Schläfen pochten unangenehm, als das viel zu hohe Kichern erneut erklang und Deron daraufhin sein brummendes Lachen verlauten ließ.

Der König saß auf seinem reich verzierten, gepolsterten Damastsofa und war in einen nachtblauen Mantel gekleidet, der mit goldenen Fäden durchzogen war und dessen Saum ebenso hell im Licht der Kerzen glänzte. Auf seinem Schoß thronte die Rothaarige, hinter ihm saß die Blonde und beide wirkten gerade so alt wie Derons älteste Tochter Rhima.

Der Dux Aliquis tat sein Bestes, sich seine Abscheu nicht anmerken zu lassen, und neigte stattdessen ergeben den Kopf. So konnte er die Wahrheit in seinen Augen zumindest für einen Moment verbergen.

Er bevorzugte es, seinen König in einer seiner Schatzkammern zu besuchen, die mit den kuriosesten Dingen gefüllt waren. Calcas war es zwar nicht erlaubt, etwas in diesen Räumen der fremdartigen Artefakte zu berühren, aber er schätzte die Ruhe und die Abwesenheit von Huren.

»Was führt dich zu mir, mein Freund?«, wurde er nun endlich von seinem König adressiert. Sie befanden sich neben den Frauen noch zusätzlich in Anwesenheit von zwei königlichen Leibwächtern, die Calcas am liebsten hinausgeschickt hätte, aber er wusste, dass Deron das nicht zulassen würde. Der König würde selbst entscheiden, wann und wo er allein mit seinem Hohen Priester sprach.

»Euer Sohn, Jeriah, hat die Gefangene Rhea Khemani erneut aufgesucht. Ohne Begleitung. Ich mache mir Sorgen, Eure Majestät«, kam er schließlich auf das Thema zu sprechen, ohne sich weiter über die mangelnde Privatsphäre aufzuregen. Seine Launenhaftigkeit würde dem König andernfalls nur in die Hände spielen und dazu führen, dass er noch schwieriger im Umgang wurde.

Deron neigte leicht den Kopf, während seine Hände die Brüste seiner Spielgefährtin betasteten. Sie trug nur ein leichtes, grün gemustertes Seidennachthemd, das mehr zeigte als verhüllte.

»Ich nehme an, sie ist mittlerweile zur Frau gereift?« Milde Neugierde spiegelte sich in der Frage wider. Der König würde nur Interesse an ihr zeigen, wenn sie sich durch ihre Magie von anderen unterschied. Eine weitere Kuriosität für sein Kabinett.

Calcas runzelte die Stirn. »Was hat das damit zu tun?«

Wollte Deron wirklich darauf anspielen, dass Jeriah sich mit einer gemeinen Kriminellen einließ? Es tat nichts zur Sache, dass sie nie ein Verbrechen begangen hatte, sie saß im Kerker! Calcas hielt Jeriah nicht für besonders scharfsinnig, aber mehr Verstand traute er dem Jungen dann doch zu.

»Gore, du sagtest selbst, dass sie noch immer nicht den leisesten Hauch von Magie gezeigt hat. Warum sollte Jeriah sie sonst besuchen?«

»Ganz genau meine Frage, Sire«, bestätigte der Dux Aliquis, der ein unangenehmes Gefühl in der Magengegend verspürte, wenn er an die Besuche des Jungen dachte. Er ahnte, dass da etwas in der Zukunft lauerte, auf das er gefasst sein sollte, und er musste den König davon überzeugen.

»In Ordnung«, seufzte Deron. »Ich werde mit ihm reden, wenn es dich beruhigt. Sonst noch etwas?«

Calcas' Gedanken rasten sofort zu Jeriahs versteckter Drohung, als dieser ihm von Dylains unangebrachtem Verhalten erzählt hatte. Dylain war ihm ein guter Sohn, doch im gleichen Maße war er ihm auch ein

Dorn im Auge, wenn er sein Temperament nicht beherrschen konnte. Der Dux Aliquis entschied, diese Angelegenheit lieber für sich zu behalten. Er wagte nicht einzuschätzen, wie der König an diesem Tag zu seiner Tochter stand und ob er in der Stimmung war, sie zu beschützen.

»Die neuen Heilerinnen werden heute Nacht erwählt«, sagte er stattdessen und hätte sich gleichzeitig am liebsten auf die Lippe gebissen. *Heilerinnen*, hatte er gesagt, dabei wurde seit Jahren jeweils nur noch eine gefunden, als würden ihn die Götter dafür verhöhnen wollen, dass ihm eine Auserwählte durch die Finger geronnen war.

»Rechnest du mit Problemen?« Die dunkle Stimme des Königs klang weit entfernt, als hätte er dem Priester bereits den Großteil seiner Aufmerksamkeit wieder entzogen. Calcas brodelte innerlich und erlaubte sich einen kurzen Moment der Verzweiflung, indem er die knochigen Finger in seiner blutroten Robe vergrub.

»Nicht mit mehr als sonst«, antwortete er wahrheitsgemäß. »Eure Majestät ...«

»Jaja, du bist entlassen.«

Mit zusammengepressten Lippen verließ er das Gemach, in dem es nach Schweiß, Wein und Sex roch. Ihm wurde übel vor Zorn.

Es brauchte mehrere Korridore, bis sich der Rauch in seinem Kopf verflüchtigt hatte und er wieder bei klarem Verstand war. Vor zehn Jahren war Deron, ehemals König von Eflain, zu ihm gekommen und hatte ihn aus einer Laune heraus zum Hohen Priester ernannt, ohne Rücksicht auf sein engstirniges Nachbarland Atheira zu nehmen, das jede Art von Magie verabscheute. Blutmagie war zu jener Zeit etwas Neues und Andersartiges für den König gewesen, das er unbedingt hatte erforschen wollen. Sein Wissensdurst konnte monatelang andauern, ohne auch nur ansatzweise gestillt zu werden. Deron und Calcas hatten Nächte damit zugebracht, Pläne zu schmieden. Einer hirnrissiger und gefährlicher als der andere, doch in einer dieser Nächte war die Eroberung Atheiras geplant worden und ein halbes Jahr später führten sie diese mit Erfolg aus. Deron war nun König von Atheira und Eflain, und Calcas? Er war der Hohe Priester und bekam freie Hand, was die magische Seite des Königreiches anging. Eigentlich gab es nichts, worüber sich der Dux Aliquis beschweren konnte, doch das nagende Gefühl der Ungerechtigkeit blieb.

Er erreichte den aufgeheizten Innenhof, in dem sich zu dieser Mittagsstunde viele Menschen aufhielten. Bei den meisten von ihnen handelte es sich um trainierende Krieger, weshalb er ihnen keinerlei Beachtung schenkte und weiter seinen Gedanken nachhing.

Deron wandte sich immer weiter von ihm ab. Er genoss das Leben als Eroberer und Herrscher in vollen Zügen, doch sein Appetit schien gesättigt. Sein Blick reichte nur bis an die Grenzen des Königreiches und nicht weiter hinaus. Er sah nicht das, was Calcas sehen konnte: grenzenlose Macht. Ganz Ayathen unter einem einzigen König vereint und Calcas als mächtigster Hexer an seiner Seite!

»Dux Aliquis«, begrüßte ihn eine eisige Stimme inmitten der Hitze des Innenhofs, den der Priester gerade betreten hatte.

Als er aufsah, blickte er direkt in die blauen Augen seiner Herrscherin und verneigte sich tief. Tiefer, als er es bei ihrem Gemahl je tun würde.

»Eure Majestät.« Er küsste den Rücken ihrer dargebotenen Hand und richtete sich wieder auf.

Königin Phaedra war ein Anblick für die alten und die neuen Götter. Trotz vier Schwangerschaften war sie noch immer so jung und schön wie vor zwanzig Jahren. Ihr heller Teint makellos, das blonde Haar zu einer beeindruckenden Frisur aufgetürmt. Ihr schlanker Körper war heute in eine eisblaue Seidenrobe mit Spitzenbesätzen gehüllt und ließ sogar ihn, Calcas, spüren, dass er noch immer ein Mann war – in dem Grab, das er für seine menschliche Seite ausgehoben und das seine magische Seite kaum betrauert hatte. Er fühlte sich eindeutig zur Königin hingezogen, doch er hatte schon vor Jahren der Fleischeslust entsagt. Sie lenkte ihn von seinen Zielen ab und zehrte an seiner Macht. An einem Tag wie heute allerdings bereute er seine Entscheidung.

»Was führt Euch nach draußen?«, erkundigte sie sich. Ihr Anhang wartete geduldig hinter ihr und bestand aus ihren Hofdamen, Leibwächtern und Verwaltern, mit denen sie sich vermutlich bis zu diesem Moment unterhalten hatte.

»Ich bin auf dem Weg zum Turm der Heilerinnen«, sagte er leise, da er wusste, dass die Königin laute Stimmen verabscheute.

Ihre vollen Lippen verformten sich zu einer nachdenklichen Linie, während sie ihn aufmerksam betrachtete.

»Ich begleite Euch ein Stück«, verkündete sie und winkte mit einer Hand zu den Verwaltern. »Wir führen unser Gespräch später fort. Ihr seid entschuldigt.« Die Gruppe halbierte sich und setzte sich dann in Bewegung, nachdem die Königin ihren Arm um den dargebotenen des Priesters schlang und zum Turm schritt.

Calcas erkannte erneut, wieso er diese kühle Königin so bewunderte. Sie begegnete ihm, anders als Deron, mit Respekt, fragte ihn nach seiner Meinung und war trotz seines skelettartigen Äußeren nicht von ihm abgestoßen.

Während des gemeinsamen Spaziergangs unterhielten sie sich über die Fortschritte ihres mittleren Sohnes Jathal, der auf der Grausturminsel zum Bluthexer ausgebildet wurde. An Calcas wurden monatlich Briefe über jeden Schüler verschickt, die zwar stets eine Weile später bei ihm ankamen, da sich die Insel im äußersten Westen befand, aber es reichte aus, um im Notfall noch einzugreifen und bestimmte Angelegenheiten wie Bestrafungen selbst zu regeln.

»Worüber ich eigentlich mit Euch sprechen wollte, Dux Aliquis, ist mein anderer Sohn. Wie Ihr wisst, zählt er nun vierzehn Jahre und ist bereit, seine Ausbildung zu beginnen«, sagte sie ruhig und scheinbar vollkommen uninteressiert. Calcas kannte sie jedoch besser, als sich von diesem Schein blenden zu lassen. Cillian war ihr Lieblingssohn und sie wollte nur das Beste für ihn.

»Ausbildung, Eure Majestät?«, erwiderte er, um sich Zeit für eine bessere Antwort zu verschaffen.

»Verkauft mich und Euch selbst nicht für dumm, Priester«, zischte sie und verstärkte den Griff um seinen Unterarm.

Mittlerweile hatten sie den Innenhof durch ein schmales schmiedeeisernes Tor verlassen und schritten den gepflasterten und überdachten Weg entlang. Vor ihnen hob sich der riesige helle Turm der Heilerinnen bereits in den wolkenlosen Himmel. Links und rechts wuchsen Bäume mit ausladenden, saftig grünen Kronen in die Höhe und glühend rote Ziersträucher säumten den makellosen Weg, der jeden Morgen und Abend von den Priestern gefegt wurde.

»Ihr habt recht, Eure Majestät, vergebt mir.« Er tätschelte ihre warme, trockene Hand. Bevor sie den Eingang des Turms erreichten, blieb er stehen und wartete, bis sich die Königin ihm zugewandt hatte.

»Die Wahrheit ist, dass Euer Sohn bei seiner letzten magischen Prüfung nicht genügend Potenzial gezeigt hat, um als Bluthexer ausgebildet zu werden. Allerdings bin ich bereit, eine weitere Prüfung zu arrangieren, wenn Eure Majestät es wünscht.«

»Ich wünsche es«, bestätigte sie seinen Verdacht augenblicklich. »Enttäuscht mich nicht, Dux Aliquis.«

Er küsste abermals ihre Hand und sah ihrer schwindenden Gestalt nach, bis sie mit ihrem Gefolge durch das schmale Tor verschwunden war. Erst dann erlaubte er sich ein tiefes Seufzen.

Sosehr er die Königin auch bewunderte, ihre Schwäche war allzu offensichtlich. Cillian war ein Junge, der ihr in seiner Berechnung und Gefühlskälte in nichts nachstand, doch im Gegensatz zu seinem älteren Bruder Jathal wies er die magische Begabung einer Feldmaus auf. Natürlich würde Calcas diese Wahrheit für sich behalten, doch er musste einen Weg finden, wie er die Königin milde stimmen konnte, ohne ihrem Sohn zu erlauben, die Ausbildung als Bluthexer anzutreten.

»Dux Aliquis«, begrüßten ihn die beiden Priester, die an diesem Nachmittag vor dem Turm Wache standen. Keine Heilerin durfte den Turm ohne ausdrückliche Erlaubnis von ihm oder einem seiner drei Vertreter verlassen. Wenn in den Adelshäusern Bedarf bestand, wurde ein Bote zu dem Turm der Bluthexer geschickt. Daraufhin durfte eine Heilerin in Begleitung eines Priesters zum Adelshaus gehen, um ihre Gabe anzuwenden. Bluthexer beherrschten zwar auch die grundlegenden Prinzipien des Heilens, doch sie zeichneten sich eher in anderen Bereichen der Magie aus. Angriff. Verteidigung. Bannzauber. Flüche.

»Irgendwelche Vorkommnisse?«, erkundigte er sich bei Priester Forlorn, der im Inneren auf ihn gewartet hatte. Er war der einzige Priester, der älter war als Calcas, aber er besaß die Ambitionen eines Faultiers. Der perfekte Kandidat, um die Aufsicht der Heilerinnen zu übernehmen. Calcas wusste, dass er sich auf ihn verlassen konnte und dieses Vertrauen kam in seiner Welt nicht oft vor.

»Heilerin Gortha und Heilerin Tebetha sind angefragt worden und befinden sich seit zwei Stunden in den Adelshäusern Tamaryien und Zane. Alle anderen bereiten das Nachtritual vor«, antwortete Forlorn so langsam, dass Calcas bereits die ersten Treppenstufen erklommen hatte, bevor dieser den Satz beendete.

»Sehr gut. Gebt mir Bescheid, wenn Gortha und Tebetha wieder zurückgekehrt sind«, wies er den Aufseher an und stieg dann den Turm hinauf, der weitaus geräumiger war, als man von außen meinen würde.

Auf dem Weg nach oben begegnete er mehreren Heilerinnen, die geschäftig umhereilten und ihn mit einem ehrenvollen Nicken begrüßten. Früher einmal wäre auch dies seine Schwäche gewesen, heute ließ er allein seinen Priestern freie Hand, solange sie die Heilerinnen nicht so sehr verletzten, dass sie ihrer Aufgabe nicht mehr nachkommen könnten.

Im obersten Stockwerk angekommen, erwartete ihn bereits die höchste Heilerin, deren Namen sie ihm nie gesagt und nach dem er nie gefragt hatte. Sie war die erste Heilerin gewesen, die er in diesen Turm gesperrt hatte, nachdem König Deron Atheira annektiert hatte.

»Alles ist vorbereitet, Hoher Priester«, teilte sie ihm mit, noch bevor er ein Wort zur Begrüßung hätte sagen können. Ihr weißes Haar war größtenteils unter einer dunklen Haube versteckt, zu der sie ein ebenso dunkles, unförmiges Wollkleid trug, das ihren alten Körper wie einen Kartoffelsack umhüllte.

Er besah sich – atemlos vom Aufstieg – den Raum, der Nacht für Nacht von Forlorn abgeschlossen wurde. Auf einem hölzernen Tisch lag das Zauberbuch. Anders als die Bluthexer, die während ihrer Ausbildung ein eigenes Zauberbuch bekamen, mussten sie sich das ihre teilen und durften es ausschließlich unter Aufsicht benutzen. Auch jetzt stand ein weiterer, wenn auch junger Priester vor dem kreisrunden Fenster und begutachtete die Kräuter- und Gewürzbestände.

Auf dem hölzernen Boden waren bereits mehrere Bannkreise aufgezeichnet worden, die für heute Nacht entscheidend sein würden.

Wieder einmal spürte Calcas die irrationale Hoffnung in sich aufsteigen, dass es heute anders sein und sie zwei, anstelle nur einer Heilerin finden würden.

»Benötigt ihr noch etwas?«, erkundigte er sich überflüssigerweise, da sich seine Priester längst um alles gekümmert hatten.

Die Alte schüttelte entschieden den Kopf.

»Sehr gut. Mach weiter.« Er wedelte mit seiner beringten Hand und begann den Abstieg, der ihm deutlich leichterfiel als der Aufstieg. Sein beschleunigter Atem hatte sich mittlerweile beruhigt, sodass er selbst im

Vorbeigehen noch einige Gespräche mit seinen Priestern führen konnte. Normalerweise hielten sich nicht ganz so viele Bluthexer im Turm auf, aber heute war ein besonderer Tag und sie wussten, wie wichtig es war, den Anschein von Stärke nach außen zu tragen. Aber würde es wirklich funktionieren, wenn es wieder nur eine Heilerin geben würde?

Heute Nacht bei Vollmond würde er in seiner eigenen Kammer sitzen, die keinen Vergleich zu den Räumlichkeiten des Königs darstellte, und in den Himmel hinaufstarren. Zum ersten Mal seit langer Zeit würde er die neuen Götter anflehen, ihm zwei Heilerinnen zu schicken. Er brauchte Macht. Mehr Macht und die würde ihm der König nur zugestehen, wenn er dafür die magischen Bereiche des Landes erwartungsgemäß regelte.

Als er im Turm der Bluthexer angekommen war, ließ er nach einem seiner Diener schicken. Er hatte noch etwas anderes im Hinterkopf, das ihn trotz seines Gesprächs mit dem König nicht in Ruhe ließ.

Der Diener war ein junger Spund, schlaksig und von abstehenden Ohren abgesehen eher unauffällig. Aus diesem Grund hatte er ihn auserwählt.

»Deine neue Aufgabe wird es sein, Jeriah Cerva auf Schritt und Tritt zu folgen«, befahl er ihm und warf ihm eine Krone zu, die er problemlos auffing, als hätte er bereits mit der Bezahlung gerechnet. »Ich denke, ich muss nicht erst erwähnen, dass es *unabdinglich* ist, dass er nichts davon bemerkt. Du berichtest jede Woche, es sei denn, etwas Dringendes bedarf meiner Aufmerksamkeit.«

»Woran erkenne ich, dass es etwas Dringendes ist?«, traute er sich zu fragen. Das gefiel Calcas. Anscheinend hatte er nicht nur einen unauffälligen Spion ausgewählt, sondern auch einen fähigen, dem es nicht an Mut mangelte.

»Oh, du wirst es erkennen, glaub mir. Jetzt los.«

Der Junge rannte davon und Calcas lehnte sich in seinem hohen Ohrensessel zurück. Zum ersten Mal an diesem Tag fühlte er sich, als hätte er die richtigen Hebel in Bewegung gesetzt.

Kapitel · 23

Morgan erwachte vor den anderen beiden Frauen. Möglichst leise wusch sie ihr Gesicht, zog ihre Stiefel und eine neue Tunika an und versteckte die Manschettenknöpfe unter ihrer Kleidung. Vorgestern hatte sie eine Schnur in der Truhe gefunden und die Knöpfe daran aufgezogen. Nun lag das Gewicht der Knöpfe zwischen ihren Brüsten und erinnerte sie bei jeder Bewegung daran, wieso sie hier war.

Da sie keine Tasche besaß, in der sie ihren Proviant hätte verstauen können, steckte sie nur einen Wasserschlauch, der neben ihrer Pritsche gelegen hatte, an ihren Gürtel. Sie nahm an, dass dies das erste Stück ihrer eigenen Ausrüstung war und sie nach und nach mit mehr beschenkt werden würde, wenn sie zurückkehrte. Sie brauchte nur einen Tag für sich. Mehr nicht.

Kurz dachte sie darüber nach, eine Nachricht zu hinterlassen, entschied sich dann jedoch dagegen. Sie war niemandem Rechenschaft schuldig.

Mit einem erleichterten Lächeln trat sie aus dem Zelt und bewegte sich auf die Seite des Lagers, die am weitesten von Aithans eigenem Bett entfernt lag. Sie wollte ihm nicht versehentlich über den Weg laufen. Aus diesem Grund musste sie jedoch an den Käfigen vorbei, in denen die Alten selig schliefen.

Eine Wache nickte ihr im Vorbeigehen zu und sie wiederholte die Begrüßung.

Noch ein paar Meter, dann würde sie den südlichen Waldrand erreichen und könnte erleichtert aufatmen.

Die Zelte, die hier positioniert waren, gehörten den rangniedrigeren Kriegern. Sie würden Morgan nicht kennen und hoffentlich auch nicht aufhalten, sollten sie früher als normal erwachen und zufällig in diesen Abschnitt des Waldes gehen, anstatt sich am Frühstück zu bedienen. Bei dem Gedanken daran knurrte ihr Magen.

Morgan ließ die Zelte an dem Pfad hinter sich, den Aithan ihr bei ihrer Führung am Abend zuvor gezeigt hatte und der zu der Stelle führte, die regelmäßig von Windwer heimgesucht wurde.

Dort brach sie tapfer durch die erste Baumreihe. Ihre Augen gewöhnten sich gerade an die sich nur langsam lichtende Dunkelheit. Dieses Mal waren ihre Ohren gespitzt und niemand, nicht einmal Aithan hätte sich anschleichen können, sobald sie die kleine Lichtung mit den roten Kugelkletten erreicht hatte. Sorgfältig achtete sie darauf, sie zu meiden, als sie Schritte vernahm.

»Du wirst uns also einfach so verlassen?«

Unglücklicherweise hatte sie sich verschätzt, wie *nah* diese Schritte gewesen waren. Langsam drehte sie sich um und sah sich Cáel gegenüber. Er stand breitbeinig neben einer Eiche und verschränkte gerade die Arme, doch sie konnte den Schmutz an seinen Händen noch erkennen, bevor sie verdeckt wurden. Auch seine Hose wies Spuren davon auf und sein Haar – nun, es befand sich ohnehin stets in einem wirren Zustand und heute war keine Ausnahme.

Auch gestern war er hier gewesen, angeblich weil er als Patrouille eingesetzt worden war.

»Wieso klingst du so enttäuscht?« Sie hätte ihn berichtigen und sagen können, dass sie einen frühmorgendlichen Spaziergang unternahm, aber glauben würde er ihr vermutlich ohnehin nicht. »Das ist, was du willst, oder nicht?«

Seit seinem Angriff beim Lauf vor zwei Tagen hatte sie ihn nicht mehr gesehen. Insgeheim hatte sie sogar gehofft, er wäre an der Verletzung, die sie ihm zugefügt hatte, gestorben. Nur sein Auserwählter Ren hatte ihr immer wieder mörderische Blicke zugeworfen und sie hatte ihn das eine oder andere Mal in ihrer unmittelbaren Nähe gesehen, als würde er sie nicht aus seinen Augen lassen wollen.

»Nun ... es ist nicht ganz das, was ich mir vorstelle.«

Morgan betrachtete ihn kühl von oben bis unten, nahm seine schwarze Kleidung wahr, das Grübchen auf seiner linken Wange, als er den Mund zu einem spöttischen Lächeln verzog, und das kurze schwarze Haar, das seine grünen Augen noch strahlender wirken ließ. Erst recht im Grau des Morgens, obwohl sich nach wie vor dunkle Schatten wie eine zweite Haut an ihn schmiegten.

»Du bist also enttäuscht?« Ihre Gedanken rasten. Wie konnte sie ihn loswerden? Er schwieg, was sie als Zustimmung wertete. »Was willst du dann?«

»Es wäre besser, dich zu töten.« Er trat näher, bis sie sich wieder fast in der gleichen Position befanden wie vor zwei Tagen, als sie ihm den Dolch in die Seite gerammt hatte. Spürte er die Verletzung noch? Man sah ihm zumindest keine Schmerzen an, was sie stutzen ließ. »Wenn du davonliefest, würde er losziehen und nach dir suchen.«

»Würde er nicht.«

»Das wäre seine Pflicht, da du sein Geheimnis kennst. Er erzählte es mir, damit sowohl Mathis als auch ich ein Auge auf dich haben«, beharrte er. »Und *das* würde ihn von seiner eigentlichen Aufgabe abhalten.«

»Warum sorgst du dich so sehr um seine Aufgabe? Ich dachte, du würdest ihm nur wie ein braver Hund bis ans Ende der Welt folgen?«

Etwas veränderte sich in seinem Gesicht. Der Ausdruck in ihm verschob sich, wurde raubtierhafter. Morgan hatte diese Veränderung bereits einmal zuvor an ihm gesehen. An dem Tag, als er sie zu den Käfigen hatte bringen sollen und sie sich gegen ihn gewehrt hatte. Es schien ihr, als läge in seinem Inneren eine Bestie auf der Lauer, die er in einem eigens geschmiedeten Käfig gefangen hielt, und als würde er ihr nur äußerst selten gestatten, den Kopf zu heben und sein Gegenüber mit ihrem hungrigen Blick zu fixieren. Erneut musste sie an den eleganten schwarzen Panther denken.

Wieso aber ließ er dies in ihrer Anwesenheit zu? Stellte sie eine derart große Gefahr für seine ihr unbekannten Pläne dar?

»Du solltest nicht so viele Fragen stellen und stattdessen um dein Leben fürchten.«

Morgan wartete, lauschte und legte dann zufrieden lächelnd den Kopf schief. »Oh, du wirst mich nicht töten«, wisperte sie.

»Wieso nicht?« Die steile Falte zwischen seinen Brauen verriet, wie sehr ihn ihre Selbstsicherheit verwirrte.

»Weil sich uns jemand nähert.«

Sie hatte während dieser … gefährlichen Unterhaltung ständig auf ihre Umgebung geachtet, in der Hoffnung, dass es ihr bei einer Flucht vor diesem unberechenbaren Mann helfen würde. Und tatsächlich, sie hatte das Geräusch von sich nähernden Schritten wahrgenommen.

Ein paar Augenblicke später trat ausgerechnet Aithan zu ihnen und ließ seinen Blick erst über Morgan schweifen und dann über seinen Freund, als würde er jeden von ihnen nach sichtbaren Verletzungen absuchen. Also vertraute er Cáel doch nicht so vollkommen, wie er Mathis weiszumachen versuchte. Oder er vertraute *ihr* nicht.

Interessant, war ihr erster Gedanke. Der zweite folgte sogleich. Sie stand genau dem Mann gegenüber, dem sie aus dem Weg hatte gehen wollen.

»Was macht ihr hier?«

Cáel schwieg und beschäftigte sich stattdessen damit, den Schmutz von seiner Kleidung zu klopfen, als würde ihn die Unterhaltung nichts angehen.

»Was machst *du* hier?«, erwiderte Morgan und verschränkte entschlossen die Arme. Sie würde sich nicht in die Enge treiben lassen. Ganz gleich, dass ihr Gesicht bei dem Gedanken daran, wie sie sich gestern ihm gegenüber verhalten hatte, in Flammen stand. Sie schämte sich so sehr wegen ihres kindischen Ausbruchs. Ihre Wangen mussten mittlerweile die Farbe von reifen Äpfeln angenommen haben.

»Ich war auf der Suche nach dir«, antwortete er leise, warf einen kurzen Blick zu Cáel und entschied sich offenbar dann, dass es ihm egal war, wer mithörte. »Es tut mir leid, dass ich gestern so … uneinsichtig war.«

Hatte er sich gerade wirklich entschuldigt? Sie konnte nicht daran glauben und doch, er stand vor ihr und sah sie mit diesem freundlichen Ausdruck in den Augen an.

Mittlerweile hatte sich die Dunkelheit gelichtet und eine seltsame Farblosigkeit kündigte den Morgen an. Morgan hätte sich am liebsten in der Finsternis verkrochen, bis sie ihren Mut zusammengekratzt hätte, um sich ebenfalls zu entschuldigen. Doch sie fand, dass sie ihn nicht brauchte. Die Worte fielen ihr leichter als angenommen und das überraschte sie mehr als seine eigene Entschuldigung.

»Nein, mir tut es leid. Ich habe mich in eine Sache eingemischt, die mich nichts angeht. Es war nur ... Es hat mich an mich selbst erinnert«, gab sie zu und hoffte, dass es genügte, um diesen lächerlichen Streit, in den sie sich ohne Grund hineingesteigert hatten, zu begraben.

Aithan nickte. »Nachdem das geklärt ist ... Was macht ihr hier?« Er würde nicht lockerlassen.

Morgan riss sich zusammen, trat einen Schritt vor und klopfte Cáel freundschaftlich auf den Rücken. »Cáel hat angeboten, mich zusätzlich zu trainieren. Du weißt schon, weil ich in allem so weit zurückliege.«

Die Lüge war dünn wie Pergament, aber Aithan war anscheinend ein gutgläubiger Mensch, denn er nickte, als wäre dies die natürlichste Begründung, mit der er gerechnet hatte.

»Habt ihr schon begonnen?« Er verschränkte die Arme und lehnte sich abwartend gegen einen Baum, als würden sie sich nicht an dem Ort befinden, der für Windwerüberfälle bekannt war.

Vielleicht doch nicht so gutgläubig, dachte Morgan und löste den Wasserschlauch von ihrem Gürtel, um ihn Aithan zuzuwerfen. Er fing ihn problemlos auf.

»Nein, wir sind gerade erst angekommen. Cáel wollte mir ein paar Grundtechniken zeigen, um sie mit denen zu vergleichen, die ich bereits kenne.« Dieses Mal ging ihr die Lüge leichter über die Lippen.

Cáel hatte sich mittlerweile aus seiner Starre gelöst und belächelte Morgan auf eine Art und Weise, die ihr zeigte, dass er ihre Improvisation nicht so leicht vergessen oder ungestraft lassen würde.

»Wir sind uns einig, dass sie kaum nennenswerte Erfahrungen hat und sich mir ganz fügen wird, was die Techniken angeht«, folgte der erste Seitenhieb.

Ihre Kiefer pressten so hart aufeinander, dass das Lächeln, das sie ihm zuwarf, vermutlich eher einer angespannten Fratze glich. Sein Grübchen erschien für einen kurzen Moment, dann begab er sich in Position und wirkte, als wäre er kurz davor, sie mit seinen bloßen Fäusten anzugreifen.

Morgan wurde instinktiv zur Wölfin und hob zum Schutz ihre Hände.

Obwohl Cáel sie in diesem Moment vermutlich aus tiefstem Herzen hasste, ließ er es sie nicht spüren. Morgan nahm an, dass er Aithan nicht seine wahren Gefühle offenbaren wollte und so bestanden seine Angriffe aus Abfolgen, die sie problemlos parieren konnte.

Sie vergaß Aithan, der noch immer aufmerksam zusah, und ging vollkommen darin auf, das zu tun, worin sie gut war. Sie hatte in ihrer frühen Jugend Tage, Wochen, Monate damit verbracht, gegen Männer zu kämpfen, die erfahrener, größer und breiter gewesen waren als sie. Es gab keine Bewegung, die ihr Körper nicht kannte, keine Anweisung, die er nicht befolgte – bis es schließlich auf die Ausdauer ankam und ihr die Puste ausging.

Cáel drosselte das Tempo und beendete dann gänzlich diese überaus lehrreiche Stunde, nachdem er sie mehrmals an Stirn, Schultern und Hüfte getroffen hatte. Natürlich setzte er dabei nie seine ganze Kraft in den Schlag, aber sie schmerzten trotzdem.

Aithan neigte beeindruckt den Kopf. »Ich muss zugeben, Morgan, nachdem ich dich gestern beim Schwertkampf beobachtet habe, da dachte ich …«

»Du dachtest, ich wäre in allen Bereichen unfähig und hätte nur ein großes Maul?«, beendete sie keuchend den Satz für ihn und wischte sich mit dem Handrücken den Schweiß von der Stirn.

»So ziemlich, ja«, gestand er mit einem verschmitzten Lächeln, dann wandte er sich Cáel zu. »Danke für deinen Einsatz. Ich übernehme jetzt.«

Der Schwarzhaarige nickte grimmig und schritt lautlos durch den Wald zum Lager zurück, was Morgan stutzig machte. Wenn er sich so fortbewegt hätte, hätte sie ihn niemals gehört. Hatte er wirklich mit ihr sprechen wollen, bevor er sich ihrer entledigte? Oder wollte er sie trotz seiner warnenden Worte vielleicht gar nicht töten?

So oder so, sie wusste, sie musste weiterhin auf der Hut sein. Vielleicht noch weit mehr als vorher.

»Wo hast du gelernt, so zu kämpfen?« Aithan trat neben sie und reichte ihr den Wasserschlauch, den sie dankend annahm.

»Während einer … anderen Art von Ausbildung. In Yastia.« Sie nahm zwei tiefe Schlucke und verkorkte den Schlauch wieder. »Entweder hast du schnell gelernt oder du wurdest vergessen«, fasste sie die Zeit unter Larkin zusammen.

»Komm mit«, forderte er sie überraschenderweise auf, nickte in Richtung des Lagers und sie trottete hinter ihm her. Einerseits wollte sie sich in ihrem Zelt verkriechen und über ihr aufwühlendes Gespräch mit Cáel nachdenken. Andererseits stieg eine gewisse Neugier in ihr auf und das Verlangen, mehr Zeit mit dem Prinzen zu verbringen. Jetzt, nachdem sie den peinlichen Streit von gestern begraben hatten.

Aithan brachte sie zu einem Waldstück, das sich in der Nähe seines eigenen Zeltes befand. Auf einer kleinen Lichtung, die jedoch durch weit ausladende Baumkronen von der Sonne geschützt wurde, standen mehrere Strohpuppen bereit, die nur noch entfernt an solche erinnerten. Sie wirkten, als würden sie jeden Tag genutzt werden und seit einem Jahr Wind und Wetter trotzen. Drei von ihnen besaßen keine Arme mehr, den zwei restlichen fehlte der Kopf.

»Hier trainiert üblicherweise die Elite, aber ich habe sie für heute woanders hingeschickt«, erklärte er ihren Ortswechsel und legte einen Arm auf das, was vermutlich die Schulter einer Puppe sein sollte. »Ich habe gesehen, dass du deinen Tritten mehr Schwung geben kannst, wenn du vorher deine Hüftstellung korrigierst.«

»Ach ja?« Sie erwiderte sein Lächeln, begab sich vorsichtig in seine Nähe und beäugte ihn argwöhnisch. »Und du hast nichts Besseres zu tun, als mich zu korrigieren?«

»Vielleicht genieße ich es, dich zu quälen.« Der Schalk blitzte in seinen Augen auf und brachte sie zum Lachen.

»Dir muss hier wirklich langweilig sein.«

Seine Miene wurde eine Nuance ernster, während er sie durchdringend betrachtete.

»Du solltest öfter lachen«, sagte er leise, ehe er sich von der Puppe abstieß. »Zeig, was du kannst.«

Sie ignorierte entschlossen das angenehme Kribbeln in ihrem Bauch und positionierte sich wie gewohnt vor der Puppe. Sie fixierte diese mit ihrem Blick, konzentrierte sich allein darauf, ihr zu schaden. Die Puppe veränderte sich, und plötzlich stand Thomas an ihrer Stelle. Thomas, der sie höchstwahrscheinlich verraten hatte und nun eine gefährliche Aura ausstrahlte. Er war ihr erwähltes Opfer und es würde kein Entkommen für ihn geben.

Morgan trat erst mit rechts und dann mit links zu, bevor sie die Abfolge wiederholte, dieses Mal aber schneller. Beide Male traf sie die

Puppe zwischen den Beinen, so wie sie es beabsichtigt hatte. Thomas hätte sich bereits vor Schmerzen gekrümmt.

»Halte deinen Oberkörper ruhiger und geh nicht zu weit in Rücklage, das nimmt dir mehr Kraft, als es dir bringt.« Er trat hinter sie. Nah, sehr nah, doch anders als gestern berührte er sie nicht. »Darf ich?«

Sie atmete aus, dann nickte sie. Ein paar Sekunden später legte er seine Hände an ihre Hüften, als hätte er ihr Zeit geben wollen, es sich anders zu überlegen.

Im ersten Augenblick war sie wie erstarrt. Wann war sie das letzte Mal von einer Person berührt worden, die ihr nicht schaden wollte? *Der Heiler, Morgan, der Heiler,* erinnerte sie sich selbst, doch sie wusste, dass das nicht von Bedeutung war. Der Heiler hatte Morgan nicht als Person angesehen, sondern als Aufgabe. Aber unterschied sich das wirklich von der Art, wie Aithan sie ansah?

»Versuch es erneut.« Bildete sie es sich nur ein oder war seine Stimme leiser geworden?

Nickend hob sie ihre Hände, ballte sie zu Fäusten und trat dann zuerst mit ihrem rechten Bein und dann mit dem linken. Keine Veränderung. Aithans Hände schienen ihre Bewegung nur begleitet zu haben. »Noch mal«, befahl er und sie gehorchte.

Dieses Mal spürte sie einen gewissen Druck, den er an mehreren Punkten ausübte und sie damit zu stabilisieren schien. Die Tritte erfolgten plötzlich viel kraftvoller und präziser. Sie versuchte es erneut und erneut, bis sie meinte zu erkennen, was Aithan sie anders machen ließ.

»Ich möchte es allein versuchen«, bat sie und wartete, bis er sich von ihr getrennt hatte. Sie hörte, wie er auf dem Laubboden einen Schritt zurücktrat, dann absolvierte sie die Übungen mehrmals allein, bis sie ihr Ziel erreichte.

Triumphierend lächelte sie, hob die Arme und drehte sich zu ihm um. Er erwiderte das Lächeln, auch wenn es nicht ganz seine Augen zu erreichen schien. Sofort fielen ihre Arme herab.

»Was ist los?«

»Dir entgeht nichts, hm?« Er rieb sich mit einer Hand über sein stoppeliges Kinn.

»Habe ich was falsch gemacht?« Verwirrt sah sie noch einmal zur Strohpuppe hinüber, als würde sie antworten können.

»Nein. Du lernst schnell ...« Er trat näher. »Darf ich dich etwas fragen?«

Sie zuckte unsicher mit den Schultern. »Wenn du mir die Freiheit gibst, nicht zu antworten.«

Er nickte erneut, ernst und in sich gekehrt. »Vor ein paar Wochen haben wir Nachrichten aus Yastia erhalten«, begann er, nur um sich dann selbst mit einem derben Fluch zu unterbrechen.

»Sag schon«, forderte sie ihn heraus und überraschte sich selbst, als sie für einen Moment seinen Unterarm berührte.

Aithan blickte sie für einen Moment erstaunt an, bevor er fortfuhr.

»Man teilte uns mit, dass jemand versucht hätte, den Kronprinzen zu ermorden. Eine Frau, die erwischt und zu den Minen gebracht wurde«, sprach er scheinbar äußerst widerwillig weiter.

Morgans Herz pochte heftig und sie hörte das Blut in ihren Ohren rauschen.

»Und deine Frage?« Ihre Stimme war kaum mehr als ein Wispern.

»Du kennst meine Frage.« Ihr Herz setzte kurzzeitig aus.

»Ich war es.« Sie atmete aus. »Aber gleichzeitig auch nicht.«

Er runzelte die Stirn. Das hatte er nicht erwartet. Sie konnte die Verwirrung, die von ihm ausging, beinahe fühlen.

»Was meinst du damit?«

»Man hat mich in seinen Gemächern gefunden, aber ich bin nicht dort gewesen, um ihn zu töten«, antwortete sie wahrheitsgemäß. »Frag nicht«, sie hielt eine Hand hoch. »Der Grund, wieso ich dort gewesen bin, war es nicht wert, und wenn ich könnte, würde ich es rückgängig machen.«

Trotz ihres Trainings und des heißen Wetters erzitterte sie unter den Erinnerungen der letzten Wochen, die mit einem Mal auf sie niederprasselten, ohne dass sie eine davon näher betrachten konnte. Sie bildeten einen Regen aus Angst und Schrecken, der sie ihr Leben lang begleiten würde.

»Morgan?«

»Hm?« Sie erwiderte seinen erwartungsvollen Blick. Anscheinend hatte sie ihm nicht zugehört. Sein nachsichtiges Lächeln war wie Sonne auf ihrer Haut und vertrieb die düsteren Wolken.

»Vergib mir, dass ich so neugierig war. Ich dachte nur ... Als ich davon erfuhr, war ich neidisch.« Er fuhr sich durch das Haar und löste dabei einige Strähnen aus seinem Zopf. Sie fielen weich und sanft um sein gebräuntes Gesicht. »Ich wünschte, ich könnte mich aufmachen und das Messer in jedes Mitglied der Königsfamilie stoßen. So, wie sie es bei meiner Familie getan haben.«

»Rache hat noch nie jemanden glücklich gemacht«, gab Morgan zu bedenken. Ganz gleich, wie sehr sie Larkin hasste, es war ihr nie in den Sinn gekommen, sich an ihm für ihre Entführung vor zehn Jahren zu rächen. Dann aber fiel ihr die Wut ein, die sie gegenüber Jeriah, Erik und der Person, die sie verraten hatte, empfunden hatte. Würde sie wirklich die Möglichkeit verstreichen lassen, Vergeltung zu üben, wenn sie sich ihr bot? Unwillkürlich legte sich ihre Hand auf die Wölbung unter dem Kragen ihrer Tunika. Die Knöpfe schmiegten sich noch immer an ihre Haut. Nein, vermutlich würde sie jede Möglichkeit ergreifen.

»Aber sie würde mir mein Königreich zurückgeben«, entgegnete Aithan, der nichts von ihren Gedanken ahnte.

»Würde es das? Die Bluthexer stünden dir noch immer gegenüber und die wenigen, die hier leben, werden vermutlich bei der erstbesten Gelegenheit fliehen.«

Aithan sah sie einen langen Moment wortlos an, dann streckte er seinen Arm aus und umfasste ihre Hand. Er drehte sie herum, sodass er die hässlichen Schwielen sah, und berührte diese zärtlich mit seinen Fingerspitzen.

»Du hattest bisher keinen Grund zu glauben, oder?«

Irritiert erwiderte sie seinen Blick. »An was?«

»An etwas, das größer ist als du. Etwas, das man nicht mit Worten beschreiben kann, dessen Existenz man aber bis aufs Blut verteidigen würde, sollte es je dazu kommen.«

»Ich bin mir nicht sicher, ob ich weiß, was du meinst.«

»Mein Königreich. Das ist das, woran ich glaube. Es gehört mir.« Er legte den Kopf schief. »Und eines Tages wirst du etwas finden, an das du ebenfalls glauben kannst.«

»Eher unwahrscheinlich …« Sie lachte und auch er ließ sich ein Glucksen entlocken.

»Ich bin jedenfalls wirklich froh, dass du Mathis von dir überzeugen konntest«, raunte er und blickte mit einem neuen Leuchten in den Augen auf sie herab.

»Nur Mathis, hm?« Sie lächelte.

»Was ist mit mir?«

Erschrocken ließ Aithan ihre Hand fallen und zog sich von ihr zurück. Morgan rieb sich verlegen den Nacken, während Mathis die Lichtung betrat und mit einem Beutel in der Luft wedelte.

»Hab euch was zu essen mitgebracht, nachdem mir ein grummelnder Cáel über den Weg gelaufen ist. Hungrig?«

»Äh, sehr.« Aithan fand als Erster seine Sprache wieder und überbrückte den Abstand zwischen sich und seinem Freund, um ihm den Beutel zu entreißen.

Wenige Minuten später saßen sie zu dritt auf einer Decke, die auf einer der Strohpuppen gehangen hatte, und aßen Brot, Käse, leckeren Honig und getrocknetes Fleisch. Morgan war froh, dass es dieses Mal keinen Eintopf gab.

»Also, wieso habt ihr über mich gesprochen?«, hakte der Vetter nach und bewies damit, dass er zwar oftmals gut gelaunt und sorgenfrei wirkte, es aber nicht immer war. Insbesondere nicht, wenn es um Aithan ging.

»Seine Hoheit teilte mir nur mit, dass er dankbar ist, mich deinetwegen in seinen Reihen zu wissen«, grinste Morgan, die ihre Leichtigkeit wiedergefunden hatte. Das Kribbeln auf ihrer Haut, wo sie von Aithan berührt worden war, war nur noch ein fernes Echo, aber es würde sie genauso begleiten wie die dunklen Regenwolken.

»Manchmal treffe ich auch richtige Entscheidungen«, antwortete Mathis etwas ernster, als er vermutlich beabsichtigt hatte.

Die Stimmung drohte zu kippen, da es offensichtlich war, worauf Mathis eigentlich anspielte, jedoch niemand das Thema zu diesem Zeitpunkt aufgreifen wollte. Also sprang Morgan auf und streckte die Hand auffordernd nach Mathis' Wurfmessern aus, die sie bereits des Öfteren an seinem Gürtel gesehen hatte.

»Und ich treffe immer mein Ziel. Also her damit«, verlangte sie und krümmte noch einmal fordernd ihre Finger.

Mathis blickte Aithan an, der sein Einverständnis mit einem Nicken bekundete. Sie versuchte, nicht genervt auszusehen, dass er um Erlaubnis bitten musste, als er ihr endlich die fünf Wurfmesser aushändigte.

Sie positionierte sich rund sechs Meter vor einer Puppe, wog das erste Messer in ihrer Hand, zielte, warf und ... verfehlte. Mit offenem Mund starrte sie die Stelle im Boden an, in der das Messer versunken war. So etwas war ihr seit Jahren nicht mehr passiert. Sie atmete tief durch und lockerte ihr Handgelenk. Es konnte einfach daran liegen, dass sie das Gewicht des Messers und die Beschleunigung falsch eingeschätzt hatte. Also widmete sie sich dem zweiten Messer, nur um die Puppe erneut zu verfehlen.

Stirnrunzelnd betrachtete sie die übrig gebliebenen Waffen in ihren Händen, besah sie sich genauer, drehte und wendete sie und war sich sicher, nun hinter ihr Geheimnis gestiegen zu sein.

Doch auch das dritte Messer verfehlte sein Ziel. Es fühlte sich nicht richtig an. Weder die Art, wie die Klinge in ihrer Hand lag, noch wie sie sich werfen ließ. Etwas stimmte nicht.

Panisch warf sie auch das nächste Messer und das nächste, aber sie verfehlte jedes Mal. Ihre Augen brannten.

Sie hatte es geahnt, oder nicht? Als man ihr die Spitzhacke gereicht, sie Stunde um Stunde damit gearbeitet und ihre Hände zerstört hatte, da hatte sie geahnt, dass ihre Fähigkeiten mit den Wurfmessern verlorengehen würden. Nun war die grausame Vorahnung eingetreten.

»Morgan?«, erklang Aithans Stimme behutsam.

Ihre Schultern bebten. Sie wagte es nicht, sich zu ihm oder zu Mathis umzudrehen, aus Angst, endgültig die Fassung zu verlieren.

Wer war sie, wenn alles, was sie konnte, was sie ausgemacht hatte, plötzlich verschwunden war? Konnte sie die Kunst des Werfens neu erlernen? Hatte sie die Geduld dafür? Es fühlte sich an, als wäre ihr ein Arm oder ein Bein entfernt worden. Der Schmerz war stark und schneidend.

»Ich ... ich brauche nur einen Moment«, wisperte sie, da sie ihrer Stimme nicht vertraute.

Schweigen senkte sich über sie, dann hörte sie, wie sich Mathis und Aithan leise unterhielten, aber sie achtete nicht auf die Worte, suhlte sich stattdessen in ihrem Selbstmitleid. Sie vernahm schließlich Schritte von einer Person, die sich entfernte. Einer von beiden war zurückgeblieben und sie wusste, wer derjenige war. Ohne sich zu ihm umzudrehen, erklärte sie den Grund für das Gefühl von Verlust, das sich in ihr Herz und in ihren Körper eingenistet hatte. In jeder Bewegung, in jedem Atemzug spürte sie eine Leere, die zuvor nicht da gewesen war.

»In Yastia war ich die Begabteste mit Wurfmessern und Sternen. Niemand konnte besser zielen als ich, niemand schneller treffen und niemand aus größerer Entfernung«, flüsterte sie, räusperte sich und fuhr fort: »Das habe ... hatte ich jahrelangem Training zu verdanken. In den Minen da ... Durch das Schwingen der Spitzhacke sind meine Hände nicht mehr das, was sie vorher waren.«

»Du könntest es neu lernen«, schlug er vor und berührte sie sachte am Arm. Sie hatte ihn wieder nicht näherkommen hören.

Sie stieß ein abfälliges Geräusch aus, wich aber nicht zurück, als sich seine Hand um die ihre schloss. Wenn sie ehrlich war, gab ihr diese Berührung mehr Kraft, als es jeder Moment des Selbstmitleids getan hätte.

»Selbst wenn ... Währenddessen bin ich nutzlos. Ich kann nicht mit einem Schwert umgehen und werde auch nie darin brillieren. Im Nahkampf kann ich mich selbst verteidigen, aber mehr auch nicht. Messer ...«

»Wir werden etwas Neues finden, Mor.« Er zog leicht an ihrer Hand, bis sie ihn ansah, dann führte er den Handrücken an seine Lippen und küsste ihn, ohne den Blick von ihr zu nehmen. »Das verspreche ich dir.«

Ihr fehlten die Worte, also nickte sie, obwohl sie nicht sagen konnte, ob sie ihm das Versprechen abnahm. Wie konnte er so frei mit Versprechungen sein, wenn er Morgan nicht mal kannte? Er wusste nicht, ob sie sich gut oder schlecht anstellen würde. Nach so wenigen Tagen konnte er sie nicht bereits durchschaut haben ... Und sie verstand nicht, wieso er ihr gegenüber so galant war. Sie hoffte, dass er nichts von ihr erwartete, was sie ihm nicht geben konnte oder wollte.

Wenn sie ehrlich war, war sie einfach nur verwirrt über die Gefühle, die er in ihr mit seinen Berührungen und Blicken auslöste.

»Wo ist Mathis?«, beeilte sich Morgan zu fragen, um von dem Thema abzulenken, das sie so aufwühlte.

Aithans Mundwinkel zuckten, als er ihre Hand senkte und Morgan daran zurück zur Decke zog.

»Ich habe ihn fortgeschickt, damit er Feuerholz besorgt.«

»Feuerholz?«, wiederholte sie skeptisch, da sie sich sicher war, ihn missverstanden zu haben.

»Ja, ich denke, wir haben lange genug trainiert und sollten heute etwas anderes als einen Eintopf essen.« Er verzog das Gesicht.

»Haben wir nicht gerade erst gegessen?« Sie deutete auf die Brotreste.

Er winkte ab. »Das war nur die Vorspeise. Wir gehen jagen.« Seine Augen leuchteten voller Vorfreude. In dieser Sekunde, in diesem Moment hätte sie sich am liebsten vorgebeugt und seine Lippen mit den ihren verschlossen.

Doch zum ersten Mal seit langer Zeit konnte sie ihren Mut nicht finden, und der Moment verstrich.

Nachdem Mathis mit Feuerholz, zwei Pferden und Jagdutensilien zurückgekehrt war, ließ Morgan sich von Aithan auf eines der Pferde helfen. Er selbst setzte sich hinter sie, obwohl es für ihn wahrscheinlich besser gewesen wäre, vorne zu sitzen, um das Pferd leichter anweisen zu können. Er beschwerte sich jedoch nicht und sie genoss seinen muskulösen Körper an ihrem Rücken.

Sie ritten eine Weile in schweigsamer Eintracht, bis Mathis sich von ihnen trennte, um sich ihrer Beute von einer anderen Seite zu nähern.

Morgan war noch nie bei einer Jagd dabei gewesen, selbst in Vinuth hatte sie ihren Vater nie begleiten dürfen, deshalb beobachtete sie Mathis' selbstsichere Bewegungen mit großer Faszination.

»Hier steigen wir ab«, verkündete der Prinz und sie sprang nach ihm runter.

Er band das Pferd an einem robusten Ast fest und sie bewegten sich anschließend auf leisen Sohlen in westlicher Richtung durch das Unterholz fort. Wieder einmal war es Morgan unmöglich, Aithans Schritte zu hören, obwohl er direkt vor ihr lief. Er besaß eine unheimliche Fähigkeit, seine Füße auf weichen Untergrund zu setzen und damit Ästen und getrockneten Blättern auszuweichen, die ihn verraten würden. Morgan selbst hatte ebenfalls gelernt, sich lautlos zu bewegen, aber nur in einer Stadt und nicht in einem Wald. Jedes Mal, wenn ein Zweig unter ihrer Sohle entzweibrach, verzog sie entschuldigend das Gesicht. Aithan wies sie jedoch nicht ein einziges Mal zurecht, sondern passte lediglich seine anvisierte Richtung an, als würde sich die Beute durch ihre verursachten Geräusche bewegen.

Aithan streckte eine Hand zu ihr aus und bedeutete ihr damit, stehen zu bleiben. Sofort hielt sie inne, spitzte ihre Ohren und blickte ratlos zwischen den unterschiedlich breiten und hohen Baumstämmen umher. Sie waren mittlerweile so tief in den Wald getreten, dass die Sonne kaum noch bis zum Boden reichte und die Hitze trotz der Schwüle besser auszuhalten war als im Lager.

Als Morgan allmählich daran zweifelte, dass Mathis seine Aufgabe erledigt hatte, schritt ein Reh durch das Dickicht. Vier weitere folgten vorsichtig. Ein Hirsch mit weit ausladendem Geweih schnaubte unweit hinter ihnen. Seine braunen Augen sahen sich aufmerksam um, doch er schien die Jäger in ihrem Versteck hinter Blaubeerbüschen nicht zu bemerken.

Aithan nahm lautlos den Bogen von seinem Rücken und legte einen geschmeidig aussehenden Pfeil an, ohne sich mehr als unbedingt notwendig zu bewegen. Morgan war so angespannt, dass sie nicht einmal mehr Atem holte.

Sekunden später vibrierte die Sehne in ihrer Halterung. Der Pfeil hatte sein Ziel gefunden und die übrigen Rehe und der Hirsch stoben in die entgegengesetzte Richtung davon.

Aithan hatte das letzte Reh direkt ins Auge getroffen. Der schwere Körper war dumpf auf die Seite gefallen, wo er einen ganzen Brombeerstrauch unter sich begraben hatte.

»Guter Schuss«, murmelte Morgan, die tatsächlich von seinen Fähigkeiten beeindruckt war. Sie hätte nie gedacht, dass sich ein Hochwohlgeborener mit dieser Leichtigkeit in einem Wald bewegen konnte; dass jemand wie er hier draußen eine Armee zusammenstellen und sie scheinbar problemlos in Schach halten konnte. Aithan war nicht wie Jeriah. Sie wusste nicht, ob er überhaupt wie irgendjemand war, den sie kannte.

Mit ihrem Blick folgte sie seinen raubtierhaften Bewegungen, während er sich dem toten Tier näherte. Ja, er war ganz sicher jemand, vor dem sie sich in Acht nehmen musste.

Kapitel · 24

Noch auf der Stelle häuteten Mathis und Aithan das Tier und weideten es aus, um dem Pferd nicht mehr Gewicht zuzumuten als unbedingt notwendig. Das Fell nahmen sie allerdings trotz der Hitze mit, um es zu einer Decke oder etwas Ähnliches zu verarbeiten. Die Innereien ließen sie für die Aasfresser liegen. Bevor sie aufbrachen, sprachen sowohl Aithan als auch Mathis ein Gebet an Aza, Göttin der Wälder, und tatsächlich auch an die alte Göttin Maelis, Göttin von Wald und Feld.

»Warum beide Göttinnen?«, fragte Morgan, als sie ihre Neugier nicht mehr länger zügeln konnte. Sie saß wieder vor Aithan und genoss die starken Bewegungen des Pferdes. Es war auf eine verwirrende Weise einlullend und sie musste dagegen ankämpfen, einzuschlafen.

»Wer weiß schon, welche von ihnen wirklich mithören. Es ist besser, beide zu besänftigen.«

Auch wenn Morgan sein Gesicht nicht sehen konnte, so hörte sie doch das sanftmütige Lächeln aus seiner Stimme heraus. Er schien nicht verärgert darüber zu sein, dass sie bei der Jagd nur zugesehen hatte, was sie erleichterte und gleichzeitig irritierte. Larkin hätte niemals zugelassen, dass eine Wölfin bei einer Jagd die Beobachterin mimte. Wenn er jemals von ihrer unbeteiligten Rolle erfahren würde, würde er sie vermutlich windelweich prügeln. Sie erzitterte bei dem Gedanken daran und lehnte sich noch mehr an Aithan, dem es nichts auszumachen schien. Ganz im Gegenteil, er legte seine Arme enger um sie und bettete seine Wange für einen kurzen Augenblick auf ihr Haar. Ein Kribbeln durchfuhr ihren Körper – und das nicht von der unangenehmen Sorte.

Nachdem sie die Lichtung erreicht hatten, wurden sie bereits von Cáel erwartet, der ein Lagerfeuer entzündet hatte. Anscheinend hatte er von Mathis erfahren, dass sie auf die Jagd gehen würden, da er sich nicht nur um das Feuer, sondern auch um Besteck und Geschirr gekümmert hatte. Zusätzlich befanden sich nun zwei Baumstämme als Sitzgelegenheiten um die mit unförmigen Steinen eingefasste Feuerstelle.

»Ihr seid früh zurück«, kommentierte er ihre Rückkehr mit hochgehobenen Augenbrauen. Er klopfte die Hände an seinen schwarzen Hosen ab, als er sich von einem der Stämme erhob.

»Die Göttinnen der Wälder waren uns hold«, antwortete Aithan grinsend und stieg ab, bevor er Morgan eine helfende Hand darreichte, die sie dankend annahm.

Morgan wandte sich gerade rechtzeitig Cáel zu, um den Schatten zu sehen, der über seine scharfkantigen Gesichtszüge huschte. Wieder einmal kam ihr der Gedanke, dass er nicht wirklich schön zu nennen war, aber auch nicht hässlich. Etwas war an ihm, das nicht ganz ... richtig war. Eine Störung der Symmetrie. Etwas, was den Blick gefangen nahm und ihn gleichzeitig abstieß. Auf die Furcht in ihrem Inneren vor seiner Unberechenbarkeit war sie nicht vorbereitet, weshalb sie sie kurzzeitig übermannte. Sie zwang sich, wegzusehen und lässig die Hand auszustrecken, um den Hals des Tieres zu tätscheln. Das Pferd wandte ihr den Kopf zu und schnaubte in ihre Hand.

»Gibt es einen Bach in der Nähe oder muss ich ins Lager, um mich zu waschen?«, fragte sie Aithan. Er und Mathis hatten vor Ort das Blut von ihren Händen geschrubbt, Morgan war bei den Pferden zurückgeblieben.

»Da vorne. Es ist nicht weit, aber es könnte sein, dass der Bach mittlerweile ausgetrocknet ist«, antwortete der Prinz. »Vielleicht findest du noch eine ausreichend tiefe Pfütze.«

Nickend drehte sich Morgan um und ließ die Männer allein zurück. Sie hoffte inständig, dass Cáel ihr nicht folgte. Bestimmt war ein Mord hier und heute sogar für ihn zu heikel, schließlich würde Aithan keine Minute brauchen, um eins und eins zusammenzuzählen, sollte Cáel ohne sie wiederauftauchen.

Aithan behielt recht. Durch die Dürre der letzten Wochen war der Bach zu einem kleinen Rinnsal verkümmert, das sich traurig durch das breite Wasserbett kämpfte. Etwas weiter aufwärts fand sie dann ein natürliches Becken, in dem noch genügend Wasser vorhanden war, mit dem sie Gesicht und Arme waschen konnte. Die kühle Feuchtigkeit in ihrem Nacken tat so gut, dass sie kurzzeitig genießerisch die Augen schloss. Als sie diese wieder öffnete, hatte die Abenddämmerung endgültig eingesetzt und sie bemerkte, dass sie nicht mehr allein war. Rens rothaariger Schopf blitzte durch das Gestrüpp auf der anderen Seite des Baches. Offensichtlich war ihm von Cáel aufgetragen worden, sie zu beobachten.

Sie wandte sich ab und beeilte sich, zurück zu den anderen zu gehen.

Als sie die Lichtung erneut betrat, roch es bereits nach scharf gewürztem Fleisch, so wie sie es am liebsten mochte und wie es meistens in Yastia verzehrt wurde. Gedanklich hing sie noch bei Ren, der ihr beinahe mehr Angst machte als Cáel selbst, obwohl Letzterer sein Auftraggeber war. Trotzdem, Ren strahlte so rohe Gewalt aus, die ihr bis ins Mark ging.

Cáel, Aithan und Mathis saßen bereits um das Feuer verteilt, über dem nun mehrere Fleischspieße brutzelten. Anscheinend war sie länger fortgewesen, als sie angenommen hatte.

Zögerlich ließ sie sich an dem einzigen freien Platz neben Cáel nieder und verfluchte Aithan innerlich dafür, dass er Mathis nicht auf die andere Seite geschickt hatte. Wie würde sie in ein paar Tagen an diesen Moment zurückdenken, da sie neben ihrem zukünftigen Mörder saß und nichts gegen das Unausweichliche tun konnte? Sie hatte keine Ahnung, wie sie Cáel und Ren davon abhalten könnte, sich ihrer in einem unbedachten Moment zu entledigen.

»Wie lebt es sich mittlerweile in Yastia, Morgan? Gibt es Unterschiede?«, bezog Aithan sie nach einer Weile in das Gespräch mit ein, in dem es bisher um die Fortschritte der Elite gegangen war. Theoretisch war sie ein Teil davon, praktisch war sie nicht auf dem gleichen Stand wie die anderen Krieger.

»Yastia, hm?« Mathis sah sie wissend an. Ihm hatte sie verschwiegen, woher sie stammte, um es Aithan im nächsten Atemzug mitzuteilen. Wieso hatte sie diese Unterscheidung gemacht? Sie konnte es selbst nicht sagen oder sie war zu feige, um in den Winkeln ihrer Seele nach einer Antwort zu suchen, die sie nicht wissen wollte.

»Ich besitze … kaum Erinnerungen an die Zeit unter der Herrschaft deiner Eltern, also kann ich nicht wirklich einen Vergleich ziehen«, antwortete sie ausweichend. Tatsächlich entsprach dies zu

einem großen Teil der Wahrheit. Kurz nachdem Larkin sie aus Vinuth entführt hatte, waren sie nach Atheira gereist und er hatte sie in die Hauptstadt gebracht, wo er sie so lange eingesperrt hatte, bis sie dem Alphawolf endlich die richtigen Antworten gegeben hatte.
Wem gehörst du?
Meinen Eltern. Brian und Elsie.
Morgan, konzentrier dich. Wem gehörst du?
Niemandem.
Wem gehörst du?
Wem
Gehörst
Du
Larkin, dem Gott der Schmuggler.
Natürlich war Larkin *kein* Gott, aber er setzte sich in diesen Tagen mit einem gleich. Die Gehirnwäsche setzte sich ein Jahr lang fort, obwohl Morgan es immer geschafft hatte, einen Teil ihrer selbst tief in sich zu vergraben, um es in einem unbewachten Moment hervorzuholen und sich daran zu erinnern, wer sie war. Das Jahr ging vorbei, die Stadt, das Land wurden ohne große Verluste von Deron Cerva erobert und die Gesetze wurden strenger.

»Wir mussten uns an die erhöhte Anzahl von Stadtwachen gewöhnen«, ließ sie sich schließlich doch entlocken. »Unsere ... meine Rolle war wichtiger als je zuvor, da König Deron den Fehler machte, zu viele Produkte aus dem Westen zu verbieten. Der Schwarzmarkt wurde größer und größer und für die Schmuggler begann das goldene Zeitalter.« Wussten sie bereits, *wer* sie war? Hatten sie eine Ahnung davon, dass sie zu den Wölfen Yastias gehörte? »Für den Großteil der Bevölkerung änderte sich meines Wissens nach dem ersten Jahr kaum etwas. Es geht immer noch ums Überleben.«

»Was ist mit Magie?«, hakte Aithan nach. Er sah sie nicht an, sondern blickte starr in die zischenden Flammen, trotzdem war sie sich sicher, dass er ihren Worten aufmerksam lauschte.

»Ich dachte, ihr habt eure Spione?«, erwiderte sie stirnrunzelnd.

Cáel spannte sich neben ihr unmerklich an. Die Hand, die auf seinem ausgestreckten Bein lag, verkrampfte sich und die Sohle seines Stiefels berührte nun einen der Steine, die das Feuer im Zaum hielt.

»Haben wir. Aber es kann nicht schaden, verschiedene Meinungen einzuholen, wenn man ein Bild zeichnen will, das möglichst nah an die Realität herankommt.«

Das ergab Sinn, dennoch sprach Morgan nicht gern von Yastia. Es versetzte sie in zu viele schlimme Erinnerungen.

»Bluthexer müssen immer noch einer Ausbildung unterzogen werden und dürfen ihre Fähigkeiten ausschließlich für den Hohen Priester und den König einsetzen«, berichtete sie ihnen von dem, was sie vermutlich ohnehin schon wussten. »Heilerinnen sind nach wie vor in ihrem mit Efeu bewachsenen Turm gesperrt und sind kostbarer als je zuvor.«

»Weil jedes Jahr nur noch eine auserwählt wird?«, überlegte Mathis laut.

Morgan schnaubte.

»Weil der Dux Aliquis die Götter beleidigt hat, indem ihm vor so vielen Jahren eine Heilerin entwischt ist. Ich kann nicht glauben, dass ihr nicht davon gehört habt.«

»Woher weißt du davon?« Es war das erste Mal, dass Càel in Anwesenheit von Mathis und Aithan das Wort an sie richtete.

Sie stockte und dachte ernsthaft darüber nach. Von wem hatte sie davon gehört? Auch wenn sie sich nicht deutlich daran erinnern konnte, war sie sich sicher, dass es nur eine Person gab, die ihr etwas Derartiges hätte mitteilen können. Cardea. Aber von wem hatte sie davon erfahren?

»Die Schmuggler«, murmelte sie als Antwort, weil sie ihnen nicht von ihrer Freundin erzählen wollte. »Wie habt ihr euch kennengelernt?«, nutzte sie die Möglichkeit, um von sich abzulenken.

»Cáel hat in Brimstone unser Leben gerettet«, antwortete Aithan prompt mit einem dankbaren Lächeln und verbeugte sich gespielt vor seinem Freund. Mathis hingegen verzog das Gesicht, als würde er am liebsten nicht an diese Zeit erinnert werden.

»Ihr wart wirklich in Brimstone?«, rief sie ungläubig aus. Sie hatte bisher nur Gerüchte von diesem Ort gehört, von dem man sich sagte, dass er jeden bei lebendigem Leib verschlang, der es wagte, die Tore zur Hölle auf Erden zu passieren.

»Wohin sonst hätten wir fliehen können, nachdem wir Yastia verlassen mussten?«, antwortete Aithan höhnisch, aber der Hohn galt nicht ihr, sondern sich selbst. »Cerva ließ überall nach uns suchen. Wochenlang wurden wir von seinen Bluthunden verfolgt, die wir schlussendlich nur in Brimstone abschütteln konnten. Dort gab es zu viel Tod, zu viele zerplatzte Träume und zu wenig Hoffnung, um den Hunden zu ermöglichen, uns zu finden, da wir gleich mit allen anderen in der Hölle versanken. Sie fraß uns bei lebendigem Leib. Ohne Cáel würden wir vermutlich noch immer in einer der Spielhöllen sitzen und wie hypnotisiert das Rad beim Drehen beobachten.«

Sie beobachtete Aithan voller Faszination, während er ihr zu erklären versuchte, wie das Leben in Brimstone gewesen war. Er gestikulierte viel und seine Miene war wach und lebendig. Sein Mund verzog sich abfällig zu einer Linie, entspannte sich und formte ein spöttisches Lächeln. Und immer wieder bewegte er die Hände, holte weit aus und senkte sie, wenn seine Stimme leiser wurde. Kaum hatte er geendet, fühlte sie sich auf seltsame Art und Weise betrogen, als wäre ihr etwas Kostbares genommen worden.

»Und wie ... wie hat euch Cáel gerettet?« Sie sah den Schwarzhaarigen nicht an, tat so, als wäre er nicht anwesend und fühlte sich deutlich wohler bei dieser Vorstellung.

Anscheinend stieß ihm ihre Ignoranz sauer auf, da er Aithan unterbrach, noch bevor er das erste Wort aussprechen konnte.

»Ich habe sie gegen ihren Willen durch die Tore gezerrt«, war seine kühle, beinahe emotionslose Antwort. Sie konnte sich nicht dagegen wehren, ihn nun doch anzusehen. Als hätte er darauf gewartet, wandte er sich ihr zu. Seine hellgrünen Augen spiegelten die Flammen wider und wirkten grausamer und lebendiger als je zuvor.

»Ihr seid nicht zurückgelaufen?« Sie versuchte zu lachen, doch es blieb ihr im Hals stecken. Ihr Mund war plötzlich trocken und ihre Handflächen wurden feucht, wie um sie vor einer bevorstehenden Gefahr zu warnen.

»Wollten wir«, antwortete Aithan und brach damit den Bann, den Cáel wie ein Hexer um sie gewoben hatte. Sie schluckte und betrachtete beschämt die Hände in ihrem Schoß. »Aber er erzählte uns von dem verwunschenen Königreich und der schlafenden Prinzessin.«

Das zog ihr Interesse auf sich. Sie hob ihren Blick und sah jedem Einzelnen ins Gesicht. Während Aithan und Cáel entspannt aussahen, wirkte Mathis vergleichsweise unruhig. Anscheinend verfluchte er noch heute den Tag, an dem sie von Cáel entdeckt worden waren.

»Es gab mir ein neues Ziel.«

»Warum? Was passiert, wenn du die Prinzessin erreichst? Wenn wir es wirklich durch den verwunschenen Wald schaffen?«, hakte Morgan nach, die spürte, dass sie jetzt endlich den Grund für die Armee erfahren würde.

»Ich erwecke die Prinzessin aus ihrem Schlaf. Dadurch offenbart sich mir ein Wunsch.« Aithan musterte sie neugierig, vermutlich um abzuschätzen, wie sie auf diese Antwort reagieren würde. Sie versuchte, sich nichts von ihren chaotischen Gefühlen anmerken zu lassen.

»Einen ... Wunsch?«

»Ich weiß, es ist schwer, sich das vorzustellen. Aber vor tausend Jahren wurde das Königreich Vadrya von einer Hexe verflucht und sie versteckte einen Wunsch für denjenigen, der mutig genug sein würde, sich bis zur Prinzessin durchzukämpfen.« Er schien wirklich davon überzeugt zu sein und Morgan wehrte sich nicht dagegen, sich davon anstecken zu lassen. Es fiel ihr leicht, sich vorzustellen, mit welchem Eifer Cáel ihnen von dieser Geschichte berichtet hatte. Eines aber war ihr noch ein Rätsel ...

»Du willst den Wunsch nutzen, um dein Königreich zurückzuerobern?« Aithan nickte. »Und ... Cáel ist so wunschlos glücklich, dass er euch ganz uneigennützig davon erzählt hat?« Das zu glauben, war beinahe unmöglich. Niemand war wunschlos glücklich. Auch sie nicht. »Wieso bist du nicht selbst losgezogen, Cáel?«

»Nur ein Prinz kann die Prinzessin erwecken«, antwortete Mathis für ihn und klang bitter.

»Cáel ist in Yastia geboren und will das Königreich wieder unter der Zahedafamilie regiert sehen. Deshalb hat er mich gerettet. Durch ein Porträt, das er einst gesehen hatte, wusste er, wer ich war, und er zeigte mir, dass mein Kampf noch nicht vorüber war«, erklärte er und nickte seinem Freund zu. »Jetzt lasst uns essen.«

Morgan konnte den Gedanken, dass Cáel den Wunsch am liebsten für sich nutzen wollte, jedoch nicht ganz abstreifen, obwohl Aithan vom Gegenteil überzeugt war. Aber was konnte sich Cáel schon wünschen wollen?

Wofür würde *sie* den Wunsch nutzen?

Sie teilten das zarte Fleisch untereinander auf, aßen weich gekochte Karotten dazu und spülten alles mit würzigem Wein herunter. Danach war Morgan so voll, dass sie sich kaum mehr bewegen konnte. Da sie jedoch etwas vorhatte, von dem die anderen nichts wissen sollten, verabschiedete sie sich früh am Abend und ging zurück ins Lager.

Sie hoffte, dass Aithan noch eine Weile von Cáel und Mathis beschäftigt werden würde. Allesamt hatten sie beinahe doppelt so viel wie sie von dem Alkohol getrunken.

Währenddessen würde sie ihre Zeit damit verbringen, in Ruhe Aithans Zelt zu durchsuchen. Der eigentliche Grund für die Reise durch den Wald hatte ihr neuen Antrieb gegeben. Ein Wunsch für denjenigen, der die Prinzessin erweckte. Also ausschließlich für den Prinzen, da er sich in seinem Inneren entfalten würde, sobald er den Fluch gebrochen hatte? Oder könnte ihm Morgan den Wunsch stehlen, solange sie ihn begleitete?

Zu bestreiten, dass es sie nach der Möglichkeit verlangte, sich einen Wunsch zu erfüllen … irgendeinen, nun, das wäre gelogen.

Kapitel · 25

Das schlechte Gewissen kündigte sich an, aber sie hatte bereits Übung darin, diesen Teil von sich selbst zu ignorieren und sich stattdessen auf ihr Vorhaben zu konzentrieren. Glücklicherweise war Aithans Zelt unbewacht, sodass sie nicht belästigt wurde, als sie zwischen den Planen hindurchschlüpfte.

Vollkommene Düsternis empfing sie und zwang sie dazu, sich ihren Weg bis zum anderen Ende zu erfühlen, an dem sie schließlich einen Schreibtisch ausmachen konnte. Nach weiterem Herumtasten konnte sie eine Petroleumlampe entzünden, die gefährlich nah an der Tischkante positioniert war. Sie traute sich nicht, sie zu verschieben, aus Angst, Aithan würde später bemerken, dass jemand herumgeschnüffelt hatte. Am liebsten hätte sie kein Licht entzündet, um jedwede Schatten und Gerüche zu vermeiden, aber ohne die Lichtquelle könnte sie genauso gut wieder gehen, so wenig würde sie sehen.

Als sie endlich etwas erkennen konnte, blickte sie auf die selbst gezeichnete Karte hinab, die offen vor ihr lag. Sie hatte von dem Prinzen größere Geheimhaltung erwartet, aber er hatte ihr auch von dem Wunsch erzählt, obwohl er sie kaum kannte. Er musste sich wirklich sehr sicher in seinen Plänen sein.

Es dauerte ein paar Augenblicke, bis sie erkannte, dass die Karte den verwunschenen Wald skizzierte. In der Mitte mehrerer konzentrischer Kreise befand sich das Schloss in Vadryas ehemaliger Hauptstadt Claoni.

Aithan hatte die inneren Bereiche der Kreise mit unterschiedlichen Symbolen und Farben markiert, denen Morgan keinen Sinn beifügen konnte, und sie erkannte plötzlich, *warum* Aithan sich offensichtlich keine Sorgen über mögliche Spione gemacht hatte. Seine Geheimzeichen verhinderten, dass sie irgendwelche anderen Erkenntnisse aus der Karte ziehen konnte als die, dass der Wald in vier Ebenen aufgeteilt worden war. Jede dieser Ebenen beherbergte eine Aufgabe oder ein Hindernis, dem sie sich gegenüberstellen mussten. Morgan sah an keiner Stelle, ob Aithan bereits die Art der Hindernisse herausgefunden hatte oder ob er noch immer im Dunkeln tappte. Abgesehen davon ließen sie jedoch die Pfeile an den Linien der Kreise stutzig werden. Es war, als sollten sie die ständige Bewegung dieser Bereiche markieren. Nichts schien fest verankert zu sein.

Der verwunschene Wald war in der Tat ein Labyrinth des Todes. Eine erfolgreiche Durchquerung würde einem Wunder gleichkommen und trotzdem ließ sich Aithan von der hohen Wahrscheinlichkeit des Scheiterns nicht abschrecken. So groß war sein Verlangen nach diesem einen Wunsch ...

Kopfschüttelnd löschte Morgan das Licht und schlich durch das Lager zurück in ihr eigenes Zelt, in dem die zwei Kriegerinnen bereits auf ihren Pritschen lagen.

»Hallo«, begrüßte Morgan sie schüchtern, bevor sie ihre Stiefel auszog und sich auf ihr eigenes Bett setzte. Sie faltete ihre Beine untereinander, da sie zu unruhig war, um jetzt schon zu schlafen.

»... konnte seine Hände wieder nicht bei sich behalten«, nahm die ältere der beiden ihr Gespräch wieder auf, das Morgan bei ihrem Eintreten unterbrochen hatte.

»Du solltest Aithan Bescheid geben, Lima«, wurde sie von der anderen getadelt, die gerade ihr schulterlanges braunes Haar kämmte.

»Er hat genug eigene Probleme, Sonan«, winkte Lima ab und bemerkte nun Morgans neugierigen Blick. »Wie ist deine Meinung dazu?«

»Hm?« Sie errötete ertappt.

»Nicht alle Männer benehmen sich uns Frauen gegenüber anständig. Das ist dir sicherlich schon aufgefallen. Sollten wir Aithan davon berichten?«, erklärte sie geduldig. Sonan sah sie ebenfalls neugierig an, als würde sie sich wirklich für Morgans Meinung interessieren.

»Ich ... Wenn ihr es ihm vortragt, wird er sicherlich auf eurer Seite sein«, sagte sie leise, obwohl sie ihm genau diese Ungerechtigkeit vor ein paar Tagen vorgeworfen hatte. Doch irgendwie hatte sie ihn heute wieder besser kennengelernt und erkannt, dass er vielleicht nicht so ungerecht war, wie sie so vorschnell angenommen hatte. »Er will, dass alle zufrieden sind, glaube ich.«

Sonan warf Lima einen triumphierenden Blick zu, als würde sie Morgan vollkommen zustimmen. Die Hand, die sich vor Aufregung um Morgans Lunge gelegt hatte, löste sich langsam.

»Schon gut.« Lima verdrehte die Augen. »Einverstanden. *Wenn* so etwas wie heute noch einmal passiert, werde ich ihn melden. Glücklich?«

»So sehr«, grinste Sonan und brachte Lima und Morgan damit zum Lachen.

»Seid ihr auch von den Minen gerettet worden?«, fragte die Wölfin zögerlich und kratzte sich an der Nase.

»Aye«, antwortete Sonan für beide. »Wir gehören zu den ersten Rekruten.«

»Und ihr seid geblieben? Einfach so?« Noch immer fiel es Morgan schwer zu begreifen, wie sich all diese unterschiedlichen Menschen und überwiegend Verbrecher um Aithan gescharrt hatten und weiter bei ihm blieben. Was sprang für sie dabei raus?

»Aithan hat uns ein neues Leben gegeben. Es ist besser, ihm in den Tod zu folgen, als noch einmal in die Minen zurückzukehren.«

Lima nickte zustimmend. »Aber nicht alle kamen aus den Minen. Manche sind ihm bereits von Brimstone aus gefolgt. Überall ist es besser als in Atheira. Und die Möglichkeit, ein verwunschenes Königreich zu entdecken? Die Schätze, die dort auf uns warten?« Lima stieß ein tiefes Lachen aus. »Die Versuchung ist für uns alle zu groß. Vor allem, da uns Aithan versprochen hat, dass wir uns an dem bedienen können, was wir dort vorfinden. Also, wieso sollten wir gehen?«

»Das ist … sehr großzügig von ihm«, lächelte Morgan. Wieder einmal war sie überrascht von den Versprechen, die Aithan so leichtfertig vergab.

»Du wusstest also nichts davon?« Sonan wechselte einen überraschten Blick mit der anderen Kriegerin. »Wieso bist du dann hier?«

Eine sehr gute Frage, die Morgan nicht beantworten konnte.
Der Wunsch.
Nun hält mich der Wunsch hier und nicht mehr länger die Unentschlossenheit.

»Ich weiß es nicht.«

Sonan beugte sich über die Lücke zwischen den Pritschen und klopfte Morgen kameradschaftlich auf die Schulter. Das Lächeln, das sich auf ihren Lippen gebildet hatte, war ehrlich und spiegelte sich in ihren hellen Augen wider. »Du wirst es noch herausfinden.«

In der Nacht tat Morgan kaum ein Auge zu. Immer wieder zuckte sie zusammen, weil sie dachte, etwas gehört zu haben. Wenn sie ihre Lider schloss, sah sie Cáel vor sich, der sie mit einem Schwert aufspießen wollte. Sie selbst hatte ihre Wurfmesser zur Hand, doch ihr gelang es nicht, ihn zu treffen. Die Messer schmolzen in ihren Händen und wurden zu flüssiger Lava, die ihre Haut bis auf die Knochen verbrannte.

Schreiend und schwitzend erwachte sie kurz vor Morgengrauen. Anscheinend hatte sie doch ein paar Stunden Schlaf gefunden, so unruhig er auch gewesen war.

Seufzend steckte sie ihren Kopf in die Waschschüssel und versuchte, den Schlaf und die Überreste des Albtraums zu vertreiben.

»Alles in Ordnung?«, fragte Sonan, die sich daraufhin gähnend die Augen rieb.

»Bloß schlecht geträumt.« Morgan winkte ab und machte sich daran, ihre Stiefel überzuziehen.

»Hast du Lust, mit uns zu trainieren? Ich weiß, du gehörst zur Elite, aber das Training unter uns Frauen ist auch sehr anspruchsvoll.« Dieses Mal klang Sonan deutlich wacher und tatsächlich, ein Blick zurück bestätigte Morgans Vermutung, dass sich die Kriegerin in ihrem Bett aufgesetzt hatte. »Und vielleicht gefällt es dir.«

Die Wölfin ließ sich den Vorschlag einen Moment durch den Kopf gehen und nickte dann.

»Ich weiß überhaupt nicht, wie es ist, mit Frauen zu trainieren«, gab sie zu. »Bisher hatte ich ausschließlich nur männliche Lehrer und Trainingspartner. Nun, bis auf eine Ausnahme.«

»Dann wird es Zeit, dass du die Erfahrung machst.« Sonan grinste zufrieden, was ihr gebräuntes Gesicht gleich noch wärmer erscheinen ließ.

Eine halbe Stunde später, nachdem sie in Ruhe gefrühstückt hatten, führten die Kriegerinnen Morgan auf eine ähnliche Lichtung, zu der Aithan sie am vorigen Tag gebracht hatte. Dort hatten sich bereits weitere Frauen zusammengefunden, die allesamt in Hosen gekleidet waren und sich dadurch von den Gehilfinnen im Lager unterschieden. Sonan schien abgesehen von Morgan den höchsten Rang zu besetzen, da allesamt innehielten, sobald diese die Lichtung betrat. Die Kriegerin erlaubte ihnen, sich zu rühren und ihr Training fortzusetzen. Dieses bestand zunächst hauptsächlich aus dem Stemmen von Gewichten in Form von zerhackten Baumstämmen und schweren Ästen, die sie auf ihren Schultern balancierten, um damit einen Bodenparcour abzulaufen.

Morgan sollte mit Lima mehrere Holzscheite hin und her werfen, was anfangs noch einfach vonstattenging, doch sobald sie dabei rennen sollten, versagte Morgans Koordination. Schnell spürte sie Frustration in sich aufsteigen, doch sie war die Einzige, die mehr von sich erwartete, als sie geben konnte. Lima war geduldig und durchgehend gut gelaunt. Es machte ihr nichts aus, sich ständig nach den Scheiten zu bücken, wenn Morgan wieder einmal falsch gezielt hatte.

Nach und nach verschwand schließlich die Frustration, und Konzentration und Durchhaltevermögen zahlten sich aus. Sie wurde besser und besser trotz der brennenden Oberarme. Grinsend nahm sie die Pause in Anspruch, die ihr von Sonan angeboten wurde, und schritt an den Rand der Lichtung, um sich gegen einen Baumstamm zu lehnen.

»Ich habe auf dich gewartet«, erklang Aithans Stimme hinter ihr und sie gab sich die größte Mühe, nicht vor Schreck zusammenzuzucken.

»Du solltest damit aufhören.« Kopfschüttelnd wandte sie sich ihm zu und bereute es fast im selben Moment.

Er sieht zu gut aus, schoss es ihr durch den Kopf. Sie würde sich nie an den durchdringenden Blick aus seinen tiefbraunen Augen gewöhnen können.

»Womit genau? Mit dem Warten?« Er grinste, als wüsste er genau, was in ihr vorging.

Sie hob eine Augenbraue und musterte ihn absichtlich sehr langsam von oben bis unten. »Dich wie ein gemeiner Dieb anzuschleichen. Wo hast du das überhaupt gelernt?«

Er verschränkte die muskulösen, braun gebrannten Arme vor seinem Oberkörper. »Cáel kann ein guter Lehrer sein, wenn er will. Hat er dich etwa schon aufgegeben?«

Ihr erster Impuls war, nachzufragen, was er damit meinte, aber sie konnte sich noch rechtzeitig davon abhalten, als sie sich an die Lüge erinnerte, derer sie sich gestern erst bedient hatte. Sie zuckte mit den Schultern.

»Sonan hat mich gefragt, ob ich mit den anderen Frauen trainieren möchte. Ich war neugierig.« Das war keine richtige Antwort auf seine Frage, aber er ließ es als solche durchgehen.

»Ich wollte dir etwas zeigen. Hast du einen Moment?« Der Ernst war zurückkehrt und sie las etwas anderes in seiner Miene. Unsicherheit? Es machte sie nervös.

»Natürlich.« Sie lächelte kurz, bevor sie neben ihm herging. Sonan winkte ihnen zum Abschied zu, dann verschwanden sie zwischen den ersten Bäumen. Schon bald erkannte Morgan, dass er sie zu den Strohpuppen zurückbrachte. Würde er sie dazu zwingen, sich erneut mit den Messern zu blamieren?

Dieses Mal war die Lichtung allerdings nicht verlassen. Ren trainierte hier mit dem Rest der Elite, zu der auch sie gehörte, aber da sie einiges aufzuholen hatte, würde sie noch nicht jede Trainingseinheit mit ihnen absolvieren.

»Warte hier«, wies er sie an, als sie ein paar Meter vor der größten Puppe zum Stehen kamen. »Und dreh dich nicht um.«

Ihr Herz klopfte laut, da Vertrauen nicht ihre größte Stärke war, aber sie brachte ein knappes Nicken zustande. Das schien ihm zu genügen, denn er ließ sie augenblicklich allein, ohne dass sie seine sich entfernenden Schritte vernahm. Sie hörte nur das Keuchen der Kämpfenden und die Geräusche, die von den Schlägen gegen die Strohpuppen verursacht wurden.

Es vergingen nur ein paar Minuten, ehe Aithan zurückkehrte und sich mit einer sanften Berührung an ihrem Handrücken bemerkbar machte.

»Darf ich mich zu dir umdrehen?«, witzelte sie, bevor sie spürte, wie er etwas Schweres in ihre Hand legte. Statt hinabzusehen, blickte sie verblüfft in seine Augen, die sie mit einem behutsamen Ausdruck musterten. »Was ist das?«, flüsterte sie.

»Sieh nach«, forderte er sie auf und trat einen Schritt zurück, nun, da sich ihre Finger um das fremde Objekt geschlossen hatten.

Ganz langsam hob sie ihre Hand und erkannte ein schlankes, geschwungenes Beil, dessen hölzerner Griff ungefähr neun Zoll lang und mit wunderschönen Schnörkeln versehen war. Im Sonnenlicht glänzten sie hell. Das schwarzgraue Stahlblatt endete in einer Klinge, die so breit wie ihr Zeigefinger lang war. Es war schmaler als die gewöhnlichen, die sie von Holzfällern kannte. Alles in allem besaß dieses Beil eine andere Form, als hätte es eine besondere Aufgabe, die Morgan noch nicht offenbart worden war.

»Es ist wunderschön«, wisperte sie ehrfürchtig, während ihre Fingerspitzen über diese faszinierend gestaltete Waffe wanderten.

»Du kannst es werfen, Morgan«, antwortete Aithan wie aus weiter Ferne. Sie musste sich zwingen, ihm ihre Aufmerksamkeit zu schenken.

»Werfen?«, wiederholte sie atemlos. »Aber ...«

»Es ist speziell dafür angefertigt worden. Unser Schmied hat die ganze Nacht daran gearbeitet. Du wirst noch ein zweites bekommen, wenn du ...« Er stockte und rieb sich scheinbar verlegen über seinen Stoppelbart. »Wenn es dir gefällt.«

»Natürlich gefällt es mir, aber ... du hast gesehen, wie ich gestern versagt habe, Aithan.« Betrübt schüttelte sie den Kopf und bewegte sich auf ihn zu, um ihm die schönste Waffe, die sie je gesehen hatte, zurückzugeben.

Er legte eine Hand um ihre, die das Beil festhielt, und verhinderte dadurch, dass sie es loslassen konnte. Sie mochte das Gefühl seiner Haut auf ihrer viel zu sehr und sie war unfähig, den Kontakt zu unterbrechen.

»Vielleicht hast du deine Fertigkeit mit den Messern verloren, aber dieses Beil ist etwas anderes. Damit hast du noch nie versucht, etwas zu treffen. Du musst keine Erwartungen an dich selbst erfüllen.« Er presste seine Lippen zu einer nachdenklichen Linie zusammen, dann legte er seine freie Hand an ihre Wange. Der Geruch von Pinienholz wehte mit dieser Bewegung in ihre Richtung. »Das Beil wiegt schwerer, du musst also näher an deinem Ziel stehen, aber dadurch triffst du auch genauer. Und wenn du es nicht werfen willst, lässt es sich damit auch ausgezeichnet kämpfen. Ich werde dir helfen, wenn du mich lässt«, fügte er mit einem Augenzwinkern hinzu.

Sie betrachtete das dunkle Beil in ihren Händen erneut, bevor sie ihre Schultern straffte und sich dann von Aithan löste, um ihre Furcht vor dem Versagen zu überwinden.

Am liebsten hätte sie kehrtgemacht und wäre zu den Kriegerinnen geflohen, aber sie erkannte, dass es wichtig für sie war, eine neue Waffe für sich zu finden. Sie würde womöglich nie wieder im Messerwerfen brillieren, aber vielleicht in etwas anderem, weil es neu und unverbraucht war.

Sie leckte sich die Lippen, positionierte sich drei Meter vor der Puppe, zielte und warf. Das Beil traf mit der stumpfen Seite gegen den Oberkörper der Puppe und fiel dumpf auf den Erdboden. Ohne Aithan zu beachten, probierte sie den Wurf wieder und wieder, bis sich die scharfe Kante endlich in das Stroh bohrte und das Beil darin festhielt. Sie unterdrückte ein triumphierendes Grinsen und übte stattdessen weiter, indem sie nach und nach den Abstand vergrößerte und die Hände tauschte. In ihrem Bauch kribbelte es vor einer Freude, die sie in ihrem Leben nur dann verspürt hatte, wenn sie ein besonders weit entferntes und schwieriges Ziel mit ihren Messern getroffen hatte. Es bereitete ihr noch Probleme, das Beil in den Armen und Beinen ihres Opfers zu versenken, da diese Ziele weniger Angriffsfläche boten. Dabei war es wichtig, dass sie zielsicherer wurde, um in einem Kampf nur den Schaden zuzufügen, auf den sie es abgesehen hatte.

Aithan begab sich irgendwann zu einer der anderen Puppen und schlug auf sie ein. Hin und wieder gab er einem Elitekämpfer einen Tipp oder maß sich mit einem von ihnen im Dolchwurf.

»Danke, Aithan«, wisperte sie nach gefühlten Stunden.

Nicht nur einmal war sie von der Bewegung der Muskeln an seinen Armen abgelenkt worden. Er trug ein ärmelloses Hemd, das schweißnass an seinem gottgleichen Körper klebte.

Nun wandte er sich ihr mit einem feucht glänzenden Gesicht zu und löste die Stofffetzen, die er um seine Knöchel gebunden hatte. Das Lächeln, das sich als Antwort auf seinen Lippen ausbreitete, ließ ihren Magen flattern.

»Du weißt schon, dass du jetzt nicht mehr um Lehrstunden mit mir herumkommst. Ich will deinen Fortschritt schließlich aus erster Hand miterleben.« Das Lächeln wurde zu einem spitzbübischen Grinsen.

»Dir sei es erlaubt, mich auszubilden«, gestattete sie ihm lachend. »Aber sei gewarnt, wenn du mich als Lehrer nicht zufriedenstellst ... ich habe jetzt ein Beil.«

Er legte den Kopf in den Nacken und lachte schallend. Ihr Herz krampfte sich seltsam zusammen.

Das ist überhaupt nicht gut ...

Kapitel · 26

Die nächsten zwei Wochen trainierte Morgan ausschließlich unter der Anleitung von Aithan, Mathis oder Sonan, mit der sie sich angefreundet hatte. Sie hatte diese robuste und gleichzeitig weichherzige Frau ins Herz geschlossen und würde alles für sie tun – was sie während ihrer gemeinsamen Trainingsstunden auch musste, da Sonan keine Gnade kannte. Die Zeit mit der Elite war die einzige, die sie nicht genoss. Man vertraute ihr nicht, was sie einzig und allein auf Ren zurückführte. Einmal hatte sie ihn dabei erwischt, wie er schändliche Lügen über sie erzählte. Man dürfe ihr nicht vertrauen. Sie hätte ihrem letzten Partner den Dolch in den Rücken gestoßen, als sie die gemeinsam gewonnenen Kronen für sich hatte haben wollen. Eine unsinnige Geschichte nach der anderen, aber die restlichen Elitekämpfer vertrauten eher einem der ihren als einer kleinen Wölfin, die Aithan hübsche Augen machte. Irgendwann gab sie auf, sich mit ihnen anfreunden zu wollen, und absolvierte die Trainingsstunden so gut es ging allein.

Nach und nach verschwanden ihre Rippen unter Muskeln, die sie wiederaufbaute. Ihre Stärke kehrte ebenfalls zurück.

Der Umgang mit den zwei Beilen gestaltete sich zunächst schwieriger als gedacht. Sie kam gut mit einem davon zurecht, aber sie beide gleichzeitig zu schwingen, stellte sie anfangs vor eine unüberwindbare Aufgabe. Aithan und Mathis weigerten sich jedoch, sie aufgeben zu lassen und so gelang es ihr schließlich, ihre Arme besser zu koordinieren und gleichzeitig unterschiedliche Bewegungsabfolgen ausführen zu lassen. Außerdem verbesserte sie sich im Nahkampf, was zu einem großen Teil auch Cáel zu verdanken war. Sie war sich sicher, dass er ihr nur half, um sie zu beobachten, wenn Ren nicht in der Nähe war, aber sie war sich nicht zu schade, seine Lehren anzunehmen, vor allem, da Aithan ständig auf sie aufpasste. Gewissermaßen. Cáel hatte keine Drohungen mehr ausgesprochen, aber seine mörderischen Blicke sprachen ihre eigenen Warnungen aus und sie nahm sich ständig in Acht.

Während dieser Tage, die gespickt waren mit Schweiß, Tränen und Gelächter, wurde es immer heißer und trockener. Sämtliche Bachläufe, die sich in unmittelbarer Nähe des Lagers befanden, trockneten auch unter der Bewachung der Bluthexer aus. Aus diesem Grund schickte Aithan zwei Einheiten zu bekannten Seen los, um mit Wasser zurückzukehren. Er hoffte, dass zumindest einer der beiden Seen noch nicht unter der Hitze verkommen war.

Cáel und Mathis gaben widerwillig ihr Einverständnis, gemeinsam eine Einheit anzuführen, während Aithan mit der anderen gehen würde. Morgan schloss sich ihm an, obwohl sie auch gerne Mathis gegen Cáel verteidigt hätte, der den Krieger nie ernst zu nehmen schien.

Unglücklicherweise konnte sie nicht der Versuchung widerstehen, Zeit mit dem Prinzen fernab von seinen beiden Leibwächtern zu verbringen und letztlich würde Mathis sich schon allein durchsetzen können.

Seit jenen Stunden, als Aithan ihr das Beil überreicht hatte, waren sie nicht mehr allein gewesen und sie vermisste seine lockere Art, die er nur dann zeigte, wenn er nicht von anderen umgeben war. Die Blicke, die er ihr zuwarf, waren allerdings alles andere als unschuldig, selbst in Anwesenheit von Mathis oder Cáel.

Allein bei der Erinnerung wurde ihr ganz warm und seltsam zumute.

Mit einer Gruppe aus sechs Leuten und acht Pferden machten sie sich schließlich kurz nach Morgengrauen auf den Weg Richtung Osten. Unglücklicherweise schloss sich ihnen Ren im letzten Augenblick an, was sich nicht mehr verhindern ließ.

Dieses Mal durfte Morgan immerhin auf einem eigenen Pferd sitzen – eine ruhige graue Stute –, obwohl sie Aithan als Stütze in ihrem Rücken vermisste.

In der Nacht kühlte es nicht mehr ab, sodass sie schon nach wenigen Minuten durchgeschwitzt waren und sich die wenigen Wasservorräte gut einteilen mussten. Es war wichtig, dass sie am Abend mit gefüllten Schläuchen aus gestärktem Leder zurückkehrten, damit im Lager keine

Unruhe ausbrach. Bisher hatte Aithan das Wissen über die sich dramatisch verringernden Wasserbestände geheim halten können, aber es würde nicht mehr lange dauern, bis auch andere die Wasserknappheit bemerkten.

Morgan versuchte die Graue möglichst von Schatten zu Schatten zu lenken, aber selbst dies brachte kaum spürbare Erleichterung. Aithan lächelte sie an, als er bemerkte, was sie tat. Als Reaktion darauf errötete sie und wandte den Blick ab. Wie sollte sie sich ihm gegenüber verhalten? Ihr Herz klopfte ständig in seiner Nähe, sie errötete ungewollt und sie wurde furchtbar tollpatschig, obwohl dies überhaupt nicht ihre Art war. Wenn sie es nicht besser wüsste, hätte sie gesagt, dass sie sich in den vergessenen Prinzen verliebt hatte.

Aber sie wusste es besser, oder nicht? Liebe? Nein, eine Wölfin *liebte* nicht. Eine Wölfin nutzte aus, betrog und zerstörte.

Während des strapaziösen Ritts unterhielt sich Aithan mit jedem einzelnen seiner Krieger, erkundigte sich nach ihrer Gesundheit und fragte, ob sie Verbesserungsvorschläge für die Führung des Lagers oder den Aufbau der kleinen Armee hatten. Keinen Moment, so schien es, ließ er seine Gedanken schweifen. Seine Aufmerksamkeit lag ganz auf seinen Leuten und Morgan fiel es nur zu leicht, sich vorzustellen, wie er als König sein würde. Er wäre vermutlich der beste König, den Atheira je gesehen hatte.

Und der Wunsch würde ihm den Thron geben.

Wieso spielte sie dann mit dem Gedanken, ihm diesen zu verwehren? Seit sie von dem Wunsch gehört hatte, konnte sie nicht aufhören, darüber nachzusinnen, was *sie* sich an seiner Stelle wünschen würde. Was *wollte* sie? Ihre Familie. Frei sein von Larkin. Stark sein. Sie würde sich vielleicht wünschen, dass Larkin vergaß, sie jemals getroffen zu haben, und dann würde sie zu ihrer Familie heimkehren.

Aber würde sie Aithan bestehlen können? War ihr persönliches Wohl mehr wert als das eines ganzen Königreiches?

Wohl kaum, Morgan. Schlag es dir direkt aus dem Kopf.

Und doch ... ein klitzekleiner Teil in ihrem Inneren umklammerte den Gedanken, als wäre dieser das Stück Holz, das sie vor dem Ertrinken rettete, denn Freiheit war das kostbarste Gut. Sie wollte es nur einmal schmecken.

Bevor Aithan ein Gespräch mit Morgan beginnen konnte, erreichten sie den glitzernden, einladenden See. Ein Jauchzen ging durch die Truppe. Man vergaß allen Anstand, band die Pferde an tief hängende Äste, schälte sich aus der durchgeschwitzten Kleidung und sprang vom Ufer ins tiefblaue Wasser. Selbst Ren entließ sie aus seinem stetigen Blick und schloss sich den anderen an.

Schreie wurden laut, als die erste Najade ihren blassgrünen Kopf durch die Wasseroberfläche steckte und ein liebliches Lächeln offenbarte. Wassernymphen nannten den See offensichtlich ihr Zuhause, denn zu der ersten Najade gesellten sich noch drei andere, die spielerisch um die Krieger herumschwammen. Hin und wieder blitzten in den Wellen die silbernen Schuppen ihrer Flossen auf.

Morgan war bisher nur Wald- und Bergnymphen begegnet, aber sie hatte noch nie eine Wassernymphe aus nächster Nähe gesehen. Aus Geschichten wusste sie allerdings, dass sie nicht gefährlich waren. Sie besaßen sanfte Gemüter und waren oft zu Spielen aufgelegt, zu denen sie den Menschen einluden. Lediglich ihre langen, spitz zulaufenden Fingernägel konnten ihren Spielgefährten schaden, was jedoch kaum jemals lebensgefährliche Verletzungen zur Folge hatte.

Fasziniert beobachtete Morgan, wie eine Najade Aithan mit Wasser vollspritzte und dann ein glockenhelles Lachen verlauten ließ, bei dem sie zwei Reihen rasiermesserscharfer Zähne offenbarte.

Nun, anscheinend hatten die Schriftsteller in ihren Büchern vergessen zu erwähnen, dass auch ihr Gebiss Grund zur Sorge war. Doch weder Aithan noch die anderen ließen sich von dem Anblick beeindrucken und spielten weiterhin mit ihnen.

Morgan schüttelte belustigt den Kopf, während sie die Graue an einem Ast festband, sodass sie an einem kleinen Bachzulauf trinken konnte.

Das Gewässer erstreckte sich nierenförmig und sie selbst befanden sich an dem Ende der geraden Linie, sodass ein großer Teil hinter kleinen Inseln von ihrem Standpunkt aus nicht zu sehen war, da es sich nach rechts wandte. Die langen Äste von riesigen Trauerweiden fielen an den Ufern herab und kreierten schattige Höhlen. Aus einer von ihnen schwamm gerade eine grüne Entenfamilie, die sich beim Anblick der planschenden Menschen und Najaden wieder eilig verzog.

Die Mutterente quakte empört, bevor sie ihre Küken erneut hinter den Vorhang scheuchte.

»Komm rein«, rief Aithan ihr zu, der mit blankem Oberkörper im Wasser stand. Er hatte seinen Kopf bereits unter Wasser getaucht, sodass ihm das braune Haar feucht auf der Stirn klebte.

»Moment.« Sie drehte sich zu der Grauen um und streichelte ihr warmes Fell, bevor sie ihr den Sattel abnahm, nur um Zeit zu schinden. Dann zerrte sie die Stiefel von ihren Füßen, zog die Tunika über ihren Kopf und schlüpfte aus der Leggings, sodass sie nur noch in einem ärmellosen grauen Leinenhemd dastand, das ihr bis zur Hälfte ihrer Oberschenkel reichte. Schon jetzt war es angenehm, die Luft an ihren nackten Beinen zu spüren.

Als sie sich wieder zum See wandte, erkannte sie, dass Aithan sie noch immer ansah. Sie leckte sich über ihre viel zu trockenen Lippen, dann gab sie sich innerlich einen Ruck und rannte direkt ins Wasser.

Sie tauchte ab und kam prustend wieder an die Oberfläche, wobei sie ein glückliches Lachen ausstieß. Oh, wie sehr hatte sie diese Abkühlung gebraucht!

»Hab dich«, lachte Aithan und tauchte hinter ihr auf. Hier im Wasser konnte er sich allerdings nicht so lautlos wie auf dem Land bewegen und sie entfernte sich rechtzeitig aus seiner Reichweite, um ihn mit einer Welle zu begrüßen. Eine Najade kreuzte ihren Weg und stieß ein freudiges Lachen aus, ehe sie untertauchte und verschwand.

Grinsend schwamm Morgan weiter in den See hinaus. »Von wegen.«

Er schien es als Herausforderung anzusehen, denn er folgte ihr mit neu erwachtem Ehrgeiz. Das bekannte Kribbeln stellte sich wieder ein und sie beschleunigte ihre Schwimmzüge, nachdem sie sich vom Rücken zurück auf den Bauch gedreht hatte.

Sie hatte bisher immer verabscheut, verfolgt zu werden, und sei es nur im Training. Dabei stieg in ihr stets ein Gefühl von Hilflosigkeit und Panik auf, dessen sie kaum Herr werden konnte. Hier und mit Aithan zusammen war es jedoch anders. Sie fühlte sich mächtig, schön und selbstsicher.

Lachend strampelte sie mit ihren Beinen, als er sie beinahe eingeholt hatte, tauchte dann unter und innerhalb des Schutzes einer der Weiden wieder auf.

Sie war allein.

Es schien, als wäre sie in eine andere, fremde Welt geschwommen. Das Zwitschern der Vögel und der Lärm der Krieger drangen nur noch gedämpft zu ihr herüber, ebenso wie das Sonnenlicht, das gerade hell genug war, um sich in der Umarmung der Trauerweide wohlzufühlen. Schlanke, wellige Blätter sammelten sich um sie und wurden zu einer leuchtenden Decke, je stiller das Wasser wurde. Einen Moment später wurde sie am Knöchel gepackt und sie schrie auf, bevor Aithan vor ihr auftauchte und sich vor Lachen nicht mehr halten konnte.

Etwas zog sich in ihrem Inneren zusammen und Gefühle regten sich, die sie nicht benennen konnte. Bevor sie sich damit beschäftigen musste, legte sie die Hände um Aithans Gesicht und zog ihn zu sich heran.

Sie schwammen so dicht aneinander, dass sich ihr Atem miteinander vermischte. Seine Hände legten sich um ihre Taille, um ihren Körper an den seinen zu pressen. Das Lachen schwand von seinen Lippen, die kurz davor waren, ihre zu berühren. Im letzten Moment blickte sie ihm tief in die Augen, suchte nach etwas, das sie davor bewahrte, diesen Fehler zu begehen, doch sie fand nichts außer Wärme. Und so war sie es, die den Abstand überbrückte und den Prinzen küsste.

Als sich ihre Lippen trafen, löste sich etwas in Morgan. Ein Gefühl. Eine Erinnerung. Sie konnte es nicht benennen, aber es fühlte sich gut an, so als könnte sie schweben.

Ihre Beine schlangen sich unwillkürlich um seine Hüften, während er mit ihr näher ans Ufer schwamm, bis er stehen und sie dadurch stützen konnte. Alles, ohne den erschütternden Kuss zu unterbrechen, den Morgan bis in ihre Zehenspitzen fühlen konnte.

Seine Hände strichen ihren Körper entlang, ihre Finger vergruben sich in seinem feuchten Haar. Hitze. Leidenschaft. Vollkommenheit.

Ein Stöhnen entrang sich ihrer Kehle und wurde von ihm erwidert, als sie ihren Mund öffnete, um ihn einzulassen. Seine Zunge stieß sanft gegen ihre, zog sich zurück und wartete auf ihre Reaktion. Der Kuss wurde tiefer und tiefer und ihr Herz schwerer und schwerer. Sie biss spielerisch in seine Unterlippe und lächelte, als der Griff um ihre Oberschenkel fester wurde. Eine Hand löste sich, fuhr ihre Hüfte entlang und bis zu ihrer Taille, wo sie den Druck seiner Finger ganz genau spüren konnte.

Morgan verlor jegliches Gefühl für Zeit, so sehr wurde sie von dem Kuss überwältigt. Irgendwann nahm sie jedoch die Rufe wahr, die zwar nicht ihnen galten, sie aber ihrem Kokon entrissen.

Fast schon widerwillig ließ Aithan Morgan herunter, aber nicht, ohne sich noch einen weiteren, schnellen Kuss zu stehlen, der sie erneut lächeln ließ.

»Wir sollten zurückkehren«, sprach sie mit zittriger Stimme das aus, was sie beide dachten. Ihr Körper fühlte sich fremd an, als wäre unter seinen Händen jemand Neues erwacht. Jemand, den sie nicht kannte.

Sein Blick glühte und schien sie von innen zu verbrennen. Sie hatte durchaus gespürt, dass er an mehr interessiert gewesen wäre, aber sie war noch nicht bereit dafür. Der Kuss hatte sie schon tief erschüttert, auf eine angenehme, faszinierende Art, und sie konnte nur ahnen, was mit ihr geschehen würde, sollte sie auf sein unausgesprochenes Angebot eingehen.

»Schwimm nur vor«, wies er sie heiser an. »Ich brauche noch einen Moment.« Mit einer Hand strich er verlegen lächelnd seine Haare zurück, die sie ihm in ihrer Leidenschaft durcheinandergebracht hatte.

»Gut.« Sie nickte und tauchte dann unter die Äste hindurch. Auf der anderen Seite schwamm sie sofort zurück ans Ufer, an dem sich die anderen bereits damit beschäftigten, die Schläuche am Bachzulauf zu füllen. Dort war das Wasser sauberer als im See selbst.

An Land verschwand Morgan hinter ihrem Pferd, um das Leinenhemd mit der Tunika auszutauschen und sich die Leggings und die Stiefel überzuziehen. Ihre Haare wrang sie aus und band sie einen Moment später zu einem Pferdeschwanz zusammen, der bis zur Mitte ihres Rückens reichte.

Bevor sie sich jedoch daranmachen konnte, den anderen beim Befüllen der Wasserschläuche zu helfen, presste sich eine raue Hand auf ihren Mund. Mit einer Messerspitze an ihrem Rücken wurde sie tiefer in den Wald gezerrt und sie wagte es nicht, sich zu wehren.

Für einen Moment glaubte sie, von ihrer Angst verschluckt zu werden, doch dann setzten ihre Instinkte ein. Sie stieß ihrem Angreifer den Ellenbogen in die Kehle, wand sich im gleichen Augenblick aus dem Griff und klemmte seinen Arm so ein, dass er das Messer nicht benutzen konnte. Ein weiterer Schlag auf sein Handgelenk und der

Dolch fiel harmlos zu Boden. Rote Haare blitzten in ihrem Sichtfeld auf, was nur eines bedeuten konnte.

Wut trieb sie an und sie überließ sich vollkommen den Schlagabfolgen, die sie im Schlaf vollführen könnte. Ein Schlag auf die Nase, in die Kehle, als er sich vorbeugte, mit dem Ellenbogen auf die empfindliche Stelle zwischen seinen Schulterblättern und dann war es ihr möglich, ihn in den Würgegriff zu nehmen, bis er auf den Knien nach Luft rang.

»Ich hätte wissen müssen, dass dich Cáel schicken würde, um mich zu beseitigen, Ren«, keuchte sie.

»W-weiß n-nicht, w-was ... du ... meinst«, schaffte er hervorzubringen, aber auch nur, weil sie den Griff für wenige Sekunden lockerte. Sie verstärkte den Druck ihres eigenen Armes um seinen Hals mit ihrer freien Hand.

»Richte ihm aus, dass er seine Drecksarbeit selbst erledigen muss, ansonsten wirst du das nicht überleben.« Sie hielt ihn noch eine Weile länger fest, bis er das Bewusstsein verlor, dann stieß sie seinen massigen Körper angewidert von sich.

Sie sollte Aithan von dem Vorfall berichten, aber würde er ihr glauben? Sie dachte an Mathis und seine Zweifel, mit denen er seinem Vetter ständig in den Ohren lag. Wenn Aithan ihm schon nicht vertraute, hatte er keinen Grund, ihr zu glauben, wenn sie ein schlechtes Wort über Cáel verlor. Es half auch nicht, dass Ren nicht zugegeben hatte, dass Cáel hinter diesem Angriff steckte. Trotzdem, es war besser, nichts zu sagen und ihre Kämpfe selbst auszufechten. Entschlossen kehrte sie zu den anderen zurück.

Aithan half seinen Kriegern mittlerweile bei der Arbeit und lief mit freiem Oberkörper und den nassen Hosen herum, die in der prallen Sonne schon bald trocknen würden. Als er sie hinter ihrem Pferd hervorkommen sah, lächelte er sie verwegen an.

Nachdem sie mit dem Befüllen fertig waren, machten sie sich in vollkommen gelöster Stimmung auf den Rückweg. Rens Abwesenheit begründete sie damit, dass er ein Nickerchen gemacht hatte, während alle anderen gearbeitet hatten. Man beschloss, ihn schlafen zu lassen, sodass er den Weg nach Hause allein antreten musste.

Morgan widersprach nicht, da sie es darauf abgezielt hatte.

Kapitel · 27

Raue Lieder wurden angestimmt, die Morgan von den anderen Wölfen gewohnt war und die sie tatsächlich das Schmugglerhauptquartier vermissen ließen. Sie hätte es nicht für möglich gehalten.

Sie erreichten das Lager, als es bereits dämmerte. Aithan war die halbe Strecke neben Morgan geritten, bis er in ein Gespräch verwickelt worden war, aus dem er sich nicht befreien konnte. Morgan hatte seine Nähe genossen, war aber gleichzeitig erleichtert, als sie mit ihren Gedanken allein war.

Der Kuss und ihre Gefühle, all das war nicht geplant gewesen. Sie hatte nicht vorgehabt, in solch eine Situation zu geraten, und doch … hatte sie ihn nicht vermisst? Hatte sie seine Nähe nicht aktiv gesucht? *Wieso* war sie noch hier?

Zwei Wochen waren eine lange Zeit. Zeit genug, sich ihr weiteres Vorgehen zu überlegen, aber sie hatte nichts dergleichen getan. Würde sie wirklich mit ihm den verwunschenen Wald durchqueren? Das glich einem Selbstmord!

Und dann war da noch Ren. Sie hoffte, dass sie deutlich genug gewesen war und dass er sie von nun an in Ruhe lassen würde. Es gab nichts, was sie hätte anders tun können. Zumindest nichts, um sich besser zu schützen.

Ihr Kopf drohte unter dem Chaos zu zerbersten.

Im Lager angekommen, kümmerte sie sich zunächst um die Graue, bevor sie sich zu den großen Feuern begab, um die sich alle Krieger versammelten. Die Jäger waren mit reicher Beute zurückgekehrt und auch Mathis hatte Wasser gefunden und damit ihren Bestand aufgefüllt. Aithan gestattete einen Abend des Feierns und so wurden Instrumente hervorgeholt und angestimmt. Mit den ersten hellen Noten auf den Fideln begrüßte man die Nacht und lud die ehemaligen Diebe und Schmuggler zum Tanzen ein.

»Du bist zurück«, erklang Mathis Stimme hinter ihr, bevor er sich neben sie setzte.

»Warum nicht? Ich war schließlich in Aithans Gruppe«, antwortete sie verwirrt.

»Entschuldige.« Er schüttelte den Kopf. »Natürlich, ich dachte nur, dass Aithan einen Teil seiner Gruppe noch einmal losgeschickt hätte, um noch mehr Wasser zu holen.«

»Davon weiß ich nichts.« Morgan hob ratlos eine Schulter. »Hat sich Cáel benommen?«

»Wenn du damit meinst, dass er schweigend hinter uns hergetrottet ist, dann ja.« Er kippte den restlichen Wein aus seinem Becher runter. »Ich weiß einfach nicht, wie Aithan ihm vertrauen kann.«

Morgan sah ihn nachdenklich an und überlegte, ob sie *ihm* von Ren erzählen sollte, entschied sich aber dagegen. Er hatte schon genug eigene Probleme. »Weißt du denn, wieso *du* ihm nicht vertraust?«

»Was soll das? Verteidigst du ihn jetzt?«, rief er aufgebracht und starrte sie fassungslos an.

Sie hob die Hände. »Glaub mir, ich bin die Letzte, die sich vor ihn stellen würde. Aber vielleicht hilft es dir, Aithan zu überzeugen, wenn du weißt, was *dich* überzeugt hat.«

Er blinzelte. Eine sanfte Röte stieg in seine Wangen und sie rührte nicht von dem Lagerfeuer neben ihnen. »Vergib mir, natürlich bist du nicht auf seiner Seite. Ich ...« Stirnrunzelnd blickte er in seinen nunmehr leeren Becher, als würde er darin die Antwort finden, die er suchte. »Ehrlich gesagt ist mehr ein Gefühl. Er scheint losgelöst von allem zu sein, gibt sich nur mit Aithan ab und versucht, alle wichtigen Entscheidungen zu beeinflussen.« Seufzend sah er auf. »Vielleicht bin ich doch derjenige, der ihn falsch einschätzt. Möglicherweise ist er einfach nur verschlossen.«

Morgan legte eine Hand auf seinen Unterarm und drückte diesen beschwichtigend. »Vertraue immer auf dein Bauchgefühl, Mathis. Das ist es, was dir am Ende des Tages das Leben retten wird.«

Als er ihr Lächeln erwiderte, bot sie an, ihm mehr Wein zu holen. Es dauerte eine Weile, bis sie sich zu den Fässern vorgeschoben hatte und mit zwei gefüllten Bechern zu Mathis zurückkehrte, der sich mittlerweile zu Aithan, Cáel, Sonan, Lima und zwei weiteren Kriegern, die Morgan nur vom Sehen kannte, gesetzt hatte.

Zunächst stand sie ratlos mit dem Becher hinter ihnen, dann wurde sie von Aithan bemerkt, der grinsend ein Stück zur Seite wich, sodass sie sich zwischen ihn und Cáel quetschen konnte. Lieber hätte sie sich links von ihm gesetzt, da sie Mathis eher vertraute, sie nicht zu erstechen.

Sie reichte Mathis den Becher und rutschte dadurch näher an den Prinzen. Sein Bein lag nun dicht an ihrem. Keiner von beiden bewegte sich.

Die Musik im Hintergrund wurde mal lauter, mal leiser. Hin und wieder mischten sich misstönende Melodien ein, die jedoch schnell vom Gemurmel der Menge überstimmt wurden.

»Wie wäre es mit einer Geschichte, Sonan?«, schlug Aithan vor, streckte seine Beine aus und ließ wie beiläufig einen Arm hinter Morgan fallen. Mit der Hand stützte er sich auf dem Stamm auf. Sie schluckte, traute sich nicht, Cáel anzusehen und konzentrierte sich daher ganz auf Sonan.

»Der Anführer hat gesprochen«, verkündete sie mit einer volltönenden Stimme, die man ihr während des Trainings noch nie entlockt hatte. »Irgendwelche Vorschläge?«

Aithan ließ seinen Blick gen Firmament wandern, ehe er gedankenverloren antwortete. Seine Hand lag nun an ihrer Taille und sie war unwillkürlich dichter an ihn herangerückt. »Berichte uns über den Sturz der alten Götter.«

Jeder wusste, dass die alten von den neuen Göttern ausgetrickst worden waren. Doch jetzt, da Morgan darüber nachdachte, wusste sie kaum mehr über die Legende. Neugierig geworden horchte sie auf.

»Vor vielen, vielen Jahrhunderten beteten Menschen die alten Götter an, die damals neben den Moiren noch die einzigen gewesen waren. Sie herrschten mit eiserner Hand über das Menschenvolk und verlangten reichhaltige Opfer und ehrfürchtige Gesten«, begann Sonan. Mit einer Hand schaufelte sie etwas Erde auf und warf diese in die zischenden Flammen. »Sie waren mächtig, oh, so mächtig. Die Macht ihrer Kinder reichte nicht an die ihre heran, so zahlreich sie auch waren, zudem besaßen sie, anders als ihre Vorfahren, keine eigenen Körper auf der Erde.

Ihnen ist es nur möglich, die Körper von Menschen während ihrer Wanderschaft zu besitzen und zu lenken. Doch je länger sie blieben, desto schwächer wurde ihre Macht und sie mussten jedes Mal schon nach kurzer Zeit in das Reich der Götter zurückkehren, wo sie den alten Göttern zu gehorchen hatten.«

Es war still geworden. Jeder im Lager schien an Sonans Lippen zu hängen und der Geschichte fasziniert zuzuhören.

»Sie wurden unglücklicher und unglücklicher, also taten sie sich zusammen und suchten gemeinsam nach einem Weg, wie sie die alten Götter von ihren Thronen stürzen könnten.

Auf Erden wandelte gerade eine Hexe, die mächtiger war als all jene vor ihr. Der Sage nach war es die Hexe, die die Magie der Schicksalsgöttinnen gestohlen hatte. Die erste Webhexe. Doch dies ist eine andere Geschichte.« Sonan lächelte schelmisch. »Die neuen Götter gingen einen Pakt mit ihr ein. Sie würde die alten Götter verfluchen und im Gegenzug würden ihr die neuen Götter etwas von ihrer Macht geben, um sie unsterblich werden zu lassen.

Unter einem Vorwand wurden die alten Götter auf die Erde geladen. Sie waren so mächtig, dass sie sich ihre eigenen Körper kreieren konnten, was gleichzeitig ihre einzige Schwäche war. Die Hexe kam zum Vorschein und verfluchte jeden einzelnen zu einem immerwährenden Schlaf. Tujan, Avel, Maelis, Karel, Garvan, Lesha und Jestin würden niemals wieder als Götter über die Erde herrschen.

Die neuen Götter versteckten ihre Körper und kehrten in ihr Reich zurück. Der Pakt hatte seinen Tribut gefordert. Von nun an würden sie zwar ungehindert über das Reich der Götter herrschen, doch die Erde könnten sie nur noch an einem Tag im Jahr besuchen und dies noch immer nur im Körper eines Menschen.«

»Aber was ist mit Themera?«, warf jemand ein, der die Geschichte offenbar auch zum ersten Mal hörte. »Die alte Göttin des Feuers. Du hast sie bei deiner Aufzählung nicht erwähnt.«

Als hätte Sonan auf diese Frage gewartet, breitete sich ein wissendes Lächeln auf ihren schmalen Lippen aus. Die Flammen spiegelten sich in ihren Augen wider und das Spiel der Schatten verlieh ihrem Gesicht etwas Geisterhaftes.

»Der Legende nach ist sie entkommen und wandelt noch immer einsam und verlassen auf der Erde.«

Die Stille wurde nur durch das Knistern des Feuers und dem Ruf einer Nachteule gestört, dann, ganz langsam, begannen die Gespräche erneut. Die Menge verteilte sich, einige blieben zurück. Cáel erhob sich wortlos und verschwand.

»Ich bin mir sicher, dass ich die neue Göttin Servane an levengrond getroffen habe«, beharrte einer der älteren Krieger. Sein grauer Bart reichte ihm bis zu seiner Brust und auf seiner Nase thronte eine fette Warze. An *levengrond* wurden die neuen Götter geehrt. An diesem Tag stiegen sie hinab und mischten sich unter die Menschen. Bluthexer boten ihnen dafür menschliche Körper dar, die bereit waren, Gottheiten in sich aufzunehmen. Anschließend versammelten sich die Menschen um die Gefäße und huldigten den neuen Göttern. Morgan war noch nie einem von ihnen begegnet, weil Larkin jedes Jahr einen Auftrag für sie bereitgehalten hatte, der sie an *levengrond* von dem Tempel fernhielt.

Der Krieger wurde ausgelacht, die Unterhaltung im Spaß fortgeführt, aber Morgan verlor schnell das Interesse.

»Wie hat es dir gefallen?«, erkundigte sich Aithan mit einem vorsichtigen Ausdruck in den Augen.

»Sonan ist unglaublich begabt.«

»In der Tat«, lachte Mathis, der sich vorgebeugt hatte, um Morgan ansehen zu können. »Wohin ist Cáel verschwunden?«

»Er hat sich anscheinend gelangweilt«, antwortete Morgan schulterzuckend und nippte an ihrem Becher, bevor sie einer weiteren Geschichte lauschte, die allerdings nicht ganz so beeindruckend vorgetragen wurde. Sie handelte von albernen Prinzen und mächtigen Prinzessinnen und brachte viele von ihnen schon sehr bald zum Lachen. Der Krieger, der sie vortrug, veränderte hin und wieder passend zu den Figuren seine Stimme und sorgte damit für weiteres Vergnügen.

Schon bald fühlte sich Morgan glücklich und zufrieden. Als wäre sie Teil einer Familie, nach der sie einen großen Teil ihres Lebens gesucht hatte.

Du machst dich lächerlich. Sie sind weder deine Freunde noch deine Familie. Immer diese Stimme, die ihre Freude dämpfte.

»Ich bin gleich wieder da«, verkündete sie, weil sie sich erleichtern musste und zudem ein paar Augenblicke für sich brauchte. Sie fühlte sich seltsam niedergeschlagen nach diesen albernen Gedanken.

Aithan ließ seine Hand fallen und erklärte sich bereit, ihren Becher für sie aufzubewahren.

Sie suchte die Latrinen auf und schlenderte anschließend wieder zurück. Aber als sie das Lager betrat, musste sie einen Umweg machen, da vor ihr eine Prügelei im Gange war. Es kämpften drei Krieger mit nackten Fäusten gegeneinander und zogen dadurch eine ganze Meute an Schaulustigen an, die bereits Wetten darüber abschlossen, wer als Erster zu Boden ging.

Kopfschüttelnd suchte sie nach einem Gang, der nicht verstopft war, und erblickte Cáel, der neben einer Fackel vor einem Zelt saß und eine Figur schnitzte.

Morgan blieb abrupt stehen, traute sich kaum zu atmen, als sie ihn bei der Arbeit beobachtete. Schatten verbargen zwar ihre Gestalt, aber er musste schon sehr in seine Arbeit vertieft sein, um ihr Herannahen nicht bemerkt zu haben. Wo war er mit seinen Gedanken?

Das helle Stück Holz brachte er mit einem scharfen Messer nach und nach in Form. Mit geübten Bewegungen trennte er Holz von Holz, das sich zwischen seinen Füßen kringelte.

Ein unaufmerksamer Moment, die Klinge rutschte vom Holz ab und schnitt ihm in die Handfläche.

Die Figur und das Messer fielen herab, während er mit einer seltsamen Faszination den langen Schnitt betrachtete.

Blut quoll aus seiner Handfläche hervor und tropfte in den Sand. Eine Sekunde verging, zwei, drei, dann nahm er einen Lappen, der neben ihm gelegen hatte, und wischte das Blut ab. Zurück blieb nichts als gesunde Haut, die im Schein der Fackel leicht gerötet aussah.

Morgan starrte Cáel mit offenem Mund an und war sich für einen Moment nicht sicher, ob ihre Augen ihr nicht einen Streich gespielt hatten. Das war Wahnsinn, nicht wahr? Unmöglich? Magie? Schließlich löste sie sich aus ihrer Starre und stampfte mit anklagend auf ihn gerichteten Finger auf ihn zu, bevor sie genauer darüber nachdenken konnte, was sie gesehen hatte.

»Was bei allen Göttern ist da gerade passiert?«

Für einen Moment sah er sie verblüfft an, dann verschloss sich seine Miene erneut und er stand abrupt auf. Sie musste einen Schritt zurückweichen, um ihm nicht zu nahe zu kommen. Wer wusste schon, was in ihm vorging? Sie wollte nicht in seiner Reichweite sein, wenn er zu einem Schlag ausholte.

»Wage es ja nicht, es zu leugnen. Du hast dich verletzt und jetzt ...«

»Du hast nichts gesehen. Zieh weiter, *Mor*«, verhöhnte er sie und stieß im Vorbeigehen gegen ihre Schulter.

Sie war zu geschockt, um ihm hinterherzulaufen. Wenn sie ihren eigenen Augen nicht vertraut hätte, dann hätte sie sich spätestens jetzt bestätigt gefühlt. Cáel wäre nicht einfach gegangen, wenn er nichts zu verbergen gehabt hätte. Er hätte sie beschimpft, ihr gedroht und dann vermutlich einen Weg gesucht, sie schwer zu verletzen, wenn er sie schon nicht töten konnte. Oder er hätte sich nichts anmerken lassen, sie für wahnsinnig erklärt. Nein, hier war eindeutig etwas faul. Sein Erstaunen und seine Unsicherheit waren ehrlich gewesen.

Ihr Blick wanderte zu dem Gang zwischen den Zelten, in den er verschwunden war. Vielleicht, ganz vielleicht war er ja ein Webhexer und traute sich nur nicht, sich offen zu zeigen ... So oder so, sie würde herausfinden, was er ihr verschwieg.

Kapitel · 28

Rhea kämmte ihr rotgoldenes Haar vor dem in Messing eingefassten Handspiegel, den sie an einen Stapel Bücher gelehnt hatte. Immer wieder ertappte sie sich dabei, wie ein Lächeln an ihrem Mundwinkel zupfte, wenn ihre Gedanken zu Jeriah wanderten, der sie heute erneut besuchen würde. Sie konnte es kaum glauben, aber er war nach seinem schockierenden Überraschungsbesuch zurückgekehrt, ohne ihr all die schönen Dinge wegzunehmen, die ihr Helmar besorgt hatte. Im Gegenteil, er hatte ihr Bücher mitgebracht, schöne Haarbänder, die so glatt waren wie ihre Wangen, und Kerzen, die nach Lavendel dufteten, wenn man sie anzündete.

Neben den Geschenken aber schätzte sie am meisten seine Gesellschaft. Sie hätte auf alles andere verzichten können, nicht jedoch auf die tiefgründigen Gespräche, die sich um allerhand Themen drehten.

Jeriah behandelte sie nicht wie eine Gefangene, legte großen Wert auf ihre Meinung und lud sie ein, diese auch zu verkünden und vor allem darauf zu bestehen, obwohl er ihr nicht immer zustimmte. Jeder Moment, den sie mit ihm verbrachte, war bittersüß. Sie musste nur an seine hochgewachsene, edle Gestalt denken und schon bekam sie Herzrasen. Diese Aufregung wurde allein dadurch gedämpft, dass sie sich immerzu fragte, wieso er sie aufsuchte.

Er war der Thronfolger und hatte sicherlich hundert Freunde, die ihm nur zu gerne Gesellschaft leisteten, würde er nur fragen. Trotzdem gab er sich mit ihr hier im Kerker seines Vaters zufrieden und sah sie an, als wäre sie die einzige Person für ihn auf der Welt. Sie wollte und konnte ihm nichts Übles unterstellen, obwohl Helmar sie davor gewarnt hatte, ihm zu sehr zu vertrauen. Letztlich hatte Rhea nichts mehr zu verlieren. Sie saß hier für den Rest ihres Lebens fest, es sei denn, es stellte sich heraus, dass sie doch eine Webhexe war. Dann würde sie kläglich auf dem Scheiterhaufen verbrennen.

Als sie sich nähernde Schritte vernahm, legte sie Kamm und Spiegel eilig zur Seite und setzte sich auf dem Bett auf. Ihr Haar ließ sie offen über ihre linke Schulter fallen, weil sie wusste, wie gern Jeriah es ansah. Einmal hatte er es sogar berührt, nachdem sie es ihm erlaubt hatte, und ein wohliger Schauer war ihren Rücken hinabgeronnen.

Vielleicht hatte sie keinerlei Erfahrung mit Liebe und Männern, aber auch sie wusste, was dieses Gefühl in ihrem Inneren bedeutete. Sie fühlte sich zu Jeriah hingezogen und sie war sich fast sicher, dass er genauso für sie empfand.

»Rhea«, begrüßte er sie mit einem offenen Lächeln, nachdem er die Tür hinter sich wieder geschlossen hatte. Es war besser, wenn die anderen Gefangenen nichts von seinen Besuchen hier mitbekamen. »Du siehst ... wunderschön aus«, entschlüpfte es ihm anscheinend unbeabsichtigt, da sich seine Wangen leicht rot färbten. Es ließ ihn weniger unnahbar erscheinen.

Er räusperte sich.

»Danke.« Sie nahm seine hoheitsvolle Gestalt in sich auf, als wäre es das letzte Mal, dass ihr ein Blick auf ihn gestattet sein würde. Seine breiten Schultern, die in einer blauen Jacke mit dem schwarz glänzenden Revers gut zur Geltung kam, die langen Beine und das honigbraune Haar, von dem sie annahm, dass es samtig weich war. Im Gegensatz zu ihm hatte sie nicht den Mut aufbringen können, es zu berühren. In der linken Hand hielt er eine quadratische Schachtel, die sofort ihre Neugier weckte. Fragend hob sie eine Augenbraue.

Er fing lächelnd ihren Blick auf, verscheuchte damit die peinlich berührte Stimmung und setzte sich ihr gegenüber auf den einzigen Stuhl.

»Ich habe dir ein Kartenspiel mitgebracht. Damit spielt man hier hauptsächlich Krone und Pech.« Während er sprach, holte er das neue Kartendeck aus der Schachtel und reichte es ihr. Wie jedes Mal konnte sie sich kaum dazu überwinden, die Kostbarkeiten zu berühren, die er ihr schenkte. In diesen Situationen wurde ihr stets bewusst, wie unterschiedlich sie in ihrem Denken waren. Für ihn war dies ein einfaches

Kartenspiel, für sie so viel mehr. Die Präzision, mit der die einzelnen Figuren und Zahlen auf die Blätter gemalt worden waren, zeugte von mühsamer Handarbeit. Selbst wenn Rhea und ihre Eltern damals nicht verraten worden wären, wäre sie niemals in den Genuss gekommen, so etwas Wertvolles zu berühren.

»Wie funktioniert das Spiel?« Helmar und sie vertrieben sich hin und wieder die Zeit mit diversen Spielen, wenn sie wieder einmal von Langeweile überkommen wurden, doch an dieses konnte sie sich nicht erinnern.

Er zeichnete ihr die grundlegenden Regeln auf und ließ ihr dann den Vortritt, die Karten zu mischen. Sie wusste es zu schätzen, dass er nicht ungeduldig wurde, als sie immer wieder ein paar Karten verlor, weil sie so glatt waren. Schließlich gelang es ihr, an jeden von ihnen sieben Karten zu verteilen und einen Stapel in der Mitte auf die gerade Oberfläche eines Buchdeckels abzulegen.

»Hast du deinem Vater deine Bedenken bezüglich der Renovierung mitgeteilt?«, fragte Rhea, nachdem sie die erste Runde erfolgreich verloren, aber immerhin das Spiel verstanden hatte. Das Ziel war es, entweder drei gleichfarbige Kronen zu sammeln oder zu verhindern, dass der Gegner sie sammeln konnte, indem man jede Krone aus dem Spiel warf.

»Er ließ sich entschuldigen«, war Jeriahs frustrierte Antwort. »Stattdessen hat er mir während des Banketts wiederholt gesagt, dass ich meine freie Zeit nützlich verbringen soll. Und er betonte, wenn ich über freie Zeit verfügte, wäre ich ohnehin nicht ausgelastet genug.« Er legte seine Karten weg und fuhr sich mit einer Hand durch das Haar. »Es ist nicht so, als würde ich nicht arbeiten *wollen*, aber er überlässt mir keinerlei Verantwortung. Ich soll den Ratssitzungen beiwohnen, ohne meinen Mund zu öffnen. Wenn ich dann doch meine Stimme erhebe, dann bei allen Fäden nur, um *ihn* zu unterstützen.«

»Wieso versuchst du es nicht mal? Ihm zu widersprechen, meine ich, und auf deine Meinung zu beharren. So wie du mich immer dazu ermutigst.« Rhea mochte es nicht, ihn so gequält zu sehen, aber wie sollte sie ihm helfen? Sie saß hier eingesperrt und fristete ihr Dasein als Gefangene seiner Eltern.

»Es ist nicht so einfach«, entgegnete er unwirsch, erhob sich abrupt vom Stuhl und trat zum Fenster. Es war bereits dunkel. »Lass uns nach draußen gehen«, sagte er unerwartet.

»Wie bitte?« Verwirrt hob sie den Blick von ihren Karten und blinzelte ihn an. Seine Begeisterung schwappte zu ihr herüber, aber die Angst schnürte ihr die Kehle zu.

»Ich bring dich ungesehen wieder zurück. Ich möchte dir die Sterne zeigen, Rhea.« Seine Stimme war leiser geworden, rauer und es war ihr unmöglich, ihr zu widerstehen.

Sie nickte, dann zog er sie auch schon an einer Hand hoch und umarmte sie. Ihr Rock wirbelte umher und die plötzliche Gelassenheit brachte sie zum Lachen. Die Angst schob sie ganz weit von sich, genoss die Freude in Jeriahs Gesicht und die Aufregung in ihrem Bauch. Sie würde die Sterne sehen!

»Falte eine Decke zusammen. Ich sehe nach, ob die Luft rein ist.« Grinsend schlüpfte er durch die Tür, während sie sich daranmachte, die Decke in ein möglichst kleines Viereck zu falten. Wenige Augenblicke später wurde sie von Jeriah abgeholt, der sie aus dem inneren Teil des Kerkers brachte, um sie nicht – wie gedacht – durch das Tor in den Palast zu führen, sondern in einen Geheimgang. Sie war sich sicher, dass dies einer war, da sich der Eingang hinter einem mannshohen Porträt eines hässlichen Mannes mit einem Hackebeil in der Hand verbarg. Wer auch immer dieses Bild aufgehängt hatte, er bewies dadurch keinen Geschmack.

»Uns sieht wirklich niemand?«, wisperte sie, obwohl sie allein waren. Ein aufgeregtes Kribbeln breitete sich in ihrem ganzen Körper aus. Zum ersten Mal seit einer Dekade würde sie den Palast verlassen. Sie konnte es kaum erwarten.

Jeriah hielt eine Fackel in der linken Hand und führte sie weiter an der rechten durch die steinernen, feuchten Gänge.

»Nein. Ich kenne einen Ort, der so spät von niemandem aufgesucht wird«, versicherte er ihr ebenso leise. Wahrscheinlich brachte ihr klammheimlicher Ausbruch sie dazu, die Stimme zu einem geheimnisvollen Flüstern zu senken.

Es dauerte nicht lange, bis sie den Geheimgang hinter einer weiblichen Nixenstatue wieder verließen und sich im Palastgarten wiederfanden. Sie war natürlich noch nie hier gewesen, aber es gab bestimmt keinen anderen Ort in unmittelbarer Nähe, an dem man nichts weiter sehen konnte außer Pflanzen und Blumen. Mit offenem Mund sog sie Farben, Gerüche und Geräusche auf. Es war überwältigend.

Hin und wieder erhellten Öllampen ihnen den Weg. Jeriah hatte die Fackel im Gang zurückgelassen, um keine Aufmerksamkeit auf sie zu ziehen.

Er bewegte sich so zielsicher über den knirschenden Kies, dass Rheas Angst, entdeckt zu werden, stetig abnahm, bis sie schließlich nur noch ein Flimmern am Horizont war. Sie liefen zwischen tiefgrünen Bäumen hindurch, ihre Waden streiften Sträucher und Rheas Fingerspitzen berührten die für die Nacht geschlossenen Blüten eines blassgelben Azalas, bevor sie eine kreisrunde Lichtung erreichten. Sie war rundherum von einer dichten Glanzmispelhecke, an der längliche rote und grüne Blätter hingen, einschlossen. Um sie zu betreten, musste man einen versetzten Gang aus zwei verwinkelten Hecken durchschreiten. Hier gab es keine Lampen und ihre Augen mussten sich an das wenige Licht des Halbmondes gewöhnen. Ihr gelang es schneller als Jeriah und sie breitete die Wolldecke auf dem Stück Rasen aus.

Nachdem sie Seite an Seite lagen und in den sternenübersäten Himmel hinaufsahen, umfasste Jeriah ihre Hand. Sie zog ihre nicht weg und genoss das Gefühl seiner Haut an ihrer.

»Es ist so aufregend, draußen zu sein«, durchbrach sie das sanfte Schweigen zwischen ihnen.

»Es tut mir leid, dass es so lange gedauert hat.« Seine Stimme war leise und mit Schuld getränkt.

»Das braucht es nicht«, versicherte sie ihm. Sie kannten sich erst kurze Zeit und während dieser hatte er ihr Leben so sehr bereichert. »Wurden nicht vor Kurzem die Anwärterinnen für die Heilerinnen ausgewählt?« Rhea hoffte, dass sich durch den Themenwechsel die Melancholie vertreiben ließe. Sie konnte ihre vorübergehende Freiheit auch lautlos in ihrem Inneren genießen.

»Eine. Es wurde ihnen wieder nur ein Name mitgeteilt. Sie haben das Mädchen gestern gefunden und in den Turm gebracht.« Er klang nicht sonderlich traurig darüber, dass es noch immer Probleme bei der Auswahl gab. »Man sollte meinen, der Dux Aliquis ist mächtig genug, um diesen Fluch zu brechen, aber nein, er schiebt die Schuld auf die Frauen.«

»Und die anderen Priester? Hat auch niemand von ihnen eine Idee?«

Jeriah schüttelte den Kopf. »Sie sprechen nicht mit mir. Es ist, als ob der Dux Aliquis ihnen ein Maulkorb in meiner Gegenwart verpasst hätte. Vater verschließt sich mir völlig. Es wäre ein Fortschritt, wenn er mich zumindest *anhören* würde, auch wegen der Renovierungen der Armenviertel. Aber nein, er will nicht sehen, dass ich eigenständig denken kann.«

»Und deine Mutter?«

Rhea spürte, wie sich der Prinz anspannte. Er nahm seine Hand weg und faltete sie mit seiner anderen auf seinem Bauch.

»Ich rede nicht gerne über sie«, gestand er und warf ihr einen entschuldigenden Blick zu. »Sie ... Ihr Herz ist aus Eis, Rhea. Wenn sie wüsste, wo ich in diesem Augenblick bin, sie würde dich töten. Und mich vermutlich auch.«

Rhea entfloh ein unbedachter Laut, der Jeriah sofort alarmierte. Er drehte sich auf die Seite, um sie vollends anzusehen, und legte seine Hand an ihre Wange.

»Dir wird nichts geschehen, versprochen.« Sein Daumen berührte sanft ihre Unterlippe und wanderte dann weiter ihr Kinn entlang.

»Ich vertraue dir«, hauchte sie, während ihr Herz aufgeregt in seinem Käfig pochte, als würde es sich befreien wollen.

»Weißt du, was heute für ein Tag ist?« Sie schüttelte leicht den Kopf, ohne seine Berührung zu stören. »Heute feiern wir *helenforn* zu Ehren des Kriegergottes Yann. Er ist mir der liebste und er wird mich leiten und mich beschützen. Ich spüre ihn stets bei mir.«

»Auch jetzt?«, flüsterte sie, woraufhin er schief lächelte.

»Ich hoffe, dass er gerade jetzt andere Dinge hat, um die er sich kümmern muss.«

»Wieso?«

»Deshalb ...« Jeriah überbrückte die letzten Zoll zwischen ihnen und schenkte ihr ihren allerersten Kuss.

Doch anstatt ihn zu genießen, den Moment auszukosten und sich schweben zu lassen, zuckte Jeriah zurück, als hätte er sich an ihren Lippen verbrannt.

Verletzt hob sie eine Hand an ihren Mund, wollte ihn fragen, was geschehen war, doch seine Aufmerksamkeit galt längst nicht mehr ihr, sondern der Person, die die Lichtung betreten hatte. Jeriah musste seine Schritte gehört haben, während sie sich vollkommen auf ihn konzentriert hatte.

Bei dem Eindringling handelte es sich um einen großen, aber schmächtigen Jungen mit abstehenden Ohren. Er trug die Kleidung eines Dieners und hatte kurz geschorenes Haar. Seine Augen waren riesig und ließen in Rhea die Vermutung aufkommen, dass er nicht damit gerechnet hatte, den Kronprinzen dabei zu erwischen, wie er eine Gefangene küsste. Wenn er überhaupt wusste, wer sie war, doch es war nur zu offensichtlich, dass sie nicht dem Adel angehörte.

Ihre Augen zuckten zu Jeriah zurück, der mittlerweile aufgesprungen war. Ein seltsamer Ausdruck lag in seinem Gesicht und an seiner Stelle wäre Rhea längst davongelaufen, aber er blieb stehen. Die Miene des Jungen wurde panischer. Die Sekunden vergingen zäh und langsam, bis sie verstand, dass er nicht gehen *konnte*. Etwas schien ihn festzuhalten. Er ballte die Hände zu Fäusten, presste den Kiefer zusammen und schien zu zittern, doch er war nicht stark genug.

Magie. Das musste es sein!

War sie doch eine Webhexe? Webte sie gerade Magie, ohne dass sie sich dessen bewusst war?

Ihr Blick wanderte zu Jeriah, der ebenfalls wie versteinert dastand. Seine linke Hand war zu einer Faust geballt, auf seiner Stirn glänzte Schweiß. Dann überrollte sie eine Druckwellte.

Sie taumelte zurück, als unzählige verschiedenfarbige Fäden erschienen, die sich um den Körper des Jungen schlangen. Sie hielten ihn an Ort und Stelle gefesselt, zogen sich immer weiter zusammen, bis sie durch seine Gliedmaßen wie Messer durch weiche Butter glitten. Der Junge wurde in tausend Stücke zerrissen. Sie spürte Blut auf ihren Wangen kleben und etwas stieß gegen ihre Schuhspitze, das sie nicht genauer betrachten wollte.

Neben ihr brach Jeriah hustend zusammen und kniete im Gras. Er zitterte am ganzen Leib, während sie selbst innerlich gegen ihre Übelkeit anzukämpfen versuchte. Ihre Magen krampfte sich schmerzhaft zusammen und an ihrem Rücken rann Schweiß herab.

Ganz offensichtlich war es ein gut gehütetes Geheimnis, dass der Kronprinz von Atheira ein Webhexer war. Er hatte sich nicht unter Kontrolle gehabt, nur deshalb war sie dazu fähig gewesen, die Fäden zu sehen.

Während er ... einen Jungen in Stücke riss. Scheinbar mühelos. In der einen Sekunde hatte er dort gestanden, in der nächsten war er nur eine blasse Erinnerung, eingebrannt auf ihren Augenlidern. Für eine Ewigkeit.

»Jeriah?« Einen Schritt tat sie auf ihn zu, dann hielt sie inne. Unsicher und überfordert versuchte sie das Zittern ihrer Hände hinter ihrem Rücken zu verstecken.

Nach einer geraumen Weile beruhigte er sich wieder. Sein Husten ließ nach und er richtete sich auf, um ihr ins Gesicht sehen zu können. Sie war nicht fähig, seine Miene zu lesen, und trat vorsichtshalber einen Schritt zurück.

»Wieso hast du das getan?«, krächzte sie, bevor ihr klar wurde, was das Geschehene bedeutete. »Wirst ... du mich jetzt auch töten? Damit ich niemandem davon erzählen kann ...«

»Mein Vater weiß es.« Damit hatte sie nicht gerechnet.

Ihr Magen rebellierte, als sie zu schnell den Blick hob.

»Deshalb lässt du dich so von ihm behandeln?« Plötzlich machte sein zögerliches Verhalten Sinn. Er wagte nicht, seinen Vater zu provozieren.

»Dadurch kontrolliert er mich. Wenn ich nicht das tue, was er sagt, erzählt er dem Dux Aliquis von meiner Gabe.« Er fuhr sich mit seinen Händen durch das unordentliche Haar. »Ich ... Ich wollte ihn nicht töten, Rhea, aber ich konnte nicht zulassen, dass er irgendjemandem von uns ... von dir erzählt.«

Rhea brauchte einen Augenblick, bis sie verstand, dass er nicht mehr von König Deron sprach, sondern dem Dienstbotenjungen. Seine panische Miene hatte sich in ihr Innerstes gebrannt.

»Wie ...?« Woher hatte er gewusst, was zu tun war? *Wie ...?*

Er hatte gemordet. Für sie. Für ihn. Sie konnte nicht sagen, was dieses Wissen in ihr auslöste.

»Ich weiß es nicht.« Kopfschüttelnd blickte er gen Nachthimmel. »Seit dem Moment, in dem klar wurde, was ich war, habe ich versucht, die Magie zu unterdrücken, in der Hoffnung, sie würde ganz einfach verschwinden. Ich wollte sie heute nicht benutzen, aber plötzlich war die Macht zum Greifen nah ...« Wieder sah er sie nachdenklich an. Ihr war nicht entgangen, dass er ihre Frage nicht beantwortet hatte, ob er sie nun töten würde. »Lass mich dich zurückbringen. Es ist spät und Helmar hat uns nur zwei Stunden gegeben.«

»Helmar weiß Bescheid?«, rief sie entsetzt.

»Natürlich. Sonst hätte er vermutlich längst Alarm geschlagen.« Vor ihrem Ausflug hätte er sie noch amüsiert angesehen, jetzt wandte er sich von ihr ab und faltete die blutbesudelte Decke zusammen.

Als sie an der Stelle vorbeikam, auf der die kläglichen Überreste des Jungen verteilt lagen, musste sie laut schlucken. Er war jünger als sie gewesen, hatte sein ganzes Leben noch vor sich gehabt ... Nun war es vorbei, weil er zur falschen Zeit am falschen Ort gewesen war. Und die Schuld lag ganz bei Jeriah und ihr.

Der Prinz brachte sie unversehrt in ihre Zelle zurück und schloss die Tür, ohne sich von ihr zu verabschieden. Mehrere Minuten vergingen, in denen Rhea fassungslos jene Tür anstarrte, dann konnte sie die Tränen nicht mehr länger zurückhalten. Es war, als würde der Traum, den sie um sie gewoben hatte, wie eine Seifenblase zerplatzen. Blut, Lügen und Schmerz ...

Alles Königliche, alles Magische
fiel ab von der Hexe.
Sie fluchte und zeterte
und brach sogleich in sich zusammen.

Kapitel · 29

In den fünf Tagen nach diesem Ereignis hatten Morgan und Cáel die Rollen vertauscht. Er ging ihr aus dem Weg, sie behielt ihn ständig im Auge. Mathis bemerkte ihr Verhalten, aber als er sie darauf ansprach, akzeptierte er die Erklärung, dass sie seine Vorbehalte Cáel gegenüber teilte. Mathis und sie wurden zu noch stärkeren Verbündeten.

Aithan sah sie selten, da seine Anwesenheit öfter verlangt wurde. Die Planungen neigten sich dem Ende zu, schon bald würden sie sich auf den Weg in den verwunschenen Wald machen. Er und sie hatten keinen Moment mehr für sich allein gefunden, was sich auch an diesem Tag nicht ändern würde. Am Vorabend hatte er sie gefragt, ob sie ihn und ein paar andere Auserwählte nach Vinuth begleiten wollte. Sie bräuchten noch ein paar notwendige Dinge, die sie nur in Tacoma bekommen würden.

Tacoma war die zweitgrößte Stadt in Vinuth und lag im mittleren Teil des Landes. Ihr gehörten außerdem die wertvollsten Weinberge, die essenziell für die Herstellung des berühmten Vinuthweines waren.

Aithan wusste nicht, dass sie ursprünglich aus Vinuth stammte, weshalb sie versuchte, sich ihr Zögern nicht anmerken zu lassen. Schließlich aber sagte sie zu, in der Hoffnung, etwas mehr Zeit mit ihm verbringen zu können. Außerdem wollte sie nicht allein mit Cáel zurückbleiben. So sehr sie sein Geheimnis auch aufdecken wollte, sie fürchtete sich noch immer davor, dass er sie tötete, wenn Aithan nicht in der Nähe war. Ren hingegen hatte sich nicht mehr blicken lassen. Selbst während des Trainings der Elite hielt er sich von ihr fern. Anscheinend war ihre Nachricht bei ihm und Cáel angekommen, was sie ungemein erleichterte. Trotzdem ließ sie ihre Mauer nicht fallen. Vorsicht war besser als Nachsicht.

Mathis, Sonan und zwei weitere Krieger begleiteten sie auf dem Ritt, der sie aus dem Wald hinausführte, während sich der Himmel immer weiter zuzog. Durch die tief hängenden Wolken wurde es zwar immer drückender, doch die Sonne brannte nicht mehr auf sie herab und der aufkommende Wind tat sein Übriges, um die hohen Temperaturen erträglicher zu machen.

Tacoma war eine Stadt, die Fremde mit offenen Armen empfing. Es gab keine Mauern, kaum Wachen und noch weniger misstrauische Blicke. Nach einem Tagesritt schritten sie mit ihren Pferden über die gepflasterten Straßen der Stadt.

Aithan wählte ein anständig wirkendes Lokal aus, in dessen Stallungen sie ihre Pferde unterstellen konnten. Da es noch zu früh war, um sich auf ihre Zimmer zurückzuziehen, beschlossen sie, sich zu den anderen Gästen zu gesellen und gemeinsam zu Abend zu essen.

Morgan konnte während der gesamten Zeit nicht das Gefühl abschütteln, dass sie die Leute um sich herum kannte. Ein Prickeln in ihrem Nacken, das sich verstärkte, je länger sie sich im Gasthaus aufhielten. Dabei war dies ein vollkommen absurder Gedanke. Sie war nie aus ihrem kleinen Dorf Scaonia herausgekommen und die wenigen Händler, denen sie in ihrer Kindheit begegnet war, konnten sich wohl kaum an das kleine, spitzbübische Mädchen erinnern. Sie versuchte sich zu entspannen, aber es gelang ihr kaum.

Irgendwann verabschiedeten sich die anderen nach und nach, bis nur noch Aithan und sie übrig waren. Sie würde sich später ein Zimmer mit Sonan teilen müssen, die als Erste zu Bett gegangen war.

»Was ist los? Du bist den ganzen Abend schon so angespannt.« Er beugte sich im Stuhl neben ihr vor und rieb wie beiläufig über ihren Rücken, als wäre dies die natürlichste Geste überhaupt. Sie schüttelte seine Hand ab.

»Nichts. Alles ist gut, ich gehe schlafen. Gute Nacht.«

Entschieden erhob sie sich und steuerte die Stiege an, die in den oberen Schlafbereich führte.

Hoffentlich hatte Sonan ein Licht angelassen, sonst würde sie unnötigen Krach machen und sie aufwecken, was sie unter allen Umständen vermeiden wollte. Sonan wurde zur Furie, wenn man sie zu früh weckte.

»Mor.« Aithan. Er war ihr gefolgt, stand nun am Anfang des Ganges und sah sie fragend an. »Was ist los? Du benimmst dich seit unserer Ankunft so ... anders. Ich kann nicht ganz den Finger darauflegen.«

Seufzend lehnte sie sich mit dem Rücken gegen die gelb tapezierte Wand und wartete, bis er zu ihr aufgeschlossen hatte, um nicht schreien zu müssen. Es war spät und sie wollte niemanden von den anderen Gästen stören.

»Meine Familie lebt in Vinuth«, gestand sie ihm. Seine Miene verriet keinen einzigen seiner ihr so kostbaren Gedanken. »Nicht hier. Nicht mal in der Nähe.« Sie stieß ein hohles Lachen aus. »Ich weiß nicht, warum es mich so durcheinanderbringt. Seit zehn Jahren habe ich sie nicht mehr gesehen ...«

»Es ist deine Heimat. Natürlich berührt dich der Aufenthalt hier. Vergib mir, wenn ich unsensibel war.«

Ihrem Lachen haftete ein verzweifelter Hauch an. »Unsensibel? Du?« Sie schüttelte den Kopf, ehe sie sich dazu überwand, seinen Blick zu erwidern. Wieder fing sie die Wärme in seinen Augen ein. »Du gehörst zu den Guten, Aithan.« Mit dem Handrücken wischte sie eine verlorene Träne von ihrer Wange. »Lass dir nie etwas anderes einreden, ja?«

»Mor ...«, raunte er und sah sie forschend an. In ihrem Bauch kribbelte es, als sie die Absicht in seinem Gesicht erkannte; seinen Augen, die ihre Lippen fixieren und sie danach lautlos um Erlaubnis zu fragen schienen. Trotz ihrer Unsicherheit nickte sie, bevor Aithan ihren Mund mit seinem verschloss und sie dadurch all ihren Kummer vergessen ließ. Der Kuss trug sie weit, weit weg.

Völlig ausgehungert presste sie sich an seinen starken Körper, schlang ihre Arme um seinen Hals und stellte sich auf Zehenspitzen. Seine rauen Hände berührten ihre Wangen, ihre Schultern und ihren Rücken. Hektisch. Nach Erfüllung suchend.

»Komm mit«, raunte er heiser an ihrem Ohr, wo seine Zunge ihr Ohrläppchen berührte. Sie erzitterte.

»Überall hin«, wisperte sie und meinte es. Die Zweifel hatte sie weit von sich geschoben, damit sie allein das aufgeregte Schlagen ihres Herzens hören konnte.

Aithan löste sich kurzzeitig von ihr, nahm ihre Hand und führte sie in sein Zimmer am Ende des Korridors. Larkin würde sie töten für das, was sie vorhatte, aber dieser flüchtige Gedanke hielt sie nicht davon ab, einzutreten.

Der Raum war klein, aber sauber. Es gab ein Bett, einen Tisch samt Stuhl und eine Waschschüssel. Sie stieß die Tür mit ihrer Schuhspitze zu, sodass das Innere nur noch durch den blassen Schein der Straßenlaternen beleuchtet wurde. Aithan sah sie an, als wäre sie eine Erscheinung, auf die er sein ganzes Leben lang gewartet hatte. Noch nie zuvor hatte jemand sie so betrachtet.

»Worauf wartest du?«, fragte sie mit einem verführerischen Lächeln. Mehr brauchte es nicht. Er überbrückte den geringen Abstand mit zwei Schritten, bevor er sie wieder in seine Arme schloss.

Zwischen den Küssen hob er sie hoch und bettete sie auf die Matratze, die sich leicht unter dem Gewicht neigte. Als seine Hände ihre bloße Haut unter ihrer Tunika berührten, war sie sich sicher, dass sie hier und jetzt in Flammen aufgehen würde.

Ein Inferno brannte in ihr, füllte sie aus, machte sie wagemutig.

Sie entkleideten sich in aller Eile und schoben dennoch die eifrigen Hände des anderen weg, wenn es mit den eigenen schneller ging. Bevor Aithan ihre Kette mit den Manschettenknöpfen als Anhänger sehen konnte, zog sie diese über ihren Kopf und ließ sie auf den Boden neben sich fallen.

Morgan erinnerte sich nicht daran, jemals so nervös und so glücklich wie in diesem Moment gewesen zu sein. Seine Berührungen waren Qual und Glückseligkeit zugleich, während seine Lippen an ihrem Körper herabwanderten und sie mit ihren Händen über die Muskelstränge an seinem Rücken fuhr. Irgendwann ließ sie sich nur noch von ihren eigenen Instinkten tragen …

Nachdem sich ihre Atmung allmählich wieder normalisiert hatte, lag sie bäuchlings mit der Wange auf dem weichen Kissen und kämpfte gegen die Müdigkeit an. Aithan strich derweil über ihren Hinterkopf, was ihren Kampf beinahe unmöglich machte, bis er mit den Fingerspitzen die Narben auf ihrem Rücken entlangfuhr.

Sie wollte sich umdrehen, doch er ließ es nicht zu. »Schäm dich nicht, Mor. Die Narben erzählen deine Geschichte und sie betonen deine Schönheit.«

»Du findest sie also nicht ... abstoßend?« Unsicher hob sie ihren Kopf und suchte seinen Blick. Er beugte sich hinab, um einen Kuss auf ihre Lippen zu hauchen.

»Nicht für einen Moment.« Sanft lächelnd zog er sie halb auf sich, sodass sie seinen gleichmäßigen Herzschlag hören konnte.

»Trotzdem finde ich dein Tattoo schöner als meine Narben«, gestand sie lachend und zwang ihn dazu, sich aufzusetzen, damit sie seinen Rücken betrachten konnte. Zwischen seinen Schultern hatte er sich das alte Wappen von Atheira in die Haut stechen lassen. Zwei gekreuzte Schwerter auf goldgelbem Hintergrund, gepaart mit drei blauen Kronen und der Silhouette eines Hirsches.

»Mathis und ich haben es uns in Brimstone stechen lassen. Der Zeichner war, glaube ich, nicht mehr ganz bei sich, aber dafür hat er die Nadel noch ordentlich führen können.« Grinsend legte er sich wieder zurück und zog Morgan gleich mit sich. »Irgendwann wird das Wappen wieder in seiner alten Pracht erstrahlen.«

»Das bezweifle ich nicht«, murmelte sie an seiner Haut. Sie ließ ihren Fuß an seinem Schienbein auf und ab gleiten. »Ich sollte zu Sonan ins Zimmer gehen.«

»Sie schläft tief und fest«, widersprach er träge. Seine Hand wanderte ihre Wirbelsäule hinab und verursachte bei ihr ein warmes Prickeln.

»Der perfekte Zeitpunkt, um sich reinzuschleichen«, argumentierte sie weiter und hob ihren Kopf, damit sie ihm ins Gesicht sehen konnte. »Bereust du es?«

Er hob seinen Kopf zu einem Kuss, bevor sie das Lächeln sehen konnte, das an seinen Mundwinkeln zupfte. »Nicht eine Sekunde. Du?«

»Niemals.« Sie küsste ihn erneut, bevor er ihre Hand in seine nahm und jeder ihrer Fingerkuppen einen Kuss schenkte. Nur äußerst widerwillig löste sie sich von dem Anblick, von ihm. »Trotzdem gehe ich jetzt.«

Entschlossen kroch sie unter der Decke hervor und suchte ihre Sachen zusammen, während Aithan liegen blieb. Er verschränkte bloß die Arme unter seinem Kopf, damit er sie besser beobachten konnte, ansonsten schien er zufrieden mit seinem Platz zu sein.

Morgan verdrehte amüsiert die Augen, als sie das erste Donnergrollen vernahm. Noch schien das Gewitter außerhalb der Stadt zu sein, da sie keinen Blitz gesehen hatte. Sie hoffte, dass es morgen nicht regnen würde, da sie sich die Stadt anschauen wollte.

Nachdem sie sich wieder respektabel hergerichtet hatte, verabschiedete sie sich mit einem weiteren, bittersüßen Kuss und verließ dann das Zimmer, um zwei Türen weiter in ihr Bett zu fallen. Niemals hätte sie mit diesem Ende des Tages gerechnet, aber es zauberte ihr ein glückseliges Lächeln auf die Lippen, mit dem sie schließlich einschlief.

Sonan warf ihr den ganzen Morgen immer wieder sonderbare Blicke zu, als würde ihr etwas auf der Zunge liegen, sie sich aber unsicher darüber sei, ob sie es aussprechen sollte.

Das Frühstück verlief hektisch und laut. Aithan und Morgan blieben keine Sekunde allein, da sie mit den Vorbereitungen für den Marktbesuch beschäftigt waren. Sie würden zwar eine weitere Nacht in Tacoma verbringen, aber trotzdem wollten sie alle Besorgungen möglichst schnell erledigen, damit ihnen Zeit blieb, falls etwas nicht so ablief wie vorgesehen.

Morgan aß sich an ihren Rühreiern und dem Speck satt, während sie versuchte, Sonans forschen Blicken auszuweichen und denen von Aithan zu begegnen. Ein flüchtiges Lächeln erschien jedes Mal auf ihren Lippen, wenn sich ihre Blicke trafen und sie von den Erinnerungen seiner Hände und seiner Küsse heimgesucht wurde.

Als es Zeit wurde aufzubrechen, gelang es Aithan dann doch, ihr in einem verlassenen Korridor einen Kuss zu stehlen, bevor er mit Mathis loszog, um seine Erledigungen zu machen. Morgan würde Sonan zum Markt begleiten, auf dem sie eine Liste von Dingen besorgen sollten, die sie vorher gemeinsam mit Mathis zusammengestellt hatten.

Sobald sie das Lokal verlassen hatten, hakte sich Sonan ganz ungewohnt ihrer unabhängigen Art bei Morgan unter. Sie trug ihr dickes Haar heute außerdem zu einem geflochtenen Zopf und hatte diesen wie einen Kranz um ihren Kopf gelegt, ganz so, wie es die Mode in einer Stadt wie Tacoma verlangte. Morgan hatte es ihr nach dem Aufstehen hochgesteckt.

»Ich werde dir jetzt etwas sagen, Morgan, und ich werde es nur einmal tun, weil du mir zu einer Freundin geworden bist.« Morgan ahnte bereits, in welche Richtung das Gespräch verlaufen würde, sah aber keinen Weg, dieses zu vermeiden. »Der Prinz hat eine Aufgabe und seine Zukunft ist ihm von den Schicksalsgöttinnen vorherbestimmt. Du magst ihn faszinieren, vielleicht empfindet er auch mehr für dich, aber schlussendlich wird er das tun müssen, was sein Königreich von ihm verlangt.«

Morgan riss erstaunt die Augen auf. Da sie nicht über die Zukunft mit Aithan nachdenken wollte, fiel es ihr leicht, sich der Überraschung statt ihrer Sorge hinzugeben. »Du weißt, wer er ist?«

Sonan blickte sie tadelnd an, als sie ihre Freundin nach links dirigierte, um nicht von einem vorbeiholpernden Heuwagen überfahren zu werden.

»Ich bin seit einem Jahr an seiner Seite. Das reicht aus, um die Punkte miteinander zu verbinden.« Sie schüttelte den Kopf. Die ersten Regentropfen klatschten auf die Pflastersteine und hinterließen dunkle Flecken. Es war noch immer warm, aber nicht so heiß wie in den letzten Wochen. Die Krieger im Lager würde es freuen, nicht mehr unter der prallen Sonne trainieren zu müssen. »Aber darum geht es nicht, Morgan, ich hoffe, du hast mich gehört.«

»Ich weiß, was ich tue, Sonan«, versprach sie der Älteren und lächelte zuversichtlich. Die Kriegerin schien nicht gänzlich überzeugt zu sein, ließ das Thema aber vorerst auf sich beruhen.

Während sie über den Markt schlenderten, auf dem die Verkäufer lange und dicke Tücher über ihre Stände spannten, um ihre Waren vor dem Regen zu schützen, musste Morgan immerzu an Sonans Worte denken. Nur vage nahm sie die hektischen Handwerker wahr, die sich um die Vorbereitungen für das *helenforn*-Fest kümmerten. Sie hängten Girlanden auf und bedeckten die Hausfassaden mit schwarzen Tüchern, die den Weltennebel darstellen sollten, durch den die Seele nach dem körperlichen Tod schritt, bevor sie anschließend wiedergeboren wurde.

Morgan war sich bewusst, dass Sonan recht hatte. Aithan war der Erbe des größten Königreiches von Ayathen und er würde früher oder später seinen rechtmäßigen Platz einnehmen. Würde sie dann noch an seiner Seite bleiben? Würde er sie überhaupt an seiner Seite *wollen?* Eine Verbrecherin und ein König ... wie absurd.

Es war müßig, sich darüber Gedanken zu machen. Sie sollte viel eher den Moment genießen, ganz egal, wie ihre Zukunft aussah.

Sie konnte Larkin bereits lachen hören. *Du denkst, du kannst einen Prinzen um den Finger wickeln? Habe ich dich nichts Besseres gelehrt? Deine Gaben sind Betrug und Diebstahl, darin bist du gut und in nichts anderem.*

Wütend auf sich selbst und ihre ungewollten Gefühle achtete sie kaum auf ihre Umgebung. Sie trottete im Regen hinter Sonan her und trug die verschiedenen Waren, die sie nacheinander erstanden, in einem Stapel in ihren Armen. Von Seilen über Papier bis zu ungewöhnlichen Kräutermischungen war alles dabei.

»Das hier ist für dich.« Sonan hielt ihr eine dieser Kräutermischungen hin. Argwöhnisch nahm sie die Papiertüte mit ihrer freien Hand an. »Rühre ein Löffel mit warmem Wasser an und trinke mindestens vier Schlucke.«

»Warum?« Stirnrunzelnd fragte sich Morgan, ob Sonan verrückt geworden war. Wieso redeten sie über Tee?

»Damit du nicht schwanger wirst«, antwortete sie.

Morgan errötete von ihren Haarspitzen bis zu ihren Füßen. Noch niemals zuvor war ihr etwas derart peinlich gewesen.

»Ich ... Das ...«, stotterte sie, ohne recht zu wissen, was sie sagen sollte.

»Das ist Walpurgakraut. Jedes Mal, nachdem ihr miteinander geschlafen habt, solltest du das zu dir nehmen«, sprach Sonan ungerührt weiter.

»Ich kenne die Anwendung«, gestand Morgan. »Danke.«

Sonan lächelte sie nachsichtig an. »Keine Sorge, es war nur eine Vermutung, weil du erst viel später ins Zimmer gekommen bist.«

Nachdem Morgan ihre Verlegenheit überwunden hatte und sie den Stand verließen, betrachtete sie die tapfere Kriegerin genauer. Unter ihrer robusten Art fand sich eine durchaus attraktive, hochgewachsene Frau, die bestimmt viele Verehrer gehabt hatte. Vor ihrer Zeit in den Minen. Sie fragte sich ...

»Hast du Kinder?«

Zunächst war sich Morgan nicht sicher, ob Sonan sie gehört hatte, da sie keinerlei Anstalten machte, ihr zu antworten. Bevor sie nachfragen konnte, senkte Sonan jedoch den Blick.

»Vor langer Zeit. Sie sind nicht mehr.«

»Das tut mir leid.« Morgan streckte eine Hand aus und berührte die Kriegerin tröstend an der ihren. Es schmerzte sie, dass diese tapfere Frau offenbar so viel Leid hatte durchstehen müssen. Ein Kind zu verlieren ... Sie konnte es sich nicht vorstellen.

Als der Regen immer stärker wurde, beendeten sie ihren erfolgreichen Marktbesuch und trafen sich mit den anderen in dem Gasthaus.

»Ich muss mit dir reden«, verkündete Aithan, nachdem sie ihr Essen verschlungen hatte. Ihre Haare waren noch immer feucht, aber ihre Tunika trocknete allmählich durch das flackernde Feuer im Kamin.

Er und Morgan gingen trotz des Regens nach draußen, blieben aber auf der Veranda unter der Überdachung stehen. Es war düster, wirkte, als würde die Nacht jeden Moment Einzug halten, obwohl sie noch Stunden entfernt war.

Aithans Gesichtsausdruck verriet nicht das Geringste und sie befürchtete, dass keine guten Neuigkeiten auf sie warteten. Glücklicherweise kam er nicht auf ihre ... Beziehung zu sprechen.

»Ich brauche deine Fähigkeiten in einer Stadt, Mor«, sagte er leise und stützte sich mit den Armen auf dem Geländer ab. Sein Blick war auf die umhereilenden Menschen gerichtet, die nichts davon ahnten, dass sich ein Prinz in ihrer Stadt aufhielt. Dreck und Pfützenwasser spritzten unter jedem ihrer Schritte auf und mischten sich zu den Geräuschen einer noch immer hellwachen Stadt. Pferdekutschen ratterten in einiger Entfernung in ihre Richtung, die Glocken der Stadtuhr ertönten ...

»Welche ... Fähigkeiten?« Stirnrunzelnd musterte sie seine schlanke Gestalt.

»Deine Gabe, dich lautlos auf gepflasterten Straßen zu bewegen. In einem Haus. Dich in Schatten versinken zu lassen, die nicht mal tief genug erscheinen.« Er blickte sie über seine Schulter hinweg an. »Als Wölfin übersteigen deine Fähigkeiten vermutlich die eines jeden anderen in meinem Lager. Ich weiß, wie man sich lautlos in einem Wald bewegt, aber in einer Stadt bin ich hilflos. Mehr oder weniger.«

Sein schiefes Lächeln berührte sie kaum, da sie bei seinen Worten förmlich erstarrt war. Er wusste wirklich, wer sie war und er schien von der Wahrheit nicht abgestoßen zu sein. Oder kaschierte er dies nur, weil er sie brauchte?

»Was soll ich tun?« Ihre Stimme klang wie ein Krächzen, ungewohnt distanziert.

»Hexenlichter stehlen.« Nun wandte er sich ihr vollends zu. Der Regen prasselte weiterhin erbarmungslos auf das hölzerne Dach und verschluckte jedes andere Geräusch. Niemand würde sie belauschen können, was vermutlich der Grund dafür gewesen war, warum er sie nach draußen geführt hatte. »Die Priester in Tacoma besitzen einen ganzen Vorrat in ihrem Tempel. Meine Hexer sind leider nicht talentiert genug, um sie selbst herzustellen.«

»Wofür brauchst du sie?« Würde es von nun an so sein? Nachts würde er ihren Körper lieben und ihn tagsüber für seine Pläne nutzen? Und wäre das so schlimm? Sie *wollte* ihm schließlich helfen.

Innerlich verfluchte sie Sonan, die den Keim der Unsicherheit in ihr gepflanzt hatte. Der bittere Beigeschmack ließ sich dadurch jedoch nicht vertreiben.

»Es gibt wahrscheinlich einen Abschnitt im Wald, der so dunkel ist, dass uns keine Fackel helfen wird. Kein Öllicht wird hell genug sein. Nur Hexenlichter könnten diese Finsternis vertreiben.«

Sie sah ihn neugierig an. Also hatte er bereits tiefer liegende Bereiche des verwunschenen Waldes erkundet. Erneut fragte sie sich, *wie viel* er darüber wusste, was sie dort erwartete.

»Also, was sagst du?«

Erst jetzt merkte sie, dass sie ihn schweigend angestarrt hatte. Sie schüttelte die nagenden Zweifel ab und nickte. Versuchte, sich die Lüge nicht anmerken zu lassen.

»Du kannst auf mich zählen«, versprach sie ihm, obwohl sie noch immer an den Wunsch dachte. Wie einfach, wie schwer wäre es, ihm diesen zu stehlen?

Ein Lächeln breitete sich auf seinen vollen Lippen aus, als er sie mit einer Hand an sich zog und sie küsste.

Kapitel · 30

»Vorsichtig«, wisperte sie in seiner Umarmung. »Sonst sieht uns noch jemand.«

»Du bist zu unwiderstehlich.« Er grinste schelmisch und küsste sie erneut. Dieses Mal tiefer, leidenschaftlicher, wilder.

Widerwillig löste sie sich von ihm, bevor sie ihm noch erlaubte, sie erneut in sein Bett zu tragen. Sie wollte ihn, wollte ihn so sehr, dass sie beinahe ihre eigenen Prinzipien über Bord warf und mit ihm in der Gasse verschwunden wäre, doch sie hielt eisern an ihrer Selbstbeherrschung fest.

»Sag mir lieber, was ich tun soll«, lenkte sie seine Aufmerksamkeit auf ihren bevorstehenden Raubzug.

Der Blick, mit dem er sie daraufhin bedachte, berührte sie tief im Herzen. Anders, als Sonan angedeutet hatte, war es nicht nur körperliches Verlangen, das sie darin sah. Auch eine tiefe Zuneigung spiegelte sich in seinen Augen wider, die ihr für einen Moment den Atem raubte.

Die Tür öffnete sich und spuckte Mathis aus, der nichts von der fortbestehenden Spannung mitzubekommen schien. »Braucht ihr Hilfe?«

»Er weiß Bescheid?«, fragte Morgan und verschränkte schützend die Arme vor ihrem Oberkörper. Sie wollte nicht, dass er ihre Verwundbarkeit bemerkte.

»Wundert dich das?«, grinste Mathis. »Brauchst du etwas Bestimmtes, um die Hexenlichter zu stehlen?«

»Ich muss mir etwas Trockenes anziehen und ihr müsst mir genau sagen, wo sich der Bestand befindet. Es ist besser, wenn wir es jetzt erledigen, da die Priester mit den Vorbereitungen für das helenforn-Fest beschäftigt sind. Kommt.«

Sie führte ihre Begleitung in das Zimmer, das sie sich mit Sonan teilte, und während sie sich neue Leggings und eine andere Tunika anzog, berichteten ihr Aithan und Mathis vom inneren Aufbau des Tempels. Natürlich hatte sie beide gebeten, sich umzudrehen, auch wenn Aithan nichts Neues sehen würde. Sie wollte nicht, dass Mathis Verdacht schöpfte.

Beim Umziehen kreierten deren Worte bereits ein Bild vom Tempel vor ihrem inneren Auge. Er schien sich kaum von demjenigen in Scaonia zu unterscheiden, nur dass dieser vermutlich um ein Vielfaches größer war. Gab es deshalb aber auch mehr Räume oder waren die Zimmer nur riesiger?

Mathis und Aithan hatten den Tag dafür genutzt, den Tempel zu besuchen, um herauszufinden, ob es überhaupt möglich war, in den abgesperrten Bereich zu gelangen, ohne gesehen zu werden.

»Ihr hättet mich mitnehmen sollen«, sagte Morgan, als sie ihre Haare zu einem neuen Zopf flocht und diesen hochsteckte.

»Ich war mir nicht sicher, ob wir es überhaupt tun können«, erwiderte Aithan, der unruhig im Zimmer auf und ab lief. Wie so oft hatte er seine Hände in seinem Rücken miteinander verschränkt. »Aber ja, du hast recht. Vermutlich hatte ich anderes im Kopf.«

Spielte er damit auf ihre gemeinsame Nacht an?

Hör auf damit, wies sie sich selbst zurecht. Sie konnte nicht jede seiner Entscheidungen anzweifeln, nur weil sie eine Nacht ihren körperlichen Begierden nachgegeben hatten.

»Es lässt sich nicht mehr ändern. Ich brauche ein paar kleine Eisenhaken, um das Schloss zu knacken, und einen Sack, der groß genug ist, die Lichter darin zu transportieren«, erklärte sie. Es fiel ihr leicht, sich wieder in die Rolle der Wölfin einzufinden, was sie erschrecken sollte, stattdessen tröstete es sie. Als würde sie nach Hause kommen.

Nachdem Mathis die geforderten Dinge besorgt hatte, brachen sie auf. Um ihre Kleidung vor der Nässe zu schützen, borgten sie sich beim Tavernenbesitzer einen robusten, mit Öl behandelten Mantel aus.

»Wieso bestehst du so darauf, nicht nass zu werden?«, murmelte Mathis, der bereits bis auf die Knochen durchnässt war, als sie gerade einmal die Hälfte des Weges hinter sich gebracht hatten. Die Straßen leerten sich zunehmend und würden sich erst bei Einbruch der Dunkelheit wieder füllen, wenn die Feierlichkeiten zu Ehren Yanns, Gott des Kampfes, beginnen würden.

»Wie soll ich mich wie Nebel bewegen, wenn ich dabei tropfe wie ein begossener Straßenköter?«, zischte sie im Laufen.

»Da hast du's, Mathis. Sie ist keine eingebildete Dame«, grinste Aithan neben ihr, dann konzentrierte er sich wieder auf den Weg vor sich. Es dauerte noch ein paar Minuten, ehe sie an dem Ende einer gepflasterten Gasse stehen blieben, die lediglich von einem Fenster eingesehen werden konnte.

Der Tempel erhob sich imposant vor ihnen. Die Wände und das Dach waren aus schwarzem Stein gefertigt, als hätte hier einst ein riesiger Felsen gestanden, aus dem man das Gebäude gehauen hätte. Dahinter reihten sich noch mehrere Häuser auf, von denen keines diese Größe erreichte, sodass man die grünen Weinberge in dem rasch schwindenden Tageslicht und durch den Regenschleier gerade noch erkennen konnte. Morgan zog die Kapuze des muffig riechenden Mantels tiefer nach unten, um ihr Gesicht zu schützen.

Genau acht Stufen – angelehnt an die acht alten Götter – führten zur Terrasse vor dem Eingang zwischen der dritten und vierten Säule hinauf. Die Steinsäulen waren jedoch nicht nur auf der Vorderseite errichtet worden, sondern umrundeten das gesamte Gebäude und verschmolzen an den Seiten mit den kalkweißen Wänden. Mehrere Fenster waren an den Seiten eingelassen worden, aber da sie aus milchigem Glas bestanden, konnte man nicht ins Innere sehen. Das helle Dach lief in der Mitte spitz zu, wie es für diese Art von Tempel üblich war.

»Beeindruckend, nicht wahr?«

»Es ist nur ein Tempel, Mathis«, murmelte sie, bevor sie den Umhang abnahm und ihm diesen zuwarf. »Haltet die Stellung. Bin gleich wieder zurück.«

Sie sprintete, ohne auf ein Wort des Abschieds zu warten, den Pfützen ausweichend die Treppe hoch und drückte entschlossen eine der breiten, eisenbeschlagenen Flügeltüren nach innen auf.

Es war besser, nicht zu lange hier draußen auszuharren, um keine unangenehme Aufmerksamkeit auf sich zu ziehen. Selbst wenn es nur wenige Wachen gab, die die Stadt durchstreiften.

Das Innere des Tempels war noch beeindruckender als das Äußere. Sie wurde beinahe von der Tür erschlagen, die so schwer war, dass sie von selbst ins Schloss zurückfiel und dabei ein dumpfes Geräusch verursachte. Es hallte von den mit religiösen Bildern, die verschiedene neue Götter in ihren Elementen zeigten, geschmückten Wänden wider, aber niemand eilte alarmiert herbei.

Schnell machte Morgan ein paar Schritte auf dem glänzenden dunkelroten Marmorboden nach vorne. Ihre Augen huschten unruhig umher, da sie versuchte, alles auf einmal in sich aufzunehmen. Sie fühlte sich etwas von dem Prunk erschlagen. Wann war sie das letzte Mal im Tempel in Yastia gewesen? Es musste eine Ewigkeit her sein, da sie sich schlecht vorstellen konnte, dass der Tempel der Hauptstadt weniger protzig ausgestattet war als dieser hier.

Auch hier befanden sich massive Steinsäulen, die mit besonders kunstvollen Fresken und eindrucksvollen Goldverzierungen geschmückt worden waren.

Mehrere Holzbänke aus Mahagoni reihten sich zu beiden Seiten aneinander und waren zum Altar hin ausgerichtet, der so riesig und breit war, dass mehrere Menschen liegend darauf Platz gefunden hätten. Ein dunkelrotes Tuch war über die Platte geworfen und versteckte einen Teil der eingemeißelten Verzierungen im vorderen Bereich.

Da die dunkelgraue Decke zu weit oben war, gab es goldene Leuchter, die an den Säulen und den Außenwänden angebracht worden waren. Die Kerzen waren allesamt entzündet und die kleinen Flammen warfen Schatten auf die Gemälde, die zwischen ihnen positioniert waren. Morgan kannte die Personen nicht, die darauf abgebildet, aber keine Gottheiten waren, nahm aber an, dass sie irgendwann einmal etwas Gutes im Sinne der Bluthexer getan hatten.

Als sie endlich die zwei Türen links und rechts hinter dem Altar entdeckt hatte, huschte sie ungesehen und heimlich von Schatten zu Schatten. Zwei Priester traten gerade aus dem rechten Gang, als sie eine Handbreit vom Altar entfernt stand. In einer fließenden Bewegung duckte sie sich hinter den Steinblock und bewegte sich in die entgegengesetzte Richtung. Sie unterhielten sich darüber, ob das Feuerwerk trotz des Regens gezündet werden könnte oder ob sie das Spektakel verschieben müssten.

Mehrere Herzschläge später hatten sie den Tempel verlassen und Morgan konnte durch die linke Tür treten.

Ein breiter, vergleichsweise dunkel wirkender Korridor erstreckte sich vor ihr. Aithan hatte nur einen kurzen Blick hineinwerfen können, bevor er gestört worden war, doch er war sich sicher, dass das Hexenlicht im hintersten Raum mit der verschlossenen Tür aufbewahrt wurde. So hatten es ihm seine eigenen Bluthexer im Lager mitgeteilt, als er sich möglichst unschuldig danach erkundigt hatte.

Morgan schritt lautlos über den mit gemusterten Teppich ausgelegten Boden und hielt ihre Ohren für verräterische Geräusche gespitzt. Es wäre fatal, jetzt von einem Priester erwischt zu werden. Sie könnte sich zwar eine Entschuldigung zurechtlegen, doch glauben würde man jemandem wie ihr nicht.

Zumindest hatte Aithan recht gehabt, was das Vorhängeschloss betraf, das an dem Metallbügel an der Tür eingehakt war, um Unbefugten den Zutritt zu versperren. Für Morgans Fingerfertigkeit war dies jedoch kein Hindernis und nach wenigen Augenblicken hatte sie das Schloss mit dem Werkzeug, das eigentlich Mathis gehörte, geknackt.

Behutsam zog sie das Schloss vom Bügel, zog die Eisenschlaufe hervor und steckte es an ihren Gürtel, um es später problemlos wieder anbringen zu können. Dann trat sie ein.

Sie musste auf der anderen Seite sofort wieder stehen bleiben, da sie sonst gegen das Ende eines der unzähligen Regale gestoßen wäre.

Diese unordentliche Kammer passte nicht zum protzig eleganten Stil des restlichen Tempels. Aber Morgan war froh, dass sie diesen nicht weiter nach dem Hexenlicht absuchen musste, denn sie konnte die unscheinbaren grauen Steine bereits sehen.

Leise schloss sie die Tür hinter sich, bevor sie sich in den Gang zweier riesigen Regale schob, die bis an die Decke reichten. Sie war jedoch nicht so hoch wie die im Hauptbereich des Tempels. Anscheinend gab es hier hinten noch ein zweites Stockwerk.

Sie schenkte den anderen Dingen auf dem Regal keinerlei Beachtung, registrierte jedoch, dass dies hauptsächlich ein Lager für magische Utensilien war. Damit wüsste sie ohnehin nichts anzufangen.

Eilig, aber präzise legte sie zwei Dutzend Hexenlichter in den dunkelbraunen Beutel, den sie später über ihre Schulter werfen müsste.

Die Steine waren war nicht sonderlich groß, aber die Menge summierte sich.

Bevor sie sich auf den Rückweg machen konnte, erfasste dann doch etwas anderes außer den Steinen ihre Aufmerksamkeit. Ein wunderschönes, in hellem Leder eingebundenes Buch stand allein auf einem Regalbrett auf Augenhöhe. Zögerlich streckte sie eine Hand danach aus, berührte das Leder mit den Fingerspitzen und drehte das Buch schließlich so, dass sie den Titel, der in schwarzen Lettern geschrieben worden war, lesen konnte. *Knochenmagie.*

Natürlich hatte sie bereits von dieser verbotenen, zerstörerischen Magie gehört, doch so viel sie auch über Blut- oder Webmagie wusste, Knochenmagie war ihr ein großes Rätsel.

Sie konnte nicht genau sagen, wieso, aber ihre Hand umfasste das Buch wie von allein und verstaute es unter ihrer Tunika in ihrem Hosenbund.

Der Rückweg gestaltete sich genauso einfach wie ihr kleiner Einbruch, bis zu dem Moment, in dem sie einem Bluthexer begegnete.

Noch stand sie am Ende des hinteren Korridors, also weit vom Eingang entfernt, und sie hatte einen Sack voller Lichter, der sie bei einem Kampf behindern würde. Es war das erste Mal, dass sie sich einer direkten Konfrontation mit einem Hexer gegenübersah, und sie ahnte, dass sie den Kürzeren ziehen würde.

Also handelte sie instinktiv, riss eine Kerze aus dem Leuchter, bevor der Mann mit dem langen Bart und den freundlichen braunen Augen ihr Eindringen überhaupt begriffen hatte, und presste ihm die Flamme direkt in die faltige Wange. Er schrie auf und fuchtelte so wild um sich, dass seine rote Robe beinahe Feuer fing. Morgan konnte ihn im letzten Moment noch von den offenen Flammen wegschubsen, wodurch er allerdings stolperte und hinfiel. Er tat ihr ein wenig leid, da sie ihn nicht hatte verletzen wollen, aber vermutlich würde ihm dadurch eine Reise nach Yastia zu den Heilerinnen gestattet werden. In ein paar Monaten wäre nichts mehr von seinen Verbrennungen übrig.

Ohne zu zögern nutzte sie die sich ihr bietende Fluchtmöglichkeit, stürzte durch die Tür und preschte den Gebetsbereich entlang. Keiner der anderen Priester war auf sie aufmerksam geworden. Niemand jagte ihr hinterher oder rief nach der Stadtwache.

Hektisch atmend versuchte Morgan, sich zu beruhigen, um bei der Hälfte des Raumes wieder eins mit den Schatten zu werden.

Sobald sie die tröstende Umarmung der Dunkelheit um sich spürte und jeder Schritt sie geräuschlos dem Ausgang näherbrachte, desto ruhiger wurde sie. Sie atmete jedoch erst wieder auf, als sie die steinernen Stufen hinabstieg und zu der Ecke schlich, an der Aithan und Mathis nach wie vor warteten.

»Wir sollten gehen. Es gab eine klitzekleine Komplikation«, murmelte sie und reichte Aithan den Sack mit den Lichtern. Er vertraute ihr so sehr, dass er nicht einmal einen Blick hineinwarf.

Sie bewegten sich schnell, rannten allerdings nicht. Sobald sie den Platz erreichten, an dem sich bis vor wenigen Stunden noch der Markt befunden hatte, tauchten sie in die Menschenmenge ein. Der Regen hatte mittlerweile nachgelassen und die feierliche Stimmung tat ihren Rest, um die Bewohner aus ihren Häusern zu locken.

»Lass uns das Licht verstauen und dann mit den anderen zurückkehren«, schlug Aithan vor, der sich von der euphorischen Atmosphäre anstecken ließ und gelassen lächelte. Morgan hingegen fühlte sich etwas zittrig, da sie den Anblick des schreienden Priesters nicht so leicht abschütteln konnte. Aber es war notwendig gewesen, oder?

Die Handwerker hatten den halben Tag damit verbracht, quer über den Platz Lampions an Leinen anzubringen und nun erstrahlten diese in warmem Licht. Es ertönten bereits die ersten musikalischen Klänge und ein halbes Dutzend übrig gebliebener Stände servierte warmes Essen. Es duftete so gut, dass Morgans Magen trotz des Schreckens grummelte.

Sie beeilten sich damit, die Lichter in Aithans Zimmer zu verstauen und die anderen zu holen. Anschließend verbrachten sie den Abend unter den fröhlichen, lachenden Bewohnern von Tacoma.

Morgan befürchtete zunächst, die Bluthexer, die sich um den Aufbau des Feuerwerks kümmerten, würden nach ihr Ausschau halten, doch niemand von ihnen schien sich verdächtig zu benehmen. Außerdem glaubte sie nicht, dass der Priester, den sie mit der Kerze verletzt hatte, eine akkurate Beschreibung ihrer Person liefern könnte. Dafür hatte sie ihn zu sehr überrascht.

Um Mitternacht war der Himmel weit genug aufgeklart, um die Lichter des Feuerwerks bewundern zu können. Grün mischte sich mit Rot und Rot wurde von Lila abgelöst. Morgan konnte ihren Blick nicht abwenden und wusste ohne hinzusehen, dass es auch den anderen so erging.

»Wenn ich mein Königreich zurückhabe, werde ich das spektakulärste *helenforn*-Fest feiern, das Atheira je gesehen hat«, versprach Aithan feierlich, bevor er Morgan an die Hand nahm und sie unter die tanzenden Leute zog. Die anderen folgten und schon bald tanzte jeder mit jedem und lachte so ausgelassen, dass die Sterne nicht anders konnten, als sich zu zeigen.

Da sie bereits vor Sonnenaufgang wieder aufbrechen wollten, blieben sie nicht bis zum Ende der Festlichkeiten. Aithan gelang es irgendwie, ohne dass Morgan wirklich verstand, wie, die anderen so weit vorgehen zu lassen, dass sie schließlich wieder allein im Gang standen.

Morgan fühlte sich merkwürdig, als hätte sie zu viel Wein getrunken, während sie seine Hand in ihrer hielt. Ihr Kopf war leicht und von schlimmen Gedanken befreit.

»Es wäre so einfach«, raunte Aithan an ihrem Kinn, nachdem er sie zu sich gezogen hatte. Seine Lippen hinterließen eine brennende Spur auf ihrer Haut.

»Was?« Sie lehnte sich an ihn und er stieß mit dem Rücken gegen die Wand.

»Mich in dich zu verlieben«, erklärte er und zog sich etwas zurück, um sie anzusehen. »Ich weiß kaum etwas über dich, trotzdem ...«

Ihr Herz sprang ihr vor Aufregung und Zuneigung beinahe aus der Brust. Sie ersparte sich vorerst eine Antwort, indem sie seinen Mund mit unzähligen Küssen bedeckte.

»Aithan?« Ihre Finger berührten sein stoppeliges Kinn. »Musst du nicht ... die einzig wahre Liebe der schlafenden Prinzessin sein, um sie zu erwecken?« Das war etwas, das sie bereits im Unterbewusstsein verfolgt hatte, doch bis zu diesem Zeitpunkt war es ihr nicht als wichtig genug erschienen, um es zu erwähnen.

»Nein. Einfach nur ein Prinz«, beruhigte er sie und löste ihren Zopf, sodass ihr welliges Haar ungehindert herabfallen konnte. »Ich liebe dein Haar«, murmelte er und vergrub für einen Moment sein Gesicht darin.

Morgan ließ sich nicht ablenken. »Also ... sobald du sie erweckt hast, was geschieht dann?« Dieses Mal waren es Sonans Worte, die hängen geblieben waren.

»Ich bin mir nicht sicher.« Stirnrunzelnd blickte er sie an, als würde er erst jetzt bemerken, dass sie nicht mehr ganz bei der Sache war. »Sie ist eine Prinzessin, also ...«

Er beendete den Satz nicht. Sie ahnte, was er damit ausdrücken wollte. Was als eine Möglichkeit vor ihm lag, und es schmerzte sie, dass er sie tatsächlich in Betracht zog und sie einfach zur Seite kehren würde. Oder würde er zögern? Ihr Herz krampfte sich zusammen.

»Verstehe.« Sie küsste ihn. »Versprichst du mir etwas?«

Seine Augen verengten sich unmerklich. Also vergab er seine Versprechungen doch nicht so leichtfertig, wie sie angenommen hatte. »Was?«

»Bitte sag mir, wenn du ... mehr für mich empfindest oder wenn ... wenn du weißt, dass du mich niemals lieben ... wirklich lieben könntest. Ich möchte beides wissen.«

Sprachlos erwiderte er ihren offenen Blick. Sie war sich sicher, dass er sie jeden Moment auslachen würde, doch stattdessen legte er eine Hand in ihren Nacken und zog sie für einen leidenschaftlichen Kuss näher.

»Ich verspreche es, Morgan. Aber das Gleiche gilt für dich.«

»Natürlich.«

In dieser Nacht folgte sie ihm erneut in sein Zimmer und überließ ihm ihren Körper und ihre Seele. Für einen kostbaren Augenblick vergaßen sie die Welt um sich herum, ehrten einander und vergingen in ihrer Leidenschaft, bis der Morgen anbrach.

Kapitel · 31

Jeriah flüchtete wie ein Feigling in seine Gemächer. Schöner ließ es sich nicht umschreiben. Die Panik und der Terror hatten ihn vollkommen im Griff, zogen wahrlich an den Fäden seines eigenen Lebens und steuerten ihn wie eine willige Puppe.

Es war eine Katastrophe. Er hätte Rhea niemals aus den Kerker holen sollen, nur um ihr den verfluchten Sternenhimmel zu zeigen. Seit wann wurde er von seinen eigenen romantischen Gefühlen so geblendet, dass er jegliche Gefahr außer Acht ließ?

So etwas durfte nie wieder vorkommen.

Er war Rhea zwar eine Antwort schuldig geblieben, dennoch hoffte er, sie wusste, dass er ihr niemals ein Haar krümmen würde. Wie sie ihn angesehen hatte, als er den Jungen in seine Einzelteile zerrissen hatte. Vermutlich verabscheute sie ihn nun, auch wenn es ein Unfall gewesen war. Er hatte den Jungen getötet und außerdem ... saß sie für etwas ein, das sie nicht war, aber ihr Erzfeind schon. Er wünschte, er könnte die Zeit zurückdrehen. Sie nicht in den Garten bringen und gleichzeitig ... gleichzeitig wollte er ihr helfen – doch wie sollte er das tun, wenn er nicht mal sich selbst helfen konnte?

Was für ein ekelhafter Feigling und Versager er war.

»Eure Hoheit?« Erik, sein Leibwächter, trat ein paar Stunden später unangemeldet in den Salon. Seine Miene war unbewegt, als er seinen Prinzen dabei beobachtete, wie dieser erst eines, dann zwei Gläser Branntwein runterspülte. »Ich muss euch mitteilen, dass es einen bedauerlichen Vorfall gegeben hat. Ein Bediensteter wurde soeben ... tot aufgefunden.«

»Wie meinst du das?« Der Griff um das Glas verstärkte sich, als sich Jeriah Mühe gab, sich nichts anmerken zu lassen. Seine Stimme zitterte jedoch einen Hauch und Jeriah konnte nur hoffen, dass der Hauptmann es für Schock hielt.

»Man fand ihn ... seine Überreste zerstückelt im Garten. Der Sicherheit halber bleibt die königliche Familie in ihren privaten Gemächern, bis wir sicher sein können, dass Euch keine direkte Gefahr droht.«

»Natürlich.« Er nickte und machte sich daran, ein weiteres Glas zu füllen.

»Alles in Ordnung, Jeriah?« Jetzt war Erik nur noch sein Freund. Für einen Moment hatte er seine Rolle als Leibwächter abgelegt.

»Mir geht es gut. Erledige deine Arbeit«, wies er ihn harsch zurecht und drehte sich weg. Er ertrug seinen Freund in diesem verwundbaren Augenblick nicht. Am liebsten wäre er direkt wieder in den Kerker gestürmt, um sich in Rheas Armen zu vergraben, ihr Haar zu riechen und sie zu küssen.

Er war wahrlich ein Monster, wenn er nach einem Mord nur noch darüber nachdenken konnte, wie er Rhea zum Stöhnen bringen konnte. Er verabscheute sich selbst und würde sich nicht wundern, wenn sie ihn nie wiedersehen wollte.

Erik verschwand, nur um eine halbe Stunde später mit der Bitte seines Vaters zurückzukommen, ihn aufzusuchen. Jeriah seufzte. Er befand sich nicht in der Verfassung, dem König gegenüberzutreten. Der Alkohol tat mittlerweile seine Wirkung und er schwankte ein klein wenig.

»Pass auf, dass mich niemand sieht«, lallte Jeriah, dem es eigentlich nicht gleichgültiger hätte sein können, wer dem betrunkenen Prinzen begegnete. Er bat seinen Leibwächter nur darum, weil er wusste, dass es von ihm erwartet wurde. So viel. So viel wurde von ihm erwartet und er konnte nichts davon erfüllen, so schien es.

Sein Vater war überraschenderweise allein in seinem Arbeitszimmer und saß in seinem mächtigen Ohrensessel vor einem dunklen Kamin.

»Setz dich«, wies er seinen Sohn an, nachdem sich die schwere Mahagonitür wieder geschlossen hatte.

Jeriah wäre beinahe über den gemusterten idrelischen Teppich gestolpert, konnte sich im letzten Moment aber noch an dem zweiten Sessel abstützen, in den er sich daraufhin niederließ.

Vor der Eroberung Atheiras, als Jeriah noch ein Junge gewesen war, hatte er tatsächlich zu seinem Vater aufgesehen. Er hatte ihn respektiert und bewundert. Wenn er wach in seinem Bett gelegen, davon geträumt hatte, genau wie er zu werden. Groß, stark, königlich. Nachdem sich König Deron allerdings auf einen Pakt mit dem Hohen Priester eingelassen hatte, wurde das Verhältnis von Vater und Sohn schwieriger, bis es wie eine unbeachtete Vase im Vorbeigehen schließlich ganz zerbrach. Nun konnte Jeriah diesen Mann ansehen, ohne das Geringste zu empfinden.

Oder so sagte er es sich zumindest selbst.

Der König beugte sich vor. In dem fahlen Licht der Kerzen wirkte er älter als die vierundvierzig Jahre, die er zählte. Das Haar war lichter, die Wangen so hohl wie die eines Totenschädels und die Augen glichen denen des Todesgottes persönlich. Finster. Kalt. Glänzend.

»Ich weiß nicht, wieso du es getan hast und es ist mir auch egal. Was interessiert mich schon der Tod eines Dienstjungen?« Etwas wie Überraschung musste sich in Jeriahs Gesicht gezeigt haben, denn Deron hob triumphierend einen Finger. »Oh ja, mir kannst du nichts vormachen. Webmagie ist unvergleichlich. Aber wisse eines, Junge, wenn die Priester oder deine Mutter dein kleines Geheimnis herausfinden, kann nicht mal ich dich vor ihnen schützen.«

»Schützen?«, spuckte Jeriah aus, nachdem er seine Stimme wiedergefunden hatte. »Als ob du mich schützen würdest! Du nutzt dieses Wissen, um mich gefügig zu machen. Das ist alles.«

Deron überging diese Provokation und lehnte sich seelenruhig wieder zurück. »Denk an meine Worte, Junge.«

Jeriah blieb noch einen Moment länger sitzen, bis auch er in seinem nebulösen Zustand verstanden hatte, dass das Gespräch beendet war. Wütend und seltsam kraftlos erhob er sich. Es schien eine schiere Ewigkeit zu dauern, bis er die Tür erreicht hatte und durch sie flüchten konnte. Darin war er mittlerweile ja so gut …

Jeriah suchte Rhea nicht noch einmal auf. Er vergrub sich stattdessen unter Bergen von Arbeit, indem er die Modernisierung des Hafens beaufsichtigte und hinter dem Rücken seines Vaters darauf achtete, dass die Viertel mit den Ärmsten nicht am meisten darunter litten.

Einer offenen Konfrontation ging er aus dem Weg. Die Morgenstunden verbrachte er mit Erik und seinen anderen Leibwächtern beim Schwertkampf im äußeren Hof. Mittlerweile war er besser als jeder Einzelne von ihnen – bis auf Erik natürlich.

Der Dux Aliquis schien ihm hinter jeder Ecke mit fadenscheinigen Entschuldigungen aufzulauern, womit er Derons Warnung bestätigte. Der Hohe Priester wusste offensichtlich, dass der Diener durch Webmagie getötet worden war, aber wie es aussah, hatte er die Puzzleteile noch nicht zusammenfügen können, obwohl er nah dran war. Hatte er tatsächlich Jeriah im Verdacht oder lag Rhea mehr im Fokus? Erik hatte ihm berichtet, dass sie einmal mehr von dem Dux Aliquis besucht worden war, doch ihr ging es gut und er hatte ihr nichts angetan. Jeriah hatte Eriks fragenden Blick ignoriert und sich in einen weiteren Trainingskampf gestürzt.

Die Gedanken, die den Prinzen bei Nacht heimsuchten, ließen sich jedoch nicht so leicht wie seinen Freund abschütteln. Je weiter er sie von sich wegschob, desto größer und albtraumhafter wurden sie. Wieder und wieder durchlebte er den Moment des Kontrollverlustes, der dem Jungen zum Verhängnis geworden war. Jeriah hatte noch nie jemanden getötet, war nie in einer Schlacht gewesen und hatte sich kämpferisch nur auf dem Innenhof beweisen müssen. Er hatte erwartet, dass, wenn er einst töten würde, es jemand aus dem feindlichen Lager sein würde. Ein Krieger, größer und stärker als er, den er nur mit Mühe bezwingen würde. Als Held käme er hervor und würde gefeiert werden.

Nichts davon war eingetroffen.

Stattdessen hatte er einen neugierigen Jungen getötet und damit einer Mutter das Kind geraubt.

Er hasste sich selbst so sehr.

Dann erreichte ihn Rheas Brief. Er hatte ihn vor dem Schlafengehen unter einem seiner Kopfkissen gefunden, also hatte ihn vermutlich Helmar hergeschafft, ohne dass jemand etwas mitbekommen hatte. Schon lange ahnte Jeriah, dass der Kerkermeister einfallsreicher war, als er sich anmerken ließ.

In dem Brief stand geschrieben, dass sie für ihn da war, wenn er reden wollte. Natürlich war sie klug genug gewesen, keinen Namen zu nennen, aber er kannte ihre geschwungene, leicht kindliche Schrift.

Es brauchte nicht sehr lange, da war er in den üblichen Geheimgang geschlüpft, um Rheas Angebot anzunehmen. Anscheinend hatte er sie doch nicht vollkommen abgeschreckt und vielleicht, vielleicht konnte sie ihn davon überzeugen, dass er doch kein Monster war. Er hatte genug davon, sich vor ihr zu verstecken. Sich vor sich selbst zu verstecken.

Als er hinter dem Gemälde hervorkam, erwartete ihn bereits Helmar. Der bullige Mann hatte seine zwei Fässer von Armen vor dem breiten Oberkörper verschränkt und stand im Durchgang zum Bereich der Zellen. Sein Gesicht war ernst, der Bart zitterte unruhig, als würde Helmar schon seit einer Weile so dastehen.

»Kerkermeister«, sagte Jeriah vorsichtig.

»Ihr habt den Brief bekommen?«, fragte der Riese, ohne sich zu verbeugen und ohne die korrekte Anrede. Jeriah ließ es ihm durchgehen.

»Ja, ich nehme an, ich habe dir zu danken?«

»Habt ihr den Brief verbrannt?«

»Er ist … hier.« Er holte ihn aus einer eingenähten Tasche seiner Jacke hervor und streckte ihn Helmar stirnrunzelnd entgegen.

»Ihr müsst vorsichtiger sein, Eure Hoheit, sollte Euch irgendetwas an der Kleinen liegen. Sie befindet sich in keiner Position, die ihr notfalls das Leben retten würde.« Er riss ihm das Papier aus der Hand und stampfte davon.

Verblüfft folgte Jeriah ihm. Er hatte zwar geahnt, wie sehr sich Helmar um Rhea sorgte, aber gerade hatte er sich fast schon wie ein besorgter Vater verhalten.

Die Tür zu Rhea stand bereits einen Spalt breit offen, sodass er Helmar nicht hinterherlaufen musste, der gerade in seiner Kammer verschwand.

Als er ihr rotes Haar und ihre schlanke, hochgewachsene Gestalt auf dem Bett sitzen sah, wurde ihm sofort leichter ums Herz. Das Lächeln, das sie ihm zur Begrüßung schenkte, tat sein Übriges, um ihn von einer zentnerschweren Last zu befreien, die er seit ihrer letzten Begegnung mit sich getragen hatte.

»Du bist gekommen«, sagte sie leise. Ihre smaragdgrünen Augen leuchteten voller Freude, aber etwas hielt sie zurück, als würde sie seiner Anwesenheit noch nicht vollkommen vertrauen.

»Vergib mir, Rhea, ich wusste nicht, ob du mich überhaupt sehen willst«, versuchte er sein Wegbleiben zu erklären.

Sie runzelte die Stirn, was in ihm den Impuls aufkommen ließ, sie in die Arme zu nehmen und die kleinen Falten wegzuküssen. Sicherheitshalber blieb er an der Tür stehen. Er vertraute sich selbst nicht.

»Wieso dachtest du das?«

»Nachdem ich ...« Er warf einen Blick durch das Fenster in der Tür und zwang sich dann, in die Mitte des Raumes zu treten, damit er nicht so laut reden musste. »Nachdem ich den Jungen getötet habe, dachte ich, dass du mich für ein Monster hältst. Was natürlich auch nicht falsch wäre. Ich bin ein Monster für das, was ich getan habe.«

Da! Er hatte es gesagt. Seine Hände ballten sich aus Angst vor ihrer Antwort zu Fäusten, die er nur mit Mühe hinter seinem Rücken verstecken konnte. Eines der Dinge, die er als Thronfolger gelernt hatte, war, dass man sich seine wahren Gefühle niemals ansehen lassen durfte.

Rhea erhob sich vorsichtig vom Bett, als wäre er ein wildes Tier, das sie nicht verschrecken wollte.

»Ich gebe zu, dass ich ... damit zu kämpfen hatte. Habe«, korrigierte sie sich. »Es war ... grausam und der Junge ... ich kann nicht aufhören, an ihn zu denken. Aber ich kenne dich, Jeriah, ich weiß, dass du dies niemals getan hättest, wenn du deine ... Gabe hättest kontrollieren können. Ich habe dich hergebeten, weil ich dir dabei helfen möchte, sie zu akzeptieren und sie zu benutzen.«

Er zuckte zurück, als hätte sie ihn geschlagen.

»Benutzen?«, erwiderte er tonlos.

»Ich weiß, du willst es vermutlich nicht hören, aber deine Gabe wird nicht verschwinden. Du musst dich ihr stellen, damit so etwas wie vor ein paar Tagen nicht noch einmal geschieht. Du willst doch nicht noch jemandem schaden, Jeriah. Also musst du dich um Kontrolle bemühen.«

»Und woher willst du wissen, dass sie nicht verschwindet? Anscheinend hast du die Magie deiner Eltern ja nicht geerbt«, herrschte er sie an, wandte sich abrupt ab und stürmte aus ihrer Zelle.

Er brachte jedoch nur ein paar Meter zwischen sich und ihr, bevor er abrupt im steinernen Gang zum Stehen kam.

»Bei den neuen Göttern«, fluchte er leise, strich sich frustriert über sich selbst durchs Haar und blickte den Gang hinunter. Links und rechts folgte Zellentür auf Zellentür, hinter denen sich Kriminelle,

Diebe und Mörder befanden. Er hatte sich ausgerechnet eine Unschuldige unter ihnen ausgesucht, um sie zutiefst zu verletzen.

Innerlich seufzend kehrte er zu ihr zurück.

Ihr Blick war unbewegt, doch an den kleinen geballten Fäusten, die sie in den Falten ihres Rockes zu verstecken versuchte, erkannte er, dass sein Ausbruch nicht spurlos an ihr vorübergegangen war.

Die Tür zog er leise ins Schloss.

»Ich bin ein Narr, Rhea. Du willst mir nur helfen und ich greife dich an. Bitte verzeih mir«, bat er sie beinahe flehend. Sein Herz klopfte hart und fest gegen seinen Brustkorb. Er konnte sie nicht verlieren. Nicht jetzt, da er sie zurückgewonnen hatte.

»Zeig mir, was du bisher kannst«, sagte sie nach schier endlosem Schweigen.

Er nickte, auch wenn ihm nicht entgangen war, dass sie ihm ihre Vergebung vorenthielt. Da er nichts anderes verdient hatte, beließ er es dabei.

Zögerlich setzten sie sich nebeneinander auf die Pritsche, bevor er die Mauer fallen ließ, die er erneut um seine Magie gezogen hatte. Sofort explodierte die Zelle in tausend Farben.

»Du kannst es nicht sehen, aber jetzt, wenn ich die Magie benutze, sie zulasse, besitzt jede Form, jedes Lebewesen, jeder Gegenstand und jeder Luftzug Fäden. Manche haben einen Anfang und ein Ende, andere wickeln sich so oft um einen Gegenstand, dass ich nicht sehen kann, ob sie irgendwo beginnen oder enden.«

»Vielleicht kannst du es mir zeigen«, schlug sie vor und streckte ihm ihre Hand hin. »Ich erinnere mich daran, wie mein Vater mir diese … Welt einst gezeigt hat, bevor …« Bevor er auf dem Scheiterhaufen verbrannt worden war. Er war froh und traurig zugleich, dass sie den Satz nicht beenden konnte.

»Ich kann es zumindest versuchen.« Er wollte ihr nicht zu große Hoffnungen machen, um sie nicht zu enttäuschen. Wenn er ehrlich war, er hatte keine Ahnung, wie genau diese Magie funktionierte und Rhea war im Recht. Es blieb ihm gar keine Wahl mehr, als zu lernen, sie zu kontrollieren, wollte er nicht ständig jemanden umbringen, wenn er außer sich war.

Es war nicht schwer, den stärksten und hellsten Faden zu finden, den Jeriah als eine Art Quelle für seine eigene Magie hielt. Die Fähigkeit, andere Fäden seinem Willen unterzuordnen und vielleicht auch, diese zu sehen. Er musste sich beinahe körperlich anstrengen, um den Faden allein mit seinem Willen zu bewegen, da er wie eine Schlange von seiner Brust bis über den Boden reichte und irgendwo in dem Chaos der anderen Fäden verschwand.

Nach und nach gelang es ihm, einen ganz schmalen, hauchzarten Faden aus ihm herauszuziehen, als würde er aus mehreren von ihnen bestehen. Diesen führte er zu Rheas Hand, die noch immer in der seinen lag, und band ihn mehrmals darum herum.

Ihr leises Keuchen verriet ihm, dass es funktioniert hatte, und er grinste erschöpft.

»Es ist noch genauso wunderschön wie in meiner Erinnerung«, flüsterte sie voller Ehrfurcht.

Schön? Jeriah hätte das, was er sah, mit anderen Worten beschrieben. Überfüllt vielleicht. *Chaotisch. Monströs.* Aber nicht *schön.*

»Ich könnte vermutlich besser mit meiner Fähigkeit umgehen, wenn ich Zugang zu Webfäden hätte«, murmelte er, bevor er die Verbindung zu Rhea kappte und die Magie hinter der Mauer versteckte.

Als er sie von der Seite ansah, bemerkte er ihren nachdenklichen Ausdruck. Er wartete, bis sie sich dazu entschied, ihre Gedanken mit ihm zu teilen.

»Meinst du das ernst?«

»Die Webfäden? Natürlich. Sie könnten mir helfen, die Magie fokussierter zu benutzen.« Er hob unsicher eine Schulter. »Zumindest ist es das, was ich gehört habe.«

»Es ist wahr«, bestätigte sie mit einem behutsamen Nicken. »Ich kenne einen Ort, an dem du welche bekommen könntest.«

Nun machte ihr vorsichtiges Verhalten einen Sinn. Wenn er zustimmte, würde sie ihn an Leute verweisen, die sehr wahrscheinlich Kontakt zu anderen Webhexern hatten. Dadurch und durch den Handel mit Webfäden machten sie sich noch immer strafbar, ganz gleich, dass König Deron den Schicksalsgöttinnen nicht die gleiche Wertschätzung entgegenbrachte wie König Joram.

»Es würde uns helfen, Rhea.« Sein Daumen zog träge Kreise auf ihrem Handrücken. Er mochte es, sie zu berühren und er würde ihr Vertrauen unter keinen Umständen missbrauchen.

»Na schön.« Sie straffte ihre Schultern. »Du kennst das Volk der Wanderer?« Er nickte langsam. Wanderer reisten von Stadt zu Stadt und blieben nie lange an einem Ort. Soweit er wusste, hatte es schon immer Gerüchte gegeben, dass sie mit Webhexern handelten, doch bisher hatte es nie Beweise dafür gegeben. Sie waren zu klug, um sich dabei erwischen zu lassen. Zudem waren sie die Einzigen, die die Wüstensteppe in Eflain ohne Verluste durchqueren und dadurch die besonderen Steine mitbringen konnten, aus denen Bluthexer Hexenlichter machten. König Deron war nicht sonderlich erpicht darauf, sie gegen sich und Dux Aliquis aufzubringen. »In Yastia gibt es auf dem Markt einen Hellseherstand, der das ganze Jahr über mit Wanderern besetzt ist. Du musst dich nur einem von ihnen zu erkennen geben und sie werden dir Webfäden besorgen.«

»Mich ihnen zu erkennen geben? Du meinst als ... Hexer?«

»Ja. Es gibt keine andere Möglichkeit.«

»Aber was ist, wenn ich an den Falschen gerate und jemand Fremdem meine Magie offenbare?«

»Wanderer besitzen bestimmte Stammestattoos. Sie sind von Stamm zu Stamm unterschiedlich und nur Webhexer und sie untereinander können sie sehen.« Sie hob ihre freie Hand und legte ihm diese an seine Wange. »Es bedeckt die linke Hälfte ihres Gesichts. Du wirst sie daran erkennen.«

»Es ist ein großes Risiko«, murmelte er, durch ihre unerwartete Berührung nicht mehr ganz bei der Sache. Seine Augen senkten sich zu ihrem geschwungenen, immerzu lächelnden Mund.

»Und deshalb ist es deine Entscheidung. Ich werde dich nicht dazu drängen«, versprach sie leise.

»Ich werde es tun.« *Für dich*, fügte er lautlos hinzu. Er würde mächtig genug werden, um seinem Vater zu trotzen und Rhea aus diesem Verlies zu holen. Er überbrückte den geringen Abstand zwischen ihnen und küsste sie, als wäre es das erste und das letzte Mal.

Kapitel · 32

Mehr als eine Woche war vergangen, seit sie in Tacoma gewesen waren, und das Wetter hatte sich weiter verschlechtert. Zu dem steten Regen gesellten sich Wind und Kälte, die unter jede Tunika schlüpfte. Morgans Training wurde nichtsdestotrotz fortgesetzt, auch wenn sie Aithan kaum noch zu Gesicht bekam, da er vollkommen in seiner Rolle als Anführer eingespannt war.

Sonan und Mathis übernahmen ihre Ausbildung. Hin und wieder ließ sich auch Cáel dazu herab, ihr im Nahkampf als Gegner zu dienen, auch wenn er kaum Rücksicht auf sie nahm. Er wollte sein Soll möglichst schnell erledigen und anschließend nach getaner Arbeit zu Aithan zurückkehren. Mathis war ihr keine Hilfe, da er die Zeit nutzte, in der Cáel mit ihr beschäftigt war, um Aithan weiter davon zu überzeugen, dass Cáel nicht mit offenen Karten spielte.

Die Tage plätscherten dahin und Morgans einzige Lichtblicke waren die gestohlenen nächtlichen Stunden mit Aithan und ihre Fortschritte mit der Handhabung der Beile.

Vor zwei Tagen hatte ihr der Prinz eine Halterung bestehend aus dünnen Lederriemen geschenkt, die einer seiner Gerber perfekt auf sie angepasst hatte. So konnte sie ihre Beile auf ihrem Rücken tragen und sie im nächsten Augenblick ziehen. Das motivierte sie noch mehr dazu, die Beste zu sein, die jemals mit einem Beil, oder wie in ihrem Fall mit zwei Beilen, gekämpft hatte. Vielleicht hätte sie die Handhabung ihrer Messer neu erlernen können, wenn sie genauso viel Zeit dafür verwendet hätte, aber in ihrem Kopf existierte eine Blockade, die sie nicht niederreißen konnte. Messer waren ihre Vergangenheit und Beile ihre Zukunft.

Gerade ließ sie ihren Abend allein an einem Lagerfeuer ausklingen und blätterte in dem Hexenbuch, das sie aus dem Tempel entwendet hatte. Die meisten Schriften waren in einer fremden Sprache verfasst, doch es gab Zeichnungen und andere Abschnitte, die sie nur zu gut verstand. Jeder dieser Zaubersprüche war mächtig und für den Magieverwender ... tödlich. Nicht sofort, nein, aber es war deutlich, dass man einen Teil von sich und seiner Seele aufgeben musste, wandte man nur den kleinsten Knochenbann an.

»Störe ich?« Mathis tauchte neben ihr auf.

Sie klappte das Buch möglichst langsam und unauffällig zu, als wäre es nichts Gefährliches, bevor sie mit einer Hand auf den Platz neben sich deutete. Heute hatte es das erste Mal seit ein paar Tagen aufgeklart, doch die Baumstämme waren noch immer feucht und so hatte sie eine Decke daraufgelegt, auf die sich Mathis nun ebenfalls niederließ. Lächelnd steckte sie das Buch unter ihre Tunika, bevor sie ihre Handflächen gen Feuer ausstreckte.

»Ich möchte mich nicht einmischen, aber ... ist da etwas zwischen dir und Aithan?«

Stirnrunzelnd sah sie vom Feuer zu ihm und wieder zurück. Aithan und sie waren vorsichtig gewesen. Aber es sollte sie nicht wundern, dass Mathis etwas aufgefallen war. Es entsprach ganz seiner Persönlichkeit, die kleinste Einzelheit wahrzunehmen.

»Dann misch dich nicht ein«, entgegnete sie schulterzuckend. Sie wollte seine Vermutungen nicht bestätigen, aber sie würde ihn auch nicht anlügen, dafür schätzte sie ihn zu sehr.

Für einen Augenblick schien die Enttäuschung nahezu greifbar, dann machte er Anstalten, sich zu erheben. Eilig platzierte sie eine Hand auf seinem Knie. Als er innehielt, fing sie seinen Blick auf.

»Ich will Cáels Zelt durchsuchen«, sagte sie leise. Ganz gleich, wie sehr sie sich mit anderen Dingen abzulenken versuchte, sie konnte nicht vergessen, was sie gesehen hatte; wie seine Wunde innerhalb von Sekunden verheilt war. »Er ist nicht derjenige, für den er sich ausgibt. Ich will herausfinden, was er versteckt.«

»Ich bin dabei«, sagte er, ohne zu zögern. Sie hatte nichts anderes erwartet. »Komm.«

Sie riss erstaunt die Augen auf. »Jetzt?«

»Zufällig hat Aithan Cáel gerade zu einer Besprechung gebeten, die ein paar Minuten in Anspruch nehmen wird.« Er blickte lächelnd auf sie herab.

»Minuten?«, wiederholte sie schwach.

»Wo ist dein Sinn für Abenteuer abgeblieben, Morgan?«

»Genau hier.« Sie hatte sich von ihrem zeitweiligen Schock erholt und folgte Mathis nun durch das Lager, um keine weitere Zeit zu verschwenden. Immerhin würde Cáel sie nicht in Anwesenheit von Mathis umbringen, wenn er sie beim Herumschnüffeln erwischte.

Oder er entledigte sich direkt ihrer beider. Zwei auf einen Schlag.

Nein, sie durfte nicht zu genau darüber nachdenken, sonst würde sie wieder von ihrer Angst eingeholt werden.

»Du hast mir nicht gesagt, dass sein Zelt nur ein paar Schritte von Aithans entfernt ist«, grummelte sie, obwohl sie es bereits hätte wissen müssen, schließlich hatte sie ihn genau dort hocken sehen. Mit dem Messer und seiner Holzfigur in den Händen. Trotzdem hatte sie bis zu diesem Zeitpunkt nicht den Schluss gezogen, dass dieses Zelt das seine war. »Ich hoffe, unser Prinz befindet sich heute Abend in gesprächiger Stimmung, sonst geht das hier böse für uns aus.«

»Ach, was soll schon passieren, Feigling?« Er stieß sie leicht an, dann hielt er ihr die Plane auf, damit sie als Erste ins Innere gehen konnte. Innerlich gab sie sich einen Ruck.

»Hast du Licht?«

Sofort entzündete er eine Kerze, die er wie aus dem Nichts hervorgezaubert hatte, und passierte sie damit.

Es überraschte Morgan nicht, dass das Zelt nur mit einer Pritsche, einer Waschschüssel und einer massiven Truhe ausgestattet war. Alles wirkte ordentlich und sauber, als würde sich hier niemand tagtäglich aufhalten. Zu ihrer Enttäuschung war die Truhe nicht einmal abgeschlossen und sie fand beim Herumwühlen nichts außer schwarze und graue Kleidung. Offensichtlich seine Lieblingsfarben.

Neben der Pritsche, auf der die Decken gefaltet waren, stand ein zweites Paar Stiefel, die sie sich nur aus Frustration heraus genauer ansah, während Mathis jeden Winkel des Zeltes in Augenschein nahm. Er machte sogar nicht davor halt, die Teppiche, mit denen der Raum ausgelegt war, anzuheben.

An der Sohle der Stiefel klebten mehrere rote Kugelkletten, die sie beinahe als Dreckklumpen abgetan hätte. Rote Kugelkletten, die sie bisher nur an einem Ort gesehen hatte. Aithan hatte sie dort hingeführt und an diesem Tag war ihnen Cáel entgegengekommen, weil er in der Gegend patrouilliert war. Aber stimmte das wirklich? Was wäre, wenn er darauf zählte, dass dieser Ort wegen der Windwer und den Kletten gemieden wurde, um ... Ja, um was? Geheime Rituale durchzuführen? Magie zu wirken? Ein Geheimnis zu verstecken?

Ins Nichts starrend kam ihr eine weitere Erinnerung in den Sinn. Cáel, der Dreck an den Händen und Knien aufwies, was so gar nicht zu seiner peniblen Erscheinung passte ...

»Hast du was gefunden?«, fragte Mathis in die Stille hinein.

Morgan erschreckte sich so sehr, dass sie beinahe den Stiefel fallen ließ. Vorsichtig stellte sie ihn wieder an seinen Platz und hoffte, dass Cáel ihr Eindringen nicht bemerken würde.

»Nein. Wir sollten besser gehen.« Ganz egal, was Cáel an dem Ort tat, er wollte nicht, dass jemand davon erfuhr, aber sie würde dem auf den Grund gehen.

Mathis schien so enttäuscht zu sein, wie sie es gewesen wäre, hätte sie die Kletten nicht gefunden. Aber mit den Kletten und Cáels auffälligem Verhalten war sie seinem Geheimnis hoffentlich einen Schritt nähergekommen. Noch war sie nicht bereit, dieses Geheimnis mit Mathis zu teilen. Noch nicht. Schließlich ging es um ihr Leben, das Cáel bedrohte, und sie konnte Mathis nicht vertrauen, wenn es um ihn ging. Seine Gefühle standen ihm im Weg.

Sie waren gerade erst aus dem Zelt getreten, als Cáel aus Aithans kam. Ihnen blieb lediglich genug Zeit, um ein leises Gespräch über nichts Bestimmtes zu beginnen, als wäre es purer Zufall, dass sie sich so dicht vor Cáels Zelt befanden.

»Kann ich euch mit etwas behilflich sein?«, fragte er, nachdem er sie bemerkt hatte. Die Finger seiner linken Hand zuckten auffällig. Wollte er nach einer Waffe greifen?

»Wie kommst du darauf?« Morgan wandte sich ihm möglichst gleichgültig zu, begriff aber sofort, dass der Schwarzhaarige nicht zu Späßen aufgelegt war. Seine zu einem Strich zusammengepressten Lippen verrieten seine Missbilligung und seinen Argwohn ihnen gegenüber.

»Ihr steht vor meinem Zelt«, antwortete er leise.

»Ach? Und das bedeutet was genau?«

Die linke Hand ballte er zu einer Faust und an seiner Schläfe pochte eine Ader. Es fehlte nicht mehr viel und er würde ihr an die Gurgel gehen. Mathis schien das ebenfalls zu erkennen, denn er zog Morgan an einem Arm an Cáel vorbei.

»Was soll das?«, murmelte sie, wehrte sich aber nicht.

»Ich habe vergessen, dir was zu sagen.«

»Und das wäre?«

»Aithan will mit dir sprechen. Er hat Cáel gerade darüber informiert, dass er dich in all seine Pläne einweihen möchte.« Er ließ sie los und öffnete seine Arme. »Willkommen im Kreis des Vertrauens.«

»Vielen Dank«, antwortete sie mit wenig Begeisterung, dafür waren ihre Gedanken zu durcheinander. »Weißt du, ich denke, ich bin zu müde. Sag ihm, wir reden morgen.«

Ohne ihm die Möglichkeit zu geben, sie zur Umkehr zu bewegen, drehte sie sich weg und machte sich im Eilschritt davon.

Sie konnte nicht genau sagen, wieso sie das Gespräch mit Aithan mied. Es lag nicht daran, dass sie nicht wissen wollte, was er geplant hatte und welche Hindernisse er erwartete, denn neugierig war sie allemal. Nein, es hing mehr mit ihren eigenen Gefühlen gegenüber Aithan zusammen.

Je mehr Zeit sie mit ihm verbrachte, desto leichter fiel es ihr, sich vorzustellen, für immer an seiner Seite zu bleiben und zu kämpfen. Sie würde sich zwangsläufig in ihn verlieben und das würde alles nur noch verkomplizieren. Wie sollte sie dem Mann, dem sie ihr Herz schenkte, den Wunsch stehlen, der seinen größten Traum erfüllen würde?

Als Sonan und Lima schliefen, schälte sich Morgan kurz nach Mitternacht aus dem Zelt und suchte den Ort auf, an dem sie die roten Kugelkletten gesehen hatte. Sicherheitshalber bewaffnete sie sich mit einem abgestorbenen Zweig und hoffte inständig, dass sie heute nicht erneut Bekanntschaft mit Windwer schloss.

Sie stahl eine der Fackeln aus ihrer Halterung und trat damit suchend hinter die Baumlinie. Sofort wurde es kühler und dunkler. Jeder Schatten bewegte sich im Schein der Flammen und wirkte auf sie bedrohlich.

Lange musste sie nicht umherlaufen, bis sie die Stelle gefunden hatte, doch einmal dort, wusste sie nicht, wonach sie Ausschau halten sollte. Es war, als würde sie die Nadel im Heuhaufen suchen.

Die Bäume, die an dem Ort mit den hartnäckigen Kletten wuchsen, waren ein Gemisch aus Laub- und Nadelbäumen, sodass sie eine gute Barriere zum Lager boten. Es würde also passen, dass Cáel genau an diesem Ort etwas versteckt hielt. Die Windwer und die Kletten hielten zudem jeden ungebetenen Gast fern.

Als sie während ihrer ersten groben Suche nichts finden konnte, steckte sie die Fackel in den Boden und ging in die Knie. Sie tastete in dem Umkreis der Bäume gefühlt jeden Winkel mit ihren Händen ab, bis sie die Sinnlosigkeit dessen begriff.

Frustriert lehnte sie sich sitzend gegen einen Baumstamm. Offensichtlich ging sie davon aus, dass er etwas vergraben hatte, aber würde er es mittendrin tun? Er müsste sich an irgendetwas orientieren. Oder lief sie der falschen Fährte nach? Hatte er vielleicht etwas *auf* den Bäumen versteckt? Das hätte die gleichen Spuren auf seinen Händen und Knien hinterlassen. Da dies schneller zu überprüfen war, kletterte sie trotz ihrer Höhenangst auf jeden einzelnen Baum und schätzte sich glücklich, dass sie nicht mehr als drei Meter hoch waren.

Sie fand nichts außer einem leeren Vogelnest, an dem sich ihre Haare verfingen. Genervt riss sie sich ein paar Strähnen aus, um sich zu befreien.

Vielleicht hatte sie sich nur von Mathis' Misstrauen anstecken lassen. Aber wenn es so war, wie ließ sich dann die schnell heilende Verletzung erklären? Außerdem hatte sie Cáel zwei Mal hier gesehen. Es konnte kein Zufall gewesen sein.

»Ein letzter Versuch«, murmelte sie, wischte sich mit dem Handrücken den Schweiß von der Stirn und tastete den Boden direkt neben der größten Ansammlung von roten Kugelkletten ab. Kurz bevor sie aufgeben wollte, stießen ihre Finger auf etwas Hartes und, wie sie unter einer Schicht aus verwelkten Blättern erkannte, metallisch Glänzendes. Ihr Herz machte einen Satz.

Eilig nutzte sie eins ihrer Beile, um den Gegenstand auszugraben, und offenbarte eine hölzerne, mit Eisen beschlagene Kiste. Sie trug sie näher an die immer schwächer werdende Flamme heran und beseitigte die letzten Erdkrümel.

Da sich kein Schloss an dem Eisenbügel befand, ließ sich der Deckel problemlos aufklappen. Sie wusste nicht genau, was sie erwartet hatte, aber ein Zettelsammelsurium war es nicht gewesen.

Es nahm etwas Zeit in Anspruch, sich einen ausreichenden Überblick zu verschaffen.

Sie fand eine Karte von Ayathen, auf der sich sieben Kreuze befanden, die überall auf dem Kontinent verteilt waren. Morgan erschien die Verortung recht wahllos, da bei den meisten nicht mal eine größere Stadt in der Nähe lag. Zudem gab es Aufzeichnungen über die alten Götter, acht an der Zahl, und wie sie ausgesehen und wofür sie gestanden hatten. Die Beschreibung einer Göttin erweckte insbesonders ihr Interesse: Themera, Göttin des Feuers. Sie war die Einzige, die der Sage nach dem Fluch der neuen Götter entkommen war. Cáel bewahrte sogar ein Bildnis von ihr auf. Langes rabenschwarzes Haar, das bis zu ihren Hüften reichte, strahlend grüne Augen und ein herzförmiges Gesicht. Sie war auf einem Thron sitzend abgebildet worden und auf ihrem Schoß befand sich ein kleiner lachender Junge. Auf der Rückseite stand in geschwungener Schrift: *Cáel, mein Sohn, ich kann deinen Unmut nachvollziehen, aber bitte versuche, meine Entscheidung zu verstehen. Ich will dich nur in Sicherheit wissen. Ich werde dich für immer lieben, Themera.*

Als Morgan diese Worte las und das Bild noch einmal betrachtete, begann ihr Herz so heftig zu schlagen, dass das Blut in ihren Ohren rauschte.

Wenn Götter Kinder gebären, so hieß es, waren diese entweder Götter oder Nymphen – halb Mensch, halb Gott. Nymphen oder Naturgeister, wie man sie auch nannte, lebten nur an Orten, mit denen sie verbunden waren, und besaßen gewisse Merkmale, die sie von Menschen unterschieden. Andersfarbige Haut, lange Ohren, schuppenartige Haut, Krallen oder Hörner. Aber dieser Junge ... Er sah aus wie ein

Mensch und … nun, er müsste als Nymphe an das Lager gebunden sein, doch dieses hatte er erst zusammen mit Aithan und Mathis betreten, nachdem sie aus Brimstone geflohen waren.

Sie schüttelte den Kopf. Es war, als würde ihr Verstand sich weigern, diesen Gedanken weiterzuführen, obwohl sie den Beweis in den Händen hielt. Der Junge besaß eine eindeutige Ähnlichkeit mit Cáel und die Worte der Göttin auf der Rückseite … Sie nannte ihn ihren Sohn. Der Name war außergewöhnlich genug, um eine Verwechslung auszuschließen, und trotzdem blieb der Zweifel.

Morgan *glaubte* an die neuen Götter, wusste, dass sie an *levengrond* die Körper von Auserwählten besetzten und in ihnen einen ganzen Tag lang auf der Erde wandelten. Jeder wusste dies. Aber die alten Götter? Für ein Jahrtausend, vielleicht auch mehr, war versucht worden, den Glauben an sie zu vertreiben, aber es hatte nicht funktioniert, nicht wahr? Noch heute waren die neuen Götter neu und die alten alt. Fast so wie die Stadtteile in Yastia, kam Morgan ein völlig abstruser Gedanke.

Es musste also die alten Götter gegeben haben und sie schliefen noch heute? Nur Themera hatte fliehen können – mit ihrem Sohn, wie es schien.

Von einer unbegründeten Panik ergriffen, legte sie alles wieder in der vorgefundenen Reihenfolge zurück in die Kiste, um diese erneut zu vergraben. Noch wollte sie Cáel nicht wissen lassen, dass sie sein Geheimnis kannte.

Ein Geheimnis, das größer war, als sie es sich hätte ausmalen können. Aber konnte Cáel ein Gott sein?

Wieso nutzte er dann nicht seine Macht, um sich ihrer zu entledigen? Oder besaß er gar keine außergewöhnlichen Fähigkeiten? Ja, er hatte seine Wunde schnell heilen können, aber abgesehen davon war er ihr nie besonders stark oder schnell oder magisch erschienen. Sie musste sich irren.

Und wenn nicht, wieso war ein Gott hier? Brauchte er den Wunsch, um … Sie erinnerte sich an die sieben Kreuze. Wollte er etwa die alten Götter erwecken? Und wo war seine Mutter? Lebte sie noch? Versuchte er sie zu finden? Oder – ihre Gedanken glitten in eine ganz andere Richtung – wünschte er sich mehr Macht?

Kapitel · 33

»Wir wissen nicht ganz genau, was uns erwartet«, begann Aithan und lehnte sich hinter dem Schreibtisch auf seinem Stuhl zurück.

Früh am Morgen hatte er Mathis noch einmal mit der Bitte zu ihr geschickt, ihn aufzusuchen. Nun saßen sie zu viert in seinem Zelt und lauschten dem prasselnden Regen, während die Plane des Eingangs hochgebunden war, um etwas Luft einzulassen. Sie und Mathis saßen auf den Stühlen vor dem Schreibtisch, Cáel fläzte sich auf der Pritsche, besah sich eine seiner geschnitzten Holzfiguren und schien vollkommen teilnahmslos. Beim Eintreten war sie kaum fähig gewesen, *nicht* in seine Richtung zu sehen. Am liebsten hätte sie ihm all das an den Kopf geworfen, was sie in der Nacht über ihn erfahren hatte.

Cáel. Ein Gott.

Übereile nichts. Vielleicht ist er bloß ein Verrückter, der so tut, als wäre er ein Gott. *Ja, das ergibt mehr Sinn.*

»Wir konnten ein paar Späher vorausschicken. Aber nicht alle sind zurückgekehrt. Bis zum dritten Kreis sind wir uns ziemlich sicher, was uns erwartet, allerdings scheinen die Bereiche ständig zu wandern und damit auch die Hindernisse«, fuhr Aithan fort, ohne etwas von ihrem inneren Aufruhr zu bemerken. Sie beugte sich vor, um einen Blick auf die Karte zu werfen, die sie jetzt nicht mehr heimlich betrachten musste.

»Das heißt, es gibt mehr als vier Hindernisse?«

»Theoretisch ja. Aber wir kennen sie nicht alle. Wenn sich die Bereiche verschieben, sehen wir uns vielleicht einem anderen Problem als angenommen gegenüber.«

»Verstehe, und woher … wisst ihr von dem Fluch? Ich meine, wo steht geschrieben, dass nur ein Prinz die Auserwählte retten kann? Wir kennen alle Märchen und Sagen, die von etwas Ähnlichem reden, aber ist es auch wirklich hier der Fall?« Sie hatte Aithans Antwort nicht vergessen, in der er ihr versichert hatte, dass er für die schlafende Prinzessin nicht die einzig wahre Liebe sein musste.

»Es gibt ... Aufzeichnungen darüber. Die Hexe, die das Königreich Vadrya verfluchte, war die gleiche, die die Schicksalsgöttinnen bestahl«, sagte Aithan leise und betrachtete sie eingehend. »Bevor sie die erste Sterbliche war, die sich der Webmagie bedienen konnte, lebte sie in Vadrya als mächtige Bluthexe. Ihre Schwestern waren jedoch so eifersüchtig auf ihre Macht, dass sie das Königspaar bei der Geburt ihrer Tochter mit finsteren Gedanken fütterten. Sie sagten, dass die Hexe mit dem Namen Nedaja plante, ihnen ihre Tochter zu nehmen, damit sie selbst eines Tages herrschen könnte. Das Königspaar hörte auf die Warnungen und verbannte die Hexe. Voller Wut und Trauer suchte sie die Insel der Moiren auf, um sich ihr Schicksal mitteilen zu lassen, denn nun hatte sie weder Familie noch eine Heimat.«

»Einen Moment!« Morgan hob eine Hand. »Sie hat es auf die Insel geschafft? Criena?«

»Die Schicksalsgöttinnen erlaubten ihr den Zutritt. Anscheinend blieb ihnen ihre eigene Zukunft verborgen«, antwortete ausgerechnet Cáel für seinen Anführer. Ganz langsam zwang sie sich dazu, in seine Richtung zu blicken und erkannte erst jetzt, dass die Holzfigur einen Hirsch darstellte. Sie wäre beeindruckt von seiner Schnitzkunst, wenn sie nicht so nervös gewesen wäre. »Nedaja tobte über das Schicksal, das einen frühen Tod für sie vorsah. Sie stahl die Magie der Göttinnen, veränderte damit den Lauf der Geschichte und zerstörte so ziemlich alles, was für unsere Welt vorhergesehen war.«

Morgan fand seine Antwort rätselhaft, aber die anderen ließen sich nichts anmerken. Was genau war zerstört wurden? Sie konnte nicht umhin, sich auszumalen, dass er ... mehr wusste, als er ihnen sagte. Aithan nahm den Faden des Gesprächs auf, den sein Freund bereitwillig hatte fallen lassen.

»Schließlich kehrte sie nach Ayathen zurück, wo sie die mächtigste Hexe wurde, die unsere Welt je gesehen hatte. Es kommt wohl wenig überraschend, was sie als Nächstes tat.«

»Sie verfluchte Vadrya.«

»Sie ermordete jeden Einzelnen bis auf die Königstochter. Diese konnte wegen eines Schutzzaubers, den die anderen Hexen gesprochen hatten, nicht getötet werden. Nedaja versetzte sie stattdessen in einen tiefen, immerwährenden Schlaf, der nur durch den Kuss eines Prinzen aufgehoben werden könnte.«

»Aber das war nicht alles«, wandte sich Cáel erneut an sie. Er legte die Figur auf das Kissen und brachte anschließend seinen Körper mit langsamen, fast raubtierhaften Bewegungen in eine sitzende Position. »Sie verfluchte jedes einzelne Lebewesen im Königreich und war dabei sehr, sehr kreativ. Auch diese Flüche können nur mit dem Kuss aufgehoben werden. Wenn überhaupt. Außerdem wird sich danach ein Wunsch ... manifestieren. So steht es geschrieben. Dieser Wunsch kann vom Prinzen genutzt werden.« Er zuckte mit den Schultern, als wäre ihm eigentlich alles egal und er wüsste nicht einmal, wieso er sich überhaupt an dem Gespräch beteiligte. Das fragte sich auch Morgan.

Diese Information jedoch, sie bedeutete, dass der Wunsch tatsächlich etwas Greifbares sein musste. Etwas, das man ... stehlen konnte?

»Und das ist, was wir wissen. Wir können uns nicht für alles wappnen, aber für die meisten Möglichkeiten. Waffen, Kompasse und Lichter, all dies mussten wir auftreiben oder selbst herstellen, um annähernd gut vorbereitet zu sein«, schloss Aithan. »Ich wollte, dass du weißt, worauf du dich einlässt, falls du mit uns kommst.«

Sie blickte von ihren Händen auf. »Falls?«

Aithan öffnete den Mund, schloss ihn aber wieder, bevor er sich erhob. »Lasst uns bitte allein.«

Mathis schnaubte. »Wieso komme ich mir jetzt wie ein niederer Dienstbote vor?«

»Vielleicht, weil das deine wahre Berufung ist?«, entgegnete Cáel, ehe er sich von der Pritsche erhob und in Richtung des Ausgangs schlenderte.

»Wenn hier jemand als Dienstbote geeignet ist, dann du und Morgan. Ihr gehört zum bürgerlichen Volk. Wenn überhaupt«, zischte Mathis und überraschte mit der Bösartigkeit in seiner Stimme nicht nur Morgan. Was hatte sie ihm getan, dass er sie plötzlich im gleichen Atemzug mit Cáel nannte? Waren sie nicht am Tag zuvor noch Partner gewesen?

»Das reicht«, befahl Aithan und zog die Brauen zusammen. »Wenn ihr euch wie Kinder verhalten wollt, dann macht dies bitte irgendwo, wo ich mich nicht für euch schämen muss.«

Cáel zuckte mit den Achseln und Mathis presste die Lippen zusammen, beide verließen jedoch ohne ein weiteres Wort das Zelt.

Obwohl Morgan Mathis' Verhalten störte, wurde ihre Aufmerksamkeit nach seinem Verschwinden sofort von Aithan eingenommen. Ihre Augen folgten seinen bedachten Bewegungen, als er vor ihr in die Hocke ging und seine Hände auf ihre Knie legte. Die Falte zwischen seinen Brauen hatte sich wieder gelegt.

»Also?«, frage sie, als ihre Geduld mit seinem Schweigen überstrapaziert wurde. Zudem brachte sein durchdringender Blick sie dazu, über seine Nähe nachzudenken. Seine eleganten Finger auf ihrem Körper, nur durch dünnes Leder von ihrer Haut getrennt. Sie musste bloß die Augen schließen und schon spürte sie erneut seine federleichten Küsse an ihrem Nacken …

»Es ist nicht so, dass ich dich nicht dabeihaben will, Mor, aber …« Während er nach Worten suchte, gab sie der Versuchung nach und strich durch sein weiches Haar, das sich von dem Lederband löste. Sanft fiel es um sein Gesicht. »Vergib mir, wenn ich dich in den letzten Tagen vernachlässigt habe. Es fällt mir schwer, mich auf unsere Pläne zu konzentrieren, wenn ich immerzu an dich denken muss.«

»Also gehst du mir aus dem Weg, weil ich dich ablenke?« Sie zog ihre Hände zurück.

»Nun, das ist ein Grund, ja.« Als er verschmitzt lächelte, vergaß sie kurzzeitig, warum sie verärgert war. Diese Ablenkung hielt jedoch nicht lange vor. »Der andere ist, dass ich mir Sorgen um Mathis mache und deshalb mehr Zeit mit ihm verbracht habe.«

Morgan hatte bereits den Mund geöffnet, um ihm zu sagen, was sie von seiner Einstellung hielt, als er sie mit dem letzten Satz verwirrte.

»Was ist mit ihm?«

Aithan nahm ihre Hände in seine und bat sie lautlos, aufzustehen. Zusammen setzten sie sich auf die Pritsche und er legte einen Arm um sie. Tief atmete sie seinen eigentümlichen Geruch nach Pinienholz und Erde ein.

»Er verhält sich seltsam, wird aufbrausender und ungeduldiger. Insbesondere wenn Cáel in der Nähe ist«, antwortete er langsam, als würde es ihm schwerfallen, sich dies einzugestehen. Seufzend ließ er sich nach hinten fallen und zog sie mit sich, sodass sie sich eng an seine Seite pressen konnte. Ihre Wange ruhte auf seiner Brust, während sie mit der Hand sanft seinen Arm hoch und runter strich. Sie genoss diese Nähe, fühlte sich in ihr auf eine Art und Weise geborgen, wie sie es vorher noch nie erlebt hatte.

»Cáel gegenüber hat er sich auch schon bei meiner Ankunft so verhalten. Das ist doch nichts Neues, oder?«

»Am Anfang war es anders. In Brimstone hätte er Cáel beinahe die Füße geküsst, so dankbar war er ihm dafür, dass er uns dort rausgeholt hat«, offenbarte er Morgan und sie lauschte aufmerksam seiner sanft tönenden Stimme. »Erst auf der Reise hierher entwickelte er sich zu einer Person, die ich in einigen Momenten nicht wiedererkenne und auch ... und auch nicht sonderlich mag.«

»Hat sich denn etwas geändert?« Morgan haderte einen Augenblick mit sich selbst, ob sie das Thema ansprechen sollte, entschied sich dann jedoch für Ehrlichkeit. »Ist es, weil er denkt, dass du ihm die Entführung aus Yastia noch übel nimmst?«

»Möglich, allerdings glaube ich eher, dass es an seiner Eifersucht liegt. Er sieht, wie viel Zeit ich mit Cáel verbringe, die ich vorher allein ihm geschenkt habe. Selbst in Yastia ...« Seufzend drückte er sie fest an sich. »Du musst wissen, dass seine Eltern gestorben sind, als er gerade einmal laufen konnte. Ein Fieber hat sie im Abstand von wenigen Wochen durch den Weltennebel gezogen.«

Morgan dachte darüber nach, wie schlimm es für Mathis als kleiner Junge gewesen sein musste, seine Eltern zu verlieren. Zum Trost erzählte man Waisenkindern, dass Eltern hinter dem Weltennebel auf sie warteten, um gemeinsam neu geboren zu werden. Aber hatte ihn dies wirklich getröstet?

»Wie grausam ...« Sie zog seinen Kragen ein Stück nach unten und hauchte einen Kuss auf sein Schlüsselbein, um ihm ihre Zuneigung zu zeigen. Vielleicht auch, um ihm deutlich zu machen, dass sie den Verlust verstand, den nicht nur Mathis, sondern auch er durchlebt hatte. »Was ist dann passiert?«

»Meine Eltern nahmen ihn auf und liebten ihn wie ihren eigenen Sohn. Ich glaube, dass sich Mathis deshalb stets so gefühlt hatte, als würde er ihnen etwas schuldig sein.«

Sie erkannte sofort, welche Bedeutung dies beinhaltete und hob ihren Kopf, um ihm ins Gesicht zu sehen. »Deshalb hat er sich nicht davon abbringen lassen, dich zu retten? Dadurch hat er ihnen ... ihre Liebe zurückgezahlt?«

»Es scheint zumindest, als hätte er so gedacht.« Aithan umfasste ihr Kinn und zog sie zu sich heran, um sie zu küssen. Ihr Herz begann sofort heftiger zu schlagen und in ihrem Bauch flatterten Blumen im Wind. Sie konnte sich ein zartes Lächeln nicht verkneifen, als er sie losließ. »Ich habe versucht, ihm zu erklären, dass meine Eltern ihn nicht aus ihren Herzen verbannt hätten, wenn er ihren Auftrag nicht ausgeführt hätte. Aber das will er nicht hören. Wollte er nie.«

Morgan legte sich erneut hin; dieses Mal so, dass sie sich ansehen konnten und sie mit seinem Haar spielen konnte. Wann hatte sie sich das letzte Mal mit jemandem auf diese ehrliche Art unterhalten? Glück und Wärme durchfuhren ihren Körper, weil sie sich Aithan so nah fühlte. Körperlich und seelisch.

»Also klammert er sich deshalb an dich? Weil du das Letzte bist, was ihm von seiner Familie geblieben ist?«

Aithan nickte. »Wir haben damals jeden Tag, jede Stunde miteinander verbracht. Das änderte sich erst mit Cáels Auftauchen, weshalb Mathis ihm die Schuld dafür gibt. Obwohl es nicht an ihm liegt, sondern an mir. Ich habe mich weiterentwickelt, bin selbstständiger geworden ... Mathis hat Probleme damit.«

»Dann war es richtig, mehr Zeit mit ihm zu verbringen als mit mir. Er braucht dich, um sich nicht in den dunklen Gefühlen zu verlieren«, erklärte Morgan voller Überzeugung.

Aithan ergriff die Hand, die noch immer in seinem Haar vergraben war, und hauchte auf jede ihrer Fingerkuppen einen Kuss, wie er es schon damals im Gasthaus in Tacoma getan hatte. »Danke für dein Verständnis.«

»Gerne«, sagte sie mit einem Lächeln, ehe sie ihm ihre Hand entzog und sich hinsetzte. »Allerdings habe ich nicht vergessen, was der eigentliche Grund für dieses Gespräch gewesen ist.« Sie bohrte ihm einen Finger in die Brust.

Er ächzte überrascht, bevor er sie an der Hüfte packte und Morgan mit einer schwungvollen Bewegung unter sich vergrub. Sofort verschloss er ihren Mund mit seinem. Als sich ihre Lippen trafen, entzündete es mit einem Mal die Flamme ihrer Leidenschaft, die bisher nur im Hintergrund geflackert hatte. Mit einer Hand fuhr sie unter sein Hemd, um seine warme Haut und die starken Muskeln an seinem Rücken zu spüren, während sie ein Bein um seine Hüfte schlang. Er biss in ihre Unterlippe, als er mit einer Hand ebenjenes Bein berührte und es fest drückte.

Oh, sie wollte ihn. Sie konnte sich und ihr Verlangen nach ihm kaum zügeln. Trotzdem gelang es ihr, sich von seinem Kuss zu lösen. Keuchend versuchte sie, einen klaren Gedanken zu fassen, als er begann, sie auf den Hals zu küssen.

»Du Schuft!«, stieß sie atemlos hervor und schubste ihn von sich.

Lachend fiel er zurück, strich sich das Haar hinter die Ohren und bedachte sie mit einem so liebevollen Blick, dass sie für einen Moment vergaß, wer sie war und wo sie sich befand.

»Also, sag mir endlich, warum du nicht willst, dass ich dich begleite.« Sie stützte sich auf ihren Ellenbogen ab, als Aithan ein weiteres Mal über sie kletterte. »Oh nein! Keine Küsse mehr, bevor ich nicht eine Antwort bekommen habe.«

»Du weißt, wie ungerecht das ist, wenn du so aussiehst ...« Mit einem Arm stützte er sich weiterhin ab, aber den anderen hob er, um mit den Fingern über ihre geschwollenen Lippen zu reiben. »Absolut ungerecht.«

Sie versank im Blick seiner dunkelbraunen Augen und hätte fast nachgegeben. Entschlossen schlug sie seine Hand fort.

Er stieß ein tiefes Seufzen aus, gab sich aber geschlagen und brachte etwas Abstand zwischen sie, indem er sich mit dem Rücken gegen die Wand lehnte. Die Holzfigur, die Cáel zurückgelassen hatte, purzelte bei der Bewegung vom Kissen und lenkte sie für einen kurzen Moment ab.

»Natürlich will ich, dass du mich begleitest. Ich wollte dir nur die Wahl lassen. Es ist nicht sicher, wer überlebt. Wie viele überleben. Ob ich es überhaupt bis zum Schloss schaffe ... Magie und insbesondere Flüche sind unberechenbar.«

Sie richtete sich auf und setzte sich ihm gegenüber, dann nahm sie sein Gesicht mit der leicht gebogenen Nase und den markanten Brauen in die Hände.

»Ich will mit dir gehen, Aithan. Jeden Schritt. Bis zum bitteren Ende. Lass mich hier nicht warten«, beschwor sie ihn, obwohl bereits feststand, dass sie nicht zurückbleiben würde. Mit oder ohne seinem Einverständnis, sie würde durch den verwunschenen Wald schreiten. Sie starb allein schon bei dem Gedanken, ihn davonziehen zu sehen, ohne eine Möglichkeit zu haben, sein Überleben zu sichern. Und der Wunsch ... Ja, sie hatte ihn kurzzeitig vergessen, doch das Verlangen nach ihm und nach Macht waren noch immer sehr groß und würden es ihr nicht erlauben, zurückzubleiben.

Seine Mundwinkel zuckten. »Bis zum bitteren Ende.« Dieses Mal ließ sie es zu, dass er sie küsste, und sie öffnete sich ihm. Ihr Herz. Ihre Seele. Und doch ... etwas hielt sie zurück. Ein Staubkorn. Eine Blüte. Eine Schneeflocke, die es ihr ermöglichte, ihn zu betrügen.

Sie würde Aithan begleiten und wenn sie ihm mit dem Wunsch das Einzige wegnahm, was ihm noch etwas bedeutete, würde sie ihm das Herz brechen. Und ihres gleich mit.

»Aithan?«

Widerwillig löste sich der Prinz von ihr, um dem Eindringling seine Aufmerksamkeit zu schenken. Der Krieger brauchte ihn bei den Waffen. Aithan gab ihr einen kurzen Abschiedskuss, dann ließ er sie allein auf der Pritsche zurück.

Nachdenklich versuchte sie, ihrer Gefühle Herr zu werden. Sie spürte, dass ihr Aithan mehr bedeutete, als sie geahnt hatte, gleichzeitig wuchs das Verlangen, den Wunsch für sich zu nutzen. Einmal egoistisch sein und nicht über die Konsequenzen nachdenken. Was sollte sie nur tun?

Nur Sekunden später hörte sie jemanden Beifall klatschen. Sofort sprang sie auf und blickte zum Eingang. Cáel trat wieder ein. Seine Miene zeigte Bewunderung, doch verbarg sich dahinter eine bösartige Kälte. Während ihres Zusammenseins mit Aithan hatte sie das Geheimnis um Cáel vollkommen vergessen, was sie nun teuer zu stehen kommen würde, wenn sie nicht bald aus dem Zelt fliehen konnte.

»Gut gemacht, *Mor.*« Er streckte einen Arm aus und löste damit die Kordel, die die Plane zurückhielt. Sofort wurde es dunkler. Nur noch die Öllampe auf dem Schreibtisch spendete ihnen Licht. Sie reckte das Kinn und legte eine Hand auf ihren Dolch, der an ihrem Gürtel steckte. »Ich würde ja sagen, ich habe dich unterschätzt, aber das habe ich nicht. Ich wusste sofort, dass du mir ein Dorn im Auge sein würdest.« Er näherte sich ihr, bis nur noch der Stuhl zwischen ihnen stand und dieser bildete kaum ein Hindernis vor dem strahlenden Grün seiner Augen.

»Ich weiß nicht, was du meinst ...« Die Angst saß tief in ihren Knochen. Würde er ihr nun zeigen, wie mächtig er war? Was es bedeutete, ein Gott zu sein?

»Du hast direkt auf sein Herz gezielt, nicht wahr?«

»Halt die Klappe«, zischte sie und zog den Dolch. Sie würde sich unter keinen Umständen von ihm einschüchtern lassen.

»Jetzt wird er dich direkt bis ins Schlafgemach der Prinzessin mitnehmen, wo du ihn betrügen und ihm den Wunsch stehlen wirst.«

Sie zuckte zusammen, als hätte er sie geschlagen. War sie *so* durchschaubar?

»Das sagst ausgerechnet du?« Es war besser, ihn anzugreifen, um von sich selbst abzulenken.

Morgan trat um den Stuhl herum, um ihm zu zeigen, dass sie sich nicht vor ihm fürchtete, obwohl das gelogen war.

Er schenkte dem Dolch in ihrer Hand keinerlei Beachtung, als wüsste er genau, dass sie ihn nicht verwenden würde. Dachte er, sie wäre so feige? Sie hatte ihn schon einmal verletzt und sie würde es wieder tun.

»Ich weiß ganz genau, *wer* du bist und *was* du willst!«, verkündete sie.

»Und was soll das sein?« Er vollführte eine Geste mit der linken Hand, um sie zum Weitersprechen aufzufordern, währenddessen er spöttisch, gar überlegen lächelte.

»Du bist ein Gott.« Sie hätte sich gewünscht, dass ihre Stimme nicht derart zitterte, aber immerhin hatte sie die Worte aussprechen können. Seine Miene verriet nicht das Geringste, was sie zunächst verunsicherte. Hatte sie falschgelegen? War er doch nur ein Verrückter? Aber würde er dann nicht die Möglichkeit ergreifen, allen von seinem Erbe zu erzählen?

»Du bist Themeras Sohn und du willst den Wunsch für dich nutzen.«

»Das ist lächerlich.« Das Lächeln war verschwunden. Seine Brauen zogen sich zusammen, als er sich ihr weiter näherte. Wenn sie genauso groß gewesen wäre wie er, hätten sich ihre Nasenspitzen vermutlich berührt. So musste sie ihren Kopf in den Nacken legen, um weiterhin seinem Blick standzuhalten. Der schräg nach oben gerichtete Dolch blieb wie eine Warnung zwischen ihnen. Sie senkte ihn nicht. Nicht einen verfluchten Zoll. »Hätte ich meine … Macht nicht benutzt, wenn ich ein Gott wäre?«

Sie blinzelte leicht. »Hast du. Als du dich geschnitten hast. In nur wenigen Augenblicken hat sich die Wunde geschlossen. Ich bin mir sicher, dass die Verletzung, die ich dir mit dem Messer zugefügt habe, genauso schnell verheilt ist. Wahrscheinlich hast du nicht mal mehr eine Narbe.« Sie konnte nicht sagen, woher sie den Mut nahm, aber ihre freie Hand schoss hervor und sie hob sein Hemd an, um ihre Vermutung zu überprüfen. Statt makelloser Haut fand sie jedoch nur ein Spinnennetz aus schwarzen Linien vor, das sich über die gesamte rechte Hälfte seines flachen Bauchs, gar seines Oberkörpers erstreckte.

»Was …?«

Er schlug zornig ihre Hände fort, aber anstatt sie anzugreifen, trat er einen Schritt zurück. Seine Nasenflügel bebten.

»Tu das nie wieder«, presste er wütend hervor.

Sie brauchte länger als er, um sich von dem Schreck zu erholen. Es gab nur eine Erklärung für diese Art von Tattoo, das keines war. Einer ihrer Lehrer hatte sie für ein paar Monate die Grundkenntnisse von Blut- und Webmagie gelehrt und auch Flüche hatten zum Thema gehört. Dieses Zeichen erwarb man nur, wenn …

»Du bist verflucht worden«, murmelte sie, dann sicherer: »Du wurdest verflucht und hast vermutlich nur noch einen Bruchteil deiner Macht. Aber wofür brauchst du Aithan … Wieso hast du ihm von der Prinzessin erzählt?« Grübelnd legte sie den Kopf schräg. Die Angst war verflogen. Vor sich sah sie das Rätsel, dessen Lösung sie schon kannte. »Der Wunsch. Der Kuss. Der Prinz.« Sie schüttelte den Kopf über die kalte Berechnung, die hinter seinem Verhalten steckte. »Du brauchtest einen Prinzen, der verrückt … oder verzweifelt genug ist, diese Reise auf sich zu nehmen. Den du so manipulieren kannst, dass er die Prinzessin für dich küsst, damit du ihn um den Wunsch bringen kannst.«

An der Art, wie sich sein Gesichtsausdruck veränderte, sah sie, dass sie ins Schwarze getroffen hatte.

»Was für ein grausames Spiel des Schicksals ... Ein verfluchter Gott, der einen vergessenen Prinzen um Hilfe bitten muss.«

Er senkte sein Gesicht. Morgans Herz schlug ihr bis zum Hals. Eine Sekunde verging, dann zwei, ehe er ihren Blick erneut erwiderte. Dieses Mal konnte sie nichts in seinen Augen lesen, deren Pupillen sich jedoch erweitert hatten. Der Panther, der kurz davor war, seine Beute zu zerreißen.

»Du machst dich lächerlich. Ich hoffe, du bist bald fertig.«

»Noch lange nicht.«

»Aithan wird dir kein Wort glauben«, erklärte er, ohne zuzugeben, dass sie mit ihrem Verdacht richtiggelegen hatte. Trotzdem glaubte sie an die Wahrheit ihrer Entdeckung. Cáel gehörte zu den Göttern.

»Aber Mathis.«

»Wenn du es ihm erzählst, werde ich Aithan mit allem, was ich habe, davon überzeugen, dass du ihn die ganze Zeit an der Nase herumgeführt hast und eigentlich für mich arbeitest. Du liebst mich so sehr, dass du dich ihm hingegeben hast, damit du den Wunsch für mich stehlen kannst.« Diese Lüge perlte so schnell über seine hämisch verzogenen Lippen, dass sich Morgan zwangsläufig fragen musste, wie lange er sie bereits in seinem Kopf gesponnen hatte.

»Willst du es wirklich darauf ankommen lassen?«, presste er weiter. Hart und unnachgiebig. »Willst du, dass er dich mit Abscheu ansieht? Könntest du das ertragen?«

Wut zog ihre Eingeweide zusammen und sie musste sich zügeln, den Dolch nicht in diesem Augenblick in sein Herz zu rammen. Aithan würde es ihr nicht verzeihen.

Ganz langsam steckte sie den Dolch wieder zurück. Sie wollte jeden Moment, der ihr mit Aithan gestattet war, genießen, aber Cáel würde diese Zeit mit seinem falschen Geständnis dramatisch verkürzen. Ja, er würde genauso wie sie die Möglichkeit verlieren, an den Wunsch zu kommen, aber er würde sie mit sich in den Abgrund reißen. Es würde sie beide zerstören.

Sie hob ihr Kinn und stolzierte an ihm vorbei. »Nicht jetzt. Aber das Spiel ist noch nicht vorbei, Cáel.«

Als sie mit klopfendem Herzen aus dem Zelt flüchtete, war sie sich sicher, dass er ihr jeden Moment das Genick brechen würde, und doch … lebte sie noch.

Kapitel · 34

»Wach auf!«

Morgan schreckte sofort aus ihrem ohnehin sehr leichten Schlaf hoch und blinzelte in die Dunkelheit, die nur von dem flackernden Licht einer Öllampe erhellt wurde. Lima und Sonan kleideten sich gerade in aller Eile an. Die Wölfin wusste zwar nicht, was diese Hektik erforderte, aber sie hatte gelernt, erst zu handeln, dann Fragen zu stellen. Schnell warf sie sich eine Tunika über und zog ihre Stiefel an.

»Es befinden sich Wachen von den Minen im Lager«, klärte Sonan sie auf, bevor sie das Zelt verließen. Draußen herrschten Unruhe und großes Durcheinander. Kampfgeräusche schwebten bis zu ihnen herüber und ließen nichts Gutes erahnen.

Aithan! Er würde schon auf sich selbst achtgeben und sie sollte sich nicht solche Sorgen um ihn machen. »Wie viele?«

»Schwer zu sagen.« Sie standen unschlüssig zwischen den Zelten. »Der Bannzauber um unser Lager hat die Bluthexer alarmiert. Es müssen sehr viele sein, wenn sie diesen so problemlos bewältigen konnten, da er eigentlich dafür ausgerichtet ist, sie unauffällig von unserem Lager wegzulenken. Nun müssen wir jeden von ihnen töten.«

»Wieso?«

»Es ist schon einmal vorgekommen, dass sich ein Dutzend von ihnen rausgeschlichen haben, weil sie den sagenumwobenen Nebelgeistern nachjagen wollten. Wenn einer von ihnen überlebt hätte, wären wir nicht mehr hier.«

Langsam verstand Morgan, worauf die Kriegerin hinauswollte. »Sie würden ihren Vorgesetzten von unserer Armee berichten?«

Sie nickte bestätigend. »Los, wir laufen den Rand des Lagers ab. Hast du deine Beile?«

Natürlich. Morgan verließ ihr Zelt nur noch äußerst selten ohne das beruhigende Gewicht auf ihrem Rücken.

Zusammen liefen sie zum südlichen Ende hinter die Käfige, in denen die Alten sie verschlafen ansahen. Sie mussten ein paar der Fackeln neu entzünden, da sie in dem beständigen Nieselregen erloschen waren.

Morgan zückte ihre Beile und trennte sich von Lima und Sonan, damit sie mehr Grund ablaufen konnten. Wenn eine von ihnen Hilfe bräuchte, sollte sie schreien.

Jetzt, da sie sich nicht mehr unmittelbar im Lager befanden, war es unheimlich still. Nur der Regen bildete ein beruhigendes Hintergrundgeräusch und Morgan wünschte sich, sie hätte an ihren Umhang gedacht. Schon nach kurzer Zeit war sie durchgefroren, obwohl sich die heiße Jahreszeit gerade erst ihrem Ende neigte. Wie sehr sehnte sie sich gerade die Wochen der Hitze herbei, in denen sie nachts problemlos nur mit einem Hemd bekleidet draußen hätte schlafen können.

Morgan lief ihren zugeteilten Bereich mehrmals ab, doch niemand stürmte aus oder ins Lager. Es war so still, dass sie sich fragte, ob überhaupt noch jemand lebte. Dann, als sie kurz davor war, den Weg zurück anzutreten, hörte sie sich schnell nähernde Schritte.

Instinktiv versteckte sie sich halb im Schatten eines Baumes. Sie hielt den Blick auf den nächsten Durchgang zwischen zwei Zelten gerichtet, aus dem Sekunden später einer der Minenwachen mit einem Schwert in seiner linken Hand stolperte.

Sie erkannte die dunkelblaue Uniform sofort wieder und wurde für den Bruchteil einer Sekunde zurück in diesen Höllenschlund versetzt. Bevor der Krieger jedoch fliehen konnte, versperrte sie ihm die Beile schwingend den Weg. Er kam gerade noch rechtzeitig vor ihr zum Stehen und riss überrascht die Augen auf. Wahrscheinlich hätte sie sich früher bemerkbar machen sollen, dann hätte sie nicht riskiert, von ihm überrannt zu werden.

»Nicht so schnell.« Sie zeigte ihre Zähne.

Für einen Moment schien er vollkommen erstarrt. Anscheinend hatte er nicht mehr damit gerechnet, noch aufgehalten zu werden. In der nächsten Sekunde griff er sie an.

Sie kreuzte sofort ihre Beile und parierte dadurch den Angriff, bevor sie von der Klinge zerteilt werden konnte. Ein Lächeln zupfte an ihrem Mundwinkel. Endlich konnte sie ihr Können mit den Beilen in einem richtigen Kampf zeigen.

Der Wachmann war durchaus geübt mit seinem Schwert, aber er war bereits erschöpft, wodurch Morgan die Angriffe problemlos blockieren konnte.

Wendig wie sie war, drehte sie sich um ihre eigene Achse, um mehr Schwung in ihren Schlag zu bringen, doch der Mann ließ nicht nach. Obwohl er schwer atmete und mit dem rutschigen Untergrund des Waldes nicht so gut zurechtkam wie sie, ließ er sein glänzendes Schwert ununterbrochen auf sie niedersausen.

Die Muskeln in ihren Armen brannten, sodass ihre Verteidigung allmählich schwächer wurde, je öfter die Klinge klirrend auf ihre Beile traf. Dann war es ausgerechnet sie, die auf einem feuchten Blatt ausrutschte und sich gerade noch ducken konnte, bevor die Wache sie köpfen konnte. Keuchend rollte sie sich über den Boden. Als sie sich wieder aufgerichtet hatte, war der Mann in der Dunkelheit verschwunden.

Fluchend sah sie sich um und lief tiefer in den Wald, aber sie hörte nur den rauschenden Wind und war zudem keine Spurenleserin. Der Wald war keine Stadt und sie konnte ihn nicht so lesen wie Cáel und Aithan.

Sie musste sich also ihr Versagen eingestehen, als sie mit hängendem Kopf zurück ins Lager ging. Sonan und Lima traf sie auf dem Weg dorthin und sie erklärte ihnen, was geschehen war.

»Es gibt Schlimmeres«, versuchte Lima sie aufzumuntern und klopfte ihr auf die Schulter. »Du hast dich gut geschlagen, sonst wärst du nicht mehr am Leben.«

Morgan stimmte ihr zwar nicht zu, wusste den Aufmunterungsversuch jedoch zu schätzen und dankte ihr lächelnd. Sie passierten mehrere Krieger, die die Leichen der Wachen aus dem Lager trugen, um sie außerhalb zu verbrennen oder zu vergraben.

Aithan befand sich auf dem größten Platz im Lager und delegierte seine Krieger. An seiner Schläfe klebte Blut, aber abgesehen davon war er unverletzt. Sobald sie in seine Sichtweite trat, hob er seinen Blick, als könnte er sie spüren, und musterte sie von oben bis unten. Dann erst schien er auszuatmen.

Ihr Herz zog sich zusammen. Er mochte sie viel zu sehr. Sie konnte ihn nicht zerstören. Wie sollte sie sich danach je wieder selbst in die Augen sehen? Und nun barg sie auch noch Cáels Geheimnis, obwohl Aithan das Recht besaß, zu erfahren, wer seine wahren Freunde waren und wer nicht. Das Problem war nur, dass Cáel seine Drohung höchstwahrscheinlich wahrmachen und den Prinzen von ihrer Zusammenarbeit überzeugen würde. Wie es aussah, würde sie Aithan in jedem Fall verlieren. Warum also nicht die Zeit genießen, die ihr mit ihm noch blieb?

»Mir ist jemand entkommen«, gestand sie niedergeschlagen, sobald sie vor Aithan stand. Cáel und Mathis befanden sich ebenfalls bei ihm und wirkten weitestgehend unverletzt. Schade, dass niemand ein Schwert durch den Gott getrieben hatte. Vielleicht wäre er dann nicht mehr so schnell geheilt und wenn doch – Aithan hätte mit seinen eigenen Augen gesehen, was er war, ohne dass Morgan es ihm hätte sagen müssen.

»Uns auch«, seufzte der Prinz, während er sein kunstvoll verarbeitetes Schwert zurück in die Scheide gleiten ließ. »Es ist nicht so schlimm. Wir werden am Morgen aufbrechen. Früher als geplant, aber wir haben so gut wie alles, was wir brauchen.« Er hob seine Stimme, sodass ihn alle hören konnten, die sich gerade hier versammelt hatten. Sie würden seine Worte anschließend weitertragen. »Packt alles zusammen. Wir machen uns noch vor Sonnenaufgang auf den Weg.«

Sofort wurde die unheimliche Stille durch aufgeregtes Gemurmel und neu erwachte Geschäftigkeit ersetzt.

Morgan trat an seine Seite und berührte ihn leicht am Arm, um ihm deutlich zu machen, dass sie für ihn da war. Sein Lächeln erwärmte ihr Innerstes.

»Tue ich das Richtige?«, fragte er so leise, dass nur sie ihn in dem Chaos um sie herum hören konnte. »Kann ich wirklich so viele in einen beinahe sicheren Tod schicken, nur weil ich mein Königreich zurückerobern möchte?«

»Sie folgen dir freiwillig«, sagte sie bestimmt und suchte seinen Blick. »Und das weder blind noch taub. Jeder von ihnen hat von den Gerüchten über den verwunschenen Wald gehört und sie wissen, worauf sie sich einlassen. Du trägst bereits genug auf deinen Schultern, laste dir nicht noch etwas auf, das dort nichts zu suchen hat.«

»Was würde ich nur ohne dich tun?« Er hauchte einen Kuss auf ihre Handknöchel.

»Lass es uns nicht herausfinden.«

Es war faszinierend zu beobachten, wie effizient Aithans Krieger arbeiteten, als hätten sie diesen Aufbruch schon lange im Voraus geplant. Und womöglich hatten sie das auch. Ein Teil der Krieger würde zurückbleiben und an einem anderen Ort die Zelte aufschlagen, die sie hier zusammenpackten. Aithan plante durchaus, zurückzukommen, aber er hoffte, dass es mit einer magischen Armee sein würde, die ihm dabei half, sein Königreich zurückzuerobern.

Insgeheim fragte sich Morgan, wieso er seinen Wunsch nicht darauf verwenden würde, Deron und der ganzen Familie Cerva den Tod zu bringen, aber sie kannte die Antwort schon. Er wollte seinem Volk beweisen, dass er den Thron *verdiente*. Dafür brauchte er eine Armee, die nicht von Derons Bluthexern aufgehalten werden konnte.

Da Morgan nur im Weg stand, begnügte sie sich damit, ihre eigenen Vorräte zu packen, die sie in diversen kleinen Ledertaschen am Körper tragen würde, damit sie ihre Beile im Rücken nicht behinderten.

Als die graue Nacht nahtlos in einen grauen Tag überging, erinnerte kaum noch etwas an das Lager und Morgan fühlte Wehmut in sich aufsteigen. Sie hatte diesen Ort lieb gewonnen.

Die Alten aus den Käfigen wurden mit Seilen aneinandergebunden, da sie als Erste den verwunschenen Wald betreten würden, sobald sie den Bach erreichten, der ihn vom Rest der Welt trennte. Ihnen würde ein Dutzend Krieger folgen, dann schlossen sich Morgan, Aithan und die restliche Elite an. Die Bluthexer würden sich ebenfalls in der Mitte halten, bevor zwei Dutzend weitere Krieger die Nachhut bildeten.

Der Marsch durch den normalen Teil des Waldes war ein notwendiges Übel. Die Anspannung steigerte sich dadurch noch, da sie hier abgesehen von Windwer, die sie dieses Mal jedoch in Ruhe ließen, keine Gefahren erwarteten.

Die Beile blieben in ihren Halterungen, bis Morgan das Rauschen des Baches vernahm. Erst dann nahm sie eines hervor, um sich, aber auch Aithan zu schützen. Mathis ging neben seinem Vetter, Cáel schritt voran, was Morgan die Gelegenheit gab, seine Bewegungen zu beobachten, die durch und durch die eines Kämpfers waren. Sie konnte an keiner Stelle erkennen, dass er die übernatürliche Kraft eines Gottes einsetzte, was ihre Vermutung weiter bestätigte. Ein verfluchter Gott. Das Wissen um ihn würde ihr vermutlich eine Audienz bei König Deron einbringen. Sobald sie ihm alles über Cáel erzählt hatte, müsste sie sich jedoch höchstwahrscheinlich damit zufriedengeben, geköpft zu werden. Sie glaubte nicht daran, dass man sie für den angeblich versuchten Mordanschlag auf den Königssohn begnadigen würde.

Sie geduldeten sich am Ufer, bis die Alten den Bach mit der Hilfe einiger Krieger überquert hatten, dann ließ man sie eine halbe Meile vorausgehen. Das Seil, mit dem sie verbunden waren und dessen Ende einer der Männer hielt, spannte sich und sie setzten sich daraufhin in Bewegung.

In Morgan sträubte sich alles, diesen gekrümmten, dunklen Wald mit den seltsam geformten Ästen wieder zu betreten. Einmal war sie hier gewesen und diesen Ausflug hätte sie beinahe nicht überlebt. Deshalb war sie froh um die Größe des Gefolges. Die Wahrscheinlichkeit, dass sie als Erstes angegriffen werden würde, war gering.

Trotzdem versuchte sie sich von ihrer Angst abzulenken, indem sie ihre Aufmerksamkeit auf die Krieger richtete. Sonan und Lima gehörten zu den Auserwählten, die vor ihnen gingen. Sie bewegten sich äußerst leichtfüßig, als hätten sie diese Art des Fortbewegens geübt.

Im Allgemeinen war Morgan sehr überrascht, wie leise sich der Trupp bewegen konnte und wie wenig Probleme sie mit den eng beieinanderstehenden, verwinkelten Bäumen hatten. Hin und wieder musste Morgan ausweichen, wenn sie einen Stamm umging, doch es war leicht, sofort wieder neben Aithan aufzutauchen, der ihr jedes Mal ein angespanntes Lächeln zuwarf.

Noch verlief alles nach Plan. Es war leise. Sehr leise. Sie hörte weder Tiere, die durch das Unterholz huschten, noch bewegten sich die Blätter in den ausladenden Baumkronen.

Soweit sich Morgan erinnern konnte, sollte ihnen im ersten Bereich des Waldes nichts passieren, solange sie ihre Fackeln hochhielten. Diese würden die Wesen, denen Morgan bereits begegnet war, von ihnen fernhalten. Die sogenannten Waldbiester mieden Licht aller Art, da ihre Augen und ihre Haut zu empfindlich war. Dennoch blieb die Anspannung, schließlich würden sie dadurch nur tiefer in den verwunschenen Wald gelangen.

Nachdem bereits mehrere Stunden vergangen sein mussten, erklang der erste Schrei. Er war weit entfernt und gehörte keinem der Krieger. Morgan benötigte einen Augenblick, bis sie erkannte, von *wem* genau dieser Schrei gekommen war: die Alten.

Nun vernahm Morgan das Knacken von Ästen und hektische Atemstöße, bevor eine von ihnen zurückkam. Blutüberströmt und keuchend fiel sie einem Krieger aus der ersten Reihe in die Arme. Ein Seil hing abgeschnitten von ihrer Hüfte. Das Ende war aufgeraut, als wäre es mit einer stumpfen Klinge abgesägt worden.

»Plagezähne. Überall«, schrie sie mit weit aufgerissenen Augen.

Es herrschte einen Moment absolute Stille, dann stieß Aithan verschiedene Befehle aus, die jeden in Bewegung versetzte.

»Rückt alle zusammen«, brüllte er. Das war leichter gesagt als getan, da jeder Baum im Weg zu stehen und jeder Ast, der gespickt war mit hölzernen Zähnen und Fingern, in die Länge zu wachsen schien, je mehr sie sich bemühten, sich einander anzunähern.

Die Bluthexer legten mit ihrem eigenen Blut einen Bannkreis um die Truppe, bevor sie sich selbst in seine Mitte begaben.

Morgan zog ihr zweites Beil und positionierte sich vor Aithan, obwohl er sie tadelnd ansah, aber sie ließ sich nicht beirren. Sie gehörte zur Elite, die auf ihren Anführer aufpassen sollte. Selbst Ren.

»Bogenschützen auf Position!«, erklang Aithans ruhige Stimme, die bis weit außerhalb des Kreises reichte.

Die Schützen bildeten die erste Reihe hinter dem Kreis und legten ihre Pfeile an. Die Krieger dahinter zogen Schwert und Schild, jeder war vollkommen angespannt. Selbst Cáel wirkte wie ein beeindruckender, schwarz gekleideter Krieger aus einem längst vergessenen Jahrhundert. Eilig wandte sie den Blick ab.

Dann warteten sie …

Kapitel · 35

Erst einmal geschah nichts. Die Schreie waren verstummt. Die Flammen der eingestanzten Fackeln flackerten aufgeregt, obwohl Morgan keinen Wind spüren konnte. Sie wusste nicht, was sie erwarten würde. Plagezähne gehörten nicht zu den Wesen, denen man in Atheira begegnete. Aithan hatte ihr wie auch den Alten ein paar Zeichnungen gezeigt, doch das meiste konnte sie nur noch verschwommen abrufen. Jedes dieser Wesen besaß für ihren Geschmack zu viele Zähne und zu viele Arme.

Die Blätter begannen in einem immer schneller werdenden Takt zu rascheln und ein Summen schien sich ihnen gleich aus mehreren Richtungen zu nähern. Die Schatten streckten sich, während die Welt zu einem düstereren Ort wurde.

Morgan bemerkte als Erstes das geöffnete Maul, das den kugelrunden grauen Kopf zu teilen schien und mehrere Reihen scharfer, spitzer Zähne offenbarte. Der Plagezahn bewegte sich auf zwei pferdeartigen Beinen vorwärts, die in schwarzen Hufen endeten. Statt Vorderbeine besaß er allerdings spitz zulaufende, verhornte … Stäbe, die so geschärft waren wie menschliche Speere. Als er sein Maul zuklappte, sah man, dass er keine Augen besaß, sondern lediglich zwei kleine Nasenlöcher. Seitlich befanden sich riesige, aufgerichtete Ohren, die über den Kopf hinausragten. Der Plagezahn war vielleicht blind, aber dafür schien er über ein ausgezeichnetes Gehör zu verfügen. Neben dem ersten Plagezahn tauchten nun vier weitere auf, bis es so viele waren, dass Morgan den Überblick verlor.

»Schuss!«, rief Aithan und sofort regneten Pfeile auf die Bestien nieder. Das Summen verstärkte sich und brachte ihre Haut zum Jucken, als würden sich Insekten darunter bewegen.

Ein paar der Plagezähne wurden getroffen, aber nur ein sehr kleiner Teil fiel zu Boden. Die anderen näherten sich scheinbar unbeeindruckt weiter dem Bannkreis, an dem sich die Ersten von ihnen verbrannten, als sie ihn überwinden wollten. Die Bogenschützen traten unwillkürlich und fast gleichzeitig einen Schritt zurück. Dann entließen sie die zweite Welle an Pfeilen. Dieses Mal trafen sie mehrere von den verfluchten Wesen in die Bauchhöhle, was sie langsamer werden ließ.

Schließlich attackierten diese den Bannkreis, indem sie immer wieder ihre stelzenartigen Arme gegen den Zauber schlugen. Sie zuckten jedes Mal mit einem schmerzerfüllten Summen zurück, doch selbst Morgan konnte erkennen, dass die Magie nachließ, als sie mit den Stelzen immer weiter bis zu ihnen durchdrangen. Die Bluthexer bestätigten einen Augenblick später den Verdacht.

»Macht euch bereit. Wir lassen den Bannzauber fallen«, warnte Aithan seine Leute. Die Bogen wurden durch Schwerter und Schilde ersetzt, dann gab der junge Prinz das Zeichen und die Bluthexer lösten den Bannkreis auf.

Für wenige Herzschläge hielt die Ordnung an, dann durchbrachen zwei Plagezähne die erste Verteidigungslinie und es wurde blutig.

Morgan versuchte in Aithans Nähe zu bleiben, aber als sie sich gemeinsam mit Sonan einem Plagezahn gegenübersah, der zwei Köpfe größer war als sie, vergaß sie alles um sich herum und konzentrierte sich ausschließlich darauf, nicht zu sterben. Mehrmals stieß sie mit den geschärften Klingen ihrer Beile gegen die Stelzen, doch die verhornten Gliedmaßen gaben nicht nach. Sie würde eine andere Schwachstelle finden müssen.

Der Schweiß rann ihr zwischen den Brüsten und am Rücken hinab, während sich der Kampf immer weiter in die Länge zog. Sie hörte das Stöhnen und Keuchen ihrer Freunde, das sich mit dem immerwährenden Summen der Kreaturen mischte. Irgendwann konnte Sonan den Plagezahn so beschäftigen, dass Morgan Zugang zum beinahe nicht vorhandenen Nacken des Tieres bekam und in diesen ihr Beil grub. Dunkles Blut spritzte, als sie die Waffe herauszog und noch einmal zuschlug.

Triumphierend lächelnd zog sie sich zurück. Der Plagezahn drehte sich wankend von Sonan zu ihr, dann geschah alles ganz schnell und ganz langsam zugleich.

Sie befand sich außerhalb seiner Reichweite, doch jemand stieß sie von hinten an, sodass sie einen Satz nach vorne machte. Der Plagezahn zog seinen Stelzenarm zurück, um ihn ihr eine Sekunde später in den Bauch zu rammen. Ihr blieb kaum Zeit, ihr Beil zu heben. So erwartete sie im Unterbewusstsein bereits den Todesstoß und schloss unwillkürlich die Augen.

Ein Todesstoß, der nie kam.

Sie wurde ein weiteres Mal geschubst, dieses Mal nach links, wo sie gerade rechtzeitig die Arme in die Höhe reißen konnte, um sich auf dem harten Boden abzustützen.

Keuchend erkannte sie erst mit dem vierten Atemzug, dass sie nicht tot war. Jemand hatte sie gerettet. Jemand, der nicht Cáel war, denn jener war es gewesen, der sie in die Reichweite des sterbenden Plagezahns geschubst hatte, dessen war sie sich sicher.

Das Schlimmste ahnend, erhob sie sich und drehte sich langsam um. Der Kampf um sie herum hatte aufgehört. Die Plagezähne waren besiegt worden, doch schon jetzt erkannte Morgan, dass einige von den Kriegern ihr Leben gelassen hatten. Dann erblickte sie Aithan auf Knien, aus dessen Brust der Stelzenarm herausragte. Ihre Welt schien mit einem Mal zu zerbrechen.

»Aithan«, wollte sie schreien, aber sie brachte nur ein heiseres Wispern zustande, bevor sie an seine Seite eilte. Mathis half ihr mit fahrigen Bewegungen dabei, den Plagezahn von Aithan wegzuzerren. Aithan fiel kraftlos zu Boden, dann sah sie das Flattern seiner Lider. »Jemand muss ihm helfen!« Dieses Mal hatte sie ihre Stimme wiedergefunden. »Wo sind die Bluthexer?« Vorsichtig bettete sie Aithans Kopf auf ihren Schoß, bevor sie versuchte, mit ihren Händen die Blutung zu stoppen.

»Zur Seite, Mädchen«, wies einer der Bluthexer sie an, die sich nun alle um Aithan versammelten.

»Ich bleibe«, beharrte sie, nahm allerdings die Hände weg und rutschte über den blutbesudelten Waldboden, bis sein Kopf genau auf ihren Knien lag. Er stöhnte. »Wieso hast du das getan?«, flüsterte sie an seinem Ohr. »Dein Leben ist wichtiger als meines.«

Und da erkannte sie es. Sie hatte sich in ihn verliebt. Sie liebte ihn und wäre unfähig, ihn zu betrügen. Ihm seinen Wunsch zu nehmen. Wie hatte sie nur eine Sekunde glauben können, dass sie dazu imstande war?

»Bitte verlass mich nicht«, flehte sie ihn mit zittriger Stimme immer wieder an. Ihre Hände lagen auf seinen fahlen Wangen und verteilten sein eigenes Blut auf seiner Haut.

Ihn so zu sehen, leblos und an der Schwelle zum Tod ... Es schwindelte sie, weil sie kaum an dem Kloß in ihrem Hals vorbeiatmen konnte. Ihre Atemzüge wurden flacher und ihre Bewegungen fahriger. *Nein. Er durfte nicht gehen. Nicht jetzt. Niemals.*

Nur vage nahm sie wahr, wie die Priester ihre ledergebundenen Zauberbücher aufschlugen und komplizierte Bewegungsabfolgen mit ihren Armen vollführten, die von einem Singsang in der Gelehrtensprache begleitet wurden.

Während die Krieger um sie herum ihre eigenen Wunden versorgten, verbrannten sie Kräuter und zeichneten Symbole in die Luft, bevor sie sich in die Handgelenke schnitten und ihr Blut miteinander vermischten.

Innerlich flehte und flehte sie, hielt Aithans Gesicht fest umfasst und weigerte sich, auch nur einen Zoll Platz zu machen. Weder für die Priester noch für Mathis. Sie wollte nicht loslassen. Sie konnte nicht loslassen.

Morgan konnte nicht sagen, wie viel Zeit vergangen war, bis die Bluthexer endlich schwiegen und der Priester links von ihr die Verletzung begutachtete.

Sie hatte sich geschlossen.

»Ihr habt ihn geheilt!«, rief sie voll Erstaunen aus, während sie die hellrote Narbe betrachtete. Aithan bewegte sich nicht. »Wieso wacht er nicht auf?«

Die Mienen der Hexer waren allesamt grimmig und ... hoffnungslos. Sie verstand nur nicht, wieso. Ihr Zauber hatte gewirkt, wieso sahen sie Morgan derart an?

»Die Armspitzen der Plagezähne sind giftig. Sie hat sich bis in seinen Knochen gebohrt, und wir sind Bluthexer. Wir können nur sein Blut und Fleisch heilen.« Der Priester hob eine Schulter und sah sie mitleidig an. »Nur Knochenmagie kann ihm jetzt noch helfen oder er stirbt in den nächsten Minuten. Aber jeder wäre verrückt, der sich ihrer bedient.«

»Warum?«, fragte Mathis mit erstickter Stimme. Natürlich, wenn sich jemand für Aithan in Gefahr begeben würde, dann war er es.

»Lässt du einmal der Knochenmagie Einlass, nistet sie sich ein und lässt dich nie wieder los. Ja, sie ist mächtig. Mächtiger vielleicht noch als Webmagie, doch die Verführung, sie nach diesem Mal erneut zu nutzen ... und noch einmal ... Das Risiko ist einfach zu groß«, erklärte der älteste Bluthexer unter ihnen und erhob sich von Aithans Seite.

»Ich tu es.« Jeder starrte Morgan fassungslos an. Im ersten Moment wusste sie nicht, wieso, dann erkannte sie, dass es ihre Worte gewesen waren, die wie ein Peitschenhieb die Menge geteilt hatten.

»Nein. Ich übernehme das«, schnappte Mathis.

Morgan sah die Hexer unverwandt an. »Um Knochenmagie nutzen zu können, muss man da nicht magisch begabt sein? Zumindest ein bisschen?« Unsicher nickten sie. »Bist du magisch begabt, Mathis?«

Er runzelte frustriert die Stirn. »Du sagst das, als wärst du es?«

»Es reicht aus.« Noch nie hatte sie jemandem davon erzählt, dass sie Magie um sich herum spüren konnte. Nur so hatte sie gewusst, dass auch Cardea eine Bluthexe war. »Was muss ich tun?«

Sie dachte an ihr gestohlenes Buch über Knochenmagie, das sie noch immer bei sich trug, doch darin hatte sie nichts über Plagezähne gelesen.

»Wir brauchen ein Stück Knochen von einem Plagezahn. Dieses wird die Magie entfachen, aber ...« Der älteste Bluthexer sah sie zweifelnd an. »Ich muss dich erneut warnen, Mädchen, es ist gefährlich. Ich weiß nicht, *wie* begabt du bist, aber je stärker deine Macht, desto größer die Versuchung, für immer zu verschwinden. Du wirst nie mehr die Möglichkeit haben, Blutmagie anzuwenden oder gar zu erlernen.«

Aithan stöhnte leise.

»Für immer zu verschwinden?«, echote sie, ohne wirklich eine Antwort zu erwarten. Die Hexer schwiegen, bis ihnen jemand eine blutige Rippe reichte.

Vorsichtig wechselte sie den Platz mit Mathis, der Aithans Kopf halten sollte, während sie ihre Hände mit dem Knochen über Aithans mittlerweile geschlossene Verletzung legte.

Die Hexer sprachen ihr einen Satz in einer fremden Sprache vor, den sie nicht verstehen musste, um ihn zu nutzen. Immer wieder sollte sie ihn sprechen, bis sie die Magie spürte, die von ihr zu Aithan springen würde.

»Pass auf ihn auf, Mathis.«

»Bring ihn zurück, Morgan«, erwiderte er und senkte beschämt darüber, dass er es nicht war, der das Risiko einging, den Kopf. Liebend gerne hätte sie die Verantwortung an ihn abgetreten. Sie wollte nicht zu einer Knochenhexe werden, hatte nie mit der schlummernden Magie in ihr gespielt. Es war etwas Verbotenes. Etwas, von dem auch Larkin nichts gewusst hatte. Zumindest hatte er sie nie darauf angesprochen und ...

Konzentrier dich. Du ... Du opferst dein Seelenheil für einen Menschen. Nein. Nicht für irgendeinen Menschen. Für Aithan.

Ihre linke Hand ballte sich entschlossen zu einer Faust und sie presste für einen Moment die Zähne zusammen. Sie tat das Richtige. Ohne Aithan wäre jedes Leid umsonst gewesen.

Sie holte tief Luft und begann dann, den Satz zu rezitieren, der für sie nur eine Aneinanderreihung von seltsamen Silben war. Nachdem sie ihn das erste Mal beendete, schloss sie ihre Augen und sprach ihn wieder.

Und wieder.

Immer wieder.

Zuerst dachte sie, sie bildete es sich ein, doch dann wurde das Gefühl stärker. Etwas setzte sich unter ihrer Haut fest, grub sich tiefer und tiefer, bis es ihre Seele, ihr Innerstes gefunden hatte, in das es seine Zähne versenkte.

Morgan schrie auf, doch kein Laut verließ ihre Lippen. Schwaden der Finsternis umhüllten ihre Existenz, legten sich auf ihre Haut und fraßen diese von ihren Knochen. Sie sah sich selbst als eine halb verweste Leiche mit fehlendem Fleisch, losen Muskeln und schwarzen Augenhöhlen. Sie wurde von einer unsichtbaren Macht in die Erde gezogen, als wollte man sie lebendig begraben. Ihr stummer Schrei dauerte an und sie atmete die Erde tief in ihre Lungen ein, bis sie glaubte, daran zu ersticken. Sie fühlte sich losgelöst von ihrem eigenen Körper, der nur aus Furcht und Panik bestand. Wo war die Magie? Wie sollte sie Aithan retten? Überall um sie herum gab es nur Erde. Raue, grobe Erde, die in ihren Mund, ihre Nase und ihre Ohren kroch. Wie Ungeziefer breitete sie sich in ihren Adern aus.

Sie wurde immer tiefer gerissen, erbarmungslos und ohne Hoffnung. Ihr Widerstand schwand mehr und mehr, je sichtbarer ihre Knochen in dem Licht wurden, das es unter der Erde nicht hätte geben dürfen. Sie stolperte, fiel und stand erneut auf, bis sie sich sitzend vor Aithan wiederfand und der Magie erlaubte, sich ihres Körpers zu bedienen. Sie bewegte sich wie eine Marionette, hob ihre Hände und öffnete ihren Mund, in den sie den Knochen legte. Macht, unvorstellbare Macht durchfuhr sie.

Sie zerkaute den Knochen, der nach Salz und Erde und Blut schmeckte. Die Splitter erstrahlten wie Funken, die sie zu einer Knochenhexe wandelten, die in Finsternis lebte und in Schatten starb. Schließlich ging die Macht zu Aithan über und vernichtete jeden einzelnen Tropfen des Giftes, während Morgan die Arme fest um sich schlang, da sie glaubte, jeden Moment zu zerspringen, wenn sie über den Rand fiel.

Sie erkannte schwach, dass Aithan erwachte und laut hustete. Ihre Arbeit war getan, doch sie konnte und wollte die Magie noch nicht loslassen. Sie war nun ein Teil von ihr, bewegte sich in ihr und füllte sie mit verführerischer Dunkelheit aus. Ganz so, wie es der Hexer vorhergesagt hatte. Nur dass sie es nicht als Warnung ansah. Sie badete sich in dieser ungewohnten Macht. Wie klein wären ihre Probleme, wenn sie sich dieser nur immerzu bedienen könnte?

Durch die sanfte Dunkelheit griffen vogelähnliche Klauen nach ihr. Sie wehrte sich gegen den unerbittlichen Griff, doch ihre Magie war noch zu schwach, zu kläglich, sie hatte keine Zeit gehabt, in ihr zu quellen.

Als würde sie die Oberfläche eines dunklen Sees durchbrechen, hustete sie.

Sie fand sich neben Aithan kniend wieder. Und vor Cáel, dessen Hände ihren Kopf in den Nacken gezogen hatten und nun in ihren Haaren steckten, als würde er sie jeden Augenblick zu sich heranziehen, um sie zu küssen. Seine Lider flatterten, dann öffneten sie sich ganz. Sie konnte sehen, wie aus seinen blauen Iriden schwarze Flecken wie Tinte, die sich in Wasser auflöste, flohen. Behutsam zog er seine Hände zurück.

»Was hast du getan?«, krächzte sie.

»Du warst kurz davor, in Knochenmagie aufzugehen«, raunte Cáel, während er sich aufrichtete.

Fassungslos blickte sie zu ihm auf. Er hatte ihr das Leben gerettet, ohne dass es ihm etwas gebracht hätte. Niemand von den anderen hatte erwartet, dass er das konnte, was er gerade getan hatte.

»Meine Eltern sind Wanderer«, antwortete er den verblüfften Blicken. »Ich habe ein besonderes Gespür für Seelen.« Er verfiel in Schweigen und verschränkte die Arme.

Dann bemerkte Morgan ihren Erfolg. Aithan hatte sich mittlerweile aufgerichtet, saß aber noch immer neben ihr auf dem Boden.

»Du hast mich gerettet«, wisperte er.

»Nachdem du *mich* gerettet hast«, wehrte sie ab, noch immer nicht ganz bei sich. Es hatte sich eindeutig etwas in ihr verändert. Sie wusste nur noch nicht genau, welche Auswirkungen dies auf sie haben würde.

»Danke, Morgan.« Er legte eine Hand an ihre Wange, zog sie zu sich und küsste sie vor den Augen seiner Leute. Vor Erleichterung weinte sie lautlos, während sie sein Blut auf den Lippen schmeckte.

»Tu mir das nie wieder an«, wisperte sie an seinem Mund, bevor sie ihn ein weiteres Mal küsste. Es war ihr egal, wer sie dabei beobachtete.

Die böse Stiefmutter war den Kindern
in aller Heimlichkeit nachgeschlichen.
Jede Quelle, jeden Brunnen verwünschte sie.
Weit und breit.

Kapitel · 36

Rhea blickte bewundernd und voller Faszination auf die Fäden, die aus dem Beutel lugten, den Jeriah trug, als er in ihre Zelle trat.

»Sie sind wunderschön«, wisperte sie voller Ehrfurcht und entlockte ihm ein nervöses Lächeln, bevor er sich neben sie auf die Pritsche setzte. Vorsichtig schüttete er den Inhalt des Beutels aus und breitete das Dutzend Fäden auf die Decke zwischen ihnen aus, ohne sie zu berühren.

»Die Stammestattoos der Wanderer waren ... unheimlich«, gestand er. »Sie bewegten sich, wenn ich sie nur aus dem Augenwinkel ansah. Sobald ich mich aber darauf fokussierte, waren sie wieder starr und leblos.« Er hob unschlüssig eine Schulter. »Ich nehme an, sie werden mit Magie gestochen?«

»Das ist zumindest das, was meine Eltern mir gesagt haben«, antwortete Rhea leise. Er nahm ihren scharfen Unterton nicht wahr, da er zu sehr von seiner eigenen Verzweiflung eingenommen war. Sie spürte die Enttäuschung in ihrer Brust wie einen klebrigen Ball Haferbrei. Zu gern wäre sie an Jeriahs Seite gewesen, als er die Wanderer aufgesucht hatte, um die magischen Fäden zu kaufen. »Es ist also alles reibungslos abgelaufen?«

Jeriah nickte. »Sie wollten nicht mal einen Beweis sehen für meine Magie. Es schien, als würden sie direkt in mein Innerstes blicken können.« Er schüttelte sich.

»Sie können wirklich seltsam sein«, gab ihm Rhea nachsichtig lächelnd recht.

»Und da ich die Fäden nun habe, ... was jetzt?«

Rhea beugte sich vor und legte eine Hand auf sein Knie. Es fiel ihr noch immer schwer, diese körperliche Nähe zu erlauben und selbst zu suchen, aber wenn sie sich überwand, so wie jetzt, fühlte es sich an, als würde ihr Körper von Wärme erfüllt werden.

»Webmagie ist die älteste Art von Magie. Die Moiren hätten sie dir nicht gegeben, wenn sie kein Vertrauen in dich hätten«, sprach sie ihm Mut zu.

»Die Schicksalsgöttinnen haben uns die Magie aber nicht gegeben, sondern eine normale Bluthexe, die sie ihnen gestohlen hat. Sie war nie für uns gedacht«, fügte er mit einem tiefen Seufzen hinzu. Noch immer wagte er nicht, die Fäden mit bloßen Händen zu berühren.

»Du glaubst doch, dass Moiren jedes einzelne Schicksal weben und somit kennen, nicht wahr?«

»Nun ja, das ist das, was die Alteingesessenen in Atheira denken. Damals in Eflain waren wir nie so gläubig …«

»Wenn du das eine glaubst, …«, sie spielte auf den Diebstahl der Hexe an, »… dann musst du auch das andere glauben. Und wenn es so ist, dann wussten die Göttinnen ganz genau, was die Bluthexe tun würde.«

»Vielleicht.« Zu einem größeren Eingeständnis war er nicht bereit. »Trotzdem weiß ich nicht, wie ich die Fäden anwenden soll.«

Rhea zog ihre Hand zurück, ohne den Blick von ihrem Prinzen zu nehmen. Es war nicht schwer, den Kampf, der in ihm tobte, zu erkennen. Noch immer wollte er ein guter Sohn sein, seinem Vater gefallen und dem Thron gerecht werden, gleichzeitig hatte er genug davon, einen Teil von sich selbst zu verleugnen. Sie würde ihm helfen müssen.

Die Wände, die sie um die Erinnerungen an ihre Eltern errichtet hatte, stürzten eine nach der anderen ein. Sie sah das gesichtslose Lächeln ihrer Mutter und das rote Haar, das Rhea von ihr geerbt hatte, sowie die breiten Schultern ihres Vaters, auf denen sie immer hatte reiten dürfen. Lachen. Es hatte so viel Lachen und so viel Wärme in ihrem Heim gegeben und sie hatte sich diesen Erinnerungen in den letzten Jahren entzogen, aus Angst, dass der Schmerz sie verrückt machen würde. Vorsichtig nahm sie einen Atemzug und als dieser sie nicht tötete, atmete sie noch einmal ein.

Dann kamen die Erinnerungen, nach denen sie gesucht hatte. Bilder von ihren Eltern, wie sie Magie woben. Stimmen, die darüber sprachen, welche Zauber gewebt werden mussten und wie dies am besten zu tun war. Rhea war ein neugieriges junges Mädchen gewesen. Sie hatte nie genug davon bekommen, ihren Eltern beim Magieweben zuzusehen.

Schließlich wagte sie, ihre Lider zu öffnen und Jeriahs staunenden Blick zu erwidern, als hätte er ihre Reise in die Vergangenheit miterlebt. Und vielleicht, vielleicht waren sie so sehr miteinander verbunden, dass er es tatsächlich getan hatte.

»Die Fäden verstärken deine Macht«, begann sie leise und wiederholte dabei die Worte ihrer Eltern, die sie hier und dort aufgeschnappt hatte, noch bevor sie deren Bedeutung wirklich begriffen hatte. »Du wirst die Verbindung zu deiner Magie dadurch festigen, indem du sie mit deinen eigenen Magiefäden verbindest. Je geschickter du damit wirst, desto leichter wird es dir fallen, Magie zu weben und sie zu kontrollieren. Später wird es dir auch möglich sein, Flüche und Bannzauber in diese Fäden zu weben, um sie an jemanden zu geben, der selbst keine Magie besitzt, oder um sie ganz einfach zu einem späteren Zeitpunkt einzusetzen.«

Sie neigte leicht den Kopf und legte die Stirn in Falten, als sie sich an einen letzten Punkt zu erinnern versuchte. »Das eignet sich besonders für ... für sehr lang andauernde und kräftezehrende Zauber. Dadurch verausgabst du dich nicht sofort in einem Kampf.«

Jeriah blickte sie an, als wäre ihr ein zweiter Kopf gewachsen.

»Du bist wirklich ein faszinierendes Geschöpf, Rhea Khemani.« Und damit beugte er sich vor und belohnte sie mit einem bittersüßen Kuss, den sie bis in ihre Zehenspitzen spüren konnte.

»Lenk nicht ab und versuch es.« Sie schubste ihn spielerisch von sich.

»Hast du einen Vorschlag?«

»Lass den Stapel Bücher dort drüben schweben, ohne dass du ein Buch verlierst«, forderte sie ihn heraus. Der Bücherstapel, auf den sie zeigte, umfasste insgesamt sieben in Leder gebundene Exemplare und wog mehr, als sie zu tragen imstande gewesen wäre. Jeriah würde allerdings Magie anwenden. Hoffentlich.

Rhea konnte dieses Mal nicht die Fäden der Welt sehen, da er seine Konzentration allein auf die vor ihm liegende Aufgabe richtete. Er suchte sich einen rauen, ockerfarbenen Magiefaden aus dem Haufen heraus und breitete diesen auf seinem Schoß aus. Der Faden war kaum länger als sein Unterarm, was ihn jedoch nicht weniger wertvoll machte als die längeren Varianten. Die Macht lag in ihrer Verarbeitung, über die Rhea nur sehr wenig wusste.

Aufmerksam beobachtete sie Jeriahs gerade Körperhaltung, das gleichmäßige Heben und Senken seines Brustkorbs und das nervöse Zucken seiner Fingerspitzen. Nach einem Moment glühte der Faden und schwebte hinauf, bevor acht weitere wie aus dem Nichts erschienen und sich mit ihm verbanden, bis ein starkes Band in Jeriahs Händen lag. Vorsichtig hob er dieses an, dann erst bemerkte sie aus dem Augenwinkel den schwebenden Bücherstapel, der den Bewegungen Jeriahs gehorchte.

»Du hast es geschafft!«, jubelte sie und klatschte hocherfreut in die Hände.

Jeriah wandte sich ihr zu, der Bücherstapel krachte auf den Boden und ihren Kopf durchschoss ein scharfer Schmerz.

Ein helles Licht blendete sie.

Hell.

Heller.

Blinzelnd kämpfte sie gegen den Nebel an, der sich um ihren Verstand legte. Sie verkrampfte ihr Gesicht, versuchte den Schmerz zu vertreiben. Hilflos hob sie ihre geballten Hände und presste die Fäuste gegen ihre geschlossenen Augen, in der Hoffnung, dass das Licht dadurch nachließ.

Ganz langsam lichtete sich der blendende Nebel. Der Schmerz in ihrem Kopf versiegte und sie konnte wieder klar denken. Sie wünschte sich sogleich, dass dem nicht so gewesen wäre. Sie ahnte, was geschehen war. Als sie ihre Hände senkte und die Augen öffnete, musste sie sich der Wahrheit stellen.

Sie leuchtete wie ein gefallener Stern.

»Nein«, wisperte sie voller Entsetzen und starrte auf ihre magisch leuchtende Haut hinab. »Nein, nein, nein. Das kann nicht geschehen.«

Der Wahnsinn lauerte ihr auf. Sie fand kaum die Kraft, sich dagegen zu wehren.

Sie hatte die Magie ihrer Eltern geerbt ... Sie war ...

Voller Verzweiflung legte sie die Hände an ihre Wangen und schüttelte den Kopf, als würde sich dadurch die Wirklichkeit verändern. Doch das würde sie nicht.

Ich bin eine ... Webhexe. Ich bin ...

Nach all den Jahren sollte sich der Argwohn des alten und des neuen Königs bestätigen.

»Beruhig dich, Rhea.« Jeriahs sanfte Stimme drang zwar bis in ihrer Innerstes vor, doch der Schock hatte sich bereits zu tief gegraben. Sie schüttelte vehement den Kopf.

»Ich kann nicht«, erwiderte sie heftig atmend. »Das ist mein Todesurteil. Helmar wird deinem Vater berichten müssen, dass ich leuchte. Oh ihr neuen Götter, habt Erbarmen.«

Der Prinz packte sie grob an den Schultern und schüttelte sie, bis sie seinem durchdringenden Blick begegnete. »Er wird es nicht herausfinden. Ich ... ich werde dich hier rausbringen«, versprach er ihr mit solch einer Inbrunst, dass sie kurzzeitig ihre Angst vergaß.

»Was? Das kannst du nicht.«

»Doch. Ich kann und ich werde, du ...« In diesem Moment hörten sie ein lautes Keuchen, das sie dazu brachte, aufzusehen. Hinter den Türstreben war das runde Gesicht eines jungen Mannes zu erkennen, dessen Augen weit aufgerissen waren. Als er bemerkte, dass er entdeckt worden war, verlor er keine Zeit und preschte los.

Jeriah wollte aufspringen, um ihn zu verfolgen, doch Rhea war geistesgegenwärtig genug, ihn am Arm zurückzuhalten. Fragend blickte er sie an.

»Tu ihm nichts. Er ist nur ein Spion und hatte vermutlich nicht mal die Wahl, abzulehnen«, erklärte sie sich mit trauriger Stimme. Die Panik waberte noch immer im hinteren Teil ihres Verstandes, doch sie hatte immer gewusst, dass sie sterben würde, sobald sich ihr Erbe zeigte. Diese Tatsache hatte sich mit den Jahren von ihren Ängsten genährt und nun war es Zeit, sich ihr vollends zu stellen. Jedoch, es war nicht nur ihr Leben, das auf dem Spiel stand. »Glaubst du, er hat dich gesehen? Als du Magie gewirkt hast?«

»Das ist nicht von Bedeutung. Mir wird nichts geschehen.« Er streckte eine Hand aus und fuhr damit über ihre leuchtende Wange, bevor er sich herabbeugte, um sie zu küssen.

»Es hat sich nichts geändert. Pack deine Sachen.«

»M-meinst du das ernst?« Ungläubig blinzelte sie in seine Richtung.

»Uns bleibt nicht viel Zeit.«

»Heißt das, du kommst mit?«

»Ich wünschte, ich könnte, Rhea«, sagte er. »Aber ich kann nicht weglaufen. Noch nicht.«

»Aber der Dux Aliquis, wenn er erfährt, was du bist …«

»Dann wird er mich für seine Zwecke nutzen, aber er wird nicht die gleichen Freiheiten besitzen, die sich ihm bei dir bieten würde. Du besitzt keine Familie, die dich beschützen kann, und auch keinen Thron, den du eines Tages besteigen sollst«, versuchte er ihr die Unterschiede ihrer Situationen zu verdeutlichen, doch sie glaubte ihm nicht. Nicht vollends jedenfalls. »Bitte mache dir keine Gedanken über mich. Wir müssen dich hier rausbringen. Das ist es, was zählt.«

Endlich drangen seine Worte vollkommen bis zu ihr durch, denn ihre Gliedmaßen bewegten sich ohne ihr Zutun und sie warf ein Kleid, ihr Lieblingsbuch und den Wasserschlauch, den sie von Helmar bekommen hatte, auf eine Decke, die sie zu einem Beutel knotete. Jeriah lief unruhig in der Zelle auf und ab, um ihr dann seinen Geldbeutel zu reichen, welchen sie nur widerwillig annahm.

»Du wirst die Kronen brauchen«, prophezeite er und zog sie an einer Hand aus der Zelle. Die Tür war wie immer unverschlossen, wenn sie von Jeriah besucht wurde.

Sie klopften an Helmars Tür, der sofort antwortete und sie Sekunden danach mit großen Augen anstarrte. Als die Erkenntnis, was dies für Rhea bedeutete, einsetzte, spiegelte sich das Grauen, das auch sie empfand, in seinem Gesicht wider.

»Wir brauchen Proviant und einen Mantel, mit dem sie das Leuchten verstecken kann«, sagte Jeriah gefährlich ruhig. Helmar, der augenblicklich wusste, was dies zu bedeuten hatte, nickte und übergab ihr seinen rauen Wollumhang und einen Beutel mit Käse, Brot und Wurst. Der Umhang war ihr viel zu groß, doch er verschluckte das Leuchten.

»Helmar … du solltest mit ihr gehen. Mein Vater wird keine Gnade walten lassen.«

Helmar straffte seine Schultern und verzog entschlossen das Gesicht. »Mein Großvater und sein Vater vor ihm waren bereits Gefängniswärter im königlichen Palast. Ich werde ihnen keine Schande bereiten, indem ich davonlaufe.«

»Dann tut mir das hier außerordentlich leid.« Mit einem der magischen Fäden, die er heimlich eingesteckt hatte, wob er einen Zauber, der Helmar an Armen und Beinen fesselte. Er fiel rücklings zu Boden und schlug hart mit seinem Hinterkopf auf, sodass er das Bewusstsein verlor. Rhea überprüfte eilig, ob er noch atmete, und seufzte erleichtert, als sein Atem ihre Hand streifte.

»Wieso hast du das getan?«

»Es muss so aussehen, als hätte er nichts mit deiner Flucht zu tun, wenn ihm sein Leben lieb ist. Ich wusste nicht, dass es mit den Fäden so einfach sein würde.« Er blickte gleichermaßen fasziniert wie erschrocken auf Helmars reglose Gestalt. »Komm.«

Sie rannten den gleichen Weg entlang wie damals, als er sie in die Gärten geführt hatte. Der Geheimgang war genauso unbewacht wie zuvor auch, dieses Mal brauchten sie allerdings keine Fackel, da Rhea genug Licht spendete, um ihnen den Weg zu weisen.

Die Wände waren karg und von Spinnweben übersät, so wie sie diese in Erinnerung hatte, doch jetzt fühlte sie eine drohende Präsenz, die hinter jeder Ecke zu lauern schien.

Ihre Hand krampfte sich fester um Jeriahs zusammen, der sich nichts anmerken ließ und sie beständig weiter durch das Labyrinth führte.

Zunächst war sich die Webhexe nicht sicher, da sie zu viele Abzweigungen nahmen, aber nach und nach stellte sich das Wissen ein, dass sie einen anderen Weg nahmen als zuvor. Am anderen Ende würde nicht der Garten auf sie warten. Wie viel Zeit hatte Jeriah hier unten verbracht, dass er sich so gut auskannte?

Rhea war zu verstört und überwältigt, um Jeriah zu befragen. Es fiel ihr schon schwer genug, mit seinem strammen Schritt mitzuhalten.

Der Gang veränderte sich zunehmend, wurde gedrungener, die Decke wölbte sich und die Wände bestanden nicht mehr aus glatt geschliffenem Stein, sondern aus rauen Gesteinsbrocken. Sie wusste nicht, wie viel Zeit verging. Eine Stunde? Zwei? Schließlich erreichten sie jedoch nach einer weiteren Biegung das Ende. Sanftes Licht traf Rheas leuchtende Haut.

Sie blieben am Ende des Tunnels stehen und blickten auf den Rand eines Waldes hinab. Ein steiler Abhang war der einzige Weg hinein, doch Jeriah hielt sie vom Weitergehen ab.

»Du bleibst in der Höhle, bis das Leuchten abgeklungen ist. Erst dann machst du dich auf den Weg in die Stadt. Von hier aus ist es nicht weit. Halte dich am Waldesrand Richtung Süden« erklärte er ihr eindringlich. »Ich weiß nicht, wer noch alles von den Gängen weiß, deshalb musst du dich bedeckt halten. Komm mit.«

Widerwillig verabschiedete sie sich von ihrer so nahen Freiheit und folgte ihm zurück in den Gang, wo der Prinz ihr eine gut versteckte Abzweigung weiter hinten zeigte. Eine Felsspalte war der einzige Zugang und diese war so eng, dass nur sie hindurchpasste. Zögerlich kehrte sie wieder zu Jeriah zurück.

»Drei Tage. Dann musst du fliehen.«

»Wohin?«, wisperte sie. »Ich habe niemanden.«

Er presste die Lippen so fest zusammen, dass die Sehnen an seinem Hals deutlich hervortraten. Mit einer fließenden Bewegung hatte er sie in seine Arme geschlossen und sie legte ihre Wange an seine Brust, um seinem stetigen Herzschlag zu lauschen.

»Die Wanderer. Sie werden dir helfen.«

»Und was ist mit dir? Jeriah, ich glaube dir nicht, wenn du sagst, dass dir keine Gefahr droht«, machte sie ihm deutlich.

Sie spürte, wie sich seine Muskeln an ihrer Wange anspannten.

»Solange ich weiß, dass es dir gut geht, werde ich alles durchstehen. Wenn ich mit dir komme, wird mein Vater nicht mit der Suche aufhören und ich werde dich damit in den Tod reißen. Bitte vertrau mir, dass es so das Beste ist.«

Sie setzte gerade an zu fragen, was er mit *alles* meinte, als er sie ein Stück zurückschob, um sie mit aller Leidenschaft zu küssen. Es war ein Abschied, der ihr durch Mark und Bein ging. Sie wollte ihn nie wieder loslassen, doch Jeriah besaß eine größere Selbstbeherrschung. Er entriss sich ihr und war aus ihrem Blickfeld verschwunden, noch bevor sie seine fehlende Berührung begriffen hatte.

»Jeriah«, rief sie unbedacht. Das Wort echote von den Wänden und versank in eine unbekannte Welt. Sie war allein.

Mutlos und noch immer leuchtend schob sie sich erneut durch den Felsspalt. In der Höhle suchte sie sich eine abgelegene Ecke, setzte sich neben ihren Beutel und zog die Beine an, bevor sie in Tränen der Verzweiflung ausbrach.

Kapitel · 37

Sie hatten insgesamt drei Krieger verloren. Es hätte schlimmer ausgehen können, doch es drückte die Stimmung trotzdem, während sie sich die Zeit nahmen, die Leichen zu vergraben. Aithan weigerte sich strikt, die Körper seiner tapferen Krieger den Raubtieren zu überlassen, obwohl es gefährlich war, mehr Zeit als nötig hier zu verbringen. Morgan bewunderte sein Ehrgefühl und seine Entschlossenheit, auch wenn ihr die Furcht vor dem Wald und seinen Bewohnern tief im Nacken saß.

Der Prinz war noch immer schwach auf den Beinen, weshalb sie nach der provisorischen Beerdigung und einer kurzen Wanderung Rast machten. Dort bemerkte Morgan die unsicheren Blicke, die man dem Prinzen zuwarf. Man folgte ihm schließlich nicht nur aus Überzeugung, sondern auch wegen der Aussicht auf die Reichtümer, die sie für den Rest ihres Lebens versorgen würden. Man hatte den ersten Kampf überstanden, doch die Gefährlichkeit ihrer Reise wurde nun jedem Einzelnen wie ein Spiegel vors Gesicht gehalten. Noch aber glaubten sie an den Prinzen.

»Als Nächstes werden wir die Hexenlichter brauchen. Teilt sie unter euch auf. Immer an vier oder fünf Personen, die sich ein Licht teilen und die sich mit einem Seil aneinanderbinden. Wir können es uns nicht leisten, noch mehr zu verlieren«, verkündete der Prinz. Mathis machte sich augenblicklich auf den Weg, um die Lichter zu verteilen.

»Was genau erwartet uns?« Morgan war so durcheinander, dass sie sich nicht mehr an die Gespräche erinnern konnte, die sie mit Aithan darüber geführt hatte.

»Dunkelheit. In ihr leben Glüher. Ich weiß nicht, wie sie aussehen, aber das ist auch nicht wichtig. Sie werden uns nicht körperlich angreifen.« Er wusch sich mit einem feuchten Lappen, den sie ihm gegeben hatte, das blutige Gesicht.

»Was werden sie dann tun?« Wollte sie es überhaupt so genau wissen?

»Sie werden versuchen, in deine Gedanken einzudringen, dich zu lenken und dich wahnsinnig zu machen. Die Bluthexer legen gerade einen Schutzzauber über uns, von dem sich die Glüher nähren können, damit sie uns in Ruhe lassen. Aber es gilt nach wie vor, wer im Inneren gestärkt ist, dem werden sie nichts anhaben können.«

»Und woher weißt du von ihrer Existenz?«

»Sie tauchen in mehreren Erzählungen auf, die zwar nichts mit diesem verwunschenen Wald zu tun haben, doch eine ältere Gruppe hat es bereits einmal bis zum dunklen Bereich geschafft und Glüher sind dafür bekannt, dass sie nur in Dunkelheit leben. Die Gruppe schrieb ihre Berichte in ein Buch, das wir bei ihren Leichen fanden, als wir die äußeren Bereiche des Waldes abgelaufen sind.« Für Morgan war das nicht sonderlich überzeugend, weshalb sie hoffte, dass er sich irrte und sie sich nur durch die Finsternis kämpfen müssten.

Eine halbe Stunde später knotete Cáel das Seil, das an seinem Gürtel begann, an dem ihren fest. Seine Hände arbeiteten flink und schnell, da dies aber der einzige Moment war, an dem sich Aithan nicht in ihrer Nähe befand, legte sie eine Hand auf seine, bevor er sie wegnehmen konnte. Sein Blick schnappte nach oben.

»Wieso hast du mir geholfen?«, fragte sie. »Du warst es doch, der mich vor den Plagezahn geschubst hat, nicht wahr? Und nachdem Ren seine Mission, mich zu töten, nicht ausführen konnte …«

»Ich weiß nicht, was du meinst«, erwiderte er kalt. »Aber ich habe dir geholfen, weil Aithan nach deinem Verschwinden nicht mehr bei der Sache gewesen wäre. Unglücklicherweise scheint er dich zu brauchen.«

Sie wartete, als er jedoch nichts mehr hinzufügte, ließ sie seine Hand los.

Minuten später stand Aithan hinter ihr, nachdem Hexenlichter und magische Kompasse erfolgreich an die Gruppen verteilt worden waren, und Mathis band das Ende des Seils an seinem Gürtel fest. Die Kompasse waren von den Bluthexern verzaubert worden, sodass sie ihnen immer den rechten Weg weisen würden.

Die Nachhut bildete einer der Blutmagier, der eine kleine Schnittwunde wie von einem Ast an der rechten Wange aufwies. Eigentlich hätte er dazu in der Lage sein müssen, sie problemlos zu heilen, aber Morgan nahm an, dass er seine Kräfte sparen wollte.

Mit angespannten Mienen setzte die Gruppe aus fünfzig Kriegern ihren Weg durch den verwunschenen Wald fort. Die Gespräche gestalteten sich eher karg und verliefen im Flüsterton. Niemand wollte das Schicksal im dunklen Wald herausfordern.

Morgans eigene Anspannung verhinderte, dass sie eine Unterhaltung führen konnte, aber sie glaubte, dass es Aithan genauso erging. Hin und wieder wagte sie einen Blick über ihre Schulter und fing seinen aufmerksamen Blick auf.

Es gestaltete sich außerdem als schwierig, vorwärtszukommen, da sie bei jeder Bewegung Cáel oder Aithan spürte. Das Seil war zwar nicht ständig straff, aber wenn Cáel das Tempo beschleunigte oder Aithan zurückblieb, zog es unangenehm. Ihr wäre es lieber, wenn sie sich ganz auf ihre Umgebung konzentrieren könnte. Der weiche Boden unter ihren Füßen, die niedrig hängenden Äste, die Cáel sorgsam zur Seite schob, und die eng beieinanderstehenden Bäume mit zerfurchten Rinden.

Ihre ehrfürchtige Eintracht wurde schließlich von der Gruppe gestört, die unmittelbar vor ihnen durch die Baumlandschaft schritt. Unter der hintersten Kriegerin öffnete sich der Boden und saugte sie mit einem schmatzenden Geräusch auf.

Morgan blinzelte. Nein, der Boden hatte sich nicht geöffnet, die Erde war zu einem kreisrunden Sumpf geworden, gegen den die Kriegerin nicht ankämpfen konnte. Ihr Körper war bereits bis zur Hüfte eingesunken, bevor die anderen in ihrer Einheit überhaupt begriffen, was geschehen war. Das Seil zwischen ihnen zog heftig an dem vorletzten Krieger, der beinahe auf sie fiel. Er konnte sich an ein paar Wurzeln festkrallen, sodass seine Kameraden die Möglichkeit bekamen, das Seil zwischen ihm und der Frau, die um ihr Leben kämpfte, zu kappen.

»Helft mir!«, schrie sie und bewegte Halt suchend ihre Arme, was es noch schlimmer machte. Jede Bewegung schien ihr Herabsinken zu beschleunigen.

Das Sumpfloch hatte sie bis zur ihrer Taille eingesogen, als Morgans Gruppe sie erreichte. Eilig trennten sie die Seile zwischen sich.

Es gestaltete sich als schwierig, sie zu fassen zu bekommen, da keiner in den Sumpfkreis treten wollte. Aithan streckte sich jedoch so weit vor, dass er beinahe hineingefallen wäre, wenn Mathis ihn nicht im letzten Moment den Arm um seine Mitte geschlungen hätte. Gleichzeitig bekam Aithan jedoch die Hand der Kriegerin zu fassen und sie begannen damit, sie gemeinsam zurückzuziehen.

»Wir lassen nicht los«, beschwichtigte Aithan sie. Tränen liefen ihr die geröteten Wangen hinab, als Morgan klar wurde, dass sie es nicht schaffen würden.

Die Kriegerin sank immer tiefer und schon bald mussten Mathis und Cáel Aithan wegzerren, damit er nicht ebenfalls in dem Sumpf einsank.

»Kannst du nichts tun?«, fragte Morgan und drehte sich zum Bluthexer um. Die anderen mussten ganz in der Nähe sein, aber sie konnte sie zwischen den dicht stehenden Bäumen nicht erkennen.

»Ich versuche es bereits, aber nichts außer Bannzauber scheint hier eine Wirkung zu zeigen. Der Wald wehrt jede Magie ab«, verteidigte er sich, zog aber dennoch sein Buch hervor, von dem Morgan nicht glaubte, dass es ihm helfen würde.

»Bitte!«, flehte die Kriegerin und der Sumpf schmatzte laut.

Morgan starrte sie fasziniert und angewidert an, während ihr Herz heftig klopfte. Sie alle konnten ihr nur beim Sterben zusehen und ... Sie hörte ein Zischen neben sich und im Hals der Frau steckte ein vibrierender Pfeil. Erschrocken riss sie die Augen auf, bevor Blut aus der Wunde und aus ihrem Mund rann. Röchelnd schien sie gegen ihren unmittelbaren Tod anzukämpfen, aber sie entkam ihm nicht. Sekunden später erschlaffte sie und Cáel presste Mathis den eigenen Bogen an die Brust.

Als sich Morgan wieder dem Sumpfloch zuwandte, verschwand gerade der braune Haarschopf unter der tückischen, morastigen Erde. Ein letztes Schmatzen und das Loch zog sich wieder zusammen und wandelte sich in normalen Waldboden, als wäre nichts geschehen.

»Bei allen Fäden«, zischte einer der Krieger. »Wir hätten den Wald niemals betreten sollen.«

»Ich gebe zu, das war etwas, das ich nicht vorhergesehen habe«, sagte Aithan mit erhobenem Haupt, obwohl Morgan sehen konnte, dass seine Hände zitterten. Sie trat an seine Seite und berührte ihn zaghaft am Arm, damit er wusste, dass sie ihn unterstützte. »Wenn jemand also die Rückkehr antreten möchte, dann werde ich ihn oder sie nicht aufhalten. Wer uns jedoch folgt, dem werde ich weiterhin jeden Reichtum versprechen, der auf uns wartet. Ob ihr nun bleibt oder geht, achtete auf den Boden vor euch und denkt daran, nichts zu euch zu nehmen, das ihr nicht selbst mitgebracht habt.«

Die meisten der Diebe, Mörder und Schmuggler sahen betreten drein, doch keiner entfernte sich, was Morgan als ein gutes Zeichen wertete. Sie atmete erleichtert auf.

»Findet euch in euren Gruppen zusammen und seid achtsam. Es kann jederzeit wieder geschehen«, warnte Aithan sie, nachdem die Stille zu drückend geworden war.

Cáel übernahm erneut die Aufgabe, sich an Morgan festzubinden und sie tat ihr Bestes, nicht vor ihm zurückzuschrecken oder – was noch viel schlimmer gewesen wäre – ihn zu fragen, wie er als Einziger von ihnen den Mut hatte aufbringen können, die Kriegerin vor dem schrecklichen Erstickungstod zu bewahren.

Aithan knotete das Seil an seinem Gürtel fest und reichte es dann an den Blutmagier und Mathis weiter.

»Weiter geht's«, murmelte Morgan und folgte Cáel Richtung Norden. Er hielt den Kompass für einige Augenblicke in die Höhe, dann steckte er diesen wieder ein, als würde er ihn nicht mehr brauchen.

Die Wanderung wurde schweigend in dem Grau des Tages fortgesetzt. Nach diesem unerwarteten Schrecken war jedes Wort zu viel und keines bedeutend genug. Morgan hatte nicht mal den Namen der Frau gekannt und war nur froh, dass es weder Sonan noch Lima getroffen hatte.

Dann – ohne jegliche Vorwarnung – wurde es stockduster. Es war, als wären sie in einen fensterlosen Raum geworfen worden und jemand hätte ihre einzige Kerze ausgeblasen.

Morgans Magen verkrampfte sich, bis Aithan hinter ihr das Hexenlicht entzündete. Vor ihr machte sie weitere schwache Lichtpunkte aus. Dadurch, dass Aithan derjenige war, der den Stein festhielt, sahen sie alle ungefähr gleich viel und Cáel konnte rechtzeitig Baumstämmen, Ästen oder Gestrüpp ausweichen.

In ihren Ohren hörte sie das Blut rauschen, so still war es. Hin und wieder hörte sie das Knacken eines Zweiges oder hektisches Atmen, doch abgesehen davon blieb es ruhig.

»Das wirst du bereuen!«, brüllte dann jemand, bevor ein dumpfer Schlag ertönte und dann noch mehr Schreie folgten. Morgan konnte trotz des Hexenlichtes nicht bestimmen, aus welcher Richtung sie stammten. Sie betete, dass Sonan und Lima nichts zugestoßen war.

Cáels Stöhnen riss sie aus ihren Gedanken und sie bemerkte, bevor sie in seinen Rücken lief, dass er stehen geblieben war.

Vorsichtig legte sie eine Hand an seinen Ellenbogen, auch wenn sie alles andere lieber tun würde, als ihn zu berühren.

»Ich kann nichts mehr sehen«, stieß er gequält hervor, wandte sich ihr zu und nahm dann die Handballen von seinen Augen.

Morgan verstand nicht, was hier vor sich ging. Seine grünen Augen wirkten noch genauso klar wie zuvor. Ein Zischen erklang neben ihr und etwas Weißes bewegte sich für einen kurzen Moment in ihrem Augenwinkel. Bevor sie sich ihm zuwenden konnte, war es auch schon verschwunden.

»Was ist los?« Aithan, Mathis und der Bluthexer schlossen zu ihnen auf.

»Er halluziniert«, schlussfolgerte Morgan. »Anscheinend ist er anfällig für die Glüher. Er denkt, er kann nichts mehr sehen.«

»Ich *halluziniere* nicht«, herrschte Cáel sie an.

»Bin ich froh, dass du immerhin noch nicht komplett deinen Verstand verloren hast«, konterte sie, um ihn von seiner hoffentlich vorübergehenden Blindheit abzulenken. »Geh weiter, ich berühre dich links oder rechts, dann weißt du, wohin du ausweichen musst.«

Er zögerte, nickte jedoch, als er einsah, dass dies die beste Lösung war. Sie hatten sich vorher darauf geeinigt, unter keinen Umständen das Seil zwischen ihnen zu kappen.

Immer öfter bemerkte Morgan nun das weiße Etwas mit papierdünnen Flügeln, das sie zu verfolgen schien. Auch Mathis und Aithan wurden nicht davon verschont.

»Sie umkreisen uns«, wisperte Aithan.

»Ich hoffe, der Schutzzauber hält zumindest für uns andere«, fügte Mathis etwas lauter hinzu. »Ich will sie wirklich nicht in meinem Kopf haben.«

Anscheinend war dieses farblose Geschöpf ein Glüher und es versuchte, in ihre Gedanken einzudringen.

Morgan fragte sich, wie das Biest es geschafft hatte, ausgerechnet in den Verstand eines Gottes zu gelangen. Oder spielte ihnen Cáel lediglich etwas vor, um seine Rolle glaubwürdiger zu machen? Vielleicht schwächte ihn aber auch der Fluch, der auf ihm lastete.

Sie berührte ihn am linken Ellenbogen, damit er einen Bogen um einen breiten Stamm machen konnte. Aus den Löchern in seiner Rinde quoll eine klebrige Flüssigkeit hervor und breitete sich auf dem Waldboden aus. Ihre Stiefel verursachten schmatzende Geräusche, doch abgesehen davon, schien die fremde Substanz harmlos zu sein. Ihre Haare verhedderten sich in den Zweigen, die wie langgliedrige Finger nach ihr griffen. Sie musste sich ein paar Strähnen herausreißen, um die anderen nicht aufzuhalten. Blut klebte an ihren Fingerkuppen, als sie sich über die wunde Stelle an ihrem Kopf fuhr.

Hin und wieder ließ ein lauter Schrei Morgan zusammenzucken, oder hektisch miteinander getauschte Worte ließen einen Schauder über ihren Rücken rinnen.

Während sie ihre Furcht zu kontrollieren versuchte, spürte sie in ihrem Inneren die Dunkelheit der Knochenhexe. Ihr Schädel regte sich aufmerksam, wandte das gehäutete Gesicht Morgans eigenem Bewusstsein zu und bewegte den Kiefer hoch und runter. Keine Worte erklangen, nur das Klackern von Knochen, das in Morgan eine tiefgehende Angst hervorrief, die sie kurzzeitig lähmte. Aber sie gab sich nicht geschlagen. Nicht jetzt. Sie ballte ihre Hände zu Fäusten und setzte einen Schritt vor den anderen.

Die Priester hatten recht behalten, als sie sagten, die Knochenhexe würde sie nie wieder loslassen.

Doch der Schädel wandte sich ein weiteres Mal zur Seite und fixierte mit den leeren Augenhöhlen eine andere Kreatur, deren Präsenz sie als dunkle Aura wahrnahm.

Ein schwächeres Pochen, das sich wie ein Kampf anfühlte, den die Finsternis mit etwas außerhalb ausfocht, stellte sich ein. Konnte es sein, dass die Knochenmagie sie gegen die Angriffe des Glühers verteidigte? Oder war es lediglich der Schutzzauber der Priester, der sie beschützte?

Sie ließ ihren Blick wieder nach vorne schweifen, weg von dem weißen Biest mit den dürren Armen und den wächsernen Flügeln.

Vor ihr breitete sich ein gähnender, vielleicht dreißig Fuß breiter Abgrund aus. Erschrocken riss sie ihre Arme nach vorne und schlang sie gerade noch rechtzeitig um Cáel. Sie hielt ihn fest um seine Mitte, bis er stehen blieb. Nur zwei Schritte vor seinem sicheren Tod.

»Was ist?«, bellte er.

»Ein Dankeschön wäre angebracht. Vor dir geht es steil nach unten. Wo sind die anderen?« Sie wartete, bis Aithan, der Bluthexer und Mathis sie erreicht hatten.

»Oh Götter, was ist das?«, murmelte Mathis.

»Eine weitere Falle«, entgegnete Aithan leicht abwesend, bevor er mit seinem Blick das Hindernis maß. »Wir müssen den Rand ablaufen und einen Weg drum herum finden. Es sieht so aus, als würden wir aufpassen müssen, wohin wir treten. Dieser Abgrund ist noch nicht lange da. Er muss sich direkt hinter den anderen aufgetan haben. Siehst du ihre Lichter?« Mit einer Hand deutete er nach vorne. »Sie sind nicht vom Weg abgekommen.«

Er hatte recht, aber das beruhigte Morgan nicht sonderlich. Der Boden konnte jederzeit lautlos unter ihren Füßen verschwinden und sie mit ihm. Vielleicht wurde sie auch wie die Kriegerin von einem Sumpf verschluckt. Welcher Tod wohl weniger qualvoll wäre?

Je länger sie an der Kante entlangliefen, desto stärker beschlich Morgan das Gefühl, dass der Abgrund auf wahrlich unnatürliche Weise entstanden sein musste. Der Rand war mit Sträuchern übersät, aber gelegentlich stand der Gruppe ein Baum im Weg. Diese waren stets in der Hälfte wie mit einem Schwert glatt durchtrennt. Die andere Hälfte musste sich im schwarzen Abgrund befinden, in dessen Tiefe Morgan nicht sehen konnte. Das Hexenlicht wurde von der Tintenschwärze verschluckt.

Nachdem sie sich von dem ungewöhnlichen Anblick losgerissen hatten, wanderten sie weiter. Die Knochenhexe in Morgans Innerem regte sich, schenkte Morgan ihre Aufmerksamkeit, die sich anfühlte, als würde sie mit einer rauen Zunge über ihre Wange lecken. Sie kämpfte gegen den Impuls an, sich zu schütteln, bis sie von Cáel abgelenkt wurde. Er stolperte und zog Morgan mit sich zu Boden. Sie bekam seinen Ellenbogen an ihrer Seite zu spüren, was ihr kurzzeitig den Atem raubte.

»Ich dachte, du sagst mir Bescheid, wenn etwas im Weg ist«, stöhnte er.

Das Seil war für Aithan lang genug gewesen, um nicht mitgerissen zu werden, was immerhin etwas war.

»Ich war abgelenkt«, grummelte sie.

Mühsam versuchte sie sich aufzurichten, musste sich dabei jedoch auf Cáels Oberkörper abstützen, was er mit nur einem leisen Grunzen über sich ergehen ließ.

»Wir sollten weitergehen.« Etwas in Aithans Stimme ließ sie aufhorchen; dann folgte sie seinem Blick. Vier Leichen lagen nebeneinander auf ihren Rücken, ordentlich aufgereiht, als würden sie friedlich schlafen. Nur die erste, über die Cáel gestolpert war, lag nun in gekrümmter Haltung da. In ihren Herzen steckte jeweils ein Messer, als wären ihnen allen gleichzeitig das Leben genommen worden. Ihre Hände befanden sich jedoch flach an ihren Seiten.

Ren war einer von ihnen. Sein rotes Haar stach selbst in dem schwachen Schein hervor.

Cáel rappelte sich stöhnend wieder auf. »Sagt mir nicht, dass ich über eine Leiche gestolpert bin.«

Morgan verfolgte jede seiner Bewegungen mit Misstrauen. »Und du sag mir nicht, dass du wirklich blind bist.«

»Glaubst du, ich würde mich absichtlich als Schwächling ausgeben?«

»Dir traue ich alles zu«, zischte sie. Zum ersten Mal war es ihr egal, was Aithan von ihrem Verhalten hielt. Sie verabscheute den Gott, oder was auch immer er war, und sie wollte es ihn wissen lassen.

»Tut mir leid, dich enttäuschen zu müssen, aber ich habe lediglich richtig geraten.« Obwohl er sich ihr zuwandte, blickten seine Augen an ihrem Gesicht vorbei. Es verschaffte ihr Genugtuung, ihn derart geschwächt zu sehen – vorausgesetzt, er belog sie nicht.

»Beruhigt euch«, beschwichtigte der Prinz die beiden und legte eine Hand auf Morgans Schulter, die den Impuls unterdrückte, sie abzuschütteln. Sie bedurfte nicht seiner Hilfe oder seiner maßregelnden Worte, so nett sie vielleicht gemeint waren. »Hier liegen tatsächlich vier

Leichen, Cáel. Etwas hat sie erstochen. Oder sie sich gegenseitig. Ich weiß es nicht und ehrlich gesagt will ich es auch nicht herausfinden.«

Für einen Moment wirkte es so, als würde Cáel noch etwas sagen wollen, dann zuckte er lediglich die Schultern.

»Kommt, es ist bestimmt nicht mehr weit«, forderte Aithan sie auf und ließ seine Hand fallen.

Morgan presste die Lippen zusammen, erwiderte jedoch nichts. Die Dunkelheit und das Pochen in ihrem Inneren brachten sie an die Grenzen ihrer Selbstbeherrschung, aber Aithan hatte recht. Es dürfte nicht mehr so weit sein und dann würde sie sich beruhigen können.

Dieses Mal entschied sich Morgan dazu, an der Seite des Gottes zu gehen, damit sie schneller reagieren konnte. Sie kamen so eine Weile gut voran, bis sich das Seil erneut straffte, dieses Mal jedoch von der anderen Seite.

»Mathis?«, rief Aithan.

Morgan drehte sich zu ihm um und erkannte im schwachen Schein des Hexenlichtes, dass sich Mathis vom Prinzen gelöst hatte. Das Seil baumelte von seinem Gürtel herab. Hinter ihm stand der Bluthexer und hielt seine Hände auf den Bauch gedrückt. Es dauerte einen Moment, bis Morgan erkannte, dass sie den Schaft eines Dolches umfasst hielten. Von Mathis' Fingern tropfte Blut. Seine Augen glichen schwarzen Höhlen und sein Gesichtsausdruck war so starr wie der des Hexers, der nun auf die Knie fiel. Mathis wurde durch das Seil zwischen ihnen ebenfalls zu Boden gezwungen.

»Was ist los?«, frage Cáel.

»Der Glüher hat Mathis unter seiner Kontrolle«, sagte Morgan laut. »Und der Bluthexer ist tot.«

»Mathis! Wach auf!« Aithan konnte sich seinem Vetter erst nähern, nachdem Morgan zu ihm aufgeschlossen war, da das Seil sein Weiterkommen verhindert hatte. Mathis zog einen weiteren Dolch, mit dem er fantastisch das Seil zwischen sich und dem Bluthexer durchsägte.

Er kam stolpernd auf die Beine, rammte Aithan an der Schulter, sodass dieser gefährlich taumelte, und stürzte sich dann auf Cáel und Morgan. Sie konnte nicht genau sagen, wen von beiden er als sein Ziel auserkoren hatte. Die Klinge sauste nah an ihrem Ohr herab, während Cáel Mathis von sich zu stoßen versuchte. Aithan befreite sich von dem

Seil und sprang dazwischen. Mit einem gezielten Schlag auf Mathis' Kiefer lenkte er ihn ab. Morgan entriss ihm das Messer und Aithan warf ihn bäuchlings zu Boden. Gemeinsam fesselten sie seine Arme mit einem Ersatzseil hinter seinem Rücken.

»Was ist in ihn gefahren?«, knurrte Cáel und wischte sich mit dem Handrücken das Blut von der aufgeplatzten Lippe.

»Glüher geben sich offensichtlich nicht nur damit zufrieden, *Menschen* blind zu machen«, entgegnete Morgan scharf und half ihm dabei, sich aufzurichten. »Was machen wir mit ihm?«

»Hinter uns herzerren?«, murmelte Aithan betrübt. »Hebst du das Hexenlicht auf? Ich habe es fallen lassen.«

»Natürlich. Cáel?« Er folgte dem Ziehen des Seils, das nur noch sie beide verband. Es war nicht schwer, das Hexenlicht zu finden, schließlich war es ihre einzige Lichtquelle. Aithan hatte Mathis trotz seiner Gegenwehr hochgezogen und das Seil zwischen ihnen neu gespannt.

»Ich halte mich an deinem Gürtel fest«, erklärte er, da sie ihren Vorrat an Seilen aufgebraucht hatten, die für einen weiteren Knoten nötig gewesen wären.

»Bist du sicher?« Zweifelnd hob sie eine Augenbraue. »Der Bannzauber des Bluthexers ist vermutlich verschwunden und jetzt sind nur noch wir beide übrig, die nicht betroffen sind.«

»Hast du eine bessere Idee?«

»Wie wäre es mit dem Gürtel des Hexers?«

Er sah sie einen Moment unsicher an, als würde er alles lieber tun, nur nicht den Blick auf die Person werfen, die sein Vetter getötet hatte. Das schwache Hexenlicht warf tiefe Schatten auf sein kantiges Gesicht, ehe er sich von ihr abwandte, um ihren Vorschlag in die Tat umzusetzen.

Minuten später waren sie alle wieder miteinander verbunden und Mathis versuchte weiterhin, sich zu befreien, was ihren Weg nicht einfacher machte.

Immerhin öffneten sich keine Löcher im Boden und nach Momenten des Zweifelns, in denen sie immer wieder den nackten Körper des Glühers sah, fanden sie sich in der grauen Welt des verwunschenen Waldes wieder.

Sie hatten die Glüher und ihr grausames Königreich hinter sich gelassen.

Kapitel · 38

Alle atmeten auf, insbesondere Cáel, der wieder sehen konnte und sich sofort an dem Knoten an seinem Gürtel zu schaffen machte. Aber auch Mathis hörte auf, sich wie ein Wahnsinniger zu wehren und blinzelte im Licht der Dämmerung.

»Was ist passiert?«, fragte er heiser.

Morgan spürte eine gewisse Trockenheit in ihrer Kehle. Sie bemühte sich, den Gürtel möglichst schnell von Aithan zu lösen, um Abstand zwischen sich zu schaffen und damit nicht die Aufgabe zugeteilt zu bekommen, Mathis über seine Tat aufzuklären. Außerdem wollte sie unbedingt aus ihrem Schlauch trinken.

Während Aithan auf seinen Vetter einredete, schlenderte Morgan, während sie das köstliche Wasser trank, von dem düsteren Wald weg. Hinter einer kleinen Baumgruppe bemerkte sie ein Dutzend Krieger, die offensichtlich vor ihnen aus der Dunkelheit getreten waren.

»Ihr habt es auch geschafft«, entfuhr es Morgan überrascht, die anderen zu sehen. Dabei hätte sie damit rechnen sollen, schließlich waren sie nicht als Erste durch den Wald gegangen.

Die Krieger hatten sich an dem Ufer eines sprudelnden Baches niedergelassen, der zu ihr zu singen schien.

Trink mich.
Trink mich.

Stirnrunzelnd versuchte sie diese seltsamen Gedanken abzuschütteln. Die Knochenhexe eilte ihr zu Hilfe. Sie öffnete ihren Rachen und verschluckte die lockende Stimme, sodass Morgan sie leicht vergessen konnte. Die Krieger blickten vollkommen sorglos zu ihr auf. Ein paar von ihnen beglückwünschten sie zu ihrem Überleben, jemand anderes fragte nach Aithan.

»Er ist direkt hinter mir ...«, sagte sie, bevor sie Mathis' laute Proteste hörte, als würde er die Schilderungen seines Vetters nicht glauben wollen. Ein paar Krieger erhoben sich, als sich Aithan und schließlich auch Mathis und Cáel zu ihnen gesellten.

»Das war wirklich unheimlich, Sir«, sagte einer der Krieger und stieß ein nervöses Lachen aus; von seinem Bart tropfte Wasser. Doch Aithans humorvolle Erwiderung blieb aus und Morgan suchte verwirrt seinen Blick. Dieser war allerdings starr auf den glucksenden Bach gerichtet.

»Niemand von euch hat etwas davon getrunken, oder?«, verlangte Aithan zu erfahren. Drückendes Schweigen begegnete ihm. »Verdammt! Ich habe es euch doch gesagt. Trinkt oder esst niemals – unter keinen Umständen – etwas, das im verwunschenen Wald entstanden ist oder durch ihn hindurchfließt! Ihr hättet dem Verlangen widerstehen müssen.«

Morgan hörte ihm kaum zu. Sie suchte nach Sonan und Lima, doch obwohl sie vor ihnen losgegangen waren, waren sie nicht hier. Nur zwei Gruppen hatten es, abgesehen von der ihren, geschafft, und sie alle hatten von dem Bach getrunken.

Keiner der anderen beiden Bluthexer war unter ihnen.

»Morgan!«, rief Aithan ungeduldig. »Ich würde dich nicht darum bitten, wenn es sich vermeiden ließe, aber du musst versuchen, einen Bannkreis um uns zu ziehen. Zumindest, bis wir Verstärkung bekommen.«

»Verstärkung? Wofür genau?« Sie blickte die Krieger argwöhnisch an, die mit ihrem Schweigen zugegeben hatten, aus dem Bach getrunken zu haben.

»Der vierte Kreis: Das Wasser ist verwunschen und sie werden es schon bald ebenso sein. Wir können nicht gegen sie alle bestehen«, sprach er auf sie ein und legte beide Hände auf ihre Schultern. »Meinst du, du kannst es?«

Sie musste sich nur an die verlockende Macht der Knochenmagie erinnern und einen Lidschlag später befand sie sich wieder unter der Erde. Eilig grub sie sich an die Oberfläche und nickte Aithan zu. »Ich brauche nur ... Ich denke ... einen Knochen von ihnen.« Ihre Stimme wurde immer leiser. Sie traute sich kaum, die Krieger anzusehen, die nicht mehr nur verwirrt wirkten, sondern als würden sie unter starken Schmerzen leiden. Sie wanden sich, keuchten und pressten ihre Finger gegen ihre Schläfen. Manche zwang es in die Knie, andere streckten ihre Brust raus, als würde ihnen das Herz herausspringen wollen.

»Du wirst einen bekommen.«

»Aithan!« Es war Sonan, die gerade mit Lima und zwei weiteren Kriegern aus dem Dunkelwald eilte. Sie waren noch immer aneinandergebunden, doch sie schienen so weit unversehrt.

»Wir ... stecken in der Klemme«, weihte Aithan sie mit Blick auf die Krieger ein, die sich nun krümmten, als wäre ihnen schlecht. Wimmernd krochen sie über den Boden, bevor Morgan das erste Knacken von Knochen vernahm. Sie wandelten sich.

Und plötzlich war Cáel da. Er hob sein Schwert und ließ es auf das Handgelenk eines Mannes niedersausen, dem Äste aus dem Kopf sprossen. Er schrie auf. Cáel hob ohne Umschweife die abgetrennte Hand auf und warf sie Morgan zu, die sie reflexartig auffing, um sie sofort angeekelt fallen zu lassen.

»Dein Knochen«, war sein einziger Kommentar, bevor er sich neben Mathis, vor Aithan und ihr, positionierte. Sonan und die anderen drei Krieger schlossen sich ihnen an, um Morgan genug Zeit zu verschaffen, damit sie den Bannkreis um sie ziehen konnte, auch wenn sie nicht den blassesten Schimmer hatte, wie.

Während sie mit ihrem Dolch versuchte, einen Fingerknochen aus dem Fleisch zu lösen, verwandelten sich die ersten Krieger bereits in laufende Äste. Sie sprossen knarzend in die Höhe, Arme und Beine verwandelten sich zu dicken, beweglichen Stöcken. Menschliche Schreie vermischten sich mit dem Klappern von Holz und ihre Kleidung zerriss, als ihre Körper bei der Wandlung zu breit wurden. Das, was einst ein Kopf gewesen war, verflüssigte sich nun zu der zähen schwarzen Masse, die sie auch im Wald gesehen hatte.

Cáel stürzte nach vorne. Er schwang sein Schwert. Erbarmungslos sauste es nieder, doch der Stocker, worauf Morgan sie insgeheim taufte, hob lediglich einen hölzernen Arm und blockte den Schlag ab. Er verlor nicht einen Span und die Knochenhexe in ihr ahnte, wie *sehr* sie diesen Bannkreis tatsächlich brauchten. In dem hinteren Teil ihres

Bewusstseins drehte sich der Schädel mehrmals um seine eigene Achse, aber Morgan fürchtete sich nicht länger vor ihm.

Immer wieder blickte sie über die Schulter, in der Hoffnung, dass die Bluthexer auftauchen würden, doch niemand anderes schien sich aus der Umarmung des Dunkelwaldes befreit zu haben. Als der Knochen endlich in ihren glitschigen Händen lag, schloss sie die Augen und ließ die Magie durch sich hindurchströmen.

Die Finsternis war sofort da, als hätte sie nur auf Morgans Einverständnis gewartet. Sie labte sich an ihrem Fleisch, entblößte ihre Knochen und kleidete diese wieder in Haut. Unvorstellbare Schmerzen rissen sie tiefer. So musste es sich anfühlen, bei lebendigem Leib gehäutet zu werden. Sie schrie und sie weinte, aber es gab kein Zurück. Der Kiefer des Schädels klapperte, ehe er sich öffnete, immer weiter, und sie verschluckte, sie in das Reich der Erde führte. Erde, die ihre Lungen verklumpte, sie röcheln ließ. Ohne Haut, ohne Licht starb sie ein weiteres Mal.

Ihr Herz stoppte.

Die Schmerzen versiegten.

Ein Wimpernschlag, und sie wurde wiedergeboren mit der Gier nach *mehr*.

Instinktiv legte sie den Knochen in ihren Mund und spürte, wie er sich auflöste und die Macht in ihr zu einem Vielfachen steigerte. Langsam erhob sie sich, nein, erhob sich die Knochenhexe und drehte sich um ihre eigene Achse. Nur mit Mühe kämpfte sich Morgan zurück in die Welt der Sterblichen. Seite an Seite mit der Knochenhexe.

»Tretet zurück«, sagte sie mit verzerrter Stimme. Es war die einzige Warnung, die Morgan ihren Freunden geben konnte.

Die Knochenhexe drängte sie schmerzhaft zurück, bevor sie ihre Arme hob und schwarze Blitze aus ihren Fingerspitzen stoben. Sie knisterten, ehe sie sich zu einem Kreis um die Gruppe schlossen. Ein stetig anwachsender Strom aus Blitzen und Rauch, der sich ein paar Momente danach auflöste, um zu ihrem Bannkreis zu werden.

Erschöpft fielen Morgan und die Knochenhexe auf die Knie, das Atmen fiel ihnen schwer, da ihre Brust von der ungewohnten Magie niedergedrückt wurde.

Cáel war sofort bei ihnen ... bei ihr, um sie zurückzuholen, doch sie schüttelte den Kopf und biss die Zähne zusammen.

»Tut, was ihr tun müsst, aber ich werde den Kreis nur aufrechterhalten können, während ich der Magie die Macht über mich erlaube«, stieß sie atemlos hervor. Er sah sie einen Augenblick mit gerunzelter Stirn an, dann nickte er und erhob sich.

Die Stocker schlugen unaufhörlich gegen ihren Zauber und liefen wie blutdürstige Raubtiere an der Kreislinie entlang. Sie warteten darauf, dass Morgan die Kontrolle verlor.

»Halte durch, Mor, wir haben es fast geschafft«, hörte sie Aithan sagen.

Kalter Schweiß bildete sich auf ihrer Stirn. Sie spürte beinahe körperlich, wie sich ihre Seele loslöste, um der Hexe in ihr mehr Platz zu geben. Dieses Mal war es ein inneres Häuten, aber es schmerzte fast genauso. Lange würde sie den Kreis nicht mehr aufrechterhalten können. Entkommen konnte sie dem Schmerz nicht, nicht ohne sich vollkommen zu verlieren. Ihre Hände zitterten und Morgan schmeckte Blut auf ihren Lippen.

»Wir bewerfen sie hiermit. Dann müsste sich uns ein Zeitfenster öffnen, in dem wir vor ihnen flüchten können. Es sollte nicht mehr weit sein. Cáel?«

Sekunden später beugte sich der Gott über sie und legte seine Hände um ihren Kopf. Der Blick aus seinen grünen Augen war durchdringend, verängstigte sie, als Cáel ihre Schultern umfasste und Morgan langsam in eine stehende Position zog. Wankend hielt sie sich mit seiner Hilfe aufrecht.

»Du lässt den Zauber fallen, wenn ich es dir sage. Wenn ich dich zurückgeholt habe, wirst du sofort loslaufen müssen. Es wird keine Verschnaufpause geben.« Er stockte. »Verstehst du mich?« Sie wollte reagieren, aber es kostete ihre gesamte Kraft, an ihrer Seele festzuhalten.

»Morgan?«

Sie brachte ein knappes Nicken zustande und er richtete seinen Blick auf etwas, das sie nicht sehen konnte.

Schweißtreibende Sekunden vergingen, ihr schwindelte es, aber Cáels Griff blieb fest um ihre Schultern. Dann kam der erlösende Moment.

»Jetzt«, sagte er mit so viel Autorität in der Stimme, dass sie sofort gehorchte und den Zauber fallen ließ. Die Magie erhob sich brüllend, wie ein gewaltiger Sturm toste sie und drohte sie mitzureißen; doch erneut waren da die unheimlichen Klauen, die sich in ihre Schultern bohrten, und der Schädel, der sich drehte und drehte, sie verhöhnte und mit dem Kiefer klackte.

Mit letzter Kraft durchbrach sie den Käfig der Knochenhexe, schob ihn weit von sich und ergriff die Kontrolle über ihren eigenen Körper. An ihrer Seite war Cáel, der sie stützte.

Während um sie herum Feuerbomben explodierten, zerrte der Gott sie fort. Sie brachte ein schmales Lächeln zustande, weil ihr bewusst wurde, dass sie vielleicht doch nicht von den Stockern würden überwältigt werden. Die Feuerbomben könnten ihnen tatsächlich das Leben retten. bevor der Schmerz in ihren Knochen sie übermannte und sie sich noch mehr auf Cáel abstützen musste.

»Weiter«, spornte er sie an und passte seinen Griff um ihre Mitte an.

»Wir sind hinter euch«, rief Aithan.

Der Wald um sie herum lichtete sich. Möglicherweise bildete sie sich dies auch nur ein, weil sie diese Überzeugung brauchte, um weiter einen Fuß vor den anderen zu setzen. Sie wusste nicht, ob sie noch immer verfolgt wurden, aber Cáel erlaubte ihr nicht, einen Blick über ihre Schulter zu werfen, um sich zu vergewissern.

Sie war sich sicher, nicht mehr weiterlaufen zu können, als sie die mit Efeu bewachsene Mauer durch die Lücke zwischen den Bäumen erblickte. Flechten und Kletten hatten sich unter den Ranken in den kalten grauen Stein gefressen. Zwei Meter davor blieben sie keuchend stehen, aber Cáel hielt sie noch immer fest an seine Seite gedrückt, wofür sie ihm insgeheim dankbar war. Ihre Knie fühlten sich weich und zittrig an und ihre Lungen brannten.

»Wir haben es erreicht«, wisperte sie ungläubig.

»Noch nicht ganz. Wir müssen darüberklettern oder eines der Tore finden«, antwortete Aithan, der eine Hand ausstreckte, doch vor der Berührung mit dem kalten Stein zurückscheute. Die Mauer ragte rund vier Meter in die Höhe. In Morgans jetzigen Zustand wäre es für sie unmöglich, diese zu überwinden …

Da die Abenddämmerung noch immer anhielt, beeilten sie sich mit der Suche nach einem Eingang. Zumindest hatten sie die Stocker abgehängt, sodass Morgan normal gehen konnte und nicht mehr von

Cáel mitgeschleppt werden musste. Sie gewann ihre Würde zu einem kleinen Teil zurück.

Eine Ewigkeit verging, bevor Mathis das mit Pflanzen verhangene Eisentor erblickte. Durch die Zwischenräume des schwarzen, teils verrosteten Eisengeflechts konnten sie die dunkelblauen Turmspitzen des Schlosses dahinter erkennen. Das Mauerwerk glänzte trotz des schwindenden Lichts so hell wie ein Stern am dunklen Firmament. Jedes der unzähligen Fenster betonte die Geradlinigkeit dieses Bauwerks, das in Morgan vollkommene Faszination hervorrief. Noch nie hatte sie ein derart schmuckloses Anwesen gesehen, das so eine Aura der Erhabenheit ausstrahlte und im Gegensatz zu den Hausruinen um es herum keine sichtbaren Zeichen der Verwahrlosung aufwies.

Allein die unterschiedlich hohen Türme störten das Gefühl der klaren Strukturen, die sich selbst bis auf die spitzen, blau gedeckten Dächer erstreckten. Auf dem Dach des Hauptgebäudes thronte zudem eine grotesk aussehende Figur, die in ihrer linken Hand einen abgetrennten Kopf hielt und in der rechten eine Axt.

Um dieses Schloss jedoch erreichen zu können, würden sie über die grob gepflasterte Straße wandern müssen, die, wie Morgan gut erkennen konnte, an einigen Stellen von viel zu grünen Pflanzen gesprengt worden war. Morgan liebte Pflanzen. Sie konnte Stunden im botanischen Garten Yastias verbringen, doch die Arten, die hier auf unnatürliche Weise heranwuchsen … sie ließen Morgan erschaudern.

Der sanfte Wind wehte ihnen einen süßlichen Geruch entgegen, der sie an faulende Pfirsiche erinnerte.

Es brauchte ihre vereinten Kräfte, um das Tor weit genug nach innen öffnen zu können, sodass sie nacheinander hindurchpassten. Aithan schritt als Erster hinein, als sie viel zu nah das Knattern der Stocker vernahmen. Anscheinend hatten sie die Bestien doch nicht abgeschüttelt, sondern sich lediglich einen Vorsprung herausgearbeitet, der sich nun weiter verringerte.

Sie erwachten aus ihrer Starre und schoben sich nacheinander durch den Spalt. Cáel folgte als Letzter. Für einen Wimpernschlag dachte sie darüber nach, ob sie ihn von der Gruppe abschneiden konnte. Doch bevor sie hätte handeln können, hatte er es auf ihre Seite geschafft.

Sie stemmten sich gemeinsam gegen das Tor, um es an seine ursprüngliche Position zu schieben, als sie die ersten Stocker auf sich zutraben sahen. Manche von ihnen besaßen verkohlte Gliedmaße, von denen noch Rauch und ein unangenehmer Geruch in die Luft stieg. Diejenigen, die unversehrt geblieben waren, liefen umso schneller auf sie zu.

Das Tor gab keinen Zoll nach, also griff Morgan in sich selbst und berührte einen Teil ihrer Magie. Sekunden später durchfuhr ein Kraftstoß das Tor und es knallte zu. Sie befanden sich in Sicherheit, direkt vor dem verwunschenen Schloss, in dem die schlafende Prinzessin auf ihren Prinzen wartete.

Kapitel · 39

Jeriah wusste nicht, was er tun sollte. Sein Herz schlug ihm bis zum Hals, als er an die letzte Stunde zurückdachte. Rhea war eine Webhexe. *Rhea ist eine Webhexe. Wie er. Sie ist wie er.*
Es hätte ihn glücklich stimmen sollen. Nicht mehr allein zu sein. Und ja, das hatte es auch irgendwie. Zunächst. Dann war die unabwendbare Konsequenz dieser Offenbarung in ihn eingedrungen und die Freude wurde durch beißende Furcht ersetzt. Sie würde sterben!

Natürlich hatte er das nicht zulassen können und so hatte er sie befreit. Er hatte das getan, was er schon vor Wochen hätte tun sollen, wenn er nicht ein derartiger Feigling gewesen wäre.

Vor sich hin fluchend schritt er eilig, aber nicht auffällig die Korridore entlang und Treppen hinauf, bis er sein Gemach erreicht hatte. Erik stand mit grimmiger Miene und breitbeinig vor seiner Tür und musterte seinen Prinzen von oben bis unten, um festzustellen, ob ihm etwas fehlte – so wie er es immer tat. Als er zu dem Schluss kam, dass es Jeriah körperlich an nichts mangelte, verschränkte er die Arme.

»Das kann so nicht weitergehen, Eure Hoheit«, sagte er streng. »Ihr könnt Euch nicht ständig den Augen meiner Wachmänner entziehen. Wie sollen wir Euch beschützen?«

»Vergib mir, Hauptmann, das wird nicht mehr vorkommen. Nie wieder«, fügte er noch leiser hinzu. Rhea war fort und wenn er Glück hatte, wenn sie beide Glück hatten, würden sie sich nie wiedersehen.

»Warum beruhigt mich dieses Versprechen nicht?« Erik fuhr sich seufzend durch das Haar.

»Ich ...«, begann Jeriah, bevor der Dux Aliquis mit zwei seiner persönlichen Wachen und drei Priestern als Gefolge in den Korridor trat. Sein Mienenspiel übte eine seltsame Faszination auf Jeriah aus, da es abwechselnd überschwängliche Freude und bitteren Zorn zeigte.

»Eure Hoheit«, begrüßte ihn der Priester und überging wie üblich den Hauptmann.

»Was bringt Euch zu mir?«

»Die Gefangene Rhea Khemani ist uns entflohen und zuverlässige Quellen bestätigen, dass Ihr der Webhexe nicht nur zur Flucht verholfen habt, sondern dass Ihr zudem auch ein Webhexer seid.«

Jeriah stieß ein hohles Lachen aus, obwohl sich sein Magen verkrampfte. Der Junge war also wirklich ein Spion des Priesters gewesen. »Das ist absurd.«

Der König und die Königin schlossen sich ihnen samt Cillian an, als hätten sie bloß auf die Verkündung seines Geheimnisses gewartet.

»Ich hätte es für angemessen gefunden, wenn du erst das Gespräch mit mir geführt hättest, Dux Aliquis«, brachte Jeriahs Vater verärgert hervor. Der Prinz nahm nicht für einen Augenblick an, dass es um ihn als Person ging. Sein Vater mochte es nur nicht, wenn man ihn überging.

»Vergebt mir, Eure Majestäten.« Der Dux Aliquis deutete eine Verbeugung an. »Aber die Situation hat eine gewisse Eile verlangt. Euer Sohn ist ein Webhexer.«

Erik spannte sich neben Jeriah an und legte einen Arm auf den Knauf seines Schwertes. Entweder war dem Hauptmann egal, was der Priester über ihn sagte, oder er hatte bereits von dem geheimen Talent seines Herrn und Freundes etwas geahnt.

Der König warf seinem Sohn einen knappen Blick zu, bevor er einen langen Atem ausstieß und seine Schultern senkte. Die goldene Schnalle, die mit den Insignien des Königs versehen war und dessen Mantel zusammenhielt, glänzte im Licht der Fackel, als er sich erneut dem Hohen Priester zuwandte.

»Ich weiß«, sagte er und bestätigte damit all seine Warnungen, die er zuvor gegenüber Jeriah ausgestoßen hatte. Er hatte ihm nichts vorgespielt. Jeriah begriff, dass er immer ehrlich gewesen war, als er ihm gesagt hatte, dass er ihm nicht mehr würde helfen können, sobald der Dux Aliquis von seiner Magie erfuhr. Es sollte Jeriah nicht überraschen, sollte ihn nicht schmerzen und doch tat es genau das. Jahr um Jahr,

Tag um Tag hatte er sich an die Liebe seiner Eltern geklammert, die nie dagewesen war. Ein Hirngespinst, das er gewoben hatte, um bei Verstand zu bleiben. Sein Vater hatte jede Möglichkeit genutzt, ihm vor Augen zu führen, wie wertlos er für ihn war; hatte ihm einen Sklaven als Freund geschenkt, um zu betonen, dass er niemals angesehenere Freundschaften schließen würde.

Aber hatte Jeriah ihn nicht eines Besseren belehrt? War der Sklave nicht zum Mann und schließlich zum Hauptmann von Jeriahs Leibwache herangewachsen? Besaßen sie keine Freundschaft, die reiner war als alles, was der König sein eigen nannte?

Und trotzdem schmerzte die Erkenntnis, dass sein Vater seinen Wert nie anerkennen würde.

»Ihr wusstet davon?«, wiederholte der Hohe Priester verdutzt und riss Jeriah aus seinen Gedanken. »Wieso ließet Ihr mich dann all die Jahre in dem Glauben, dass wir alle Webhexer bereits ausgerottet haben?«

»Weil ich dir keine Rechenschaft schuldig bin, Calcas, und ich sage dir jetzt die Wahrheit, da du sie bereits kennst. Tu, was du tun musst.«

Jeriah keuchte, bevor er mit einem Finger auf den Hohen Priester deutete. »Ich werde ihm nicht helfen. Und dir auch nicht.«

Er konnte nur ahnen, was der Hohe Priester die vergangenen neun Jahre für den Moment geplant hatte, in dem Rheas Fähigkeiten erwachen würden. Und nun sollte er ihre Rolle übernehmen. Ganz gleich, was er zu Rhea gesagt, wie furchtlos er sich ihr gegenüber gezeigt hatte, nun begriff er die Konsequenzen seines Handelns und sie ängstigten ihn. In dem Moment, da er Rhea ein weiteres Mal aufgesucht hatte, hatte er ihre beiden Schicksale besiegelt und das nicht zum Guten. Wie es aussah, hatte er sie zur Flucht gezwungen und sich selbst zur Knechtschaft verurteilt. Dass Rheas Erbe auch unter anderen Umständen erwacht wäre, verminderte sein schlechtes Gewissen nicht.

Jeriah war der Bösewicht in ihrer Geschichte. Und in seiner eigenen.

»Du wirst tun, was er sagt«, zischte König Deron und trat einen Schritt vor, sodass er auf seinen Sohn warnend hinabsehen konnte. Obwohl Jeriah viele Stunden auf dem Trainingsgrund verbrachte und an seinen Fähigkeiten feilte, konnte er nicht sagen, ob er einen Kampf gegen seinen eigenen Vater überleben würde. »Ansonsten wird dein Bruder darunter leiden.«

»Mir ist egal, was mit Cillian passiert«, erwiderte Jeriah kalt. Ihm entging das süffisante Grinsen ebenjenes Bruders nicht, der sich nun ein Stück weit hinter seiner Mutter hervorwagte, als würde ihm das Schauspiel zunehmend besser gefallen.

»Ich meine nicht Cillian, sondern Jathal.«

Es hatte nicht mehr als wenige Augenblicke für seinen Vater gebraucht, um mit einem neuen Druckmittel gegen ihn aufzuwarten.

Jeriah ballte wütend die Hände zu Fäusten. »Du würdest deinen eigenen Sohn opfern?«

Der König zuckte mit den Schultern, bevor er seine Hände flach auf die Knopfreihe seiner mit goldenen Fäden bestickten Jacke legte. »Ich bin mir ohnehin nicht sicher, ob er mein Sohn ist, fast so wie bei dir, wenn ich ehrlich sein will. Ich habe immer noch Cillian.«

Als erneut der Name seines jüngsten Bruders fiel, konnte er nicht umhin, seine Mutter anzusehen. Ihre Lippen verzogen sich zu einem selbstzufriedenen Lächeln, obwohl ihr Gemahl sie gerade des Ehebruchs bezichtigt hatte. Es war ihr egal, solange Cillian von den Geschehnissen profitierte.

»Ihr seid wahnsinnig. Alle beide«, knurrte Jeriah und bemerkte gerade noch rechtzeitig die Bewegung seines Leibwächters. Eilig legte er eine Hand auf Eriks Schwertarm und sah ihn eindringlich an. »Das ist es nicht wert.«

»Reiß dich zusammen, mein Sohn. Der Dux Aliquis wird dich sicherlich vor ein paar Herausforderungen stellen, aber er handelt im Sinne des Königreiches. Ist es nicht so, Calcas?«

»In der Tat, Eure Majestät. In der Tat.« Es fehlte nicht mehr viel und der Hohe Priester hätte sich voller Erwartung die Hände gerieben. »Wir werden ausschließlich an Eurer Magie feilen, Eure Hoheit.«

»Entschuldigt mich«, brachte Jeriah zwischen seinen zusammengebissenen Zähnen hervor. Nur an seiner Magie feilen? Er traute dem Dux Aliquis nicht, und er ahnte, dass ihm genauso wenig die ihn erwartenden Lehrstunden gefallen würden. Welcher Art sie auch sein mögen. Vielleicht war es falsch, aber er klammerte sich an die Worte, die er auch Rhea gesagt hatte: Er war der Sohn des Königs und der

Thronfolger. Der Dux Aliquis besaß keine unendliche Macht über ihn. »Wenn Ihr mich nicht hier und jetzt festketten wollt, werde ich mich in meine Gemächer zurückziehen.«

Als sich niemand regte, flüchtete er mit Erik an seiner Seite in sein Zimmer.

Vielleicht hätte er Rhea doch begleiten sollen.

Sei nicht egoistisch und dumm. Du hast es ihr gesagt. Dein Vater hätte niemals aufgehört, nach euch zu suchen.

Etwas sagte ihm, dass der Dux Aliquis von nun an jeden einzelnen Geheimgang finden und bewachen lassen würde, um seinen kostbarsten Schatz genau dort zu behalten, wo er war. Im Palast.

Kapitel · 40

Man sollte meinen, Rhea wäre bereits hervorragend in Geduld geübt, doch das Warten zerrte stärker an ihren Nerven als die letzten Jahre der Gefangenschaft. Der erste Tag verging am schnellsten, der zweite wurde beinahe zur körperlichen Qual und der dritte stellte sie auf die bisher härteste Probe.

Das Leuchten wurde immer schwächer, während sie sich ihre Zeit damit vertrieb, einfache Bannzauber zu weben. Sie hatte keinen von den magischen Fäden mitgenommen, die Jeriah besorgt hatte, und ärgerte sich ein wenig darüber. Trotzdem ließ sich bereits viel ohne diese tun. Am meisten beruhigten sie die Fäden, die sie überall in ihrer Höhle sehen konnte und die alles miteinander zu verbinden schienen. Das Netz der Welt.

Sie beschloss am Morgen des vierten Tages, während sie das letzte Stück Brot verzehrte, aus der Höhle zu treten.

Es würde ihr schwerfallen, die Tunnel zu verlassen, denn dadurch würde sie sich immer weiter von Jeriah entfernen. Sie hoffte, dass es ihm und Helmar gut ging und der König nicht zu hart mit ihnen ins Gericht gegangen war.

Gähnend streckte sie sich auf dem kalten Gesteinsboden aus, als sie zum ersten Mal Geräusche wahrnahm, die nicht von neugierigen Ratten oder erwachenden Fledermäusen stammten. Es handelte sich eindeutig um sich nähernde Schritte.

Sofort sammelte sie lautlos ihr Hab und Gut zusammen und positionierte sich neben dem Felsspalt. Die Kapuze des Umhangs hatte sie tief über ihr Gesicht gezogen. Es müsste genügen. So sehr leuchtete sie nicht mehr, dass man von Weitem auf sie aufmerksam werden würde.

Zu den Schritten gesellten sich nun auch Männerstimmen, die von den kahlen Wänden widerhallten, wodurch es Rhea nicht möglich war, ihre Anzahl zu bestimmen. Sie drückte sich enger an die Wand, wandte das Gesicht ab und betete inständig, unentdeckt zu bleiben.

Schließlich fiel das Licht einer Fackel in ihre Höhle, aber nicht besonders lange, als wäre dem Träger nicht aufgefallen, dass es diese Felsspalte gab. Die Schritte und Stimmen wurden zunehmend lauter, dann wieder leiser, bis sie ganz verstummten. Vielleicht hatten sie ihre Suche auf den Wald ausgeweitet, denn dass es ein Suchtrupp war, stand für Rhea außer Frage. Entweder hatte die Palastwache von diesem Geheimgang gewusst oder Jeriah hatte nachgegeben und es ihnen gesagt. Sie hielt Letzteres für unwahrscheinlich.

Ihre Knie zitterten vor Angst so sehr, dass sie sich hinsetzen musste. Vorsichtig ließ sie sich an der Wand herab und kauerte sich zusammen. Ihr war es unmöglich, sich zu beruhigen, da sie von jedem noch so kleinen Geräusch aufgeschreckt wurde.

Sie wusste nicht, wie viel Zeit verging, bis der Suchtrupp zurückkehrte und seinen Weg erneut durch die Höhlen fand. Es dauerte sehr, sehr lange, ehe sie wieder wohltuende Stille umfasste. Niemand hatte den Riss in der Wand bemerkt. Sie war für den Moment sicher.

In dieser Nacht tat sie kaum ein Auge zu und deshalb schlüpfte sie vor Sonnenaufgang aus ihrer Höhle. Das Leuchten ihres Gesichts war so schwach, dass sie sich ihren Weg nach draußen ertasten musste. Dann endlich erreichte sie den Abhang.

Der Himmel erhellte sich allmählich, während sie mühselig hinabkletterte. Mehrmals stolperte sie über eine tückische Wurzel oder blieb mit ihrem groben Umhang an einem Strauch hängen, bis sie die letzten Meter tatsächlich vornüberfiel und gerade so auf der Seite zum Liegen kam, ehe sie gegen einen Baumstamm prallen konnte.

Stöhnend rappelte sie sich wieder auf, klopfte den Schmutz von ihrer Kleidung und machte sich dem Waldesrand folgend auf dem Weg nach Süden.

Sie fürchtete sich. Mit jedem Schritt, den sie ging, wuchs ihre Angst weiter ins Unermessliche. Es war warm und die Dunkelheit schwand, doch mit ihr sank auch ihr Mut. War sie wirklich dazu bereit, den Palast hinter sich zu lassen?

Es kam ihr vor, als wäre es jemand anderes gewesen, der Jeriahs Plänen zugestimmt hatte. Sie war zehn Jahre lang in dem Wissen aufgewachsen, dass sie sterben würde, sobald sich die Webmagie in ihr manifestierte. Und nun sollte sie tatsächlich das Schicksal betrogen haben?

Nein. Sie war nicht bereit. Sie ...

Der Wald lichtete sich, ehe er einem Kornfeld weichen musste, das sich meilenweit vor ihr erstreckte, bis es die Mauer Yastias küsste. Sollte sie nicht einfach umkehren und sich ihren eigenen Weg suchen? Wäre es nicht Selbstmord, in die Stadt zurückzugehen, wo man sicherlich nach ihr Ausschau halten würde?

Jeriah hatte dafür gesorgt, dass sie Geld besaß. Damit würde sie sich doch sicher so lange über Wasser halten können, bis sie in einer anderen kleinen Stadt oder noch besser in einem Dorf Arbeit fand. Selbst als sie dem Gedankengang folgte, erkannte sie die Sinnlosigkeit dessen.

Niemand würde ihr eine Arbeit geben. Man würde ihr mit Misstrauen begegnen und dann würden Gerüchte über ihre Anwesenheit aufkommen, die die Schergen des Dux Aliquis sofort auf ihre Fährte locken würden. Sie wusste aus ihren Büchern, dass ein Mädchen in ihrem Alter das Land nicht ohne Begleitung durchstreifte und schon gar nicht mit einem Beutel voll Geld. Nein. Es führte kein Weg drum herum. Sie würde die Hilfe der Wanderer in Anspruch nehmen müssen.

Zuerst musste sie allerdings etwas gegen das leuchtende Rot ihrer Haare unternehmen, denn danach würden die Wachen sicherlich sofort Ausschau halten.

Sie kehrte in den Wald zurück, wo sie sich vor einem kleinen Bächlein kniete, um mit Wasser und Makulabeeren eine Paste zu mischen, die ihr Haar vorübergehend dunkel färben würde. Diese Art von Haarfärbemittel kannte sie noch aus ihrer Kindheit, da ihre Mutter damit das Grau ihrer Haare abgedeckt hatte. Am liebsten hätte sie ihre Haare gekürzt, doch sie besaß weder ein Messer noch eine Schere.

Nachdem die Paste auf ihrem Kopf getrocknet war, wusch sie diese gründlich aus.

Zufrieden mit dem Ergebnis ließ sie die Kapuze unten, damit ihre feuchten Haare unterwegs in der Morgensonne trocknen konnten. Sie brauchte eine Weile, bis sie die Straße fand, die direkt zum Haupttor führte. Auf dieser hielten sich hoffentlich genug Menschen auf, unter die sie sich mischen konnte. Schon jetzt musste sie Heuwagen oder anderen Pferdegespannen ausweichen. Einmal rutschte sie beinahe in den Graben, wo sie sich durch einen Aufprall vermutlich einen Fuß oder gar Schlimmeres gebrochen hätte. Im letzten Moment konnte sie jedoch ihr Gleichgewicht wiederfinden.

»Mädchen«, rief eine ältere Frau auf einem instabil wirkenden Holzwagen. Sie saß allein auf dem Kutschbock, zwei Esel waren vorne eingespannt und zogen die Last der aufgeladenen Äpfel in einem gemächlichen Schritt.

Rhea reagierte erst nach dem dritten Rufen, da sie unsicher war, ob tatsächlich *sie* gemeint war.

»Kann ich helfen?«, fragte sie möglichst freundlich und brachte sogar ein Lächeln zustande.

»Musst du in die Stadt?« Die ältere Frau spuckte etwas aus. Rhea nickte. »Dann spring auf. Hier stehst du nur im Weg.« Sie zog die Zügel an und die Esel gehorchten sofort. Als sie stehen blieben, haderte Rhea einen Moment mit sich selbst, ehe sie ihre Sorgen über Bord warf. Sie war müde, ihre Füße schmerzten und diese Frau wirkte freundlich genug. Lediglich in ein fleckiges graues Gewand gekleidet und das strohige weiße Haar zu einem unordentlichen Knoten gebunden, strahlte sie keine Gefahr aus.

»Danke«, sagte sie leise, nachdem sie sich auf dem harten Holz niedergelassen hatte. Von dieser erhöhten Position aus konnte sie erkennen, wie dicht die Menschenkarawane geworden war, die in die Stadt wollte.

»Wie ist dein Name, Mädchen?«, grunzte die Alte und befahl ihren Maultieren, weiterzutrotten. Der Wagen setzte sich ruckartig in Bewegung und Rhea musste sich an einer rauen Holzplanke festhalten, um nicht herunterzufallen.

»Rh ... Rosa. Mein Name ist Rosa«, verbesserte sie sich. Die Alte schnaubte. »Und Euer Name?«

»Nenn mich Ferrana.«

»Werdet Ihr die Äpfel auf dem Markt verkaufen?«, zwang sich Rhea zu fragen. Sie wusste nicht, ob diese Tatsache für jeden klar war, der nicht hinter Gittern aufgewachsen war, aber ihre Neugier ließ sich nur schlecht beherrschen.

»Nein«, antwortete sie barsch. »Sie sind allein für die Königsfamilie.«

»*Alle* Äpfel?«, rief sie ungläubig aus.

Ferrana gackerte und schlug sich mit einer Hand auf den Oberschenkel, sodass Rhea einen achtzackigen Stern auf ihrem Handrücken erkennen konnte. Schwarze Linien, die trotz der Falten noch deutlich erkennbar waren. »Überrascht es dich, Mädchen, dass die Königsfamilie *alles* will?«

Rhea dachte einen Augenblick darüber nach und schüttelte dann schließlich den Kopf. »Das sollte es nicht.«

»Du hast noch viel zu lernen, Mädchen.« Sie spuckte erneut aus. »Nimm dir einen Apfel. Du musst ihn aber gegessen haben, bevor dich die Wachen am Tor sehen können. Mach schon.«

Das ließ sich Rhea nicht zweimal sagen und sie griff in einen der geflochtenen Körbe, wo sie sich ein besonders schönes dunkelrotes Exemplar herausholte. Der erste Biss war der beste. Köstlicher Saft füllte ihren Mund und rann ihr Kinn hinab. Sie wusste nicht, ob sie jemals etwas so Wundervolles gegessen hatte.

Schließlich warf sie die Überreste in den Graben, bevor sie das Tor erreichten und sie von einer der uniformierten Wachen durchgewinkt wurden. Anscheinend war Ferrana ihnen bereits bekannt.

»Hier trennen sich unsere Wege«, verkündete die Alte, nachdem sie die erste Biegung hinter sich gelassen hatten. Sie hielten an einer wenig befahrenen Straße, sodass Rhea nicht beim Abstieg überfahren oder zertrampelt zu werden drohte.

»Vielen Dank, Ferrana.« Am liebsten hätte Rhea die faltige Hand der Alten genommen, um sie zu drücken, doch sie traute sich nicht.

»Pass auf dich auf, Mädchen«, antwortete diese schroff und winkte sie fort.

Rhea sprang herab und wartete, bis Ferrana mit dem Gespann hinter einer Kutsche verschwand, bevor sie sich über die Straße bewegte.

Zunächst fühlte sie sich beschwingt durch die Leichtigkeit ihrer Flucht, doch je näher sie ins Zentrum vordrang, in dem sich hoffentlich der Marktplatz befand, von wo aus sie das Viertel der Wanderer erreichen konnte, desto nervöser wurde sie. Schweiß bildete sich auf ihrer Stirn. Menschen waren überall, keilten sie ein und schienen sie zu verfolgen. Hinter jeder Hausecke erwartete sie, wieder festgenommen zu werden, und sie zuckte zusammen, sobald jemand auch nur ihren Ärmel streifte.

Mittlerweile stand die Sonne hoch am Himmel und half Rhea kaum dabei, sich zu orientieren. Ganz gleich, wie viele Abzweigungen nach rechts oder links sie nahm, sie kam dem Markt nicht näher. Als ihr von der Hitze schwindelig wurde und sie kaum mehr einen Schritt vor den anderen setzen konnte, gab sie der Erschöpfung nach und lehnte sich gegen die raue Wand einer Taverne.

Mit geschlossenen Augen konzentrierte sie sich auf den Schmerz in ihren Füßen und überlegte, ob sie diesen mit Webmagie lindern könnte. Hatten ihre Eltern diese Art von Magie gewoben? Sie wünschte, sie könnte sich daran erinnern.

»Wen haben wir denn da? Hast du dich verlaufen, Kleine?«

Sie riss die Augen auf. Die Stimme war viel zu nah und fauler Atem schlug ihr entgegen. Ein Mann mit struppigem Haar und tiefen Falten um Mund und Augen lehnte seitlich neben ihr an der Wand. Er schenkte ihr ein Grinsen, bei dem sie seine fehlenden Zähne zählen konnte. Angewidert tat sie einen Schritt zur Seite, doch seine Hand schoss vor und legte sich eisern um ihren Unterarm.

»Lass mich los«, herrschte sie ihn an. Wut und Angst vermischten sich in ihrem Inneren.

»Zier dich nicht so, Kleine. Ich zeig dir etwas, das dir großen Spaß bereiten wird«, versprach er ihr im Brustton der Überzeugung und zerrte sie zu sich.

Kurz bevor sie gegen ihn prallen konnte, sauste eine Klinge auf den Arm des Mannes herab. Anstatt diesen jedoch zu zerteilen, hielt sie kurz vor dem Ärmel inne. Der Mann erstarrte. Sowohl dieser als auch Rhea blickten von dem glänzenden Schwert hoch zum Arm bis zu dem gebräunten Gesicht eines Wanderers.

»Mann, kein Grund, damit herumzufuchteln«, sagte der ältere Mann und ließ Rhea endlich los.

Der Wanderer, den Rhea nicht nur an seinen langen Zöpfen und den bunten Ohrringen, sondern auch an dem Tattoo auf seinem Gesicht erkannte, steckte sein Kurzschwert zurück in die Scheide. Das goldene Tattoo bewegte sich über seine linke Gesichtshälfte und verband sich zu seltsamen, verschlungenen Mustern, ehe es wieder erstarrte, als hätte es sich lediglich um eine optische Täuschung gehandelt.

»Lass dich hier nicht mehr blicken«, zischte der Wanderer. Mit erhobenen Händen entfernte er sich rückwärtsgehend, bis er an der Kreuzung herumwirbelte und davonlief. Der Fremde sah ihm nach, bevor er seinen Blick auf Rhea richtete.

»Aiofe erwartet dich bereits«, sagte er etwas leiser und deutlich freundlicher. »Würdest du mich begleiten, Rhea Khemani?«

Unwillkürlich tat sie einen Schritt zurück. Er kannte ihren Namen! Rhea fragte sich, ob das bedeutete, dass er auch von ihrem Leben im Palastkerker wusste.

»Wie ist dein Name?« Sie schindete Zeit, warum, konnte sie nicht genau sagen. Das war es doch, was sie mit ihrem Herkommen beabsichtigt hatte. Ein Treffen mit den Wanderern. Aber es verunsicherte sie, dass sie offensichtlich auf der Suche nach ihr gewesen waren …

»Taime, zu deinen Diensten.« Er verbeugte sich, Rhea konnte allerdings nicht bestimmen, ob diese ehrerbietende Geste ehrlich oder spöttisch gemeint war. »Wir sollten uns auf den Weg machen.« Er reichte ihr seinen Arm, bei dem sie sich nach kurzem Zögern einhakte. Was hatte sie schon zu verlieren?

»Woher wusstest du, wo ich bin?«, fragte sie und versuchte, möglichst gelassen zu wirken. Sie wollte niemanden von der anwesenden Stadtwache auf sich aufmerksam machen, indem sie vor Angst beinahe in Ohnmacht fiel. Sie erreichten den überquellenden Marktplatz, wo sich beinahe in jeder Ecke eine Wache verbarg.

»Aiofe konnte mir sagen, wo du sein wirst.« Er warf ihr einen kurzen Seitenblick zu und lächelte, als er ihre weit aufgerissenen Augen bemerkte. »Sie ist sehr besonders. Du wirst sie mögen.«

»Ich möchte nicht, dass ihr meinetwegen in Schwierigkeiten geratet.«

Sie bewegten sich durch die Menge, aber ihnen bot sich kaum Platz, nebeneinander zu gehen. Nur mit Mühe konnte Rhea den Griff um Taimes Arm bewahren.

»Uns wird nichts geschehen. Es war sehr klug von dir, dir die Haare zu färben. Das erleichtert den Weg zu Aiofe«, lobte der Wanderer sie. »Wir hätten dich sonst erst aus der Stadt bringen müssen.«

»Ich war bereits draußen«, gab sie zögerlich zu. Die Lautstärke, mit der sie sich unterhielten, war gerade so noch angenehm. Wenn es um sie herum lauter gewesen wäre, hätten sie schreien müssen.

Taime lachte, erwiderte darauf jedoch nichts.

Schweigend folgte sie seiner Führung, bis sie den Teil des Marktes erreichten, der den Schaustellern vorbehalten war. Da diese überwiegend der Gruppe der Wanderer angehörten, spürte sie, wie die Anspannung von Taime abfiel.

»Hier ist es.« Er deutete auf ein bunt geflicktes Zelt, das sich nur in der Größe von den anderen unterschied. Ein hölzernes, in den Boden gestampftes Schild wies darauf hin, dass dem Kunden erst nach Bezahlung die Karten gelesen werden würden. Taime schob die schweren Stofffetzen des Eingangs zur Seite und überließ Rhea den Vortritt.

Sie musste ihren Kopf leicht einziehen, um nicht gegen die Plane zu stoßen. Im Inneren richtete sie sich wieder auf. Hexenlicht tauchte den mit Farben, Stoffen und Kissen überfüllten Raum in warmes Licht. Der Duft von Räucherstäbchen umhüllte Rhea augenblicklich und brachte sie zum Husten. Es war stickig und heiß. Hinter einer Reihe von Batiktüchern saß eine ältere Frau im Schneidersitz auf gemütlich wirkenden Kissen und starrte in die glimmende Glut. Ihr Kopf war kahl rasiert und auf ihrer linken Wange befand sich ein ähnliches Tattoo, wie es Taime aufwies, doch ihres war nicht nur für Webhexen sichtbar. Sie hatte es sich mit blauer Farbe tätowieren lassen, was nur eines bedeuten konnte: Aiofe war eine Hexe, die unter den Wanderern geboren war. Ansonsten hätte sie ein magisches Tattoo aufweisen müssen, das mit dem Erwachsenwerden größer wurde. Sie hatte Jeriah diesbezüglich nicht die Wahrheit gesagt, weil sie diese Magie selbst nicht so recht verstand.

»Setz dich«, forderte sie Rhea mit unerwartet volltönender Stimme auf, ohne ihre Haltung zu verändern. Die Hände ruhten auf ihren Knien.

Rhea warf Taime einen letzten Blick zu, bevor er hinter den Tüchern verschwand, dann setzte sie sich Aiofe gegenüber auf ein fliederfarbenes Kissen.

»Endlich bist du zu uns gestoßen.« Aiofe betrachtete sie aus ihren dunkelgrauen Augen. »Deine Eltern hätten diesen Tag gefeiert.«

»Ihr kanntet meine Eltern?«, flüsterte Rhea ehrfürchtig.

»Nein. Nicht persönlich. Doch sie waren stolze Webhexer und sie wären auch stolz auf dich.«

»Woher wusstet Ihr von meiner ... Erweckung? Wo ich war?«

»Magie, meine Liebe. Wenn du so alt bist wie ich, offenbaren sich einem als Webhexe einzigartige Fähigkeiten. Ich kann sehen, wenn eine neue Hexe oder ein neuer Hexer erwacht.«

»Nur Webhexen?«

»Nein. Jede Art von Hexe. Das ist mein Fluch. Das ist mein Segen.«

»Fluch ... und Segen?«

»Nicht immer kann ich die Betroffenen erreichen, bevor sie entdeckt werden oder bevor sie sich selbst verlieren«, erklärte sie. Ihre faltigen Mundwinkel zuckten, dann hob sie eine blasse Hand und streckte sie über das kaum noch brennende Feuer. »Tod und Leben liegen nah beieinander. Das eine kann nicht ohne das andere existieren, und dennoch macht es das Wissen darum nicht leichter, unsereins sterben zu sehen.«

»Was wäre geschehen, wenn ich mich nicht hätte befreien können? Wie lange wusstet Ihr über meine Situation Bescheid?« Sie musste diese Fragen stellen, um herauszufinden, ob sie Aiofe und den Wanderern vertrauen konnte.

»Seit der kleine Prinz sich nach magischen Fäden erkundigt hat«, antwortete sie leise. »Wir hörten immer mal wieder Gerüchte über ein Hexenmädchen gefangen im Palastkerker, aber es war nie mehr als das: Gerüchte von wenig vertrauenswürdigen Personen. Der Prinz aber hätte nur durch jemanden aus unserem Kreis wissen können, wo es die Fäden zu erstehen gibt. Taime bestätigte unseren Verdacht und dann erwachte deine Macht. Du warst verschwunden, bevor wir unseren Plan, dich zu befreien, in die Tat umsetzen konnten.«

Voller Staunen blickte Rhea die alte Frau an. Sagte sie wirklich die Wahrheit? Hätte sie fliehen können, ohne dass Jeriah sich hätte schuldig machen müssen?

»Habt Ihr ... habt Ihr Neuigkeiten aus der Königsfamilie vernommen?« Gespannt hielt sie den Atem an.

Endlich nahm Aiofe die Hand von dem Feuer und legte sie zurück auf ihr in dunkle Stoffe gekleidetes Knie. Rhea konnte nicht sagen, wie viele Lagen Kleidung die Webhexe trug. Es war erstaunlich, dass sie nicht vor Hitze einging.

»Dem Prinzen geht es gut. Dem Kerkermeister allerdings nicht. Er wurde noch am Tag deines Verschwindens gehängt.«

Rhea keuchte und legte eine Hand auf ihr Herz. Helmar war ... tot? *Nein. Oh nein.* Er hätte mit ihr fliehen sollen, anstatt auf seine Ehre zu bestehen. *Sie* hätte ihn zwingen müssen! Sie glaubte nicht, dass er aufgrund seiner Stellung unantastbar war, dafür kannte sie den Hohen Priester zu gut; hatte die Gier nach ihrer Magie in seinen Augen aufblitzen sehen.

Tränen brannten in ihren Augen, wenn sie an all die Momente zurückdachte, in denen Jeriah ihr gezeigt hatte, dass es auch für sie einen Grund gab, weshalb sie lebte. Er hatte sie gelehrt, niemals aufzugeben. Und Helmar ... er war ihr Freund, ihr Vater gewesen und nun war er ihretwegen gehängt worden!

Sie würde sich dies nicht verzeihen können. Niemals.

Dass Jeriah offenbar nichts geschehen war, von dem Aiofe wusste, war nur ein schwacher Trost im Vergleich zu dieser Tragödie.

»Ich möchte, dass du uns in die Wüstensteppe begleitest«, sagte Aiofe und durchbrach damit die knisternde Stille, nachdem sie der Jüngeren einen Moment der Trauer gelassen hatte. »Wir werden noch heute Nacht aufbrechen, um für die sterbende und die kalte Jahreszeit in unsere Heimat zurückzukehren.«

»Wieso?«, wisperte sie noch immer unter Schock stehend.

»Du musst lernen, deine Fähigkeiten zu kontrollieren. Ich will es dich lehren.«

Rhea schloss die Augen und atmete tief durch. Gab es überhaupt eine andere Wahl? Sie würde Jeriah früher oder später wiedersehen, das wusste sie, aber wäre es nicht besser, dass es geschah, wenn sie vorbereitet war? Wenn sie ihn vor seinen Eltern und dem Dux Aliquis beschützen könnte? Ihre jetzigen Fähigkeiten würden sie nur in den Kerker zurückbringen. Sie besaß bis auf die Wanderer keine Kontakte und sie bezweifelte, dass sie ihr helfen würden, den Prinzen zu retten.

Trotzdem ... sie musste es wissen.

»Was ist mit Jeriah? Muss er nicht auch lernen, damit umzugehen?«

»Natürlich hätten wir ihn am liebsten bei uns, aber wir wissen, dass das nicht möglich ist«, antwortete Aiofe auf die Frage, die sich Rhea nicht getraut hatte, offen auszusprechen. Die ältere Webhexe beugte sich weiter auf und sah die jüngere eindringlich an. »Er ist der Sohn des Königs und unsere Position hier in Yastia ist prekär genug. Wir können uns nicht in die politischen Belange einmischen. Noch nicht. Aber wenn du bereit bist zu lernen und genügend Ehrgeiz entwickelst, dann wirst du schon bald mächtig genug sein, ihn selbst zu retten.«

Aiofe sprach die Worte aus, die Rhea bereits in ihrem Herzen getragen hatte, doch sie von jemand anderem zu hören, machten sie wirklicher. Ihr blieb keine andere Wahl, wenn sie Jeriah retten wollte.

»Ich begleite Euch«, antwortete sie entschlossen und ballte ihre Hände zu Fäusten.

Aiofe lächelte so breit, dass Rhea die schwarzen Zähne im Schein der Hexenlichter sehen konnte.

»Ich werde dich zu einer großartigen Webhexe machen, Rhea Khemani.«

Kapitel · 41

Morgan wich nicht von Aithans Seite, während sie auf den gepflasterten Wegen zum Schloss vordrangen. Mathis ging ihnen voraus und Cáel zu Aithans anderer Seite, was die Wölfin nicht verhindern konnte. Ihre Gedanken rasten. Körperlich war sie ihm nicht gewachsen, und sie würde ihn nicht niederschlagen können, bevor sie das Innere des Schlosses erreicht hatten. Also musste sie Aithan schützen und dafür sorgen, dass er den Wunsch nutzte, bevor Cáel handeln konnte.

Sie verfluchte sich selbst, dass sie so lange mit dem Gedanken gespielt hatte, den Wunsch für sich selbst zu gebrauchen. Es wäre egoistisch gewesen und zudem hätte sie sich selbst nicht mehr respektieren können. Das hatte ihr jedoch wenig bedeutet, bevor sie sich ihre Gefühle für Aithan eingestanden hatte.

Larkin hatte sie zur Wölfin erzogen und eine Wölfin nahm keine Rücksicht auf andere. Sie versuchte stets einen Vorteil für sich herauszuschlagen. Jetzt konnte sie sich jedoch dagegen entscheiden. Gegen den Eigennutz und für ihre Gefühle. Aithan vertraute ihr und sie wollte ihn nicht enttäuschen.

Nun sah sie sich allerdings noch immer einem Dilemma gegenüber. Sie standen so kurz vorm Ziel und es gab keine Möglichkeit, dem vergessenen Prinzen zu beweisen, dass sein Freund ein verwunschener Gott war …

Nebel waberte zwischen den mit Efeu überwucherten Häusern, von denen einige unter der Last der Pflanzen eingestürzt waren. Schatten hatten sich in kaum einsehbare Ecken eingenistet und schwelten im Licht der untergehenden Sonne.

Die Stadt war nicht besonders groß, sodass die Hauptstraße sie auf direktem Weg zum Schloss führte, das schon bald in seiner gesamten Größe vor ihnen aufragte. Es war kein Vergleich zu dem beeindruckenden Palast Yastias, doch es besaß eine Magie, die jedem Respekt einflößte, der sich ihm weiter näherte. Besonders die unangetastete Schönheit des hellen Mauerwerks beeindruckte Morgan. Wie konnte etwas so Wundervolles inmitten von Verdorbenheit und Flüchen existieren?

Da sie an jeder Kreuzung einen Angriff erwartete, zog Morgan ihre Beile und hielt diese vor sich ausgestreckt. Am Tor hatte sie sich zwar instinktiv der schwarzen Knochenmagie bedient, doch sie wusste nicht, ob sie sich ein weiteres Mal ohne Cáel aus dem schlangenhaften Griff befreien könnte.

Deshalb verließ sie sich lieber auf ihre körperliche Stärke und ihre geschärften Waffen.

»Besitzen wir noch Hexenlichter?«, erkundigte sich Aithan, während er selbst einen der schwach leuchtenden Steine aus seiner Tasche hervorholte.

Sonan und Lima, die mit zwei weiteren Kriegern die Einzigen waren, die es aus der Finsternis geschafft und nicht vom Bach getrunken hatten, beförderten einen zweiten Stein zutage. Sie mussten genügen, bis sie etwas gefunden hatten, mit dem sich Fackeln herstellen ließen.

Die Schatten wurden länger, doch noch immer griff sie keiner an. Sollten sie bereits alle Hindernisse überwunden haben?

Der Weg führte sie an einen riesigen, längst ausgetrockneten Brunnen vorbei. Das Becken bestand aus matten bunten Mosaiksteinchen, die zu einem Muster zusammengesetzt worden waren, das leider großflächig von Moos und Kletten verdeckt war, wie Morgan traurig feststellte. Überhaupt wurde ihr Herz schwer, als sie die verwunschene Stadt betrachtete. Einst musste sie wunderschön gewesen sein und sogar Yastia in den Schatten gestellt haben.

Schließlich erreichten sie die massiven, mit Gold beschlagenen Flügeltüren, die sich leichter öffnen ließen als das Stadttor. Die Scharniere quietschten unnatürlich laut in der sie umgebenden Stille.

Das Äußere des Schlosses stellte sich als trauriger Schein heraus, denn im Inneren erwarteten sie Verfall und Schmutz.

Sie betraten zunächst das Foyer mit dem schmutzigen Schachbrettboden, das genauso wenig wie die Stadthäuser nicht von den Schlingpflanzen verschont worden war. Auch der Nebel breitete sich hier aus, als besäße er keine natürliche Quelle. Morgan behielt die wabernden Schlieren aufmerksam im Blick.

»Das Schlafgemach müsste sich im zweiten oder im dritten Stock befinden. Lasst es uns suchen«, verkündete Aithan und lächelte breit.

»Seht nur!« Lima löste sich von der Gruppe und lief auf eine Wandhalterung zu, an der noch eine mit Spinnennetz verhangene Fackel steckte. Sonan, die zwei Krieger und Mathis fanden in der leer stehenden Halle ebenfalls brauchbare Fackeln.

Während sie im Hof entzündbares Material suchten, durchquerte Morgan das Foyer. Mit den Fingerspitzen berührte sie die muffig riechenden Wandbehänge, lief den zerklüfteten Marmorboden ab, der einst wie ein dunkler Spiegel geglänzt haben musste. Sie verlor sich in einer Erinnerung, die nicht ihr gehörte. Das hell erleuchtete Schloss, ein imposanter Ballsaal und ein Orchester, das sich mit jeder weiteren Komposition selbst übertraf. Tanzende Paare auf dem glatt polierten Parkett, raschelnde Kleider und Ketten, die an den Hälsen des weiblichen Adels glänzten. Ja, so musste es hier vor Nedajas Fluch gewesen sein.

»Alles in Ordnung?« Aithan blieb neben ihr stehen und legte eine Hand an ihren unteren Rücken.

Gezwungen lächelnd drehte sie sich zu ihm herum, und während sie die Beile in einer Hand festhielt, strich sie mit der anderen eine Strähne aus seinem Gesicht.

»Was für ein trauriger Ort«, sagte sie, ohne seine Frage zu beantworten.

»Traurig?« Er schürzte die Lippen, wandte seinen Blick ab und ließ diesen über die hohe Decke streifen. »Ich nenne ihn vielversprechend.«

»Das ist-«, begann Morgan, doch sie wurde von Mathis unterbrochen, der mit einer Fackel an sie herantrat.

»Wir sind bereit.«

Gerade noch rechtzeitig, bevor selbst das letzte Licht, das durch die verschmutzten Glasfenster schien, verschwand.

Entschlossen folgte Morgan Aithan die breite Marmortreppe nach oben. Er teilte sich nun die Führung mit seinem Vetter, während Cáel und sie ihnen dichtauf folgten und sich immer wieder musternde Seitenblicke zuwarfen.

Vermutlich überlegte Cáel, wann sie ihren ersten Schritt tun würde, da er nicht wissen konnte, dass sie es sich anders überlegt hatte. Ihre Aufgabe war es nun, zu verhindern, dass er seine Familie erwecken oder seinen Fluch rückgängig machen konnte. Eigentlich wäre ihr sein Wunsch egal gewesen, doch da er auf Kosten von Aithan geschehen würde, musste sie sich einmischen.

Da sich der Prinz sicher war, im ersten Stockwerk keine Schlafgemächer zu finden, begannen sie mit ihrer Suche erst im zweiten. Die Gruppe teilte sich nicht auf. Jeder wollte Aithan die Ehre überlassen, die Prinzessin zu finden.

Das Schloss präsentierte sich von innen genau so, wie Morgan es erwartet hatte. Ohne die verwachsenen Pflanzen, die dämonischen Schatten und dem um sie herumkreisenden Nebel war das Innere eine wahre Pracht. Es gab goldene Kronleuchter, dicke, wenn auch verstaubte Teppiche, stuckverzierte Wände und Tapeten mit faszinierenden Mustern und Schnörkeln.

Wenn sie die Augen für einen kurzen Moment schloss, befand sie sich erneut an dem Abend eines Festes und sie konnte sich fast vorstellen, die verwunschene Prinzessin zu sein. Ihr glockenhelles Lachen, das in den Korridoren widerhallte, während sie in ihrem eleganten Kleid Kreise drehte und daran dachte, wie viel sie an diesem Abend noch tanzen würde.

Kopfschüttelnd vertrieb sie die Träume, die nicht ihre waren, und betrat hinter Aithan und Mathis das dritte Stockwerk. Der Nebel zog sich zusammen und ein raschelndes Geräusch verriet, dass die Pflanzen unnatürlich schnell heranwuchsen. Bevor Morgan reagieren konnte, wurde sie von einem Ast in die Magengrube getroffen und nach hinten geschleudert. Die Beile fielen ihr aus den Händen, als sie schlitternd vor der ersten Treppenstufe zum Halten kam. Sie keuchte auf.

Ein paar Zentimeter weiter und sie wäre abgestürzt und hätte sich das Genick gebrochen.

Der Nebel verdichtete sich, was es ihr erschwerte, Aithan im Blick zu behalten. Sie alle waren in den Kampf gegen die verzauberten Pflanzen verwickelt und wenn es nicht um Leben und Tod gegangen wäre, hätte

Morgan ihrem hysterischen Lachen nachgegeben. So zwang sie sich aufzustehen und blind durch den Nebel nach ihren Beilen zu tasten.

Jeden Schritt setzte sie vorsichtig vor den anderen, während sie hektisch nach links und rechts sah, um sich rechtzeitig vor einer Attacke schützen zu können. Glücklicherweise stieß sie mit ihrer Fußspitze gegen etwas Hartes, das sich als ihr Beil herausstellte. Sie kam gerade aus ihrer Hocke, als eine dornenbehaftete Ranke auf sie zuschoss. Instinktiv sprang sie zur Seite und stieß dabei gegen Sonan. Beide kämpften sie für einen Moment um ihr Gleichgewicht, doch sie schafften es, stehen zu bleiben und damit dem nächsten bösartigen Angriff zu entgehen.

Rücken an Rücken schlugen sie auf die Ranken ein, deren Bewegungen mal schleichend, mal rasend schnell waren und dabei ein unheimliches Zischen erzeugten. Der Fluch der Hexe hatte ihnen die Kraft und die Gier danach gegeben, Eindringlinge zu verletzen.

»Könntest du vielleicht deine Magie noch einmal einsetzen?«, rief Mathis über den Lärm des Kampfes und der verzauberten Pflanzen hinweg.

Ein kleiner Zweig peitschte gegen Morgans Wange, weil sie sich nicht mehr rechtzeitig ducken konnte. Sie spürte einen beißenden Schmerz, als ihre Haut aufplatzte.

»Auf gar keinen Fall«, presste Aithan angestrengt zwischen den Zähnen hervor, als er mit seinem Schwert die Ranke einer tückischen Schlingpflanze durchtrennte. Morgan wehrte eine weitere Attacke ab, die ihn am Kopf getroffen hätte. Kaum vorstellbar, dass er sich von diesem Schlag erholt hätte. Allein dieser Gedanke lähmte Morgan beinahe in ihren Bemühungen. Sie durfte ihn nicht verlieren.

»Das wird nicht nötig sein«, meldete sich Cáel zu Wort, ohne dass Morgan ihn in dem Nebel sehen konnte. Seine Stimme wurde durch die weißen Schwaden gedämpft, aber sie verstand sie gut genug. »Dein Blut muss fließen, Aithan. Die Prinzessin kann nur von einem Prinzen gerettet werden, schon vergessen?«

Morgan ahnte Schlimmes, drehte sich um ihre eigene Achse und schlug wild mit dem Beil nach allem, was sich ihr näherte. Sie erblickte Cáel aus den Augenwinkeln.

»Mein Blut?«, echote Aithan.

»Vielleicht zeigt es den Pflanzen, dass es deine Bestimmung ist, hier zu sein«, antwortete Cáel, bevor er vor Schmerzen aufbrüllte, als ihn ein Ast traf. Der Nebel lichtete sich für einen kurzen Augenblick und Morgan konnte sehen, wie er gegen die Wand geschleudert wurde.

Eine Sekunde lang verlor er die Orientierung und hätte sie nicht so weit weg gestanden, hätte sie die Chance genutzt, um ihm die Kehle aufzuschlitzen. Dann wäre alles vorbei gewesen und Aithan würde in keiner Gefahr mehr schweben.

Sie tat einen Schritt auf ihn zu, doch er richtete sich bereits wieder auf. Ihre Blicke trafen sich und sie erkannte an seinem halben Lächeln, das eines seiner Grübchen offenbarte, dass er ihr Vorhaben durchschaut hatte.

Mit zusammengepressten Lippen glitt sie wieder an Aithans Seite, der sich jedoch nicht mehr hinter ihr befand. Er war von einer Ranke in die Ecke gedrängt worden. Mathis kämpfte mit Fackel und Schwert neben ihm, sodass Aithan sein Schwert durch einen Dolch austauschen konnte.

»Ich hoffe, du hast recht.« Der Prinz schnitt mit der scharfen Klinge in seine Handinnenfläche. Blut quoll hervor und tropfte träge auf den Teppichboden, wo es ein lautes Zischen von sich gab.

Nichts veränderte sich.

Die Ranken schlugen weiterhin erbarmungslos auf sie ein und breiteten sich immer weiter und weiter aus, bis sie Wand, Decke und Boden bedeckten. Morgan stieß mit jeder ihrer Bewegungen gegen eine weitere Pflanze, fand kaum Platz, sich vor Angriffen zu schützen. Bald war es so weit und sie würden von den Ranken gefangen werden. Wie Schlangen würden sie sich um ihre Körper winden und sie ersticken. Panik breitete sich in ihr aus und ihre Attacken wurden noch hektischer, bevor sie zufällig sah, wie die Spitze einer dunkelroten Ranke Aithans Blut berührte.

Auf einen nicht hörbaren Befehl verflog der Nebel und das Efeu und die anderen Pflanzen zogen sich zurück, kletterten Wand und Decke hinauf, wo sie in einen tiefen Schlaf verfielen.

Morgan atmete tief durch und wischte sich mit dem Handrücken den Schweiß von der Stirn. Es war vorbei. Sie hatten es geschafft. Fassungslos über so viel Glück schüttelte sie den Kopf.

»Wylan ist tot«, verkündete Sonan, die vor einem Krieger kniete. In seiner Brust klaffte ein riesiges Loch, als wäre er von einem Ast aufgespießt worden.

Morgans Euphorie wurde dadurch gedämpft, was sie jedoch wieder sich aufs Wesentliche konzentrieren ließ – Aithans Leben.

»Woher wusstest du, dass das funktionieren würde?« Aithan riss ein Stück Stoff von seinem Hemd ab und wickelte es sich um die verwundete Hand.

»Ich wusste es nicht«, antwortete Cáel und kratzte sich Schmutz vom Kinn. Er näherte sich Morgan von links, beachtete sie aber nicht. Sie behielt jedoch das Beil in ihrer Hand, während sie die Wunde auf ihrer Wange betastete. Der Schnitt schmerzte, aber sie würde sich erst später darum kümmern können.

»Danke.« Aithan nickte und steckte seinen Dolch ein. »Ich nehme an, dass sich das Schlafgemach ganz in der Nähe befindet, sonst hätten uns die Pflanzen nicht ausgerechnet hier angegriffen.«

Aithan öffnete die nächste Tür, warf einen Blick hinein und trat kopfschüttelnd wieder zurück. Dies wiederholte sich zweimal, bis Morgan an seiner Hand erkannte, die sich um die Türklinke krampfte, dass er das richtige Zimmer gefunden hatte.

»Sonan, Lima und Horace, ihr wartet draußen«, befahl er den übrig gebliebenen Kriegern, bevor er die anderen zu sich heranwinkte. Gemeinsam betraten sie die Gemächer der verwunschenen Prinzessin und Morgans Herz blieb vor Angst beinahe stehen.

Sie rieb sich versehentlich Blut und Schmutz ins Gesicht, als sie ein paar Schweißtropfen wegwischte. Die Wunde brannte und ihre Finger verkrampften sich kurzzeitig.

Hinter ihr betrat Cáel als Letzter das Zimmer, was sie verblüfft zur Kenntnis nahm. Sie hätte eher damit gerechnet, dass er sich noch vor Aithan einen Weg ins Innere erkämpfte. Vielleicht wusste er jedoch noch nicht, wie er an den Wunsch gelangen konnte und wollte niemandes Misstrauen erwecken. Dafür war es allerdings schon zu spät. Sie und Mathis trauten ihm beide nicht über den Weg. Nur leider kam es nicht auf sie an.

Bevor sie das eigentliche Schlafgemach betraten, mussten sie einen weitläufigen Salon durchqueren, in dem ein Wald gewachsen war. Es hingen nicht nur hinterhältige Schlingpflanzen und gelbgrüne Kletten von den Wänden. Wahrhaftige Bäume wuchsen aus dem Boden, deren Kronen die leicht gewölbte Decke berührten. Vögel zwitscherten, Blätter und Zweige knirschten unter ihren Sohlen, als sie die Sofas umrundeten, aus deren Polstern Farne sprossen. Ihre smaragdgrünen Fächer bewegten sich im Zugwind, als sie vorbeigingen.

Aithan hatte jedoch an dem Gemälde, das direkt an der Wand neben der Tür hing, erkannt, dass es sich um den richtigen Ort handeln musste. Das Bild zeigte eine hübsche, junge Prinzessin, die ein silbernes Diadem auf dem goldenen Haar trug. Trotz des Staubs, der Pflanzen und der allgemeinen Verwüstung war das Porträt davon vollkommen unangetastet geblieben. Zeit und Zauber hatten ihm nichts anhaben können.

Morgan war am meisten jedoch von dem Wald beeindruckt. So weit reichte ihre Faszination, dass sie über eine hervorstehende Wurzel stolperte.

Cáel packte sie grob am Arm und drückte sie fest an sich.

Ein Blick in seine Miene verriet ihr, dass er sich selbst dafür schalt, ihr geholfen zu haben. Seine Lippen waren so fest zu einer grimmigen Linie zusammengepresst, dass die Sehnen an seinem Hals hervortraten. In seinen Augen loderte ein kaltes Feuer, das sie verbrennen wollte. Es sollte sie etwas beruhigen, dass er immerhin den Instinkt besaß, eine helfende Hand zu reichen, doch es würde ihn nicht davon abhalten, den Wunsch zu stehlen. Denn dieser Blick verriet er, dass er noch immer entschlossen war.

»Danke«, murmelte sie, bevor sie sich aus seinem Griff befreite. »Aber glaub nicht, dass ich dir nun etwas schuldig bin.«

Sie beeilte sich, zu Mathis und Aithan aufzuschließen. Sie hatten die mit dunkelblauen Schnörkeln verzierte Tür erreicht, die sie hoffentlich direkt zur Prinzessin führen würde.

»Bereit?« Aithan sah sie über die Schulter hinweg an und streckte seine Hand aus. Zögerlich legte sie ihre hinein. In seinem Blick lagen die warmen Gefühle, die er für sie hegte. Er hatte sich ebenso in sie verliebt wie sie sich in ihn, und doch hatten sie beide geschwiegen.

Und wenn sie Cáel nicht aufhielt, würde er sie für immer hassen.

Mathis drückte die Türklinke nach unten und stieß die Tür auf.

Kapitel · 42

Aithan war der Erste, der eintrat, und sie folgte ihm sofort.
Ohne Mathis' Fackel wären sie verloren gewesen, da hier der Wald noch dichter war und nicht mal das blasse Abendlicht hineinließ. Morgan erkannte im flackernden Schein des Feuers eine breite Fensterwand mit Glastüren, die auf einen Balkon führten. Mehrere Sträucher und die langen, schwingenden Äste einer Trauerweide versperrten einen genaueren Blick nach draußen. Sie erinnerten Morgan an ihren ersten Kuss mit Aithan.
Unwillkürlich ließ sie seine Hand los und erlaubte ihm, vorauszugehen. Vor ihnen tauchte das breite Doppelbett hinter einem Vorhang aus Efeu auf.
Ganz langsam schob Aithan einen Teil davon hinter den breiten, zu einem Rehkopf geschnitzten Bettpfosten und offenbarte damit den Blick auf die schlafende Prinzessin.
Sie war genauso wunderschön wie auf dem Gemälde. Das war Morgans erster Gedanke. Ihr blondes Haar lag in sanften Wellen um ihr herzförmiges, blasses Gesicht. Ihre Augen waren geschlossen, die Hände auf ihrem Bauch ineinander gefaltet. Die spitze Nase und die vollen Lippen verliehen ihr ein Aussehen, das man nicht so leicht vergaß. Sie war in etwa so alt wie Morgan, vielleicht sogar jünger, aber sie wirkte nicht wie die tausend Jahre, die sie schlafend verbracht hatte.
»Ich muss es tun.« Aithan sah sie entschuldigend an, während sich Mathis kurzzeitig abwandte, um zwei weitere Fackeln zu entzünden. Als ob Morgan noch mehr Licht bräuchte, um ihrem Geliebten dabei zuzusehen, wie er eine andere küsste ...

Sie warf Aithan dennoch ein festes Lächeln zu, während sich ihr Innerstes verkrampfte. Der Impuls, ihr Beil in der Brust der Prinzessin zu versenken, durchzuckte sie. Erschrocken über ihre eigenen Gedanken tat sie einen Schritt zurück. Wieso wollte sie diesem Mädchen schaden, das bereits so viel verloren hatte?

Du bist eifersüchtig. Wie eine gemeine Hure aus den Baracken, zischte die altbekannte Stimme. Dieses Mal widersprach Morgan ihr jedoch nicht.

Das Beil hielt sie weiterhin krampfhaft umfasst und richtete den Blick auf Cáel, der Aithan grimmig beobachtete. Seine Grübchen waren nicht zu sehen und seine grünen Augen wirkten kalt wie Stein.

Der vergessene Prinz beugte sich zur verwunschenen Prinzessin hinab und küsste sie wach. Küsste diese Fremde, als ob sie das Kostbarste wäre, das er je gesehen hatte. Seine Finger wanderten ihre Wange hinauf, als wäre sie so weich wie die Federn eines Schwans und als wären ihre Lippen mit dem Nektar des Lebens befeuchtet. Morgan wollte sich abwenden, um ihr Herz zu schützen, doch sie war wie erstarrt und konnte sich von dem Anblick, der sie in den Abgrund stürzte, nicht losreißen.

Liebe nicht. Liebe niemals, Morgan. Sei Herrin deiner selbst und erlaube niemandem Macht über dein Herz.

Aithan zog sich zurück, bevor sich die Lider der Prinzessin flatternd öffneten. Ein leises Stöhnen entrang sich ihrer Kehle und Morgan schien erst jetzt zu begreifen, was geschehen war.

Aithan hatte den Fluch gebrochen.

Ein ohrenbetäubender Knall ertönte, bevor die Flügeltüren aufbrachen und einen reißenden Wind hineinließen. Regen prasselte auf den Balkon nieder.

Ein weiteres Donnergrollen ertönte, helles Licht blendete sie. Morgan hätte es für einen Blitz gehalten, wenn es nicht aus dem Inneren des Zimmers gekommen wäre. Das Licht schrumpfte und verwandelte sich in eine lavendelfarbene Blüte, die mitten an der efeubewachsenen Wand an einem kurzen Stängel baumelte. Sie leuchtete so hell, dass ihr Anblick in den Augen schmerzte. Ihre Schönheit berührte Morgan und lockte eine Träne und eine Erinnerung hervor, ehe sie sich zusammenreißen konnte. Sanftes Wiegen unter strahlend blauem Himmel. Ein glücklicher Moment, von dem sich die Blüte nährte.

Die Blüte. Der Wunsch.
Aithan erhob sich ehrfürchtig und überließ die Prinzessin in Mathis' Obhut, während er nur Augen für den strahlenden Wunsch hatte. Morgan folgte ihm, um Cáel auf Abstand zu halten, falls er einen Versuch wagen wollte. Aber als sie sich nach ihm umsah, bewegte er sich so schnell, wie sie es noch nie zuvor gesehen hatte.

Er stürzte auf den Wunsch zu, doch Aithan erreichte ihn vor ihm. Bevor einer von ihnen seine Hand danach ausstrecken konnte, erstarrten sie unter der unerwarteten Nähe des anderen. Auch Cáel hatte nicht damit gerechnet, dass sich Aithan derart flink bewegte. Von Angesicht zu Angesicht standen sie sich gegenüber und waren unfähig, den Blick vom jeweils anderen zu lösen.

Der Gott war der Erste, der sich von dem Schreck erholte und seine Faust in das Gesicht seines Prinzen krachen ließ. Seines Freundes ...

»Was tust du da?«, schrie Mathis.

Morgan war wie gelähmt. Mit allem hatte sie gerechnet, nur nicht mit dieser groben Gewalt. Noch nie hatte sie den Gott derart gewissenlos gesehen. Selbst in den Momenten, da er ihr mit dem Tod gedroht hatte, war er immer noch ... menschlich gewesen. Aber nicht jetzt. Niemals jetzt.

Aithan stöhnte. Blut rann ihm aus der gebrochenen Nase. Cáel brachte ihn mit einem gezielten Tritt zu Fall und setzte sich auf ihn, um ihm einen weiteren Schlag zu verpassen.

Es war eine instinktive Entscheidung, als Morgan an ihnen vorbeisprang und den Wunsch von der Wand riss. Sobald sich ihre Finger um die Blüte schlossen, spürte sie den Wunsch wie ein pulsierendes Lebewesen in ihrem Inneren widerhallen. Es nährte und nährte sich an ihren wenigen schönen Erinnerungen, doch es war kein unangenehmes Gefühl.

Aus den Augenwinkeln bemerkte sie, wie sich Cáel erhob und ihr den Weg zur Tür abschnitt. Hektisch atmend rannte sie auf den Balkon hinaus, auf dem sie von stürmischem Regen empfangen wurde. Sie suchte nach einem Ausweg und konnte doch nur die steinerne Balustrade erkennen, die sich hell von der Dunkelheit absetzte.

Zu spät erkannte sie ihren Fehler. Sie hätte Aithan irgendwie den Wunsch zuwerfen sollen. Hätte sich vielleicht an Mathis' Seite begeben und nach Sonan und Lima rufen sollen ... Sie ...

Was sollte sie tun? Sich selbst für ihn wünschen, dass er sein Königreich zurückbekam? *Wie* genau sollte sie diesen Wunsch formulieren?

»Gib ihn mir«, brüllte Cáel über den tosenden Sturm hinweg und näherte sich ihr. »Du weißt nicht, was du tust.«

Heftig atmend trat sie ans Geländer und streckte ihre Hand aus, um den Wunsch fallen zu lassen. Vielleicht würde ihr das genug Zeit verschaffen, Cáel zu erledigen. Oder sich einen Wunsch zu überlegen oder …

Der Gott stürzte auf sie zu, so schnell, wie er sich auch vorhin bewegt hatte. Sein Körper stieß gegen ihren mit voller Wucht, die sie beide über die Balustrade katapultierte. Noch im Fall umfasste seine Hand die ihre und sie berührten beide den Wunsch.

Jeder Wunsch, nur nicht seiner, dachte sie, schloss die Augen und erwartete den harten Aufprall.

Nur nicht seiner.

Gleißend helles Licht brannte durch ihre Lider, bevor sie mit der Schulter auf Stein aufkam. Ein Ruck fuhr durch ihren gesamten Körper und ihr Hinterkopf prallte gegen den Boden.

Schwärze legte sich über ihr Bewusstsein und drohte sie zu ertränken. Bis sich die lauernde Anwesenheit der Knochenhexe bemerkbar machte. Nur mit ihrer Hilfe konnte sie sich aus der Dunkelheit befreien.

Sie zwang sich, die Augen zu öffnen.

Nach und nach setzte sich die Umwelt vor ihr zusammen und sie fühlte Cáels Körper, der halb neben, halb auf ihr gelandet war. Sie trat und schlug um sich, obwohl sie kaum noch Kraft besaß.

Im Regen und in dem schwachen Leuchten, von dem sie beide umgeben waren, erkannte sie, dass sie auf einem anderen Balkon gelandet waren. Ihr Kopf schmerzte und Übelkeit nahm Besitz von ihr.

Der Wunsch war verschwunden.

Sie zuckte zusammen, als sie mit den Fingerspitzen die Platzwunde an ihrem Hinterkopf berührte, aber sie lebte noch, was sie größtenteils der Knochenmagie zu verdanken hatte.

Nur der Wunsch …

Cáel stöhnte und regte sich, bevor auch er sich erhob. Offensichtlich war er wie sie seitlich aufgeschlagen. Sein linker Arm hing leblos herab und er presste ihn mit der anderen Hand eng an seinen Körper.

Er starrte sie grimmig durch den Regen an und es brauchte nur eine abrupte, kurze Bewegung, mit der er sein Schultergelenk wieder einrenkte. Er verzog kaum das Gesicht.

»Was hast du angerichtet?«, fragte er mit gefährlich ruhiger Stimme. Das Herz schlug ihr bis zum Hals. Ja, was hatte sie getan? Blut und Regen rannen ihr Gesicht herab, ihre Muskeln schmerzten und sie – sie konnte nur an Aithan denken. »Du hast alles ruiniert! Wieso musstest du dich einmischen?«

»Es war nicht dein Wunsch«, schrie sie. Nun, da es keinen Wunsch mehr gab, den sie schützen musste, sah sie keinen Grund darin, sich weiter zurückzuhalten. Sie suchte nach dem Beil, das sie schließlich vor Cáels Füßen ausmachte. »Du hättest dir niemals vornehmen sollen, ihn Aithan zu stehlen. Er ist dein Freund! Er hat dir vertraut!«

»Genauso wie dir und trotzdem wolltest du ihn betrügen«, erwiderte er, bückte sich langsam und hob die Waffe auf, ohne sie ein einziges Mal aus den Augen zu lassen.

»Ich hatte mich umentschieden«, entgegnete sie.

»Als ob Aithan dir das glauben wird.« Er schnaubte verächtlich und sah sie mit solch einer Abscheu an, als wäre sie nicht mehr als eine Ratte. »Du bist so schwach. Schwächer, als ich angenommen hatte. Aber es macht keinen Unterschied mehr.« Zielsicher schleuderte er das Beil in ihre Richtung. Nur ihren schnellen Reflexen war es zu verdanken, dass sie dem tödlichen Treffer ausweichen konnte. Das Beil streifte ihren Oberarm, anstatt sich tief und tödlich in ihre Brust zu graben.

Zischend presste sie eine Hand auf die blutende Wunde. Cáel stand jedoch sogleich vor ihr und schlug ihr mit der Faust ins Gesicht, noch bevor sie Atem holen konnte.

Sie spürte das Brechen ihres Wangenknochens. Vielleicht hörte sie auch zuerst das verräterische Knacken, denn der Schmerz … oh, der Schmerz setzte erst später ein. Quälend langsam und gleichzeitig blitzartig schnell. Keuchend stürzte sie zu Boden, konnte sich nur mit ihrem unverletzten Arm abstützen.

Vor ihren Augen flimmerte es. Oder war es bloß der Regen? Das Leuchten ihres Körpers ließ nach. Sie erwartete den nächsten Schlag, einen Tritt, doch sie kamen nicht.

Verwirrt blickte sie auf und in das entsetzte Gesicht des zerstörten Gottes.
Des verwunschenen Gottes, dessen Leben sie ruiniert hatte.
Eine Hand lag auf seiner Wange, sein rechter Oberarm blutete – an der gleichen Stelle wie ihrer. Gespiegelt und doch wieder nicht. Ihre Verletzungen auf ihm gezeichnet.
»Was …?« Er sah von ihr zu seiner Wunde und wieder zu ihr. »Das kann nicht sein …«
Sie versuchte sich gegen seinen nächsten Angriff zu wappnen, doch er war zu schnell, riss ihren Kopf an den Haaren zurück und presste die Klinge seines Messers an ihren Hals.
»Ich sollte dich töten …«
»Worauf wartest du dann noch?«, stieß sie mutiger hervor, als sie sich eigentlich fühlte. Vor Angst biss sie sich auf die Innenseite ihrer Wange.
Es folgte ein reißender Schmerz an ihrem Hals.
Sie presste die Augen zu, nahm ihren letzten Atemzug und versuchte sich Aithans Erscheinung in Erinnerung zu rufen. Würde er um sie trauern? Würde er …
Cáel ließ sie abrupt los.
Sie sah, ohne zu begreifen, wie er stolpernd zurückwich. Während sich ihr Haar aus dem Lederband löste und um ihr Gesicht peitschte.
Verschwunden war seine würdevolle Eleganz.
Ganz schwach konnte sie auch an seinem Hals eine kleine Schnittwunde erkennen.
»Nein …« Er berührte den Kratzer an seiner Kehle, dann die Verletzung an seiner Wange und seinem Arm. *Morgans Verletzungen.* »Das ist nicht möglich.«
Für eine Ewigkeit sahen sie sich an. Regen und Blitz und Unsterblichkeit zwischen ihnen. Sie wollte nach ihm greifen, ihn durch ihre Hände sterben sehen, als sie in seinen Augen das gleiche Verlangen las. Aber es würde nicht geschehen.
Ein Wunsch hatte sich in dieser Nacht, in diesem Königreich erfüllt. Es war nur nicht der ihre gewesen.
Cáel wandte sich als Erster ab, steuerte das Geländer an und kletterte in einer fließenden Bewegung darüber. Morgan hörte seinen Aufprall nicht, wusste nicht, ob er sprang oder sich nach unten hangelte. Und

es war ihr gleich … Niemals wieder wollte sie ihn sehen. Niemals wieder …

Sie hatte den Zorn eines Gottes überlebt und das nur, weil … weil sie durch den Wunsch irgendwie miteinander verbunden worden waren. Sein Körper spiegelte jede ihrer Verletzungen, die ihr zugefügt wurde, wider.

Der Wunsch hatte ihr Leben gerettet.

Stöhnend kämpfte sie sich auf die Beine, steckte ihr übrig gebliebenes Beil ein und suchte nach einem Weg zurück ins Innere.

Sie erkannte ähnliche Flügeltüren, wie es sie im Schlafgemach der Prinzessin gab, und betrat durch sie einen überwucherten Salon.

Sie fühlte sich leer und verlassen. Cáel hatte einen Teil von ihr mitgenommen, ohne davon zu ahnen. Oder hatte sie diesen Teil an die Knochenhexe verloren? Vielleicht war es in dem Moment geschehen, als sie vor Eifersucht fast eine unschuldige Prinzessin getötet hätte?

Es dauerte eine Weile, bis sie sich in der Dunkelheit zurechtgefunden hatte, doch schließlich erreichte sie das dritte Stockwerk und fand dort sogar ihr zweites Beil wieder. Für einen Moment presste sie es fest an sich und schloss die Augen. Wenn sie doch nur die Zeit zurückdrehen und Aithan vor Cáels Plänen warnen könnte … Seufzend steckte sie die Waffen zurück in ihre Halterungen und schleppte sich weiter den verwachsenen Gang entlang.

Sonan und die Krieger befanden nicht mehr vor der Tür zum Schlafgemach, die sperrangelweit offen stand. Sie waren durch den Tumult vermutlich alarmiert worden und ihrem Prinzen zu Hilfe geeilt.

Schwer atmend versuchte sie, das schmerzhafte Pochen ihres Kopfes in den Hintergrund zu drängen, bevor sie erst den Salon und dann das Schlafzimmer betrat.

Aithan saß vor dem Bett der Prinzessin auf dem Boden und betupfte seine blutende Lippe mit einem Tuch. Seine Nase und die Haut darum färbten sich bereits dunkel.

Mathis stand vor seinem Vetter, die Prinzessin runzelte bei ihrem Eintreten die Stirn, saß aber noch immer auf dem riesigen Bett. Sonan hielt vor den Balkontüren Wache. Die Silhouetten von Lima und dem anderen Krieger huschten auf dem Balkon umher.

Jeder sah augenblicklich in Morgans Richtung, als sie hereingehumpelt kam. Sie zitterte unkontrolliert, ihr dunkles, fast schwarzes Haar klebte feucht an ihrem Kopf und von ihrer Tunika tropfte Wasser auf den verstaubten Teppich. Morgan presste ihren verletzten Arm eng an ihren Körper.

Aithan erhob sich schwerfällig und tat einen Schritt in ihre Richtung, doch Mathis hielt ihn mit einer Hand zurück. In der Miene des Prinzen wechselten sich die verschiedensten Gefühle ab. Zuneigung. Verwirrung. Zorn.

»Geht es dir gut?« Seine Stimme klang kratzig, heiser.

Morgan nickte und blieb stehen, weil es sich nicht so anfühlte, als wäre sie willkommen. »Es sind nur ein paar Kratzer.«

Aithan schob die Hand seines Vetters unsanft fort, um näher an Morgan heranzutreten. Ihr Herz klopfte und sie glaubte, jeden Moment ohnmächtig zu werden. Sie konnte ihm nicht von ihrem Versagen erzählen. Sie konnte ihm nicht gestehen, was sie getan hatte. Sie ... Die Welt schien auf sie niederzustürzen. So viele Gefühle rissen ihr Herz auseinander. Noch nie zuvor war sie so verwirrt gewesen.

Liebe nicht. Liebe niemals.

»Der Wunsch?«, stellte Aithan genau die Frage, die sie gefürchtet hatte.

»Fort. Ich ... weiß nicht genau, was geschehen ist, aber Cáel konnte ihn nicht für seine Zwecke nutzen«, versicherte sie ihm eilig.

»Was wollte er?« Aithan befand sich nur noch wenige Zoll von ihr entfernt. Wenn sie ihre Hand ausstreckte, würde sie ihn berühren können. Vielleicht ...

Sie leckte sich unsicher über die Lippen und blickte Mathis an, der sie mit solcher Abscheu ansah, dass sie glaubte, nicht sie selbst, sondern Cáel zu sein. Warum verurteilte er sie derart? Wieso hörte er sie nicht erst an, bevor er ihr mit diesem Hass begegnete?

Kurz spielte sie mit dem Gedanken, jegliches Wissen um Cáels Identität und seine wahren Motive zu verleugnen, doch dann siegte die Vernunft. Sie hatte Aithan lange genug belogen.

»Er gehört zu den Göttern.« Mathis holte scharf Luft. Sonan riss die Augen auf. Nur Aithan zeigte nicht die geringste Reaktion, während er weiterhin auf sie hinabsah. Obwohl sie ihn am liebsten umarmt hätte, machte ihr seine Haltung Hoffnung. Im Gegensatz zu Mathis blieb er offen und wollte sie anhören. Wollte ihr eine Möglichkeit geben, sich zu rechtfertigen. »Ich habe herausgefunden, dass Themera seine Mutter ist und sie ihn verstecken konnte. Aber ... er ist verflucht und kann seine Macht nicht benutzen. I-Ich glaube, er wollte den Wunsch dafür gebrauchen, um ... um seine Macht zu steigern. Oder seine Familie zu erwecken. Ich weiß es nicht genau.«

»Das ist Wahnsinn«, rief Mathis aus. »Sie hat den Wunsch mit ihm zusammen nutzen wollen und ihn dann scheinbar auch betrogen. Ich habe es gesehen!«

»Das ist nicht wahr! Ich wollte ihn vor Cáel beschützen, aber auf dem Balkon, da hat er sich auf mich gestürzt und wir sind beide gefallen ...« Wieso erzählte Mathis derartige Unwahrheiten?

»Verschone uns mit deinen Lügengeschichten«, zischte Mathis, den sie als ihren Freund angesehen hatte und der ihr nun in den Rücken fiel, um ... ja, was versuchte er damit zu bezwecken? Er hatte doch, was er wollte. Aithan hatte Cáels wahre Natur erkannt.

Panisch sah sie Aithan an. Immer nur Aithan. Ihren Prinzen.

Liebe nicht. Liebe niemals, Morgan.

Er durfte Mathis nicht glauben. Er *würde* ihm nicht glauben, oder?

»Misch dich nicht ein, Mathis«, sagte er zu seinem Vetter, ohne die Stimme zu erheben, und dann zu Morgan: »Wie lange hast du von Cáels Plänen gewusst?«

Sie spürte die versiegende Hoffnung, trotzdem gab sie nicht auf und streckte eine Hand aus. Behutsam berührte sie Aithans Wange und als er nicht vor ihr zurückschreckte, fasste sie neuen Mut.

»Eine Weile. Ich wollte es dir sagen, aber ... er drohte mir und ich fürchtete, dass du mir nicht glauben würdest.« Er bedeckte ihre Hand mit der seinen und brachte ihr Innerstes damit zum Singen, als wäre er der Spieler und sie das Instrument. »Cáel sagte, dass er ... er würde dich davon überzeugen können, dass ich von Anfang an auf seiner Seite gewesen wäre.«

»Und das stimmt nicht?«

»Nein«, rief sie empört aus. »Ich habe seine Pläne vereitelt!«

Er umfasste ihre Hand und nahm sie von seinem Gesicht. Dann ließ er sie fallen, als würde er sich vor ihr ekeln. »Und trotzdem sind wir hier, geschlagen und ohne den Wunsch.«

»Ich habe es versucht«, wisperte sie. »Ich wollte mir deinen Wunsch wünschen, aber ich wusste nicht, wie ich ihn formulieren sollte und ...«
Aithan schüttelte den Kopf. »Du warst egoistisch, Morgan.«
Du warst egoistisch, Morgan, hallte es in ihr nach. Wie grausam konnte die Wahrheit sein, wenn sie von dem Menschen ausgesprochen wurde, dem man sein Herz geschenkt hatte.
»Du warst egoistisch, weil du mir nichts von Cáels Plänen gesagt hast. Du hast dein Wohl über das eines ganzen Königreiches gestellt.« Er wich einen Schritt zurück, als sie unwillkürlich die Hand, an der noch immer seine Wärme haftete, nach ihm ausstreckte. »Ich sehe jetzt deine wahre Natur, hätte nie daran zweifeln sollen, was du bist. Eine bösartige Wölfin.«
Sie zuckte zurück, als hätte er sie geschlagen, und dieses Mal war er es, der ihre Nähe suchte. Er umfasste ihr Gesicht so fest, dass sie glaubte, er wollte ihr mit einer Bewegung das Genick brechen. Sie vermochte sich nicht zu rühren, konnte ihn nicht abschütteln.
»Erinnerst du dich daran, als wir uns versprachen, ehrlich zu sein?« Er wartete ihr knappes Nicken ab. Tränen, die sie nicht aufhalten konnte, rannen ihre Wangen hinab. »Ich werde dich nicht lieben können. Niemals.«
»Aithan ...«, flehte sie mit gebrochenem Herzen.
Er ließ sie los und wandte sich ab. »Geh, Knochenhexe!«
Bevor der Prinz und seine Gefährten sie weiter in diesem Zustand der Schwäche sehen konnten, wandte sie sich ab und floh aus dem Zimmer.
Aus dem Schloss.
Aus der Stadt.
Sie betrat den verwunschenen Wald und begrüßte ihn wie einen alten Freund, fiel in seine schwarze Umarmung und erlaubte der Knochenmagie, sie zu trösten. Sie würde Morgan niemals im Stich lassen. Auf sie war Verlass.
Morgan Vespasian, Schmugglerin, Wölfin und Knochenhexe.

DANKSAGUNG

Wow! Dies ist schon mein 9. veröffentlichtes Buch und das 4., das im wundervollen Drachenmond Verlag erscheint. Ich schätze mich so unglaublich glücklich, dass mir dieses Privileg zugestanden wurde.

Aber wie auch jedes andere Mal hätte ich dieses Buch nicht allein schreiben können. An meiner Seite blieben stets Familie, Freunde und Kollegen, ohne die ich weder Ruhe, Ideen noch Motivation für ein Buch geschweige denn für neun gehabt hätte.

Wie immer: Julia Schmuck, meine Stütze, meine erste und beste Kritikerin. Ich danke dir für deinen Input und dafür, dass du mir selbst bei den schwierigsten Stellen immer mit Rat und Tat zur Seite stehst.

Als zweites muss hier meine wunderbare Lektorin und Freundin Marlena Anders genannt werden, die ein besonderes Händchen für ihre Arbeit besitzt. Vielleicht weil in ihr eine kleine Perfektionistin lebt oder weil sie selbst so wundervolle Bücher schreibt. So oder so, ich bin dir so dankbar für deine Arbeit. Du hast mich dazu gebracht, die beste Version dieses Buches zu schreiben und dafür werde ich dir noch ewig danken.

Ohne Verlegerin gäbe es keinen Drachenmond Verlag und ohne den Verlag gäbe es dieses Buch nicht – Astrid, ich danke dir von Herzen für deine ansteckende Freude und deine durchgehende Aufopferungsbereitschaft. Du bist der Schmetterling, der uns orientierungslosen Autoren den Weg weist.

Ich muss auch meinen Testlesern danken, die mir vor dem Lektorat noch einmal mit den richtigen Anmerkungen neue Impulse gegeben haben. Sanny Binder, Susanne Krajan, Vero Havre und Bianca Ritter – danke euch, ihr Herzen!

Auch an mein Dreamteam Susanne und Kerstin! Ich liebe euch!!! Hahaha

… Leute, ihr habt sicherlich das Cover gesehen? Haha, geht vermutlich gar nicht anders. Dafür muss ich dem Covergott Alexanders Kopainski danken! Und mit ihm mache ich direkt einen Rundumschlag und danke den Cool Kids – Alex, Dirk und Marlena. Ohne euch wäre das Autorenleben ein viel, viel düsterer Ort. So ähnlich wie der verwunschene Wald. Haha.

Danke auch an folgende Personen, ihr wisst wieso: meine Eltern, Gerome, Silvana, Joshua, Kathy, Anja, Elena, Melanie, Alica, Vanessa, Janine, Emily, Anne-Marie, Kathi, Maja, Marie, Ava, Christian.

Und nicht zu vergessen – ihr Leser. Ohne euch wäre all dies nicht möglich und ich freue mich, dass ihr euch meine Bücher kauft, um mich dadurch zu unterstützen, anstatt sie euch illegal herunterzuladen. Ihr seid die Besten!

Eure Laura

Emily Thomsen
Flerya – Drachenschlaf
ISBN: 978-3-95991-351-5, kartoniert, EUR 14,90

Einst verbannte der Drachenkönig Gardorath die Herrscherin der Ghul und bewahrte damit das Reich vor dem Niedergang. Nur die Trägerin des magischen Armbandes Kemantie kann Aine befreien. Nichts anderes will Yadiran, der oberste Feldherr der dunklen Herrscherin und dabei ist ihm jedes Mittel recht. Er entführt Gardoraths Tochter Flerya, die untrennbar mit Kemantie verbunden ist und zieht sie als sein eigenes Kind auf. Ohne Erinnerung an ihre wahre Herkunft schenkt sie ihm ihre ganze Liebe. Doch der kaltblütige Seelenfresser wartet nur auf Fleryas sechzehnten Geburtstag. Es ist der Tag, an dem der Drache in ihr erwacht und sie Aine befreien wird. Der Tag an dem Yadiran ihren Tod fordert. Gebrochen vom Verrat und auf sich allein gestellt, versucht Flerya ihrem Häscher zu entrinnen
– und den Untergang Emireschas abzuwenden.

Helena Gäßler
Das Raunen der Flammen
ISBN: 978-3-95991-771-1, kartoniert, EUR 14,90

„Ein Held ist wie ein Funken Hoffnung in der Dunkelheit ... Seien wir mal ehrlich. In der Realität erlöschen Funken ganz, ganz schnell."
Das Grauen lauert zwischen den fahlen Stämmen des Düsterwalds, drängt aus seinen dunklen Tiefen hervor ins Licht. Nichts scheint die Scharen von Ungeheuern stoppen zu können. Verzweifelt klammern sich die Menschen an ihre letzte Hoffnung: Uralte Lieder und Legenden wispern von einer Heldin, strahlend wie eine Flamme ... Anscheinend muss bei der Überlieferung irgendetwas schiefgelaufen sein. Denn warum sonst sollte die Wahl ausgerechnet auf mich fallen? Ja genau, auf mich, Zoraya, großartig im Schafe hüten, aber absolut hoffnungslos im Monster töten. Beste Voraussetzungen, um in einem Kampf gegen Riesenratten und pferdegroße Heuschrecken nicht als Futter zu enden. Bleibt nur die Frage, ob es keinen anderen Weg gibt, als sich den Spielregeln der Mächtigen zu fügen.
Denn wer sagt eigentlich, dass man seiner Bestimmung folgen muss?

Du brauchst Lesenachschub und hast Entscheidungsschwierigkeiten, möchtest dich überraschen lassen oder wünschst Empfehlungen? Da können wir helfen! Wir stellen für dich ganz individuell gepackte Buchpakete zusammen – unsere

Drachenpost

Du wählst, wie groß dein Paket sein soll, wir sorgen für den Rest.

Du sagst uns, welche Bücher du schon hast oder kennst und zu welchem Anlass es sein soll.
Bekommst du es zum Geburtstag #birthday
oder schenkst du es jemandem? #withlove
Belohnst du dich selber damit #mytime
oder hast du dir eine Aufmunterung verdient? #savemyday
Je mehr wir wissen, umso passender können wir dein Drachenmond-Care-Paket schnüren.
Du wirst nicht nur Bücher und Drachenmondstaubglitzer vorfinden, sondern auch Beigaben, die deine Seele streicheln. Was genau das sein wird, bleibt unser Geheimnis ...

Die Wahrscheinlichkeit ist groß, dass sich das ein oder andere signierte Exemplar in deiner Box befinden wird. :)

Wir liefern die Box in einer Umverpackung, damit der schöne Karton heil bei dir ankommt und als Geschenk nicht schon verrät, worum es sich handelt.

Lisan bringt das kleinste Drachenpaket zu dir, wobei *klein* bei Drachen ja relativ ist. € 49,90
Djiwar schleppt dir in ihren Klauen einen seitenstarken Gruß aus der Drachenhöhle bis vor die Tür. € 74,90
Xorjum hütet dein Paket wie seinen persönlichen Schatz und sorgt dafür, dass es heil bei dir ankommt – und wenn er sich den Weg freibrennt! € 99,90

Der Versand ist kostenfrei. :)

Zu bestellen unter www.drachenmond.de